《城市文化评论》
编委会

顾　　问：马宏伟

编　　委：（按姓氏笔画排列）

尹　鸿　王德胜　尹昌龙　叶永胜　田根胜　许　明

刘士林　朱栋霖　李忠红　李　杨　陈少峰　张鸿雁

周　宪　周晓红　金元浦　郑　坚　聂　茂　饶芃子

高小康　陶东风　黄忠顺　黄天骥　曾繁仁　蒋述卓

鲁枢元　曾　军

主　　编：田根胜

特约主编：聂　茂

副 主 编：叶永胜

编辑部主任：许燕转

主办单位：东莞理工学院城市文化研究中心

地址：中国广东省东莞市松山湖大学路 1 号

邮政编码：523808

电话：0769—22861903　0769—22861888

网址：http://www.dgcrdc.cn

邮箱：1047908647@qq.com　dgwh2006@163.com

城市文化评论

第 19 卷
Urban culture review

田根胜　主　编
叶永胜　副主编

上海三联书店

目 录

新的跨越：从"千城一面"到"双塔理论"再到城市 IP 建构

金元浦

21 世纪的中国城市化，是人类最伟大的变革之一。中国城市在现代化的理念引导下，建造了世界上最多的高楼大厦，每一个城市都以巨大的倍速效应扩张，以最快的速度创建新城。每一届政府的领导人都由衷地感到自豪与骄傲：在本届政府领导下，我们实现了前所未有的跨越式发展⋯⋯

今天，在新发展理念的指引下，在习近平总书记生态城市、公园城市、文化城市、历史城市、美丽城市的一系列创新理念的指引下，在党的二十大战略部署的指引下，我们回首检视，发现一个令人不得不正视的问题就是：几乎所有的城市都会按照一种模式建造，过去各地城市极为独特的整体面貌、独有景致、文化内涵、传统风格、民俗民气等都被逐渐抹平，城市被大型超市、购物中心、高楼住宅群所充斥，偶尔点缀一点街心公园。我们从一个地级市县级市走到另一个，不得不惊讶的发现似曾相似。一个严峻的问题摆在我们面前：中国城市千城一面。

"千城一面"是高速现代化的光荣与梦想，是改开的重大成就，还是跌入了西方式现代化的陷阱，成为一抹败笔？

"千城一面"、"如数家珍"与"资源魔咒"

城镇化的高速推进，是高速工业化对城镇发展的要求，在西方现代化、工业化理念的影响下，我国曾经力图搬用西方的经验。西方工业化、现代化的本质是标准化，以标准化换取大规模生产的效率，工业化背景下的城镇化，自然也脱离不了工业化的影响。工业化的标准化延伸到了城市发展的标准化，由此产生了可能是中国城市化进程的最大败笔——千城一面。经过了40年的标准化城镇建设，"千城一面"的城镇发展问题变得越来越突出。大广场、大高楼，不仅外形相似，布局也如出一辙：城市中心设广场，广场中心有花坛、喷泉，中央商务区高楼林立，主干道宽阔整齐、贯穿新城。雷同的规划，雷同的建筑，雷同的景观，甚至连写字楼、住宅区的名称也几近相似甚至雷同（因为中国从北到南，大量的楼宇都是几家公司所建造，比如万达广场，万科、碧桂园）。多数城市新区，除了地名，几无相异之处。

科技进步使得城市建设已经能够完全克服自然条件的约束，城市的特色因而越来越淡化。但城市的形态不仅仅是人们对自然改造的成就，同时也是凝结了长期积淀的历史文化的物理形态。可以说，源于文化的城市独特性，早已不仅仅是自然地理的反映，更是地域独特文化、民俗、民情、生活方式与审美、艺术的反映。某种意义上，"千城一面"就是对城市的历史、城市的文化最大的背叛。"千城一面"几乎中断了区域历史和文化有形的延续，是对有形文化传承的巨大破坏，失去了文化教化的场景，更是对无形的人心教化的缺失。

"千城一面"是中国城市的危机与困境，它正在抹掉城市的历史，文化的历史，城市人心中的历史。

如数家珍的讲故事模式。 如果说"千城一面"是一种影响文化魅力和地方特色的"城市病"，那么"如数家珍"就是病急乱投医的发展困境。特色不能直指城市最独特的历史文化主线，就不能直指人心，不能求得内外认同，不能形成广泛共识，真正在人们的内心深处确立城市的独特性。"如数家珍"更为可怕的是对文化创意产业发展的影响。如果没有对传统文化的深入洞察，仅仅停留在事件、现象的表面，就会陷入困境，陷入"资源魔咒"。

在最近的二十多年里，大多数城市的领导者都对城市曾经或者现在拥有过的历史文化资源"如数家珍"。中国300多个地级行政区、近3000个县级行政区的官方网站，其历史文化板块中都逃不开罗列的少则十个八个、多则几十个的"某某之乡""某某之都"的特色文化。比如某地级市推出的"六大特色文化脉系"，囊括了诗经文化、运河文化、渤海文化、医药文化、武术文化和杂技文化等诸多内容；另一地级市则提出十大历史文化：以胡服骑射为代表的赵文化、磁山考古文化、女娲文化、曹魏建安文化、北齐石窟文化、以"一枕黄粱"与吕仙祠古建筑群为代表的梦文化、磁州窑文化、广府太极文化、成语典故文化和边区革命文化。某城市自诩"千年盐都"、"恐龙之乡"、"南国灯城"、"美食之府"……。某城市从生命起源说起，到某音乐家故乡、烟草之乡、花灯之乡、高原水乡等等互无关联的全面罗列，林林总总，洋洋大观，关键是缺一不可。

城市经营者，你已坠入了资源魔咒之中。

中国几千年的文化积淀，几乎每个城市都不缺故事、不缺人物、不缺历史、不缺文化。即使如过去被称为文化沙漠的深圳，其实也有十分悠久丰厚的历史文化。夏、商年代，深圳就是百越部族远征海洋的一个驻脚点。秦始皇统一中国后，于公元前214年在岭南设置了南海、桂林、象郡三郡，谪徙50万人开发。时属南海郡的深圳，便融入了中原文化。深圳市最早的前身为宝安县作为县建制始于公元331年，即东晋咸和六年。我们只要随意指点，便有天后宫、大炮台、文天祥与伶仃洋、宋少帝赵昺与大臣陆秀夫蹈海处，等等。更不要说深圳现在拥有世界之窗等上百个文化打卡地。

再如北方一个县，要办一个文化节，叫卫夫人文化节。卫夫人是东晋时代的女书法家，知道的人不多，当然一提师承钟繇，高徒有王羲之，大家也会有联想，但如果依此作为城市品牌或城市形象，就十分勉强了。实际上，城市文化资源是有知晓等级的。你是一级资源，还是五级资源，是早就有影响力的，还是需要从头去传播的，这些对于一个城市的品牌营销意义重大。大家熟知的桂林，除了历史上的传播外，全中国每个上过小学的人都背诵过贺敬之的《桂林山水歌》："桂林的山啊桂林的水……"这在中国就是非常重要的基础资源。

几多历史遗迹，漫长文化卷帙，这恰是有着五千年文化传承的中国国情和中国现实。

伴随着城镇化而兴起的，还有各地大力推进的历史文化名城建设，民俗节庆、地方戏申请"非物质文化遗产"的热潮，铺天盖地的"市歌""市徽""市树""市花""城市精神"等等，中央电视台连篇累牍播出的城市宣传片，总而言之，跟城市文化相关的名人、名事、名物，只要曾经拥有，就绝不会被落下，而被落下的恰恰是城市内在的"神"，城市的魂。

为城市建设和发展注入文化的力量，而每个城市又不缺乏历史文化的"珍珠"，因为"有珠可数"，所以"如数家珍"式的发展城市文化，自然而然成为了最高效、最直接的选择。于是乎城市的个性塑造，又陷入了另一个"如数家珍"的困境。

然而，如数家珍让众多决策者形成了"千长一词"，千城一面的固化思维，跌入了资源魔咒之中。

从"千城一面"的败笔到"如数家珍"的困境，如何破解此魔咒？

每一个城市的领导者都对自己城市的文化古迹，文化遗产如数家珍，他们无法舍弃每一个历史资源，因为他们认为每个资源都是最好的。但是你是否跳出魔咒做全国全球各城市之间的比较，你是否做过旅游者消费者的认真调研，有多少人认同你的"卫夫人"？认同你的城市形象代言者？哪一个是唯一的，哪一个是一等一级的，哪一个才最能彰显城市区别于它者的特质？如何在大千之城中突兀而出，找到自己那座城市最独特、最鲜明、最具影响力、最具发展前景的城市之魂。

这一切，都是每一个城市决策者面临的紧迫选择。

为什么会大规模地出现千城一面：

第一，在现代化模式下我们对城市的认识不足，只认为城市是居住的地方，于是仅仅按照功能化城市的要求建设城市，比如城市竞相建造现代化的高楼大厦、大广场，建立现代化所需要的各种设施。后现代对这种模式提出了批评和质疑。

第二，地方城市政府"高速政绩观"在做怪。出政绩的最快手段是按照现代化的方式很快地改变城市原来破旧的面貌，这是在短短的任期内、在眼前就能看到的成果。于是，城市的面貌改变了，原来破烂的地方变得整齐划一了，同时问题也出现了：到处争相建高楼、大广场、大马路，一个城市和另一个城市没有差别。事实上，争高求大不一定是好事，这是一种赶超型的现代化模式，对现代化没有进行深入思考。西方人认为一百年的东西已经很好了、一定要好好保护，而我们却不同，在大拆大建的过程中文化被忽略了，一个城市最宝贵的传统变得毫无价值。

第三，土地财政是政府最大的推动力，而房地产商最乐意做的就是迅速地复制高楼，满足实用价值，但是忽略了一个城市当它以一定面貌出现时的审美价值。与欧洲将建筑放在所有艺术的首位、作为第一类最重要的艺术品相比，我们的认识差距很大。

在观念上，我们今天要把每一个城市当作一件艺术品来看待。每一座城市都是一件富于魅力的艺术品，有文化和记忆的艺术品，有自身深刻的物质和非物质传承的资源，城市的历史、城市的传统都在城市的建筑中积淀。

正如鸟巢是一件巨型的人类雕塑，每一个城市都是一件人类的雕塑品，我们要怀着审美的、热爱的情感去雕刻它。

城市是现实与历史的合题。我们今天所看到的一些城市的改造，出现了很多弊病，贪大图洋，贪新图快。所以我呼吁：不要那么心急忙慌地"拆除"我们的城市，我们应好好地研究自己城市的资源：文化的、历史的、艺术的、美学的，人们的习惯的生活方式的、城市民俗民情等等，我们要有多种设计，用跨越现实的未来视角去关注城市。

"三年一变样、五年一大样"，是政绩的口号，不一定是对历史负责的口号，不一定值得我们高喊。城市建设需要遵循现实变革中基本的规律性，按照发展的步骤、阶段、格局、美和艺术，来建设适宜人类栖居的城市，从城市规划、城市设计、城市建筑、城市街区、城市楼宇、城市家庭、城市市民等多方面入手，总体把握，综合融汇，做好顶层设计。

从历史上看，一个城市的格局形成之后，往往要因循几百年。比如我国大多数的历史文化名城的基本格局，就是几百年来大致不变。中国这一轮的城镇化——城市化建设是中国历史上，乃至世界历史上前所未有甚至后无来者的城市大变革，城市的基本格局也可能将延续到未来数百年。今天这一代或这几代的城市管理者、决策者们，的确要有对城市的历史负责的使命感，也要对城市的未来负责。当今天的人们回首古老北京的设计者建筑者和保卫者的时候，我们不禁感慨万端，他们是创造保护北京城市历史的伟人。

城市形象，"双塔"模式与城市管理

城市形象战略是城市理念、城市环境、城市行为和城市视觉标志的综合构成体。策划、实施与树立城市形象是一项促进城市发展的注意力产业。这一产业将产生巨大的效益，产生难以估量的经济推动力，创造出城市的增殖价值。城市形象设计的国际经验还表明，成功的城市形象不仅在于设计的过程，更为重要的是维持和不断推广，从而保证一个城市的品牌工程从开始建立一直到全社会的贯彻

落实始终在一个健康的体系中运转。

实际上文化创意产业这种品牌经营的策略从上海世博会已经开始广泛的传播，它也启发了我国众多城市领导者，经营者，管理者，来管理，或者推出更好的城市品牌形象。

新世纪全球经济发展已经呈现一个最新趋势，全球城市作为创意城市的争夺竞争也越来越激烈。新世纪中国的城市化，可以说是以前所未有的速度和规模迅速发展，并且日益影响着世界。那么，城市形象和城市品牌的经营，城市形象战略，是城市市民行为，和城市视觉形象的综合构成体，如何策划实施树立城市形象，是促进城市发展的创意产业。比如北京。北京通过奥运会塑造了人文北京这种城市形象，在全球获得了极大的影响力，在一个注意力经济与眼球经济的时代，谁具有了最强大的品牌优势，谁就会在世界上获得最大的影响力，而这个影响力就是市场，影响力就是经济。总的来讲影响力会带来强大的信息流、人才流，创意流，物资流，尤其我们看到资本流。

过去在城市的管理中，我们常常听到的是"短板效应"。它是说城市的整体水平是由木桶最短的那块木板来决定的，也就是德鲁克的所谓"木桶原理"。这就是说，城市的、企业的水平和容量取决于木桶最短的那一块木板。所以，补齐短板，是首要的最根本的方法。这是一种微观的、局部的、满足生产线式的操作性管理模式，是以单纯的专业化界域为限的运营方式。也就是大局不变，裨补罅漏的方式。但很明显，这是传统的工业/制造业时代的管理和治理城市的方法。而当今时代城市品牌的建立，城市形象的建立，已经遵循新的模式：这就是我称之为"双塔"模式的新方式。

双塔模式是说一个城市的影响和品牌、一个企业的管理和运营水平，是根据这个城市目前达到的最高水平来决定的。它包括两个部分，第一个"塔"是灯塔。在茫茫大海上，船只是依靠远方可见的灯塔来确定航向。灯塔的光芒映照着周边几十公里的的大海。航船就有了方向。而一个城市要树立城市品牌、城市形象，展示城市的影响力、美誉度和传播力，就要像海上的灯塔一样，发出耀眼的光茫。比如北京举办最高水平的冬季奥运会，上海主办世界最高水平的进博会和世界人工智能大会，就是在茫茫大海中竖起的灯塔。世界上大多数城市都是以其最独特的标记，最轰动的事件，最吸引人故事，构建一个最鲜明的城市IP。

另一个"塔"是建筑物顶部的水塔。它的高度，决定了水的循环所达到的高度和水下流的势能。众所周知，顶层水箱如果注满了水，它就会源源不断地自动流到这栋大楼的每一个房间，包括卫生间、厨房和储藏室。我们不需要给某个没水的家庭单独接一根进水管。这是管理城市的顶层设计，是大规模城市转型变革进入新阶段的新的战略谋划；是从总体上为这个城市未来进行的融汇性全程设计。因此，人们对一个城市的评价，对一个企业水平的评价，大都是依照它所达到的最高水平和影响力来进行的。在互联网领域，人们常说，这里只有第一，没有第二。高端的创意、高端的技术、高端的人才和高端的策划成为城市的标志。

城市管理，目标决定成败，对于今天的城市来说，设计城市，或者说对城市做顶层设计，是转型期城市最高管理者最重要的历史使命。设计策划也是生产力，是当下时代极为重要的生产力。而创意是这一文化生产力的核心，它决定设计策划的标高。对于今天转型期的城市来说，资源不成问题，每个城市都有无数等待激活的资源；资本不是问题，投资人、游动的资本有的是，到处在寻找最好的投资项目；土地有红线，但你总可以想办法解决；现在最稀缺的是对于现今城市的未来的最佳或最合宜的设计创意。有最好的创意设计和策划，就有资本的跟进，就有最好的或最合宜的企业和团队执行。你要做的是搭建平台，制定政策，构建良好的投资环境和运营氛围。最近几年，很多大型企业到腾冲等城市去投资，到西双版纳去投资，为什么？我们周围有如此多的区域等待开发，为什么却没有投资者？投资者最懂市场，最能评估你的项目的"钱景"和"钱途"。城市管理者要做的是平衡，平衡城市的现在和未来，平衡城市收益和投资商收益，平衡管理者个人的政绩收益与市民的口碑收益，当然还有其他。

对于今天的城市的管理者们来说，不是细节决定成败，而是目标决定成败。你要建立的城市是一个什么样的城市？眼界、观念、思维决定你的战略决策，有什么样的观念，什么样的视野，就会有什么样的目标，有什么样的目标，就有什么样的顶层设计。比如，如何对待传统城市留下来的古代遗迹，非遗保护，如何保持城市的生态环境，构筑新的生态平衡，对待我们的很多城市管理者，平衡发展与保护，开发与环保，守成与创新，当下与长远，价值与政绩，对上与对下，等等。但确实有一些官员，手握大权，往往觉得自己无所不能，亲自设计，亲自管理每一个细节。其实今天的城市已经不能像过去经营单个产品一样去营销，不是你自己去做设计师，而是在众多设计与策划中集思广益，做选择，做融合。因此，设计和策划的功夫甚至要比其后的建设更为重要。你要做的，是要创造一种高度来建立城市的品牌的标高，IP 的强大发酵能力。因为今天全球化信息化时代的城市品牌，一个切实的 IP 将对城市带来巨大的财富。

这已经引起了人们的共识，这是一些著名的城市营销专家的共识：要通过会展、建筑、事件、人物、故事，特别是互联网系列链条，来吸引眼球，抢夺注意力，打造城市 IP 的区域特色，打造城市唯一性品牌。

城市品牌的核心是城市形象，在这个城市形象中我们应思考如何让人们感受到一个神形合一的城市口号，城市品牌 IP。所以，我们在城市区域品牌化的定义中要塑造区域品牌的核心，要有一个品牌的识别问题。所以，就一定要极为认真地梳理城市文脉，确定一个城市的 IP，寻找一个城市的根和魂。我们讲品牌城市的品牌魅力在于城市广泛的影响力，普遍的美誉度，巨大辐射力，强烈的吸引力，还有城市居民和外来人群高度的认同感，这一切构成一个主体，这个主体就是城市竞争力。

从美学的角度进行思考：在当前中国新型城镇化进程中，大量的旧城改造（尤其是县级城市改造），一定要增加"生态城市"、"公园城市"、"艺术城市"、"美的城市"的理念，要切记，建筑是人类的第一艺术。未来的市民期待着更加"诗意"的栖居。因此，公共艺术在未来城市建设中将有更为重要的地位。

创造"艺术城市"要结合生态旅游、文化旅游，挖掘当地未挖掘的历史和传统文化，形成具有强烈地域性特色或创新特色的城市；要站在全球旅游、特色旅游角度进行城市规划；要从"影响力、标志性、艺术性、公共性"等多个方面评价城市的公共艺术建设；要将构建"艺术城市""美的城市"与区域经济、文化产业发展相结合。

我们看几个案例。

案例 1：巴塞罗那是因奥运会而规划建设的城市，在规划中把历史的文化、奥运的文化串联在一起，城市显得很和谐。巴塞罗那不是欧洲繁华的城市，与欧洲城市有相似的地方，也有自身的特点，有代表城市的标志和特色，让人神往。巴塞罗那有八栋建筑物被列为世界遗产：

安东尼·高迪（Antoni Gaudí i Cornet）设计的建筑物于 1984 年被列为世界遗产：

1. 文森之家 CASA VICENS（1883—1888）

2. 桂尔宫 PALAU G&Uuml；ELL（1886—1889）

3. 桂尔公园 PARK G&Uuml；ELL（1900—1914）

4. 巴特由之家 CASA BATLL&Oacute；（1904—1906）

5. 米拉之家 CASA MIL&Agrave；LA PEDRERA（1906—1912）

6. 圣家堂 TEMPLE EXPIATORI DE LA SAGRADA FAM&Iacute；LIA（1883—1926）

7. 多明尼克（Lluís Domènech i Montaner）设计的建筑物于1997年被列为世界遗产：

8. 加泰隆尼亚音乐厅 Palau de la Música Catalana（1905—1908）

9. 圣保罗医院 Hospital de la Santa Creu i Sant Pau（1902—1930）

由于有开创性的艺术家——如高迪——的创意创造了城市的生命力，它是一个走向艺术的城市，这与欧洲人将建筑作为艺术的第一要义的理念密切相关。

案例2：台湾的生活美学对大陆城市建设有很重要的启示意义。它让人体会到"美在生活中，城市在美中，你在城市中，就在美中"。

案例3：广西灌阳县是我国第一个叫出艺术城市的县级城市，确定了主题文化，用艺术特色来打造城市品牌。以瑶族风情打造艺术城市，包括历史文化、民族精神的培育，同时通过城市的公共艺术，来增强城市的经济效益、社会和谐，最终凝结成一个优秀的城市品牌形象。

所有成功的案例，有一点是相同的，那就是它找到了自己城市的魂。

中国文脉云：城市必须寻找自己的根和魂

每一个城市都有自己的文脉：千流一源、万法归宗、理一分殊、一以贯之。

"理一分殊"的道理，朱熹借用了佛教"月印万川"的譬喻。他说："释氏云：'一月普现一切水，一切水月一月摄'。这是那释氏也窥见得这些道理。"（《朱子语类》卷十八）把"一理"比作天上的月亮，而把存在于万物之中的"万理"比作一切水中千千万万个月影，以此形象地说明"理"与万物的关系：理是唯一的，这唯一的理又体现在万物之中，是万物的本质；而万物并不是分割"此一个理"，却是分别地体现完整的一个理。"月印万川"本是佛教中的命题，"一月普现一切水，一切水月一月摄"具体说是唯一的月映现在一切水中，一切水中映现的月都包括在唯一真正的月中。

但是还不够，除了因文化地的历史主线，我们还要看到与时俱进的当代创为。

一座城市的文化独特性如果不与今天形成联系，最终会失去发展的内驱力。可即使经过了40多年的发展，中国的一些区域的文化产业仍旧没有找到属于自己的道路。文化产业的发展逻辑，必然脱胎于文化本体，在中国这样一个不缺乏历史文化的国家，复兴中华传统文化亟待一套新的思维、新的视野和新的方法论指导。前文定义了文脉是"因文化地的历史主线，与时俱进的当代创为"。基于这一定义，结合新的时代条件、新的社会主要矛盾和新的经济、文化、科技等产业发展条件，我们提出了一套新的发展理论。鉴于其他领域已经或多或少有了围绕文脉进行理论的尝试和阐述。为区别起见，将其命名为"中国文脉云"。

所谓中国文脉云理论是指，城市作为一个巨系统，是建筑之形、文化之魂、规划之格、功能之用的系统综合，任何一个一维的文脉解释，都不能准确认识文脉在城市建设和发展中的功能和作用。因此，文脉需要按照城市建设和产业发展的需求，重新被发现，被解释。

为此，笔者从城市和地域文化建设与产业发展的角度，将新文脉定义为"在新的当代城市变革与竞争中一个城市由历史承续而来的新的文化主线"。一个兼具主体性和统摄性、历史性和当代性、无形性和有形性、静态性和动态性的概念。

什么是新文脉之新？发掘、激活、变革、创新。新文脉的新首先是发掘城市的独特的文明基因，激活城市逝去的集体记忆，承续历史，以通古今，将过去断续的、单子化、片段化的文脉——连缀成线、编织成网，交会成体，赋之以魂；新文脉的新是在最为深广的中华人文精神的积淀之上进行创新、创意、变革、改造，以变促通，以通制变，以新变成就新统，以新变实现文脉的贯通；新文脉以当代哲学阐释学为基础，其新是城对市历史要素的重新选择、重新集中，重新阐释，重新编码。

中国文脉云的新是在现代科技基础上构建的城市文化新构架；围绕在地文脉和文脉IP打造，文脉借助于云服务创造性地推出了基于区块链技术的创意确权系统，是区块链技术最新最前沿的商业化应用场景，能够让创意需求者和创意攻击者在完善的技术保障条件下实现对接和交易，形成聚焦文脉和IP长期、持续的创意供给。具体来看：

一、努力构筑中国全境四级文脉系统文脉云，依托四级文脉体系的大数据架构，实现对全国省、地市、区县、乡镇四级的在地文脉以及文脉IP的全网热度实时监测和智能分析；为各级行政单位文化建设综合效果及相关产业推进实际效能提供可视化的量化分析。基于精准数据研判，文脉云能够为各在地文脉和文脉IP定制个性化热度管理服务，推动中华优秀传统文化的创造性转化创新性发展。

二、形成共识、场景、资本的一体三位的运行结构

三、文化历史传承脉络，因文化地，目标：文化城市

四、高科技、云架构：依托国家高端智库的高位势能和基于GIS技术的AI智能匹配和主动推荐，文脉云在集成文化和科技深度融合领域前沿百大科技场景的同时，实现了在地文脉和文脉IP开发的科技场景精准匹配。

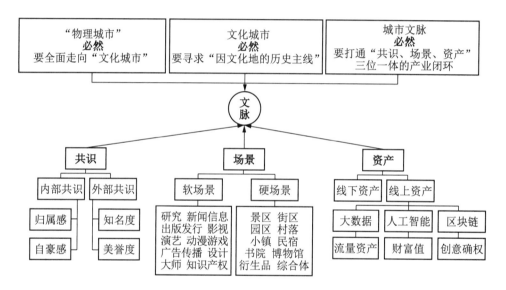

新文脉是在当下新时代新思想新制度新科技构架之上建构的新创造。所以我们将它命名为中国文脉云。

中国文脉云必须通过城市IP的精心建构来呈现城市特点的认知认同，文脉贯通，全链条传播，以及IP对城市的全面赋能。依托国家高端智库的高位势能和基于GIS技术的AI智能匹配和主动推荐，文脉云在集成文化和科技深度融合领域前沿百大科技场景的同时，实现了在地文脉和文脉IP开发的科技场景精准匹配，以个性化、一站式、系统性的场景谱系，加快推动前沿科技赋能在地文脉，成为各级城市科技企业招收引资和吸引省内外相关企业参与文脉体系建设的重要抓手和逻辑接口。

16 个已确定省域文脉的省份

省　　域	文　　脉
北京	一城三带
甘肃	交响丝路
广东	岭南文化
广西	壮美广西
贵州	多彩贵州
河北	京畿福地
河南	老家河南
湖南	湖湘文化
江苏	水韵江苏
宁夏	塞上江南
青海	大美青海
上海	魔力上海
四川	天府
西藏	第三极
云南	七彩云南
浙江	诗画浙江

16 个尚未确定省域文脉的省份：

省　域	文旅口号／品牌／形象……
安徽	美好安徽　迎客天下
重庆	山水之城　美丽之地
福建	清新福建
海南	暂无
黑龙江	北国好风光　尽在黑龙江
湖北	灵秀湖北　楚楚动人
吉林	长白神韵
江西	江西风景独好
辽宁	美好辽宁
内蒙古	祖国正北方　亮丽内蒙古
山东	好客山东
山西	华夏古文明　山西好风光
陕西	文化陕西
天津	暂无
新疆	新疆是个好地方

下面是根据全网搜索得到的各省 IP 的网络曲线图（囿于篇幅，只摘取其中一小部分）

北京：
一城三带

- "一城三带"是"一"，不是"三+一"。从辽南都、金中都、元大都，到明皇城、清皇城，1000多年的"南北之争"中，北京是中国最重要的功能性城市。功能要求结构，以线性文化遗产作为省域文脉的内核提炼，沟通四方、贯通今古，形成了"一城三带"这样兼具文化与空间的文脉表达。北京老城（故宫）为体、西山永定河为根、长城为卫、大运河为养。老城与三条文化带串起北京的历史文脉和当代形态，支撑了首都风范、古都风韵、时代风貌，是"世界文脉标志"的最集中体现。

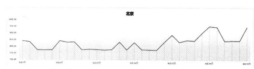

河南：
老家河南

- "一部河南史，半部中国史"。自"老家河南"文脉共识横空出世，大河之南的当代人文气象为之一变，风格为之一新。老家河南，是族群的老家，更是文明的老家。二里头之于帝国、殷墟城之于文字、河图洛书之于哲学、《易经》之于众经、少林寺之于禅宗、陈家沟之于太极拳，等等等等，都是老家，都是历史的源头，都是文明的滥觞。更有"黄河文化是中华文明的重要组成部分，是中华民族的根和魂"。延续历史文脉，河南春晚"唐宫夜宴""元宵奇妙夜""洛神赋"和"龙门金刚"等节目火爆出圈，是人人自觉"这是我老家的东西""历史共识所提供的强大支撑，维系着的稳固链接。

云南：
七彩云南

- "蓝天、碧水、净土、古道"，云南自古就是令人神往而又却步的秘境，《云南通志》载"汉武年间，彩云见于南中，谴使迹之，云南之名始于此。"3个气候带与7个气候类型造就多彩的自然生态，25个少数民族的杂居和聚居形成多彩的文化生态，以至于官方和民间都不吝以赤橙黄绿青蓝紫七种颜色一个词来定义和统摄一个省的文脉特征。"七彩云南"是省域文脉中的翘楚，生态气息与人文气质浑然天成，并牢牢统摄着翡翠、香茶、美食、神药、异景等云南最主要的产业形态。

江苏：
水韵江苏

- 在"依水而建、缘水而兴、因水而美"的扬州身后，是一省汇集江、河、湖、海而独一无二的江苏。平均海拔全国最低最高峰海拔不到700米。"水"是对江苏这片土地最形象的提炼和统摄，"水韵江苏"是对因水生运、因运生财、因财生韵的鱼米之乡的抽象和建构，是苏州园林、秦淮八艳、扬州美食等等的最大公约数。多源之水、八方来客在江苏汇聚，塑造出一股奇特的、上善而生的文化力量。水不仅为地域文明注入多元、丰富的精神内核，而且造就江苏文化缤纷多彩、千姿百态的模样，成为江苏美丽家园、美妙生活、美好未来的人文底色。

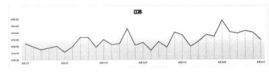

- 浙江文渊悠久、文脉深广，文气充沛。"在共同富裕中实现精神富有，在现代化先行中实现文化先行"，新世纪文脉大潮汹涌，浙江主动作为、抢注"诗画"、步步先机，不仅展现浙江独特自然和人文韵味，更联动产业的发展。狭义"诗画浙江"，是浙东唐诗之路、大运河诗路、钱塘江诗路、瓯江山水诗路等"四条诗路"和《富春山居图》千年名画。广义"诗画浙江"，是八千年的文明史诗和10万平方公里如画江山，中华文明的最重要发祥地之一，积淀了丰厚的历史文化底蕴。

浙江：
诗画浙江

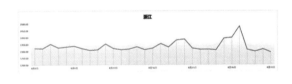

从市域来看

市域文脉共识指数代表性案例

地域单元	文脉关键词	8月均值
巴彦淖尔	河套文化	651.01
抚州	临川文化	291.71
甘孜	圣洁甘孜	442.08
海东	河湟文化	219.24
开封	北宋都城	356.84

地域单元	文脉关键词	8 月均值
嘉兴	南湖红船	504.74
南平	闽学	171.74
武汉	英雄之城	870.18
无锡	江南	376.46

陕西省地级市中"风追司马 史记韩城"是其一地一脉的优秀代表，也是全国城市文脉 IP 的优级案例。与全国盛行的"xx 故里"相比，"风追司马 史记韩城"跳脱了史圣故里的窠臼，以最简约又动感的方式将韩城的历史文脉和传承实践进行了超凡脱俗的概括和传播。有此手笔，无愧于"史家之绝唱，无韵之离骚"所一脉相承的文采与风骨，既合格律，也有意境，恰如其分地表达出了韩城在文化建设和文化传播的主题、方向和宗旨。"风追司马 史记韩城"并不是对前人流传的简单继承，而是持续专注聚焦的成果。在韩城长期的历史发展过程中，形成了以司马迁的思想、精神和品格为内核，以司马迁及其《史记》的社会影响力所造成的富有韩城特色的世风民俗、礼仪规制、建筑风格、语言交流、戏曲表演等为内容的文化样态、文化类型，成为韩城文化主轴和精神归依。

当然，百尺竿头，需更进一步！尽管一部央视纪录片《风追司马》评分颇高、风评颇好，但从此次测评的结果看韩城文脉的共识指数还不高，传播的力度、创意的热度、场景的丰度、受众的广度都很有潜力。从本体特色看，《史记》不仅是我国史书的典范，其文笔简洁，语言生动，刻画人物栩栩如生，也是一部优秀的文学著作，是民众经典阅读中不可缺少的读本。在数字经济背景下，诸如 5G 新阅读、虚实相生元宇宙之类的新技术、新场景，以《史记》在城市各处的实物印记为内容背景，将书中的人物和历史事件以立体可见的效果呈现于海内外读者的眼前，将韩城打造成一部畅销于网络的"当代《史记》"，无不具有巨大的想象空间和广阔的产业前景。

同时，以浙江各城市四级 IP 的运行来看，我们初步勾画了四级扇面图：

从诗画浙江这个总 IP，注入并运用 5G 信息技术、人工智能技术、云计算技术、区块联技术、大数据技术、高端制造技术、物联网技术、脑机接口技术等衍生出 AR、VR、MR、XR、无人机、虚拟数字人、3D/4D 打印、云演艺、手机游戏等一系列展开式的新文脉云形态。在此级基础上全面展开内容创意项目的突破与丛生。如南孔爷爷、良渚文化、宋城千古情、南湖红船、南浔古城、横店影视城、乌镇旅游区等等，均展示了元文脉云在内容上为千行百业赋能、赋力、赋形、赋业，具有强大的原生力。

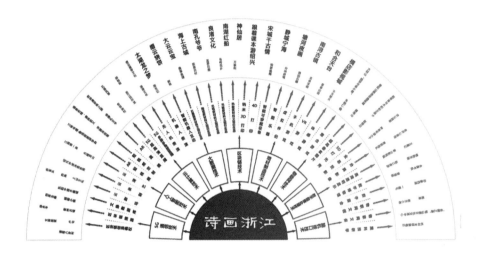

中国的城镇化，是人类历史上最大规模的一次造城运动，是关乎子孙后代的一件千年大计。我们今天所做的一切恐怕将确定着未来二三百年中国城市的格局。为此，所有的造城者、所有的官员、企业家、研究人员，都要对子孙后代负责，对历史负责。

（作者简介：金元浦，中国人民大学文学院教授，博士生导师）

中国现代文学史中城市的结构化叙述

徐德明　孟　磊

　　中国现代文学与城市发展相关的论述，可以由作家生活、作品叙述对象及生产出版环境、文学社团的教育水平与文化依托、渗透传播观念思潮的都市前沿文化诸多方面阐释。将上述与城市相关的重要元素作结构化呈现，在现代文化和文学范畴中将城市历史化是现代文学史的必然。在"史"学观照下的现代城市文化／文学的结构化呈现是重要命题，欲求深入须对先行者的历史成就有充分的认知与评价。既有文学史著述的建树有：范伯群以期刊、类型、名家层叠将现代通俗文学嵌入南北都市文化，吴福辉都市文化／文学作结构化呈现的方法论呼之欲出。城市文化／文学结构作为方法，还需渗入作家作品研究，获得更精致的历史化成果。

　　撰著中国现代文学史和古代文学史，在习惯论述的古文和白话的区别、现代思想意识与精神活动空间的革命性变化之外，第三个维度是现代城市文化／文学的结构化作为现象层面的意义及作为对象进入历史叙述的丰富可能。所幸对在现象层面上的描摹和文学史里的叙述都有了令人尊敬感佩的成绩，荦荦大者为两位已故的前辈学者的文学史著述——范伯群先生的《插图本　中国现代通俗文学史》（下文简称《通俗史》），吴福辉先生的《插图本　中国现代文学发展史》（下文简称《发展史》）[1]。本文即聚焦这两部文学史进行考察，辨认两位文学史家叙述城市和现代文学发展的骨肉血脉联系，在此过程中凸显城市文化语境，把城市文化／

---

① 范伯群、吴福辉的文学史著作由北京大学出版社分别于2007年、2010年出版，2020年出版了英国剑桥大学出版社的英文译本。范著和吴著英译本由剑桥大学出版社（Cambridge：Cambridge University Press）在2020年出版。《通俗史》直译为 A history of modern Chinese popular literature，将吴福辉的《发展史》译为"文化史" A Cultural History of Modern Chinese Literature 不是错误，而是别具只眼根据书中醒目的城市文化叙述作出的理解判断。

文学的结构加以历史化，以确认其为中国现代文学史的重要方面。

一

现代城市与文学的关联，最突出的环节在发表与出版，作家写成作品去发表与传播离不开报刊与出版机构，城市报刊、书局是文化资本投注与文学作品产出的枢纽。作家出生于、或由乡村异地进入都市，叙述身边生活或抒写回望乡土的记忆想象，写成的作品经书局、报刊编辑之手、下印刷厂排版付印，同时配合以广告的营销攻势诉求读者之心，凭纸上油墨印迹把现代叙事作品的人事、思想、情感向受众作在地与跨地的人际传播，作家之间因缘际会有各种组合与组织，更有作家文化人所办书局、同人杂志彼此分享着社团创生的与舶来的文学乃至社会的理念，作家社群频繁互动，个中人有感而发作批评侪辈的文字。上述多重复合的关系随时发生在现代文化都市、现代文学经验的各个时段，几十年来作为重要元素局部地被写入文学史中。与众不同，十多年前的范伯群《通俗史》、吴福辉发展史两种文学史不再耽于局部，且看他们的叙述如何作一种城市文化／文学的结构性呈现。

在城市文化与文学相关的方方面面之中，传统文学史叙述不同时段的重点不一样，二十年代的个性解放、三十年代的左翼革命文学与京海派、四十年代的政治标准与艺术标准、文艺为什么人。在丰产的文学史与基本一致的叙述之外，《中国现代文学三十年》在上个世纪已经有了这样的倾向：将城市作为重要与主要叙述内容有机渗入时段中心议题。到了二十一世纪《通俗史》《发展史》的叙述，现代文学史的形态与史学观产生了深刻变化，吴福辉列出五种现代文学史新见："生态说"（严家炎）、"双翼论"（范伯群）、"先锋与常态"（陈思和）、"重绘文学地图"（杨义）、"合力型"（吴福辉）[1]。这五种代表性的文学史编撰原则，是在二十年内萌生与成熟起来的，吴福辉的"合力型"历史观在消解"主流型"文学史的前提下呈现，是在不违背马克思主义的"历史合力"论基础上的多元论。虽然他未曾言明"合"何种力量，多元对话已然在此形成：汲取严家炎的生态说，当然包含城市主要生态、都市里孕育现代文学创造生机；未必赞成范伯群通俗文学是否与精英文学各为一翼，其为城市市民文化生活的主要内容则无争议；

---

① 吴福辉《插图本　中国现代文学发展史·自序》，北京大学出版社 2010 年出版，第 3 页。

陈思和的先锋，绝大多数是知识文化精英阶层的文学，但都市里的文化创新潮流往往激荡着先锋向常态的蜕变，吴福辉选典型作品则兼顾先锋与常态；文学地图未必比吴福辉多年来进行京海派流派研究的文化内涵丰富，洞悉全局更丰富细腻。通盘的历史叙述，吴福辉把观念思潮融化到不同文体的典型作品的讨论中，将五四白话文运动转化为贯穿历史的白话语言的发展变化过程，更显著的是他切实加强了对城市孕育文化／文学生机的叙述。

增加现代文学史中城市的结构性比重，势必变易以往的文学史叙述模式。上个世纪的中国现代文学史叙述的大体模式：将五四到1949年的文学分为三个阶段，每个阶段都是由文学思想观念入手，叙述文学运动及不同观念的论争，这一篇章就构成大致十年的文学活动叙述的思想文化背景，接下来的诗歌、小说、散文、戏剧按文体分章，从事各种文体创作的作家的评判准则都离不开这个背景，于文体创造有较大贡献及承载特别的思想意识内容的作家获得专章、专节的篇幅地位。于是，三个十年的"文学思潮与运动"连贯而得文艺思想史，同理可得在主导思想观念统帅下的诗歌、小说等文体简史。开创这种主流思潮导向的文学史叙述方法并非始自1950年代的现代文学史教材，五四新文学运动二十年后就有专门的文艺思潮著作。李何林而后的现代文学史著述之重视文艺思潮，实际上是一脉相承。① 和李何林当年的左翼立场态度有差别，1950年代王瑶的《新文学史稿》的文学思想与观念依靠的是毛泽东《新民主主义论》的思想逻辑，钱理群、温儒敏、吴福辉等的《中国现代文学三十年》在老师的基础上更多了1980年代"文学的现代化"的印记。进入本世纪《中国现代文学三十年》作为教材重印了几十次，主编们不断吸纳学界新的研究作一定限度的修正，基本维持其原初面目的教材稳定性。吴福辉对定型的文化观念、思潮和文学运动先行的历史叙述有深入反思，《发展史》中没有了这种专章开路的叙述方式，却由描述地景已然改造、当年旧观为人们忘记的上海一条望平街上领导出版风骚的报刊书局进入。范伯群从作家韩邦庆进入十九世纪末海上文坛开始，《海上花列传》作为个人和同代人"海上小说"（诸如孙玉声的《海上繁华梦》、邹弢的《海上尘天影》）的代表作，

---

① 李何林在新中国建国十年前就年出版过《近二十年中国文艺思潮》（1917—1937）重庆生活书店1939年版。书名有类胡适《五十年来中国之文学》，也显示不无勃兰兑斯《十九世纪文学主潮》的影响，但是李何林的左翼文学立场完全属于1930年代。该书一直影响到钱理群等撰著的《中国现代文学三十年》，其《前言》与李何林著作《序》的第一句话，句式内容都很一致。

他一个人独力编辑的文学刊物《海上奇书》第一期就刊登这部长篇章回体小说。范、吴在新世纪增强了史家自觉，偏离了教材建设的文学史轨道，共同由上海城市局部进入历史的方式，完全不是主流叙述的样貌。不久之后，也有其它的非主流叙述方式的文学史出现①。

范著《通俗史》叙述的主体部分是现代都市中的海上人物与洋场物质文明，既令人眼花缭乱，却又远远地呼应狭邪传统。《海上花列传》是典型的洋场与狭邪的结合物"海上小说"。"洋场"为近代被迫与世界通商之后的都市空间形态，租界与中国现代的文学应该是一个专门的研究范畴，因租界而形成上海、天津的半殖民文化的都市文化元素。洋场上生活着洋人、巡警、官僚买办、洋行商人，除了洋人之外的中国人无一不是由传统文化空间（诸如上海县、松江（华亭）、苏、锡、常、扬州及江浙乡下）走来，江南文人、地主、商贾，来到洋场上寻求各自或明确、或懵懂的生活与生意目标，最简单的是为来"看西洋景"或曰"白相"的，当年的市井公共空间还没有发展与发达起来，白相的"高级趣味"与生意的机遇就在洋场上的长三书寓中，这就是韩邦庆、孙玉声小说集中的场景，沈小红、黄翠凤、赵二宝是妓家女子类型，也是海上文学形象的典型。围绕着这些妓女和她们的生意对象或曰"相好"，却是中国源远流长的北里狭邪生活，唐代长安教坊与传奇小说中的李娃故事，往事越千年而在上海洋场上翻版上演，遇上的不是晋京的仕途问道者，而是洋务官员或西洋境的探勘者。洋场殖民区域和传统妓家生涯的结合，从一个侧面定义了中国现代的都市，也形塑出初始阶段的现代文学叙事间架结构。

吴福辉从市民大众对鸳鸯蝴蝶派读本的"生活慰藉"需求去讨论通俗文学。海派的通俗都市叙述有朱瘦菊的《歇浦潮》，这类形诸文字的商业化现代都市文明的潮流裹挟着市民。章回叙事除了租界上的长三堂子、还有应对复杂商务纠葛的律师，妓女交往的时尚人物涉及文明戏，骗术与新兴保险业结合上演从未有过的新戏码。这便是民初前后的《上海春秋》。北京城的市民沉迷于南方去的小说家的叙事，每日争观报纸、先睹为快。张恨水的社会小说《春明外史》连载于《世界日报》，故事的背景就是元明清历代帝都，民国而后有个德才兼备的报人才

① 不再凸出思潮与文学运动，以文学市场营销为特色标志，钱理群主编的《中国现代文学编年史——以文学广告为中心》在 2013 年出版，吴福辉也是主编之一。

子杨杏元，在妓所偶遇纯洁雏妓梨云，小女子一病辞世而让才子痛彻肺腑，于是有荷载感伤的词章大作。这一段有情无欲的故事又有了续篇，他结识女学生李冬青，情志互勉为天作之合，然而该女的先天生理原因限制了他们再进一步。旧都的欲新仍旧的情爱故事，不是后几年上海的刘呐鸥与穆时英擅长的叙事类型。这也是南北都市叙事的参差，旧派的通俗小说分南北派别，新兴现代派小说的海派特征越过张恨水的市民读者，专一诉诸追新求异的前卫读者。

二

现代城市中的阅读市场受多重文化因素影响与作用，出版者的立场、趣味与社会上各时段的的思想文化潮流、都是多元的，受众与接收方式亦然。不一样的是，中国现代文学学科开创期的文学史中强化新民主主义革命传统、淡化了城市叙述，王瑶《新文学史稿》作为共和国教育体制中的教材设置，预设读者是接受新民主主义革命知识教育的大学生。半个多世纪后，范伯群、吴福辉相关于城市方式的文学史著述，虽小众专精却无碍不同层次读者的兴趣阅读与研究利用。可是当下为应试了解文学史的人，没有对范伯群《通俗史》、吴福辉《发展史》独立方法与判断的渴求，读《中国现代文学三十年》足够满足了。

作为晚后生学人有这样的责任：帮助读者简捷了解两位文学史家如何处理城市的文化/文学结构，凸出其不可替代的价值，同时了解即使对城市认知相近，也仍是各别论述。范著叙述城市期刊出版汹涌起伏，通俗小说在特定时段繁荣类型，大小说家创生通俗类型典范，三者都受城市文化资本推动，通俗文学中贯注的思想意识内容也是随着大众文化而波动。毋庸讳言，通俗小说中独立知识分子主体只能偶或一见，一般市民心态希望社会在平衡中有限度变易，希望改良而非革命，故而鲁迅《狂人日记》未必如通俗的社会小说受市民欢迎。《通俗史》中叙述了三波期刊潮，第一波是晚清《新小说》《绣像小说》《月月小说》《小说林》，谴责小说、写情与哀情小说的潮流于焉而生，李伯元的《官场现形记》、刘鹗的《老残游记》、曾朴的《孽海花》、苏曼殊的《断鸿零雁记》、徐枕亚《玉梨魂》多数有不易的历史地位，小说也具有某一类经典的价值。第二波刊物的潮头在二十年代之前，在《小说月报》《小说时报》《小说画报》《小说大观》的波涛上有传统类型的笔记"掌故野闻"、长篇时政秘辛、"问题小说"、"上海黑幕"在冲浪。第三波杂志从二十年代绵延起伏十数年，如《新闻报》副刊《快活林》、复刊后的

《礼拜六》《半月》《星期》《紫罗兰》《红杂志》《红玫瑰》等等，带动诸多小说类型的新变：社会言情小说、武侠、侦探，一批通俗文学大家在这时段大展身手，从包天笑、周瘦鹃、张恨水、平江不肖生直到四十年代写《秋海棠》的秦瘦鸥，二十世纪的文学中不能缺少他们及作品的名字，他们生活创作于上海、北京，武侠小说分南北派，北派武侠小说却是天津王度庐、宫白羽、还珠楼主的胜场。范著通俗文学俨然就是现代文学的半壁江山，其实"半"未必意味着"一翼"，或曰"半"在两翼之间。当年被范烟桥纳入《旧派小说史》作殿军的张爱玲，却是今日文学现代性叙述最重要作家。刊物《良友》真能体现海派特色，然而它既能入俗又可以引雅，老舍与上海《良友》、天津《益世报·语林》的关系在雅俗之间不分轩轾。范著写期刊三波澜之先，特别给上海小报潮以历史地位。《游戏报》之后，中国的小报与文学之关系代有赓续，包天笑1948年在台北，亦曾寄厚望于当地的《华报》①。

当然，这两部文学史的报刊起点可以上溯，吴福辉提到与王韬（作为英国伦敦会译印《圣经》的机构墨海书馆的供职人员，为传教士的翻译作华语润饰。传教士一方称之为"秉笔华士"，王韬与同侪自贬为"佣书"）与他参与编辑的教会华语刊物《六合丛谈》。在这份刊物上不仅有王韬多种文字，且有蒋敦复关于西方人文介绍，译述凯撒等传记。王韬十九世纪六十年代逃亡香港，又去苏格兰帮助理雅各翻译"四书、五经"。再回到海上，自1884—1889年间在申报馆创办的《点石斋画报》的文学增刊上逐期连载其笔记小说《淞隐漫录》、《淞隐续录》与欧游回忆录《漫游随录》，这是现代职业作家身份的滥觞。1972年英国人美查创刊《申报》，一年后类似副刊有《瀛寰琐纪》、《四溟琐纪》、《寰宇琐纪》，这些艺文杂志刊载包括文学作品的文史著述，《瀛寰琐纪》第三卷开始登载翻译小说《昕夕闲谈》。主编蒋芷湘《昕夕闲谈·小序》称这部"西国名士之书"得以成为"华字小说"，不是"寻常之平话、无益之小说"，他向社会设问"谁谓小说为小道哉？"这比严复的小说"出于经史之上"的断语早了三十年。

吴福辉《发展史》的城市结构化比范伯群（期刊、类型、作家作品更迭叙述如"三明治"）具体深入：其章节叙述，会深入到都市市民在通俗文学中寻求

---

① 包天笑（包公毅）：《钏影楼日记1849—1949》，中央研究院近代史研究所，2019年。其1948年居于台北的日记11月二十二日记："朱庭筠送信来，嘱于《华报》写稿，并赠送《华报》一份。余以为《华报》若编辑得好，正可畅销，以此为台湾破天荒之小型报也。"

"慰藉"；其多样化的表格为文学史著作中仅见（这一点即可代表钱理群"集大成"而又"开拓"），而留学西方与日本的五四前后作家列表中都含"城市栏"。这里只谈他叙述作为整个现代文学"孕育"母体的城市。

《发展史》一共只有四章，第二章《"五四"启蒙》、第三章《多元共生》、第四章《风云骤起》。这三章转化了《中国现代文学三十年》中三个十年的全部内容：传统现代文学史的精气神，仍然存在于《"五四"启蒙》；《多元共生》不止雅俗，尽可容纳范伯群《通俗史》的"绪论"所述；《风云骤起》似乎与前文标题的逻辑不尽一致，和多个城市并列的台湾、香港文学的叙述是廓展，联系着更大范围的第二次世界大战及战后时空。回到第一章《孕育新机》，"新机"是新机制、新机能、新的生机。新机制是报刊出版发行，也是为什么要从望平街进入整个中国现代文学史的理由；新机能在于文人，科举制度末年，韩邦庆、孙玉声赴考就心不在焉，再过十年（1905年）中国停科举之后，绝大部分在庠的生员无路可走，而海上的洋场才子稍一转脸便迎来了新的生机，旧派文学中人可用八股句式叙事，便是日后徐枕亚之辈利用《民权素》等报刊的成功之路；新的生机，至少可以和王德威"没有晚清，何来五四"互文，二十多年前就出现的生机到"五四"新文化／文学才蓬勃旺盛地生长。"孕育"说的是城市母体，都市上海的国际交往、现代物质文化、人才向新闻出版界与与商界流动，真是一个思想文化受孕的良性肌体，等到"五四"文学婴儿呱呱坠地的数十乃至百年之后，我们恍然大悟城市是中国文学的现代化道路上的发车站台。

进入"节"目，发现高频率的词条是"上海"。一共八节内容：第一节，望平街的报刊书局在上海不用说，吴福辉后续的章节里还把文学研究会与商务印书馆的关联，创造社和泰东书局的合作，北京以鲁迅为灵魂的作家群与北新书局的关系一一划分揭示；第二节的白话报，吴福辉叙述重要的"大部集中于上海"；第三节最早放眼世界的人，代表人物由上海麦家圈出走香港而泰西；第四节倡导新文体的梁启超，作为上海《时务报》的总撰述，有"报章体"而"新民体"；第五节1903年的文学大事记作家们往返于上海和东京，东亚的城市是一条现代化走廊；第六节述商业都会与现代市民小说，归趋在上海；第七节述南社，江南文人才子而转型为现代知识分子，正是苏州到上海的路径；第八节交待文人、文学现代化的城市中心转移：文化古都苏州、扬州的文人进入上海创造鸳鸯蝴蝶派文学。晚清民初的都市核心区域在变换，新兴都市上海替代苏、扬等城市的文化中心地位。不仅是城市空间的变易，旧文化都市中的知识文人亦向新的中心流动，这一点范伯群的叙述用了更多笔墨。

三

现代文学作家往往是都市行动者。他们经济地位有别，或在书斋、或亭子间奋笔疾书，搁下笔来会行走于都市精英沙龙、各级大中学校和公共文化场所，也涉足咖啡厅、舞场甚或交易所，偶或有作家会走入街头茶馆的洋车夫、戏班子龙套中，也有走访调查下等妓女，听他／她们吐一点苦水……。这些人中可能包括左翼、海派和京派作家，会有上海的施蛰存、穆时英、秦瘦鸥，也会有京津的老舍、曹禺。个人以外，都市中的文化人协调各类与文化结缘的资本此起彼伏地创办文学刊物，从商务印书馆到北新书局等等不胜枚举，文人结社与群体活动也是集聚于都市公共空间如中央公园、新月书店等，更大的组织如左翼作家联盟成立于上海，中华文艺界抗敌协会成立于武汉，这些行动或组织都和都市发生关联。

作家比一般市民更多在城市之间迁移，不妨回归现代文学传统的作家作品论范畴，以作家在城市间移动的视角看城市文化／文学的结构性。我们不谈包天笑从江南城市来沪上写《上海春秋》，也不说沿江城市的张恨水进北京叙《春明外史》，且看一看写出现代文学多样文体经典、也是文化活动／文学运动中最重要的作家鲁迅的城市间移动，尝试获得另外的鲁迅观感。鲁迅由传统城市绍兴"走异路"到省会南京读书，思想境界从此打开。他在江南的高等学堂里可以读到《天演论》和《全体新论》，由此认识自然与人类社会的进化以及人的身体结构。循着对身体的认知而到日本较偏僻的城市仙台学习医学解剖，再发展到不满足解剖人体的组织与神经，决定投身文艺运动去解剖人的灵魂，去大都市东京——那儿是鲁迅阅读、翻译世界被压迫民族文学、"别求新声于异邦"、"立意在反抗"的地方。从日本回到绍兴经历辛亥革命而失望，在北京任政府公职的十多年，曾经沉潜于搜求历史遗迹，再接第二次投身文艺运动，于是有了五四文学重头戏《狂人日记》《阿Q正传》，又在大学兼职当讲师。离开北洋政府教育部（不避和总长打官司）去南方城市厦门和发起革命征伐的广州，一路走到上海而居住十年，终于坚定做一个独立的中国历史与现实文化的批判者，写杂文针对的现实事情批判的是全部中国历史文化。无论南北还是东瀛，城市是鲁迅思想与文艺发展的重要语境。范伯群《通俗史》构成和通俗文学比较的新文学作家，强调他们"在五四前夕，以'海归知识分子'为骨干的知识精英文学的队伍开始在大都市结聚"。①

在城市间移动，是百年来大多数作家体现中国现代性的重要方式。我们愿意再以作家经验阐发都市文化/文学结构性的一些面向，将作家生活经验中与他们的作品关系看似未必紧密的方方面面作文化与文学的生命整体观。这种案例当然要求作家有丰富的空间迁移履历，从一个城市到另一个城市，从东方到西方（欧洲、美洲），不仅是作品、其个人经验还影响过文坛，开示出范例。

首先，看老舍写人物从乡村而古都的生活轨迹和人的堕落。中外将都市作为罪恶渊薮的小说，如雨果、巴尔扎克的作品，包天笑、朱瘦菊无不指涉上海的都市罪恶，老舍将人的堕落变为都市的一部分。《骆驼祥子》写从古都郊外进城的乡下青年祥子，进得城市寻求立身谋生的根基，找到的是一种"洋"（现代交通代步的）人力车，它与现代都市男女、知识阶层的日常生活有着频繁紧密的关联性。乡下人，在古都，拉洋人力车，成为都市生活的榨取对象，最后去砸电车，一段洋电车替代洋人力车的现代化过程，制造了人的道德堕落，祥子终于成为垃圾——都市流氓无产者。堕落动因之一，是都市现代文化烙印在祥子精神上的"个人主义"，这源于尼采、与托尔斯泰宗教道德对立的意识形态居然在一个不识字的人物心中安下根来，可谓绝无仅有。

二是老舍与上海文化市场无缘。1930年代初，他想当职业作家，放弃在山东的大学教授身份，林语堂、陶亢德辈都是文字结识的良友，上海之行的考察结果，朋友告诉他当职业作家会挨饿。当然不是每个作家都会如此，二十年代李涵秋同时写多部小说，四十年代王小逸在印刷厂排字间写稿应付几个手民，他同时有十多部小说连载。通俗故事在市场上永远占上风，饶是老舍也敌不过流行文化。老舍不是北方人在南方都市水土不服，而是他写祥子的过程笔尖上"滴出血与泪来"②，不是市民所求得"慰藉"，总之不是市场所需。

第三，作家居都市大不易——大时代里都市中的文化组织活动。老舍在武汉的中华文艺界抗敌协会成立时被选为总务部长，实际上是负责整个"文协"的工作。他与"文协"一路被日军飞机轰炸由武汉走到陪都重庆，和协会编辑的刊物名称一致《抗到底》，老舍坚持了后续的抗战七年。老舍无党无派，没有发起过

---

① 范伯群：《插图本 中国现代通俗文学史·绪论》，第4页，北京大学出版社，2007年。
② 老舍：《我怎样写〈骆驼祥子〉》，《老舍全集》第17卷，人民文学出版社，2008年。

任何文艺论争，也没有过履职的政治愿望，和无法做职业作家一样，他也无法把"文协"办得官样一点。来了文人朋友，他总得当了衣服请喝酒，落得后来一身皱巴巴灰布衣服，一副衣冠扫地的模样。都市，民族，战争，文人，组织，一种奇特的结构性关联。

第四，海外都市里的中外文学翻译的交流经验。1920 年代老舍在英国，曾经帮助艾支顿英文翻译出版《金瓶梅》，书前扉页印了译者题词：献给我的朋友舒庆春。他们的翻译方式是共同租住一套住宅，工作流程是读、老舍讲释字义语境，艾支顿记录后审订，没有老舍就没有那几十年都被当做权威译本的英文版《金瓶梅》。1940 年代，老舍在纽约再次和英文译者合作翻译中国小说，这次是他自己的作品，不同的作品，不一样的英文译者，二十多年前的读、讲、录文方式重现。伦敦、纽约，两次翻译越过了数百年的中国小说史，在两个不同语境的对话中落实书面翻译，这个个案中的中国古代、现代文学的翻译需要有都市条件。

第五，都市里的法权——在美国纽约反对东方主义，维护中国作家的权益。都市不是荒山野岭的法外之地，那儿讲法治，可是有美国人翻译中国人小说不尊重著作权，这就是伊万金翻译出版老舍的《骆驼祥子》《离婚》的一任其东方主义的成见，破坏作品主旨，曲意迎合市场。老舍完全不知情，伊万金把《骆驼祥子》的结尾改成祥子和小福子的大团圆，出版后让美国读者看到了一个刻板的东方故事，真地成了畅销书。老舍在美国时，伊万金故技重施，要把《离婚》的结局改为老李和邻居马少奶奶团圆。老舍坚持权利，不忍悲剧性的作品价值观被破坏，然而最终的结果是伊万金的译本照样出版，老舍和郭镜秋翻译的同时面世。实质上，资本／东方主义的文化逻辑在美国的都市里赢了。什么样的东西方交流才是老舍的价值体现？我们应该回到 1920 年代老舍写中国人在伦敦的《二马》，那里的都市上演东西方无法深度融合的悲剧，父子两代的恋爱都失败了。张爱玲喜爱《二马》，她母亲也欣赏。轮到张爱玲翻译与被翻译时，在纽约再度产生文化价值的舛误。越来越多的世界都市里有文学翻译在进行，翻译是语言结构的演绎，更是文化的结构性问题。

文化语境中的文学文本的发展是历史，城市化越来越是生活的主流方式，发展中必有变易，文化／文学和城市的新的互动会产生新的结构性问题的面向。在文学史叙述中清醒意识与完成"城市文化／文学结构的历史化"，是个严肃的课题与工作。

最后，谨以本文向将城市作为主要角色写入文学史的前辈范伯群、吴福辉致敬！

（徐德明，扬州大学文学院教授；孟磊，安徽师范大学文学院博士研究生。）

从"自由"到"形象"：以生态美学经济建构城市形象的机制与策略

徐　宁

经济发展与生态保护时有冲突，美学经济是调和冲突的策略之一。邱晔界定了美学经济的概念，概述了美学经济形态，明确了美学经济的定位[①]，李海舰、李燕从分析哲学的角度界定了美学经济，依据大众的生产与生活方式，概括了美学经济的十种形态[②]。以上学者从建构学科理论体系的角度讨论美学经济，并未过多关注美学经济对城市形象的建构问题。参与者在美学经济活动中会产生生存体验与价值判断，而承载美学经济活动的城市必然会与此类体验与价值判断关联起来，在此意义上，美学经济与城市形象存在逻辑关联。生态审美模式更易融入社会化大生产中，因此，研究以生态美学经济建构城市形象问题具有重要的理论与实践意义。

一、以生态美学经济建构城市形象的可行性

审美具有愉悦特征，在此意义上，审美价值可以增强消费者的购买欲，而消费者在从事经济活动时必然会产生相应的体验。体验是消费者感知与建构城市形象的"材料"。生态审美的全息式审美模式与社会化大生产相契合，因此，以生态审美经济树立城市形象具有可行性。

（一）美学经济与城市形象的关联

"美是无概念地作为一个普遍愉悦的客体被设想的"[③]，而审美愉悦则是审美主体追求美的动力之一。美并不能单独存在，其必须附着于对象之上。美的载体因愉悦感而吸引审美主体，美的载体作为客观之物，可凭借满足人类生存需求的功能而

---

① 邱晔.美学经济初探［J］.北京社会科学，2020（10）：93—107.
② 李海舰，李燕.美学经济研究论纲［J］.山东大学学报，2021（04）：65—75.
③ ［德］康德.三大批判合集［M］.邓晓芒译，北京：人民出版社，2009：256.

成为商品，从而同时具有使用价值与审美价值。商品的使用价值与审美价值并没有明确的界限，因为审美是人类的生存方式之一，满足人类的审美需求就是满足人类的生存需求，两者时常伴随而生。"动物只是按照它所属的那个种的尺度和需要来构造，而人却懂得按照任何一个种的尺度来进行生产，并且懂得处处都把固有的尺度运用于对象；因此，人也按照美的规律来构造"①，除了对物的基本需求，人类还会自觉按照美的规律生产美。美学经济便是精神文明发展到一定阶段的产物，消费者对商品的美学价值提出了要求，即在获得商品使用价值的过程中体验到审美的愉悦。中国陶器诞生不久，人类便在上面绘制简单的花纹，以增加陶器中的审美价值，而审美价值的增加无疑会增加其使用价值。东晋时期的王羲之在六角扇上题字，书法的艺术审美价值刺激了消费者的购买欲望，使扇子价格暴增。审美是人类的先天能力，但是人类的审美需要一定的条件，比如人类面对自然美好的自然景观时，会产生审美的愉悦，但是人类必须借助交通工具克服时空的间隔，接触到自然才能实现审美，诸如此类审美条件的创设需要经济的介入。

凯文·林奇指出城市形象是指大众在生活中产生的共同城市印象②，指出城市形象是一种印象，而印象是一种模糊的，长时间与对象互动形成的一种感知结果。消费者在使用商品过程中，会自发地将消费体验与城市关联起来，从而形成对城市的印象。哪些要素构成消费者的城市印象呢？康德在《纯粹理性批判》中指出时间与空间是人类认知的先验条件，而生活则是对象属性与人类感知互动，形成印象的方式。"城市形象是公众对城市产业经济、建筑空间等物质要素和人文历史、社会面貌等非物质要素的整体印象和评价，既反映了城市的过往与现状，也包含了对城市未来发展的期待"（徐剑.构筑城市形象的全球识别系统［J］.探索与争鸣，2021，（07）：49—51.），经济作为一种实践活动，涉及到一座城市的建筑、人文历史与社会面貌各个方面，并在一定程度上对城市的风貌起决定作用，经济与城市形象之间存在必然联系，而以审美价值为核心的美学经济与城市形象之间的关联不言而喻。

美学经济影响下的城市形象亦是一种印象，而这种印象是大众通过消费商品获得的体验与城市相关联而形成的，商品满足消费者的感官需求而产生愉悦，康

---

①　马克思恩格斯文集（第1卷）［M］.北京：人民出版社，2009：163.
②　［美］凯文·林奇.城市意象［M］.北京：华夏出版社，2001：43.

德称这种愉悦为快适，"快适就是那在感觉中使感官感到喜欢的东西"①，这是商品使用价值形态之一种，而"为了分辨某物是美的还是不美的，我们不是把表象通过知性联系着客体来认识，而是通过想象力（也许是与知性结合着的）而与主体及其愉快或不愉快的情感相联系"②，在消费体验、想象力与愉悦感的作用下，大众对城市形成印象，这种印象可以是拟人的，如风情万种、充满活力、浪漫温柔等，亦可以是基于城市某一这方面的评价，如美食之都、春城等。总体评价建基于个人对城市生活方方面面的评价。

（二）全息式生态审美易于转化为商品的审美价值

"让人民群众在绿水青山中共享自然之美、生命之美、生活之美，走出一条生产发展、生活富裕、生态良好的文明发展道路"③，自然之美、生活之美与生命之美的实现应当在与生活结合起来，而不应当脱离人民的生活，即在生活中体悟生命之美，体验生命之美。生态审美经济具有让大众在经济生活中体验自然与生态之美的特性。

全息式生态审美模式更容易使消费者体验到商品的审美价值。价值是主体需求与对象的属性相契合的产物，但对象属性满足主体需求需要具备一定的条件，即使对象经过加工成为商品，商品使用价值满足主体需求时仍需一定的条件，如消费者因蔬菜的食用价值而产生消费的动力，但是消费者要实现蔬菜的食用价值仍然需要锅、火源等一系列工具，可见，商品使用价值的实现需要借助一定的条件，审美所带有的愉悦价值，是激发者购买兴趣的重要动力之一，但其同样需要前提。审美是主体与客体相互作用的活动，审美对象的属性引发主体的审美体验。在不同的审美理论中，引发人类审美体验的对象属性各有差异。17 世纪夏夫兹博里认为美的根源在心灵，对象的比例合度引发心灵的审美体验④，沃林格的"移情说"认为审美是对象诱导主体将情感移入对象之中的活动⑤，荣格的精神分析美学认为审美是对象复现了主体的集体无意识⑥，克莱夫·贝尔提出"在各个不

---

① ［德］康德.三大批判合集［M］.邓晓芒译，北京：人民出版社，2009：256.
② 同上书，2009：249.
③ 习近平.让绿水青山充分发挥经济社会效益［R/OL］.（2020-08-11）［2023-10-30］.http：//www.people.com.cn.
④ 朱光潜.西方美学史［M］.合肥：安徽教育出版社，1991.
⑤ ［德］W.沃林格.抽象与移情［M］.沈阳：辽宁人民出版社，1987.
⑥ ［瑞士］荣格.荣格文集［M］.长春：长春出版社，2014.

同的作品中，线条、色彩以某种特殊方式组成某种形式或形式间的关系，激起我们的审美情感"①，线条、色彩等艺术媒介的形式是审美的根源。不同的美学理论论证了相应审美对象属性诱发审美体验的功能。人类往往通过媒介呈现审美对象属性，雕塑使用石头、木头等呈现审美对象的形状、色彩，文学使用文字呈现审美对象等。

想象力是对象审美价值满足主体审美需求的中介条件之一，生态审美对主体的想象能力要求较低。但是按照不同美学流派，其审美模式不同，对消费者想象力的要求亦不完全相同。②想象力需要刺激，生态审美的全息式审美模式能够在更广、更深层次上激发大众的想象力。具体而言，生态审美以生态为审美对象，这就需要人类调动全部的感官、知识等对进行生态审美，"我认为开始回答如何审美地鉴赏一处环境的问题，如同以下所述那样。我们必须用所有那些方式经验我们背景的环境，通过看、嗅、触摸诸如此类的方式"③，生态是一种环境系统，人类同样需要调动全部感知能力对其进行审美。审美主体运用全部感知能力观照生态的审美方式，即为全息式生态审美。全息式生态审美并不要求与审美对象保持距离，不需要鉴赏者在剧院等特殊场所完成审美活动，而且也不需要将对象中的特定元素剥离出对象整体的鉴赏力，反而要求审美主体进入生态之中直观，即在生活中即可完成审美活动，因此全息式审美模式克服了非生态审美的局限。全息式审美是生态审美区别于非生态审美的理念，也是其审美变革性的体现。

二、以生态美学经济建构城市形象的机制

生态审美自由产生愉悦感，受众为了获得审美愉悦而愿意付出时间与金钱，在资本的推动下，这种意愿因为商家提供了更加优质，更加舒适的审美环境而得以强化，从而使审美意愿转化为消费需求。生态审美将多元的对象纳入审美视域下，有利于形成规模化的经济圈，而生态审美模式先天地具有统筹协调的审美属性，有助于产业链的打造，经济圈、生态审美模式统筹的生态资源特色沉淀为大众对城市形象的认知。

---

① ［英］克莱夫·贝尔. 艺术［M］. 马钟元，周金环译，北京：中国文联出版社，2015.
② 钱智等，城市形象设计［M］. 合肥：安徽教育出版社，2002：30.
③ ［加拿大］卡尔松. 环境美学——自然、艺术与建筑的鉴赏［M］. 成都：四川人民出版社，2006：77.

（一）审美自由引发愉悦追求

审美是人在现实刺激下产生想象与认知，进而获得自由的精神活动。当审美客体的感性刺激符合人类的动物性时，更容易引发审美体验。"鲍姆嘉通将美学定义为感性认识的科学且旨在感性认识的完善。而感觉当然属于身体并深深地受身体条件的影响。因此，我们的感性认识依赖于身体怎样感觉和运行，依赖于身体的所欲、所为和所受"[①]，身体是造就人类感性体验的渊源。并非所有的身体刺激都与审美相关，但与人身体密切相关的对象更易引发人的审美体验。食色，性也，食色是人类身体感性刺激的基本类型。"美感是由快感发展而来的，在上古时期美感主要包含在生理快感之中，它从以官能享受为主逐渐过渡到精神愉悦为主"[②]，中国古代就有"羊大为美"的美学观念，此观念认为人的食欲满足是一种审美体验。

生态审美因其满足了主体美与善的需求而强化了愉悦感。"快适是对某个人来说就使他快乐的东西；美则只是使他喜欢的东西；善是被尊敬的、被赞成的东西，也就是在里面被他认可了一种客观价值的东西"[③]，商品除了满足消费者感官的愉悦需求，其审美价值因引发消费者的情感愉悦而转化为消费欲求。"所谓人的肉体生活和精神生活同自然界相联系，不外是说自然界同自身相联系，因为人是自然界的一部分"[④]（《1844年经济学哲学手稿》），人与自然先天地具有密切联系，人具有亲近自然，回归自然的精神诉求。这一诉求衍生出一系列文化现象，如中国传统文化中的"比德说"，将物拟人化，以此来驯化人类的品德。南宋朱熹的"格物致知"说，通过研究物，而达到"知"的境界。而这一系列文化现象的前提是人类对自然的亲近，在价值观层面，人类承认自然的地位，在情感上乐于向自然靠近，在自然中类比与解释人类的生命现象。生态审美除了审美所具有愉悦感，同时还因其契合了生态价值而被赋予善的特性，在生态环境问题日益严重的时代，这种因承认生态价值的实现而具有的善的属性，加持了审美所产生的愉悦感。换言之，生态审美除了具有美的愉悦，还具有善所引发的愉悦，将美与善结合起来。

---

① ［美］理查德·舒斯特曼.实用主义美学［M］.彭锋译，商务印书馆，2002：352.

② 邱晔.审美视角下的"羊文化"解读［J］.辽宁行政学院学报，2010（10）：135—137.

③ ［德］康德.三大批判合集［M］.邓晓芒译，北京：人民出版社，2009：255.

④ 马克思.1844年经济学哲学手稿［M］.北京：人民出版社，2018：124.

愉悦感是人类的永恒追求目标之一，无论是感官的愉悦，审美的愉悦还是善的愉悦，这一基于人类趋利避害本能的特性，是美学经济得以成立的前提。"在这个爱美、求美、研美和创美的时代，当人们必须要生产'美'，定期采购'美'，被迫学习'美'，美学也就成了主导这个时代经济学供需循环的价值起点。美学需求从众多需求中凸显出来，成为对经济动机与经济行为起决定作用的核心因素"①，愉悦是消费者消费的目的之一，也是其消费的重要动力之一，不同时代消费者通过商品获得愉悦体验的方式各有差异，这也导致商品随着时代的变化而迭代更新。求美是人类的永恒目标之一，在当今时代这一追求显得愈发强烈，对经济的影响力也有所增强。

（二）审美愉悦造就消费需求

"美是物质的更是精神的，物质经济给人带来极大快乐，精神经济不仅同样给人带来极大快乐，而且使得快乐具有倍增效应、乘数效应"②，精神快乐，尤其是精神层次所产生的自由体验，成为绘画、音乐、雕塑等艺术产品屡屡拍卖出天价的原因，此类市场现象证明了精神自由愉悦对消费者的吸引力。但获得此类审美愉悦需要一定的条件。部分条件需求是个人创造能够完成的，如在田园中就可完成对自然的审美，但有的审美条件则需要运用商业的力量才能达到。音乐艺术审美需要在音乐厅中进行，绘画艺术审美需要安静的环境，适当的灯光。而这些条件并不完全是消费者个人所能够创造的，这就需要商业组织人力、物力协作完成。正是在此意义上，主体的审美愉悦需求造就了消费需求。同时商业集合了艺术家、美学家、传播方面人才创制的审美条件更优越，从而有利于将审美价值转化为经济价值。在商业资本的力量支持下，越来越多的手段被商业化，商业成为助推审美条件的重要力量。如桂林自然景观的开发，在自然景区当中又推出桂林印象人文演出，讲述地区的历史人文积淀，与自然景观相映成趣，有助于激发受众的想象力。

生态美学经济除了具备一般美学经济的发展优势，生态审美的全息式审美模式还与社会化大生产相契合。生态审美全方位地审视对象的声音、形状与颜色，以及其所体现的生态韵味等。其他美学视角下无法纳入美学经济生产中的要素，

① 邱晔.美学经济：一场范式革命与实践创新［J］.云南社会科学，2021（04）：37—46.
② 李海舰、李燕.美学经济研究论纲［J］.山东大学学报（哲学社会科学版），2021，（04）：65—75.

在生态审美的统筹下，均可发挥其相应的价值，参与到美学经济中，从而"变废为宝"。这就意味着一个城市的自然景观、制度景观与精神理念都可以被囊括进生态审美之中，更容易形成生态美学经济产业链。而商业产品生产、运输与消费过程中的链条化，因其更易统一协调、组织，而与社会化大生产相契合。多元化对象激发生态审美的条件，但是如果商业能够同时创造此类条件的话，消费者获得商品中审美价值的难度相应降低，那么生态审美便更容易发生，主体更容易获得生态审美价值，生态审美需求更容易转化为消费需求。

（三）商业风格积淀为城市形象

商业风格是消费者在消费商品过程中将商品"人化"，在商品运输、商品使用过程中获得的体验，并对其进行拟人化描述、评价的结果。中国文化中有品鉴人物的传统，魏晋三国时期对人物的品评佳话流传至今，商业风格的评价与对人的口评一样，注重感性直观体验，而不太注重概念逻辑推理。商品使用体验是影响商业风格评价的重要因素，商业使用体验由商业理论决定，在此意义上，商业风格是商业理念的衍生物，以顾客至上的商业理念则会衍生出服务至上的商业风格，更加注重商业服务，保证商品的准时送达。而以品质至上的商业理念则会衍生出重技术开发，重产品设计等风格。美学能够促进消费者的消费欲求，增加商品的价值，但除了商品内含的美学价值以及商品本身的设计，消费者购买商品，通过商品获得审美价值愉悦体验的过程亦是影响城市形象的重要因素。消费过程中的服务、产品设计、商品中使用价值与审美价值获得的难易程度，影响消费者的体验，从而影响城市形象。发挥桂林山水的生态审美价值，是文旅产业发展的关键，亦是消费者对其城市印象的关键，反之，生态审美价值的多重阻力因素则会影响消费者的体验，从而使消费者产生负面的城市印象。《看不见象鼻山的桂林——"门票思维"何时休》[①]一文指出桂林景区之间管理不统一，游客每进入一个景点都要重新购买门票，而反观长沙，由于其夜经济的发达，带动了饮食经济，使长沙成为网红城市，甚至被冠以"美食之都"的称号。

商业风格受到消费者使用商品体验的影响，商业风格具有一定的概括性与普遍性，但是商业风格并非一成不变，因此，商业风格的打造商家需要整合城市资

---

① 看不见象鼻山的桂林——"门票思维"何时休［R/OL］.（2017-05-24）［2023-10-30］. http：//www. people.com.cn.

源，依据一定的理念打造相应风格的产品，同时借助一定的媒介对此风格进行宣传，消费者在商品使用体验中，逐渐生成城市印象。

三、以生态美学经济建构城市形象的策略

通过辨析生态美学经济建构城市形象的机制，不难发现，审美资源、受众的审美偏好与审美感知方式是影响消费者体验的重要因素，也是消费者通过体验建构城市形象的关键。因此，可打造生态资源品牌，以此为支点，发挥生态审美的统筹与联运功能，打造生态审美资源圈层。在此过程中需要商家以顾客为中心，将消费者的消费偏好与城市的品牌形象相结合。同时，要在生态审美的联动与统筹之下，聚焦城市生态审美资源，统一商业运作风格，突显城市的生态审美特色，运用电影、纸质文本与短视频等方式进行宣传，多角度，全方位地影响受众的消费体验，在消费中传递商品的生态审美价值，从而达到以审美撬动经济发展，打造城市形象的目的。

（一）以生态资源品牌固化城市印象

美学经济以受众的审美体验激发消费者的购买欲求，生态资源是引发生态审美体验的前提。生态资源品牌是指具有文化积淀，广为人知的符号，这一符号具有联动其他资源的功能。生态资源品牌在纵向上可以开发出系列产品，而横向上能够将其他文化品牌关联起来，从而形成生态文化圈，在此圈层中带动生态审美经济的发展。

审美价值的实现是获得审美愉悦的核心要素，也是提升消费者消费欲求的重要动力，在此意义上，按照生态审美规律设计商品，赋予商品以生态审美价值，是优化城市形象的前提之一。消费者体验到的美感越强烈，则其购买相关商品的意愿也相应地上升，与生态审美直接相关的产业便是文旅产业，文旅产业能够带动住房、餐饮、特产消费等。以此为支点，带动整体生态审美经济的发展。山西运城是关羽的故乡，当地政府在运城盐湖区依山傍水建造关帝庙，举办关公文化节，雕塑了80米高的关公像，关帝庙里还供奉有赤兔马，运城市还有赤兔马出租车公司，以及售卖的饰品等。关公与赤兔马作为文化符号，以其文化积淀而成为人文景观审美的知识性背景。

很多地区都有代表性的动植物，如成都的大熊猫，洛阳的牡丹花，九江的庐山等，这些具有浓厚文化积淀的资源成为旅游业的名片，以此类代表性的生态意

象为支点，关联其他生态意象，从而发展生态审美经济，强化消费者对城市形象的认知。不同城市的生态资源并不相同，其文化积淀也各有差异，桂林以其旅游资源著称，"桂林山水甲天下"吸引着游客前来，促进了当地餐饮，手工，水果、住宿与导游行业的发展。

（二）以受众审美偏好统筹消费风格

生态审美中的生态既指自然生态，同时也指社会生态与精神生态，受众的审美偏好既包括自然景观的偏好，亦包括人文景观与精神价值观的偏好。人与自然界中的动植物，人与人，人与社会的整体关系构成生态关系。不同的生态系统遵循共同的生态规律与生态伦理。因此，生态审美中的生态指不同生命体与非生命体构成的能量循环体，这一循环体可以指大的自然生态系统，也可以指人类身体这一小的循环体，同时还包括人类精神等因相互依存与互动而形成的循环体，"生态学研究应当意识到，人不仅仅是自然性的存在，不仅仅是社会性的存在，人同时还是精神性的存在。因而，在自然生态与社会生态之外，还应当有'精神生态'的存在"[①]，如果说自然生态体现为人与物之间的关系，社会生态体现为人与人之间的关系，那么精神生态则更多地体现为人与自身的关系。人与人，人与社会之间的和谐生态关系亦是生态美学经济的增长点，昆明因其适宜的气候，桂林因其优美的自然景观而受到消费者青睐，而部分乡村而因其纯朴的民风，和谐的氛围而成为发展农家乐的场所，云南丽江，江苏镇江都力求实现自然与人文的和谐发展。了解消费者的审美偏好，依据当地生态资源，统筹消费风格成为以生态美学经济建构城市形象的重要策略。

如果以生态审美资源品牌关联其他城市的自然与人文景观，是从横向上借助生态审美元素助力经济发展，从而影响城市形象的话，那么以审美偏好统筹消费风格则是从纵向上深度利用生态审美元素，形成相对一致的消费风格。如海底捞的企业文化之一是强调"顾客至上，服务至上"，使顾客产生回家的感觉。一座城市的的消费服务风格如此，亦是使消费者对城市产生诸如"温馨如家"的评价。长沙湘江风光带的灯光秀与湘江水相映成辉，使自然生态与人文生态合二为一，发挥地方特色生态资源价值的同时，发展饮食经济，强化长沙夜经济的环保特性。

---

① 鲁枢元.生态时代的文化反思［M］.东方出版社，2020：49.

（三）以审美感知美化城市形象

"城市的历史文化、景观文化、工业文化通过传播媒介的改造与输出，形成了迎合消费需要的文化产品与需求"①，媒介具有艺术加工的作用，自然与人文景观被制作成宣传片之后，更加具有审美观赏性。媒体的宣传不宜各自为战，而应当从生态审美的角度，整合资源，打造生态旅游文化圈层，将美学经济效应最大化。生态审美感知规律树立城市形象，应当遵循生态的整体性规律，从整体上关联设计城市形象宣传策略。如电影、音乐、书籍，甚至于包装纸上的宣传联运。而在宣传内容上，则应当整合不同地区的生态资源，实现资源整体优势，突显生态审美树立城市形象的优势。

审美偏好是借助生态审美的内容发展经济，以此提升城市形象，审美感知则是从手段上助推生态审美价值的实现，从而树立城市形象。利用新媒体全方位宣传城市形象是另一热点话题，但是宣传城市的哪些方面，如何统筹资源，形成资源的依赖效应，成为城市宣传的另一重要问题。遵循生态审美感知的规律，以湘江风光带为资源支撑，以此宣传长沙，建构城市形象则成为可行的路径。东莞具有丰富的自然与人文生态景观，在自然景观方面，东莞因盛产莞草而得名，同时还有银瓶山、观音山、水濂山等一批森林公园，在人文景观方面，东莞具有文化资源，被称为"粤剧之乡"，在经济发展与现代化进程中，东莞同样具有特色，号称世界工厂。东莞可以利用数字化智慧特色来整合生态资源，建构生态资源之间的关联，从而树立城市形象。

城市文化包含城市行为和顾客感知两部分，独特、持久、具有生长力的城市文化经过现代工业的加工与重塑，将城市文明由精神生产资料转变为符号化的价值表象。② 城市文化形象的生成是一个城市历史演进、城市文化累积与现代文明建设多重作用的结果，也是城市与公众之间通过一定媒介进行理解、评价、互动与创造的过程。生态审美既要求宣传城市生态景观之形，同时还需要宣传城市生态景观之内容，突显其生态关联性与整体性，尤其强调城市的生态特色，形成景观的联动效应，甚至于在不同市区之间形成整体的生态联运特色。在粤港澳大湾区建设之下，为生态审美资源的整合，以及从整体上协调生态资源，发挥美学经

---

① 陈骥，刘伟. 短视频对构建城市形象的效用与启示［J］. 中国行政管理，2021，（07）：154—156.
② 同上。

济特色，树立城市形象提供了便利条件。

四、结语

讨论生态美学经济对城市形象的建构功能，有助于拓展美学经济的外延，深化对生态美学实践特性的认识，打破生态保护与发展经济的二元对立思维模式，为打造城市文化品牌，美化城市形象提供智力支持与理论指导。而对生态美学经济建构城市形象的典型个案进行研究，以此完善生态美学经济建构城市的原则与逻辑理路，达到生态美学经济理论与实践的辩证统一，则是进一步研究的方向。

（徐宁，博士，湖南科技大学特聘副教授）

康有为、梁启超的域外纪游文学与中国现代化思考

傅建安

救亡图存是晚清中国的主题词。在晚清使臣亲历域外考察学习以期实现国家富强、民族振兴之时，康有为、梁启超等维新派作家在国内加剧了变法改革的步伐。在变法改革失败之后，他们踏上天涯漂泊求真之路，以亲历考察印证心中既往的西方形象，解读中西文化差别，探索中国现代化之途。

一、维新之路漂泊之旅

康有为、梁启超等维新作家是晚清较早具有开放视野、世界眼光的代表人物。他们最先是通过国内制造局所译介的西学启蒙书籍了解西方国情与政治，学习西方的天文、地理、化学、生物等各种科学知识的。这些书所介绍的新的知识、新的观念、新的方法，给中国的知识者带来了别开生面的景观。他们如饥似渴地阅读这些书籍，并且通过这些书籍来研究西方的政治体制与社会思想，从而形成他们变法改革的新思想。这批人中的佼佼者就是康有为。

康有为在维新变革方面起着领导与导师的双重作用。1891年康有为在广州开设万木草堂开堂讲学，"讲中外之政，救中国之法"，梁启超、陈千秋、麦孟华、徐勤先后及门从学，并成了维新变法的中坚力量。梁启超不仅是康有为的追随者，他还将康有为"西学"思想发扬光大并进行推广与传播。他们组织强学会，创办《时务报》宣传维新变法，影响日益扩大。梁启超曾形容康有为的新思想给当时中国带来震撼之强烈如飓风、如火山、如地震。康有为在中国山河破碎之时五次上书光绪皇帝请求变法。光绪皇帝最终采纳其意见，把学习西方、改行新政作为国策，并召集康有为、梁启超等实行维新变法，史称1898年的戊戌变法。

顽固派为了既得利益，拼死反对新政，阻扰和破坏维新改革。慈禧发动戊戌政变，将光绪幽禁于瀛台。正如梁启超在《戊戌政变记》中记载的谭嗣同"不有

死者无以酬圣主，不有行者无以图将来"的慷慨陈辞，谭嗣同等戊戌六君子就义于于北京菜市口"以酬圣主"，康有为、梁启超亡命天涯"以图将来"。康有为在英国公使馆的帮助下，逃往香港避难；梁启超在日本使馆的帮助下，由天津乘日舰逃亡日本。此后，康、梁把流亡生活当成了环球考察之旅的最好机会。康有为从1898年9月戊戌变法失败后开始流亡海外，直至1913年11月回国，历时16年，写成《欧洲十一国游记》。他如此自述自己的流亡经历，"两年居美、墨、加，七游法，五居瑞士，一游葡，八游英，频游意、比、丹、那，久居瑞典……"①并请著名篆刻家吴昌硕刻"维新百日，出亡十六年，三周大地。游遍四洲，经三十一国，行六十万里"②的朱文小字印章。他曾游历美国、法国、英国、德国、加拿大、意大利以及日本等发达资本主义国家，也到访过印度等古代文明辉煌但近代逐步走向衰败的殖民地国家。他游历时间长，游历国家多，对各种类型的国家都有了解。他立志要当"尝百草"的神农，为中国的发展开出药方。梁启超1898年东渡日本，旅日期间，梁启超一方面继续联合在日本的维新人士，创办《清议报》宣传西学，另一方面通过日文进一步接受西方思想与文化。1899年梁启超应美国华人的邀请准备赴美国，但因清政府的阻挠，旅程只到夏威夷檀香山，在夏威夷滞留半年，随后由香港经新加坡、槟榔屿、印度，绕澳大利亚一周，1901年经菲律宾回到日本。1903年应美洲维新会之邀，梁启超从日本横滨出发，横穿太平洋到达北美洲大陆，对加拿大和美国的政治社会进行了为时7个多月的考察，将其观感和思考整理成为16万字的《新大陆游记》。1912年10月，梁启超结束了长达14年的流亡生活，从日本回国。

二、域外求知"思迈大秦"

康、梁作为对"西学"有着充分了解与思考、对于国家的发展改革有着实践体验的政治家，与晚清使臣出访欧美以仰视的视角考察西方文明不一样，他们的纪游文学作品能站在世界局势的制高点上，俯视中西文明，纵横指点中西文化利弊得失，探求中国文明富强的现代化路径。

（一）踌躇满志激情澎湃——康梁域外纪游文学"思迈大秦"的豪迈心态

康有为、梁启超的域外行旅虽然是仓皇出逃，但是他们的纪游作品丝毫看不

① 康有为，《康有为政论集》，中华书局出版，1998年，第1018页。
② 侯波良.馆藏文物信息采集审校札记［J］.温州文物，2013（00）：59—62页。

到壮志未酬的感伤与沉郁，而代之以充满期待与希望的踌躇满志与豪情万丈。

康、梁在维新变法运动失败以后，认为中国病已沉疴，怀着"哀中国之病而思之以药寿之"的心理踏上异国流亡旅程。所以，他在《欧洲十一国游记》的开篇就表达了要将万国政教艺俗尽采吸之的行旅理想："将尽大地万国之山川、国土、政教、艺俗、文物，而尽揽掬之、采别之、掇吸之，岂非凡人之所同愿哉！于大地之中，其尤文明之国土十数，凡其政教、艺俗、文物之都丽郁美，尽揽掬而采别掇吸之，又淘其粗恶而荐其英华焉，岂非人之尤所同愿耶？"① 同样他的流亡诗《生民》也表达了要拯救四万万生民的豪迈理想："尧舜君民愿，艰难险阻身，明良思会合，肝胆尚轮囷，欲铸新中国，遥思迈大秦。吾不能拯溺，四万万生民。"而梁启超在叙述自己编《新大陆游记》的初衷时也表明"以其所知者贡于祖国，……或亦不无小补。"② 他们希望通过"考其政变之次第，鉴其行事之得失，去其弊误，取其精华"③，"在一转移间，而欧美之新法，日本之良规，悉发见于神州大陆矣"④，也即在西方找到中国将来发展的理想模式，并期待有朝一日能重新得到皇帝的重用，从而就学习借鉴的成果用于国家改革与发展的实践中，造就国力上超过"大秦"（也即欧洲）的新中国。

所以，康有为在《欧洲十一国游记》中记叙在锡兰乘巨舰往欧洲途中，虽然"巨浪拍如山"，但他油然而生的感慨是"海不扬波无险探。"⑤ 记叙过地中海时临波而歌之："浩浩乎沸潏灟渺哉！地中海激浪之雄风。……滔洪波，邈邈天幕。几世之雄，赋诗横槊。汽船如飞，我今过兹。泄浪排天，浩浩淘之。英迹杳香，犹在书诗。……激荡变化，颇难测知。全球但见海环地，岂有万里大海在地中之恢奇。不知木土火诸球地，似此海者有几希。地形诡异吾地稀，宜其众国之竞峙而雄立，日新而妙微。昨日一日行希腊，云峰耸秀天表接。岛屿万千曲曲穿，澜漪绿碧翻翻涉。遥望雅典哥林多，岚霭溟蒙岳嵯嶫。七贤不可见，民政今未渫。呜呼文明出地形，谁纵天骄此浃渫。"⑥ 康有为面对地中海激浪雄风的浩渺

---

① 康有为：《欧洲十一国游记·自序》社会科学文献出版社，2007年版，第9页。

② 《新大陆游记 凡例》商务印书馆，中国旅游出版社，2016年版，无页码

③ 中国史学会.戊戌变法：第二册［G］.北京：神州国光社，1953.第3—5页

④ 陈学恂、田正平主编：《中国近代教育史资料汇编·留学教育》上册，上海教育出版社，1991年版，第310页。

⑤ 康有为：《欧洲十一国游记》社会科学文献出版社，2007年版，第15页。

⑥ 康有为：《欧洲十一国游记》社会科学文献出版社，2007年版，第24页。

景象，遥想雅典人在希波战争中的丰功伟绩及古代英雄横槊赋诗的豪迈气概，感叹时势，呼唤能在浪涛汹涌的大海中纵横驰骋的"天骄"。在这"四千年大变局"的时代，康有为在其域外纪游文学中更多抒发了乘风破浪、舍我其谁的气概。而梁启超的《新大陆游记》也豪气干云地表达在这"世界无尽愿无穷，海天辽阔立多时"的历史语境中，"适彼世界共和政体之祖国，问政求学观其光"，实现"锐意欲造新国"的伟大心愿。他们在纪游文学中抒发的豪情来源于终于能够通过亲历域外获得比较的视野，通过与西方"他者"的比较就很清晰地找到医治中国沉疴的良方。正如康有为在《欧洲十一国游记》中所云"不可不读中国书，不可不游外国地"，"中国书"与"外国地"的互证是他们理想的"迈大秦"的基本方法。

（二）从器物惊艳到制度文化借鉴——康梁域外纪游文学"思迈大秦"的域外借鉴理路

与晚清使臣域外行旅的目的一样，康梁也希望通过域外行旅进行文化比较与文化借鉴遥思"迈大秦"的方法，但是他们的思考借鉴却表现在不同的层面。晚清使臣在域外游历中主要是惊艳于西方的物质文明，希望借鉴西方的现代科学技术以改变晚清中国贫困落后的面貌。所以晚清使臣在其纪游文学作品中常用"奇妙至极"、"不可思议"等词语来形容西方的器物文明。为了达到学习的目的，志刚、徐建寅等在其纪游作品中对西方科学技术的描写甚至具体到每一步的工艺流程。与晚清使臣对于西方物质文明的震惊即器物惊艳不同，康、梁已经认识到"舍本逐末地办一点洋务，搬运一点坚船利炮，引进一点制造工艺"已经不能挽救中国的危亡。梁启超曾在《变法通议》中分析中国实行新政多年，但是没见多少成效，原因在于"变法不知本原"，并引用德相毕士麦克（德国宰相俾斯麦）的话加以论证，认为当时中日强弱此消彼长在于"日人之游欧洲者，讨论学业，讲求官制，归而行之，""中人之游欧洲者，询某厂船炮之利，某厂价值之廉，购而用之。"[①] 所以，我们向西方学习不能停留在坚船炮利、制造技术等上面，而是在改革政治制度方面，这就是梁启超所说的"本原"。他们在其纪游文学作品中记叙其考察重点不在于表面"神妙不可思议"的物质繁荣与技术革新，而在于深层次的制度与文化，所进行的是政治考察。

---

① 梁启超.《论变法不知本原之害》[M] //《.饮冰室合集》，北京：中华书局，1989年版，第8—9页。

康有为在《欧洲十一国游记》中曾旗帜鲜明地表明"考政治乃吾专业也"。而梁启超在其《新大陆游记.凡例》中说明"中国此前之游记,多纪风景之佳奇,或陈宫室之华丽,无关宏旨,徒灾枣梨,本编原稿中亦所不免,今悉删去……所记美国政治上、历史上、社会上种种事实,时或加以论断",[①] 也即表明他思考的重点是政治、制度与文化。他们书写自己亲历欧美的游历观感时,也充分肯定欧美物质文明,但是他对西方物质文明的肯定是建立在物质文明在西方发展格局中的重要作用来看的,落脚点还是在制度文明。如康有为"自华式(瓦特)之后,机器日新;汽船铁路之交通,电、光、化、重之日出;机器一日一人之力,可代三十馀人,或者可代百许人。于是器物宫室之精奇,礼乐歌舞之妙,盖突出大地万国数千年之所无,而驾而上之。"[②] 所以当晚清域外使臣关注欧美富国强兵之术时,康、梁最直接关注的就是能达到富国强兵效果西方政治体制与文化。"康南海乃中国较早提倡民权之人"[③],他在域外纪游文学中不仅书写对欧美现行的政治体制考察的结果,还将其与中国古代社会进行比较,"斟酌古今,考求中外"。他主张君主立宪,提倡地方自治与民权,认为英国是宪法开辟的先导,提倡设立议院,"以通下情",认为其政体的先进也影响到科技。康有为重视古物的保存,但他从古物保存所得出来的结论是强调文化精神的传承——"古物虽无用也,而令人发思古之幽情,兴不朽之大志,观感鼓动,有莫知其然而然者。"[④] 梁启超在《新大陆游记》中书写美国的选举制度,写出对美国总统的作用、美国总统与英王的区别、美国三权鼎立的制度模式的独到见解。更重要的是,梁启超表达了行旅中对美国社会女性地位的认可与对种族平等的呼吁与重视。他把西方社会对女性的尊重及其相关礼节与风俗被提升到了民权民主的高度。他观察到"凡旅馆、凡汽车以及诸等游乐之具,往往为妇女设特别之室,其华表远过于男室。道中男子相遇,点头而已,惟遇妇人必脱帽为礼。在高层之升降机室中,一妇人进,则众皆脱帽。街中电车座位既满,一妇人进,诸男必起让坐。"[⑤] 认为"此实平等主义实行之表征也。"西方女性地位的平等、自由是晚清使臣迈不过的一道鸿沟,

① 梁启超:《新大陆游记》商务印书馆,中国旅游出版社,2016年版,第3页。
② 康有为著《欧洲十一国游记》[M]《走向世界丛书》,长沙:岳麓书社,1985,第459页。
③ 康有为:《康有为全集》第12集,中国人民大学出版社,2007年版,第452页。
④ 康有为:《欧洲十一国游记》社会科学文献出版社,2007年版,第75页。
⑤ 梁启超《美国之妇女与劳力者》[M]//《新大陆游记及其他》,钟叔河主编《走向世界丛书》,长沙:岳麓书社,1985,第1页。

梁启超能从文化体制层面对其高度评价与赞扬，这是在中国女性文化史、中国文明史来说都是非常重要的。他对种族不平等的现象进行愤怒的抨击，他数次提到在美华人受歧视的境遇，很多方面都受限制，只能从事最低贱的工作。而美国黑人生活更惨，"每黑人有罪，不经法官，直聚众而焚之"，"美国独立檄文云，凡人类皆生而自由、生而平等，彼黑人独非人类耶！"在遍游美国之后，梁启超总结出美国富强的原因在于民权与共和，即他所谓"成功自是人权贵，创业终由道力强。"

康、梁同样对西方工商业进行考察，但是他们的游记很少着眼于工厂的机械化程度本身的先进，而是在此基础上对西方经济发展整体状况的观察与对新趋势的深入思考。康、梁也都夸赞欧洲城市的整齐、华丽，交通道路的发达，但是他们是把城市的外观当成衡量城市文明的标志，从西方交通发达联想到的是"铁路与国政群治的关系"。他们考察并重视资本主义的物质文明，但他们"关注的是总统制、议会制这样的政治制度，是太平洋、大西洋这样的国际格局。"[①]

他们的域外纪游文学写出欧美考察时发现的诸多西方社会的体制文化差异，与使官日志相比，康梁域外纪游文学记述的考察内容有明显变化。

三、康梁域外纪游文学对中国现代化思考的开阔深入与犀利冷静

康梁作为综观全局的政治家，重点记载了由行旅地所得出的对中国现代思考的文化感兴，酣畅淋漓地纵论世界文化格局与中国发展路径，既能宏观着眼，又能深入剖析。

（一）集广度与深度于一体的旅游感兴

康梁对欧美实地政治考察的记载及观感是建立在中外文化比较的基础上的，目的是为了寻找中国在世界文化中的位置，探索中国振兴的可能以及如何振兴之法。

康有为在《欧洲十一国游记》中纵论阿拉伯文明、埃及文明、地中海文明，细论文明的兴衰更迭；他从地形论述欧洲列国竞争之势，欧洲议会制民权之产生，雅典文明的兴起与发展，论述欧洲各国特色各异、强弱不一、治法不一的个性特征；他将英国与东亚诸国进行比较，欧洲与亚洲进行比较，中国与意大利、与印

---

① 李书磊：《作为异文化体验的"梁启超游美"——重读〈新大陆游记〉》，《中国现代文学研究丛刊》2014年第3期。

度、甚至是南非白人等世界各国家民族历史文化进行比较，呼唤中国的自立。康有为认为欧洲文明发展最快就在近100年，只要我们改革得法就会很快实现国家富强。他将中国和意大利进行对比，认为意大利的变法，我们中国可以采用；欧洲文明也有许多粗陋落后之处；法国的学问、技艺远不如德、英；英国的伦敦应该为我国城市建设之鉴……而梁启超在其《新大陆游记》中曾四次写道美国总统罗斯福巡行太平洋沿岸的政治演讲，历数美国将太平洋视为自己"独一无二的势力范围"，认为"彼中国者老朽垂死"的政治态势；评析欧美及日本将在中原逐鹿，以及美国海军一日千里进步之势，拟向中国推行门罗主义的事实。通过分析美国野心与太平洋局势，进一步唤起中国的忧患之心。可见他们视野的宏阔高远。

不仅如此，康、梁对资本主义文明的分析深入细致。他们总是能够考虑问题的各个方面，充分用数据说话，论述欧洲各国发展趋势及其对中国的影响，中国的应对策略等。如康有为对意大利的分析："意大利地方面积十一万有六百四十六英方里，人口三千二百四十五万。上溯百年前，不过一千七百万，今已倍之矣。……意国铁路长八千八百英里，费一亿八百四十万磅，……故其食谷品，法兰西人每年一吨，意人仅得半吨。其农产物值，法国每人平算得五十九磅，意人仅得三十磅。其全国产肉三十九万吨，除百分之三十八。……民以贫而天弱，亦可畏哉！……美国则二十八万六千人，其他各地六十二万，共二百余万人焉。……意国二十年来，机器之进步亦大矣。同治十年时，其蒸汽力一百三十二万吨。至光绪二十年，已增五倍余，为五百五十二万吨。此则过于我国者矣"。① 从意大利的国土面积，人口状况，历史上人民贫困的状况、贫困的原因、现在机器生产之后生产力发展状况、中意对比、意大利与英德法等国的对比，后面还包括意大利的陆海军、财政、银行等多方面数据展示，可以说对意大利的分析深入细致、鞭辟入里。康有为对法国的同样全面而深入，他从林业、渔业、织麻业、织棉业、制铁业、制革业、矿业、铁路、银行等各产业的产量、产值、人均所得等各方面进行了详细的介绍。梁启超同样深入介绍他所访问的新大陆美国。他认为美国工业发达，实力在英国之上。然后对英美两国进出口情况与工业生产总值进行对比。他统计得出美国在1894生产总值就超过了英国，从而完成英美国际地位的易位。为了深入剖析美国新生事物托辣斯，他历数托辣斯的滥觞，它的发展盛况，并列

---

① 康有为：《欧洲十一国游记》社会科学文献出版社，2007年版，第124—125页。

举最近五年的托辣斯的资本表，细数托辣斯之利弊，美国国家针对托辣斯出台的文件与调查报告，民间关于托辣斯的研究著述等。作为一名政治家他尤其意识到当其进为国际托辣斯时对中国的重大负面影响。他说："勿以为市侩之事业，大雅所不到也，更勿以为对岸火灾，非我远东国民所宜厝意也。二十世纪以后之天地，铁血竞争之时代将去，而产业竞争之时代方来。……抑我国中天产业之重要品，若丝、若茶、若皮货。其制造之重要品，若瓷器、若织物。苟以托辣斯之法行之，安见不可以使欧洲产业界瞠然变色也。……"[①]呼吁大家不要以为托辣斯是别的国家的事情，可以用对岸观火之势去对待。当今的国际竞争已经不是过去武力争夺地盘，而是产业竞争，托辣斯的出现对我国的重要产业会发生重要影响。可见，梁启超对问题的分析是深入透彻的。

康、梁以其宏阔的社野与深入的剖析使其域外纪游文学有广度、有深度、有力度，更能突出影响国内广大民众对西方国家的了解与对国家未来的思考。

（二）犀利冷静的文化审视

康梁是以求强图变的目的赴国外进行考察、学习与借鉴的。面对西方之景，首先联想到的是中国的落后，中国需要借鉴西方的诸多方面。康有为在《欧洲十一国游记》中描述参观法国的宫殿，"宫中有朝房，其华整与诸殿同，""穿武将朝房，壁地皆以文木作花，上穹用回教式，中金桌置一大磁盘，"[②]法国朝房精致整洁，连连感叹与我国朝房天壤之别："以视吾国朝房之卑污寒陋，相去何啻天渊"。他还将德国的路政与中国路政进行对比，认为必须要效仿德国："德道路之洁为天下冠，日扫三次，夜另计，宜其过于各国也。雇马车皆领牌，事讫，车夫缴还，以防失物，其良法亦各国所无。道路为国大政，养生所关，观游所属，吾国道路－不洁，车马无管理者，重为外人笑，不可不仿德人之法焉。"[③]他认为中国可以借鉴英国富人捐赠而建藏书楼以开启民智，"美迦利忌以借读于市中藏书楼而开智慧，故富后施舍二万万为藏书楼，凡一千二百所，吾国不可不采法焉。其便民开智多矣"等。当康有为重访拜西诃，恰遇某位诗人雕像的揭幕仪式的盛况，尽管他不知道这位诗人是谁，他不禁感叹意大利人对文艺的尊重，发出当为

---

① 梁启超. 二十世纪之巨灵托辣斯［M］//. 梁启超全集（第二册）北京：北京出版社，1998. 第 1113 页
② 上海市文物保管委员会编. 补法国游记［M］// 列国游记——康有为遗稿. 上海：上海人民出版社，1995：503—506
③ 上海市文物保管委员会编. 补法国游记［M］// 列国游记——康有为遗稿. 上海：上海人民出版社，1995：126—127.

吾国所惭的感慨。而梁启超的文化自省来得更加宏观深入与情绪猛烈。《新大陆游记》中记述了梁启超的同学徐勤盛赞美国："举美国一学校也，举美国一兵队也，举美国一商店也，举美国一工厂也，举美国一家族也，举美国一花园也。""吾因而返观比较于我祖国，觉得我同胞匪惟不能自治其国也，乃实不能自治其乡，自治其家，自治其身；乃至所行者不能谓之路，所居者不能谓之室，所卧者不能谓之榻；此岂耻，恶衣恶食，亦以觇文明程度之标准也。"①而梁启超非常赞成徐勤的观点。而当他行旅到达美国旧金山时，通过他在美洲的深入了解与对比，他用极少的篇幅总结了华人的长处后，用极长的篇幅系统分析了中国人的缺点："一曰有族民资格而无市民资格。"即使华人作为个体来到美国，思考的还是家族利益，目前的中国人还不具有现代国家的国民的素质。"二曰村落思想而无国家思想。"如果不破村落思想，要成一巩固的帝国是很困难的。"三曰只能受专制不能享自由。"中国人习惯受长官、父兄的约束，不能很好享受自由的权利，以致"专制安而自由危"、"专制利而自由害"。②所以中国人封闭保守，没有政治能力，合议制度与选举制度在当时中国还行不通。"四曰无高尚之目的。"中国人缺乏欧美人之"爱美心"、"社会的名誉心"、"宗教之未来观念"，这样使中国人的状态凝滞堕落。另外他还例举了中国人与美国人的区别，如美国人做事讲效率，中国人重勤奋；美国会场安静，中国会场哗然；美国人身直头昂，中国人则呈"伛、偻、俯"的样式；西人数人同行如雁群，中国人数人同行如散鸭……正如梁启超所言"内地无外人之比较，不足以见我之长短，故在内地不如在外洋"，康梁在行旅过程中，他们找到西方"他者"，在与他者的比照中审视自我，从而在中国融入世界文化潮流、走入世界过程做出了不朽的贡献。

康梁初次接触到的西学是令他们耳目一新的，他们希望以西方为模式进行变法维新。所以康梁在去往欧美之前，西方文化在他们眼中是蒙上一层玫瑰色的梦幻色彩的。但是当他们真正接触到了欧美文化，却看到西方政治体制与文化中的诸多的社会问题，西方现代制度不能成为中国现代化借鉴的蓝本，于是开始进行批判与抨击。诚如康有为所言，"未游欧洲者，想其地若皆琼楼玉宇，视其人若皆神仙才贤，岂知其垢秽不治，诈盗遍野若此哉！……吾昔尝游欧美至英伦，已

---

① 《新大陆游记　徐序》商务印书馆，中国旅游出版社，2016 年版。无页码。
② 梁启超：《新大陆游记》商务印书馆，中国旅游出版社，2016 年版，第 126—130 页。

觉所见远不若平日读书时之梦想神游，为之失望。"(《意大利游记》)他对罗马和雅典仰慕已久，亲游罗马雅典之后却失望至极。康有为不仅对目之所及有失望，而且对于心中所期盼的欧洲文明同样失望而批判。他批判意大利贫而多诈，盗贼犹多，而盗抢现象在葡萄牙、西班牙等西方国家都存在。"罗马虽承埃及、巴比伦、亚西里亚、腓尼基、巴勒斯坦、希腊诸文明国之汇流，以一统大国名于西土，今欧人艳称之。然以之与我汉世相较，有远不逮者"，并总结了五个不及我汉世的方面："一曰治化之广狭"，"二曰平等自由之多少"，罗马人所有权利限于一城数十万人之内，我汉扩之百郡万里五千万人之远，"三曰乱杀之多寡"，"四曰伦理之治乱"，"五曰文明之自产与借贷"。他批判罗马的国会"私于贵族，徒召乱争"，失去了国会民主平等的真正意义。他还批判罗马淫俗流行，彩而不讳。他通过西方宗庙的壮丽，返观其迷信神道；他批判法国"议院党派之繁多，世爵官吏之贪横，治化污下"……

梁启超首先也通过比较谈人们初到纽约的印象："从内地来者，至香港、上海，眼界辄一变，内地陋矣，不足道矣。到日本，眼界又一变，香港、上海陋矣，不足道矣。渡海至太平洋沿岸，眼界又一变，日本陋矣，不足道矣。更横大陆至美国东方，眼界又一变，太平洋沿岸诸都会陋矣，不足道矣。"[1] 但是当他真正来到纽约，却发现纽约的"嚣尘杂乱"，在纽约光鲜亮丽的外表下，存在财富分配不均、移民过多、种族歧视、脏乱贫穷等诸多社会问题。所以对纽约进行批判评价："天下最繁盛者莫如纽约，天下最黑暗者殆亦莫如纽约。"他剖析美国贫富不均的社会现象，统计美国全国总财产的7/10集中在20万富人的手里，3/10属于79800000贫民，富人诚富，穷人实穷。纽约社会分工精细，机械化程度高，但与之俱来的是人沦为机器的奴隶。[2]……美国虽是共和政体，但也存在政党斗争、官吏贪渎、缺乏政治效率，美国的大统领好用庸才等诸多弊端。正如研究者指出，对近代的中国知识分子来说，"西方"也是"中国"自我意识的重要来源，但它提供的，并不是论证自我优越性的"镜像"，而是一套进行自我反思、自我批判的标准，是一个校准自我变革道路、未来发展方向的指针。[3] 在康有为、梁

---

① 梁启超：《新大陆游记》商务印书馆，中国旅游出版社，2016年版，第37页。
② 梁启超：《新大陆游记》商务印书馆，中国旅游出版社，2016年版，第40—41页。
③ 曹颖龙：《晚清维新士人眼中的"西方"——以康、梁的欧美游记为中心》，《全球史评论》2010年第3期。

启超的行旅体验中，他核验了以往西方世界的形象，认识到欧美并不是他们心目中自由、民主的文明新世界，从而对国家道路的选择又有了全新的理解。

四、世界格局的建立与文化自信的彰显

康、梁的域外纪游文学意义重大，代表着他们能站在世界格局与未来世界大势高度来思考社会问题，标志着知识分子思维的拓展与文化自信的建立。

（一）世界格局的建立

康、梁在国内提倡新学、实施改革时就带有世界意识。梁启超在年轻时就有将自己变为世界人的自我意识，他曾自述："余生九年乃始游他乡，生十七年乃始游他省，犹了了然无大志，梦梦然不知天下事。余盖完全无缺、不带杂质之乡人也。曾几何时，为十九世纪世界发风潮之势力所簸荡、所冲激、所驱遣，乃使我不得不为国人焉，浸假将使我不得不为世界人焉。"①（梁启超《夏威夷游记》）他认识到在当时波涛汹涌的时势变化中，自我成为世界人的必然性。康有为在给光绪帝上第五书时分析世界局势："大地八十万里，中国有其一；列国五十余，中国居其一。地球之通自明末，轮路之盛自嘉、道，皆百年前后之新事，四千年未有之变局也。列国竞进，水涨堤高，比较等差，毫厘难隐，故《管子》曰：'国之存亡，邻国有焉。众治而己独乱，国非其国也。众合而己独孤，国非其国也'"，②也表达了中国必须融入世界思考问题的重要性。他在欧洲十一国游时明确提出"读中国书，游外国地"的认识世界的双重视野。康梁在其域外纪游文学中在"他者"文明者返观自我，在世界格局中对照自我，在亲历域外时正视、批判西方文明的不足，都足以体现其观察思考问题的世界格局与眼光。而这种世界格局的建立，并不仅仅体现在突破了以往中国是天下之地理的中心、中国是天下之文化的中心的"华夏中心"观念，让中国不再坐井观天，夜郎自大，而且体现在于世界格局中思考中国的未来与发展路径，并站在世界文明的制高点，进行西方异质文明的比较与评价，评点世界格局与未来趋势。李欧梵高度评价梁启超，指出"梁启超在1899年的《夏威夷游记》中特别说他自己要做一个世界人，他在心目中所画的地图，就是将自己的足迹从广东画到中国，画到日本，画到夏威夷，画到美

① 梁启超《夏威夷游记》,《梁启超全集》第二卷，北京：北京出版社，1999第1217页。
② 康有为：《上清帝第五书》见《康有为政论集》（上）,：中华书局，1981年版，第250页。

国，最后画到整个世界。"认为"中国进入世界的历程是从梁启超开始。①"

在康、梁的影响下，晚清知识分子从"天下"走向"世界"，他们的主体精神被空前激活，从而发生了知识结构、文化意识以及世界观等层面的现代性嬗变。"国家、民族、主权、领土等观念开始生成并流行开来，中国人的新的世界意识或世界观最终得以形成。"② 中国近代思想文化告别了自我封闭而成了世界思想文化一部分。

（二）文化自信的彰显

康、梁面对西方异文化观察思考，在其域外纪游文学以世界的视野进行中外文化的比较，在世界格局中分析中国社会现实，理性借鉴域外先进文明，从而彰显文化自信。首先他们能肯定西方先进之处，正视中国落后面貌，以坦然的心态凸显文化自信。他们对中华旧有积习的自省与批判有的时候甚至达到"文化自恨"的程度。如梁启超在《新大陆游记》中还用"不禁长太息者矣"、"痛哉！"等来抒发自己愤怒的情绪。但是这种"文化自恨"并不是表明行旅者文化自卑，而恰恰是中国人能够正视自己的开始。它表明"中国的政治/文化精英通过对西方的体验、观察与描写，拒绝了西方、东方之间的"观察"与"被观察"、"描写"与"被描写"的既定权力关系，实际上打破了"文明"与"野蛮"的文化等级格局"。③ 他表明中国人已经有了正视自己的勇气与必然改变中国在世界的地位的信心。这无疑是文化自信的表现。其次，他们通过中西文化比较，也发现了西不如中的很多地方，从而更加唤起文化自信。如康有为将中外历史进行对比，认为世界格局的改变就是这近百年的事情，我们中国也可以尽快改变贫困落后的面貌，跻身于世界强国之列。批判当时"学者无中外之学，不考其本来，徒观其外迹，及震其百年之霸，而畏之媚之"的普通心态。他将罗马与我国汉唐时代的民主与文明相比，认为国外现在的先进政治体制在我国汉唐时代就已经出现。所以，他在《游希腊毕感赋》高呼："陆国我最大，愿起神州魂"，第三，通过对西方鞭辟入里的分析，发现黑暗、不合理、不符合历史潮流之处进行猛烈抨击，从而表明在文化发展过程中，没有绝对先进的文化，大家可以站在同一起跑线上共同探索

---

① 李欧梵：《当代中国文化的现代性和后现代性》，《文学评论》1999 年第 5 期。

② 郑大华：《从"天下"走向"世界"——近代中国人世界意识的形成与发展》，《中国文化研究》，2020 第 2 期。

③ 曹颖龙：《晚清维新士人眼中的"西方"——以康、梁的欧美游记为中心》，《全球史评论》2010 年第 3 期。

世界未来进步的新体制、新路径的理念。这从另一侧面增强了我们的文化自信。

康、梁在域外求真过程中，在文化相遇中理性看待异质文化，力图实现文化的平等与交融，真正深入思考国家与世界发展的趋势与路径，从而对中华文明与世界文明都起着不可低估的作用。

（傅建安，文学博士，湖南城市学院人文学院教授，本文系国家社科基金面上项目"现代中国域外纪游文学研究"（17BZW157））

收件人：傅建安

邮编：413000

收件地址：湖南省益阳市赫山区湖南城市学院慧泽园

联系电话：15576810008

身份证姓名：傅建安

身份证号码：430104197105274626

开户行（具体到支行）：交通银行益阳分行营业部

银行卡号：6222624390000906318

乔伊斯《都柏林人》的城市场景叙事

余　瑾

（香港理工大学　中文与双语学院 2023 级博士研究生）

每一文学文本都会营造独特的时空。诸多文学研究多以时间的角度切入，从时间的流程中窥探文学世界前后的变化，然空间对于文学意义的建构也是非常重要的。本文拟借用空间叙事理论，从城市场景的角度来分析乔伊斯经典文本《都柏林人》，试图总结其选取城市场景叙事的角度以及空间叙事策略的独特性，并凸显文学空间叙事与文学意义呈现间的美学关联。

乔伊斯的都柏林

詹姆斯·乔伊斯（1882—1941）是二十世纪最伟大、最著名的爱尔兰作家之一，也是后现代主义作家的奠基者之一，其作品对文坛影响巨大。历史上的爱尔兰因地缘与英国关系复杂（爱尔兰地图见图 1），公元 1169 年英王亨利二世入侵爱尔兰后，政治上爱尔兰就一直处于英国的统治之下，然在宗教上爱尔兰一直延续信仰天主教的固有传统。公元 1845 年的大饥荒，是爱尔兰独立运动的起点。当年英国政府在能进口美洲粮食的情况下却几乎未提供任何协助，这直接造成了爱尔兰人口锐减四分之一，自此引发越来越多的爱尔兰人对英国统治的不满。乔伊斯生活在爱尔兰最黑暗、最动荡的时期。英爱战争爆发，乔伊斯逃离故土，旅居欧洲并以冷静的目光凝望且审视着自己的故土爱尔兰。

詹姆斯·乔伊斯 1882 年 2 月 2 日出生于爱尔兰首都都柏林的一个中产阶级家庭。这一天是圣烛日，也是土拨鼠日，这两个节日与生日的重叠使得 2 月 2 日这一天不仅有着重大的意义，还有几分喜剧的色彩。乔伊斯非常喜欢琢磨自己的生日，认为这一天是自己人生中的好日子，甚至还把自己后来的巨著《尤利西斯》和《芬尼根守灵夜》的出版日都特定在这一天。乔伊斯的父亲约翰·乔伊斯（John

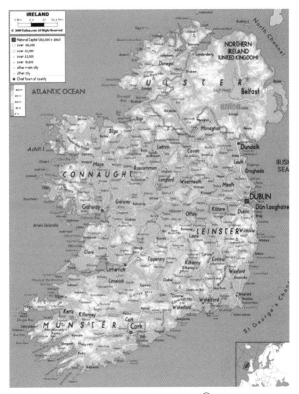

图 1　爱尔兰全景一览 [1]

Joyce）是一个典型的爱国主义者，坚定地支持爱尔兰民族主义领袖查尔斯·斯图尔特·巴涅尔（Charles Stewart Parnell）。母亲玛丽·乔伊斯则是一位虔诚的天主教徒。父亲对年幼的乔伊斯产生了非常大的影响，具有浓厚的爱国主义情怀。乔伊斯九岁的时候，父亲的精神偶像巴涅尔的倒台和去世也给他非常大的冲击，激愤之余，写下了一首名为《还有你啊，希利》的诗以悼念。天主教徒的母亲对乔伊斯的影响显然没有父亲深刻，乔伊斯对天主教说不上有多虔诚，虽然一直以来就读教会学校的原因也使他非常信服耶稣会士的业务能力，但从内心里拒绝接受他们的精神教诲。由于父亲对这个天才儿子的偏爱，乔伊斯一直以来受到了非常良好的教育，对语言和文学十分热爱，并在很早的时候就展现出了极高的语言和写作天赋。1902 年乔伊斯从大学毕业，深感在这个混乱的爱尔兰时局中无法发挥他的特长，于是离开了爱尔兰去往巴黎学习医学。不到一年，母亲病重，他回到了家乡，但很不幸，母亲依旧在不久后离世了。国家以及家庭的变故，促使乔伊斯开始思考爱尔兰存在的问题，1904 年，他开始创作《都柏林人》，说："我正

---

① 爱尔兰全景一览：http://travelsfinders.com/ireland-map.html。

在写一系列'求降显灵文'（epicleti），一共十篇。我已经完成了一篇。我给这一系列取名为《都柏林人》，我要暴露血液麻痹，即瘫痪的灵魂，也就是许多人称之为一个城市的灵魂。"①1906 年以来，他一直与出版商沟通《都柏林人》的出版事宜，但由于出版商和印刷厂一直认为他的这本书有着对天主教不敬以及侮辱都柏林人的内容存在，一直要求乔伊斯修改，但乔伊斯坚持认为他给出的稿子已经是最准确的语言，一直僵持不下，最终才在庞德的支持下顺利出版。后乔伊斯一直在欧洲各国旅居，欧洲现代文明的蓬勃发展，无疑更进一步引发他以更加冷静而准确的目光，更客观地看待爱尔兰的局势，更加深入地思考都柏林的精神困境。

乔伊斯的都柏林无疑在其写作中具有原型意义，其写作的很多素材多来自于乔伊斯青少年时期生活的那条街上的学生、商贩、神职人员、女佣等等，其早年都柏林生活学习的经历（乔伊斯在都柏林市区、郊区主要活动点见图 2、3）均在作品中有精彩的呈现。这种青少年时期的经验和记忆，在欧洲旅行中被发酵为理解都柏林的精神困境的重要元素。

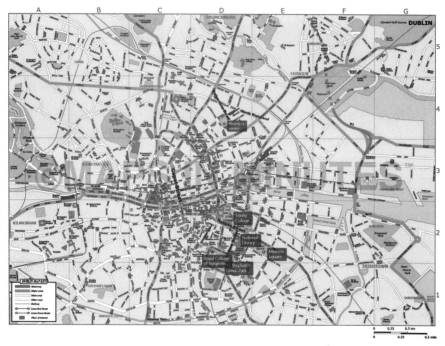

图 1-2 乔伊斯在都柏林市区主要活动地点 ②

---

① 理查德·艾尔曼著：《乔伊斯传》（金堤、李汉林、王振平译），北京：北京十月文艺出版社，2016 年版，第 247 页。

② 乔伊斯在都柏林市区主要活动地点：https://motivasi.my.id/2。

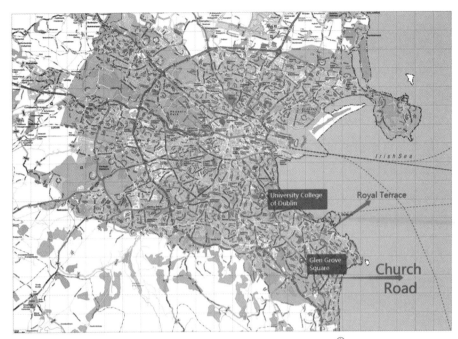

图 1-3　乔伊斯在都柏林郊区主要活动地点[①]

"都柏林人"的精神困境与城市空间呈现

乔伊斯说过，要把"都柏林人"变成和"伦敦人"、"巴黎人"一样的名词，推向世界。因此，都柏林人在都柏林市的生活状态就是乔伊斯笔下一个城市典型。作为一个流亡在外的都柏林人，乔伊斯以冷静而又理智的眼光和笔力去观察和描写都柏林人的精神处境。他认为，流亡欧洲的生活使他得到了在都柏林生活所没有感受到的：如何做一个都柏林人。二十世纪初期的爱尔兰，政治上仍旧被英国统治，思想上依然被天主教控制，精神上落入了瘫痪。乔伊斯认为，都柏林作为爱尔兰首都，更是精神瘫痪的中心。乔伊斯看到这样的爱尔兰人民，这样的都柏林人民，他感到十分的痛心。乔伊斯了解都柏林这个城市的四肢与五脏六腑。秉持着"素材要来自现实中发生的事"的理念，乔伊斯的《都柏林人》用十五个侧重各不相同的短篇表达同样的核心主题：精神瘫痪与死亡。按照乔伊斯的想法，他将《都柏林人》看成是一个人，里面的十五篇短篇小说，其中《姊妹们》、《一次遭遇》和《阿拉比》是童年，《伊芙琳》、《赛车以后》、《两个浪汉》和《公寓》

---

①　乔伊斯在都柏林郊区主要活动地点：https://www.reddit.com/r/MapPorn/comments/kvfr9y/dublin_ireland/?rdt=35552。

是青年，《一小片阴云》、《何其相似》、《泥土》和《痛苦的事件》是成年，而公共生活部分则是《委员会办公室里的常青节》、《母亲》和《圣恩》。而最后一篇《死者》则是画龙点睛之笔，是全书主题的整合。"死亡"为主题，突显了作者对精神瘫痪的都柏林做出的预测，也是给予这样的都柏林一个重生的期待。

可以说，"精神瘫痪"是《都柏林人》这个小说集的永恒主题。开篇的《姊妹们》，作者是以小孩的角度来描写精神瘫痪的都柏林。孩子从窗外看到在忏悔室里因愧疚与圣杯丢失而死去的神父，体现了宗教并不能给城市里的人以救赎，更是将人们戴上了镣铐与枷锁。通常来说，信仰能拯救一个人，但是在这里，信仰非但没有拯救神父，反而神父因为宗教而精神瘫痪，最终在忏悔室中愧疚而死。青年期的代表《伊芙琳》，她试图去逃离精神瘫痪的都柏林，逃离这种她看不到头的灰暗生活，去往充满希望和美好的生活环境中。经历了一番挣扎后，最终她失败了，她还是回到了那个她厌弃又想逃离的都柏林，成为那个麻木的都柏林人中的一员。成年期的代表是《一小片阴云》，其中的主人公小钱德勒自从见过了从伦敦来的体面富有的加拉赫，他就厌倦了沉闷乏味的都柏林，他从自己的办公地点去赴约的路上就想象着代表着希望和理想的伦敦。但是结尾，小钱德勒无法到达伦敦，无法追求自己的理想，他只能回到自己沉闷而又乏味的故乡，体现了精神瘫痪的主题。而全书的最后一章《死者》，则是点睛之笔，主人公加布里埃尔在主显灵节进行自我认知的过程，体现了都柏林人对当下生活和精神的无助，以及自我顿悟和自我救赎的意识。小说结尾的大雪，是主人公的转折点，这场大雪洗涤了人的灵魂，唤醒了沉睡的精神。乔伊斯是想利用《都柏林人》这本书唤醒故乡里麻木困顿的居民，使他们焕发新的生机。

死亡。从开篇《姊妹们》中弗林神父的死亡到结尾《死者》中描述的死亡与葬礼，整本书笼罩在死亡所带来的严肃、沉闷、阴郁之中。乔伊斯希望写出活人与死者之间的相互依赖关系，这是他从青年时期就开始思考的问题。"他最初在1902年论曼根的一篇文章中表达了这一主题，当时他就谈到了追忆死者就把生者联系在一起，那时他甚至已经像加布里埃尔那样意识到：我们都是罗马城，新的建筑物在古代遗址旁边崛起，甚至于古代遗址连成一片"。[1] 他一直认为，死亡

---

① 理查德·艾尔曼著：《乔伊斯传》（金堤、李汉林、王振平译），北京：北京十月文艺出版社，2016年版，第389页。

是生命的另一种形式，于是他实践到了他的作品中，最为代表性的就是《死者》。妻子格丽塔的初恋迈克尔·福瑞去世了，但主人公加布里埃尔却觉得自己是一个"活死人"，因为比起活着的人，妻子显然更在乎死去的初恋。妻子不停地在初恋的葬礼上回忆与初恋的交往的点滴，全然已经忘记自己这个丈夫。这使得加布里埃尔不得不承认：爱无疑是他从来不曾完全拥有的一种感情。在全文的最后，乔伊斯写到大雪飘扬而下，落在所有人的身上，似乎昭示着结局。这样看来，乔伊斯认为，大雪属于所有人，也对所有人一视同仁，不管是生者还是死者，都在它的覆盖下。所有人都会共享这样的大雪，这样所有人都能够相互影响。理查德·艾尔曼在写《乔伊斯传》的时候说到，乔伊斯的《死者》是对自己生命观和死亡观的一次优美、抒情的阐释：他对生命和死亡一视同仁，全盘接受。乔伊斯将《死者》作为全书的末尾，凝练了整本书的主题，表达了对都柏林人精神瘫痪这个核心的猛烈抨击，也表达了自己对于生命和死亡的思考，他希望都柏林能在大雪后重生。

德国批评家瓦尔特·本雅明认为，阅读城市文本不能仅仅留意对城市场景和画面的刻画，而是要透过文本中描述的场景和画面，分析在城市中人们的现实与梦境。乔伊斯在《都柏林人》中既写了城市的公共空间如街道、酒馆、教堂等，也写了私人空间住宅、住宅之窗等。

一、都柏林的公共空间

（一）街道：《都柏林人》中的街道是乔伊斯描写频率非常高的公共空间景观。事实上，街道是城市的血脉，连接城市的各项活动，是城市中不可或缺的景观。街道在城市生活中有着独特的价值，既是独立存在的，又是人与人之间交互活动的场域。美国人本主义城市规划理论家凯文·林奇提到过街道是城市环境中的基本意向，承载着寻找的基本功能，不仅如此，街道还承载着建立和维系情感的功能。因此，想了解、分析乔伊斯对都柏林的情感，对街道景观的分析必不可少。在文本中，街道景观多用于两个途径：一是表达特殊的意象和情感；二是作为连接两个不同空间的桥梁，方便作者展开不同空间的故事。

乔伊斯在《阿拉比》中多次写到街道上的意象："北里奇蒙街的一头是死的，除了基督教兄弟会的学校放学的时候，这条街一向非常寂静。在街的尽头，有一座无人居住的两层楼房，它坐落在一块方地上，与周围的邻居隔开。街上的其他房屋，意识到里面住着体面的人家，便以棕色庄严的面孔互相凝视。"①乔伊斯展现了一对非常明显的反差，这座城市最光鲜的一面和最阴暗的一面被街道连接，尽管如此，这一段的描述整体还是聚焦于藏在这种明暗强烈对比的表象之下的都柏林，一个残破、沉闷、真实的都柏林，也表达了乔伊斯心中都柏林的苍凉之感。《一小片阴云》中的街道景观出现了三次，街景的变化明显地展现了主人公不同的心绪变化。第一段写的是小钱德勒离开自己的办公地点王室法学会前往与朋友加拉赫的会面，尽管一群脏孩子在马路上奔跑喊叫，但他似乎也无心留意身边的景物，一心想的是赴约，他一想到能去往伦敦，见到伦敦上流社会的好友加拉赫，他便高兴地忽略了身边的一切事物，本能似的寻找着路。而第二段写的是他走街串巷，经过旧时都柏林贵族的大宅邸，然后按照自己的习惯自作自受般快步在最黑暗最狭窄的街道。这里有一种分裂的感觉，主人公小钱德勒明显地恐惧走在黑暗狭窄的街道，那些街道使他不安，但他依旧喜欢走那些地方，甚至喜欢在深夜走那些地方。这里乔伊斯将小钱德勒的内心空间和现实的街道空间进行了并置，清晰地展现小钱德勒在实现梦想和对物质追求这两个目标之间的撕扯。在第三段，小钱德勒加快步伐走到了凯普尔大街，他感到了厌恶和反感，他想逃离都柏林，去往伦敦，因为他觉得在都柏林实现不了自己的梦想。见过从伦敦上流社会来的加拉赫和从他嘴里听到加拉赫描述中的伦敦，小钱德勒觉得，都柏林沉闷、压抑、死气沉沉，伦敦则是个繁华而充满活力的都市，和都柏林完全不一样，他向往伦敦。他觉得在都柏林什么都干不成。在这里，作者又将主人公内心的空间与现实空间并置，从对比中展现出主人公内心的矛盾和对都柏林的失望。

（二）酒馆。酒馆是乔伊斯在《都柏林人》中所描绘的一个非常典型的场景。酒馆是都柏林人市民经常去的公共场所之一。就乔伊斯身边的人来说，他的父亲和他自己都有酗酒的毛病，尤其是在家道中落后，父亲酗酒是常态。而乔伊斯自己也由于长期经历的不顺也慢慢染上了这种习性，在这一点上他总是被弟弟诟病。在《都柏林人》的十几篇故事中，许多酒馆有着非常确切的名字：杜克街21号的戴维·伯恩酒馆，公爵街的苏格兰酒馆，普尔贝格街的马利根酒馆，莫尔大街的巴特勒酒馆，还有奥尼尔酒馆、麦奥利酒馆、黑鹰酒馆等等。乔伊斯列举这些具体酒馆的名称是为了告诉读者，酒馆是一种在都柏林里非常普遍的公共

---

① 詹姆斯·乔伊斯著：《都柏林人》（王逢振译），上海：上海译文出版社，2010年版，第24页。

场所。酒馆存在的普遍性和酒馆兴隆的生意似乎昭示着在都柏林人中有着普遍性的饮酒习惯。不管是工人、知识分子还是公职员工，不管是高收入者还是低收入者，酒馆都是他们喜欢去的地方。

酒馆在都柏林不仅是人们发泄情绪，推杯换盏的地方，更是承载人们故事的最佳场所。在《痛苦的事件》中，主人公詹姆斯·杜菲先生是一名私营银行的出纳员。杜菲先生住在查坡利泽德的一所远离都柏林市区的旧房子里，在此可以看到一座废弃的酒厂。他是一个自命清高的人，一直住在自己的精神世界中，不与人交流。直到有一天，他遇见了西尼考太太，常常与她待在一起，并向她求爱。但当西尼考太太答应了他的求爱后，他又变得冷淡，离她而去。直到四年后，杜菲先生在报纸上看到西尼考太太因为酗酒而意外去世的消息，他展现出了一种对酗酒的行为深恶痛绝的态度。杜菲先生甚至用着极端激烈的词语去指责西尼考太太，认为酗酒后的西尼考太太缺乏意志，成了人类的蛆虫，更甚至攻击西尼考太太"堕落"、"下贱"。但是当天黑下来，杜菲先生自己却去到了酒馆。他一边在心里指责酒是一种使人罪孽深重的东西，一边又在酒馆里要了一杯调和酒。在这个查普利泽德桥头的酒馆，杜菲先生完成了一次自我忏悔。乔伊斯在这里还细心地交代了一下酒馆里的环境：店里的工人边抽烟喝酒边大声说话，谈论着绅士的产业。而工人们走后，店里又恢复了安静，店主读着报纸，时不时还听到店外的响动。这些大量生活化的细节增强了情节的说服力。作者设计了一个非常有说服力的空间，我们的主人公杜菲先生则坐在这个安静的空间里进行着回忆。他终于意识到四年前他弃西尼考太太而去，西尼考太太会是多么地孤独，他认为是他造成了西尼考太太的死，也同时看清了自己孤身一人的结局。在酒馆这个空间里，主人公借酒消愁，借着酒劲回忆过去。乔伊斯认为，像杜菲先生这样的人只有借着酒这样才能纾解心中的苦闷，面对真实的自我。而都柏林市里，稀松平常的酒馆就是都柏林市普通人城市生活中不可缺少的一部分，在酒馆中能看到更多人的个性，能听到更多人的信息，而酒，对于都柏林人来说，似乎有着无法割舍的重要意义。《伊芙琳》中，主人公伊芙琳的父亲每天喝得醉醺醺的，借酒消除自己生活的不如意。《何其相似》的主人公法林顿，在受到上司的训斥之后，他的第一反应是"晚上一定要痛饮一番"，在之后的工作时间里，他忍着屈辱，下班后他去往酒吧和一伙人喝得醉醺醺地回家。这个在上司面前唯唯诺诺的人，将一天的怒火发泄的自己的儿子身上。作为现代城市中不可缺少的公共空间，酒馆给现代城市居民提供了一个特殊的场所。在酒精的刺激下，人们去发泄那些压抑的情绪。在酒馆的环境下，伊芙琳的父亲和法林顿先生借着酒宣泄情绪和自我逃避，杜菲先生借着酒悔恨自责。酒精可以短暂地使人们的意识逃离现实，使自我麻痹。在乔伊斯自己的经历中，他的父亲在家道中落后开始酗酒，喝完酒之后回家就开始打骂孩子，詹姆斯·乔伊斯则是唯一一个还能和他正常交往的孩子。而乔伊斯本人，在经历了许多不如意的事情之后，也开始借酒浇愁。在西方文化里，酗酒是堕落的象征。古希腊神话中的酒神狄奥尼索斯（Dionysus）所代表的酒神文化也是"非理性"的象征。这种堕落与麻痹的精神在"都柏林"的酒馆中展露无遗。都柏林市林立的酒馆，就像是提供给城市居民一个梦幻的狂欢之所，在酒精的麻痹之下，都柏林人可以尽情地狂欢，尽情地享受虚幻的世界。

《都柏林人》的小酒馆，是爱尔兰人生活中不可缺少的一部分，也是乔伊斯故事中许多人物活动的集散地。作为一个嗜酒的民族，爱尔兰人将酒馆当作是讨论社会生活话题的重要据点。这种和生活密不可分的状态使得酒馆成为乔伊斯小说的重要故事场所之一，许多故事由这个场景展开，酒馆也成为推动故事的发展的重要城市景观。

（三）教堂。天主教自从入驻爱尔兰之后，在当地有着长足的影响力，并且在长期以来未被新的教派取代。爱尔兰的教堂林立，神父众多且在当地民众之间颇具声望。就乔伊斯本人来说，虽然他对宗教的态度是不屑一顾的，但是他一直生活在被天主教深刻影响下的都柏林，因此不可避免地受到宗教的影响。在《都柏林人》中，读者可以看到有弗林神父、奥鲁克神父、巴特勒神父、伯克神父、基翁神父、珀登神父等一众有确切名字的神父，这些记忆都是宗教对乔伊斯仍然具有潜移默化的影响的印记。《姊妹们》中的弗林神父打碎了圣杯后变得十分不安，郁郁寡欢，在黑暗的忏悔室里去世。可见宗教并没有救赎一个人，而是使他们的内心更为压抑，给人套上了无形的镣铐，带来了无尽的摧残。《一次遭遇》中，利奥·狄龙在巴特勒神父的课堂上看《半便士奇闻》，被巴特勒神父骂得狗血淋头。主人公在这番训斥之下感受到了课堂生活的无聊，想感受一些狂野的冒险。于是主人公计划与利奥·狄龙以及一个叫马候尼的男孩去外面疯玩一次。他们在学校外面的旷野释放平时在学校受到的压力，旷野的自由空气和压抑的学校形成了非常鲜明的对比。但是后来他们走到田野的河堤上，遇到了一位穿着墨绿色的破旧衣服，胡子灰白的老者，背着手，拿着拐杖。这位老者给逃学的主人公和朋友们讲述他的童年，喜欢的书籍还有宗教教条的威严。这个故事其实源自乔伊斯自己的经历，故事主人公的朋友马候尼的原型是乔伊斯的弟弟斯坦尼斯劳斯。"我"逃离沉闷的学校后，在桥上看风景，在街上闲逛，想自由地感受都柏林城市的繁华，但是非常失望，一路看到的人都是粗俗的水手和奇怪且令人扫兴的老头，这使他们又想逃离这里。以逃离学校开始，又以逃离这些奇怪的人结束。乔伊斯对爱尔兰宗教以及教育的失望溢于言表：学校的巴特勒神父痛斥《半便士奇闻》是"肮脏的东西"，他甚至言辞激烈地指责写出这本书的人是个卑鄙的家伙。《半便士奇闻》中的美国西部代表的是自由和野性，而"我"向往着这种生活。厌倦了教会学校的无趣和枯燥，主人公逃离学校，跑到街上，跑到旷野里寻找自由。他们的目的地鸽子房（Pigeon House）在西方传统中代表着"神圣"与"救赎"。最终孩子们由于种种情况没能到达目的地，象征着宗教无法救赎这个社会。作为一个对宗教持有批判态度的作家，乔伊斯塑造了一个与天主教息息相关的都柏林。作为在都柏林具有主要影响力的天主教，宗教渗透了爱尔兰人生活的方方面面。爱尔兰有着相当数量的基督教徒。比如说在《姊妹们》中，市民们有着做礼拜的习惯。《一次遭遇》中，教会学校对学生们阅读的书籍有着严格的规定，对代表着自由和野性的《半便士奇闻》之类的美国西部故事十分痛恨，对《罗马史》这样的传统课程大加赞赏。在乔伊斯的故事中，"我"与马候尼的失败也象征着成为都柏林枷锁之一的天主教无法救赎爱尔兰人，而爱尔兰人也无法摆脱宗教和社会的教条。

二、都柏林的私人空间

（一）住宅。住宅是最典型的个人空间。住宅体现了居住者的个性和品味，也是最能展现一个人内心情感的地方。不仅如此，住宅也能最大程度上影响一个人的心理变化。定居是人类的基本需求，因此在人类社会发展历史上，尽管各时代形式不同，住宅是人类生存最不可缺少的基本物质条件之一。住宅在一定程度上等同于"家"的概念。大多数文学作品中，住宅，或者说"家"这个概念多呈现是正面的情感，比如温暖、避风港之类的正向词汇总是和住宅相联系。但是在《都柏林人》中，住宅环境和色彩多是阴暗的，潮湿的，死气沉沉的，给人一种透不过气来的感觉。《伊芙琳》中的主人公伊芙琳家中的陈设多是布满灰尘的，阴暗的，对家的回忆也是沉重的，充满着晦涩的情绪。灰色是伊芙琳对家的印象底色，她对家几乎没有眷恋，她心心念念的是逃离家，逃离都柏林这个沉闷而又令人窒息的城市，前往布宜诺斯艾利斯，和爱人过上幸福的生活。而《何其相似》的主人公法林顿先生，他家里非常清贫，在经历了一天的不顺心之后，法林顿醉酒回到空空如也的厨房，快要灭掉的炉火，没有点灯的房间，暴跳如雷，将所有的怨气都发泄到小儿子身上。主人公对家与家人的态度一定程度上能反映主人公的性格和心境，比直白的心里描写更能让读者与作者共情，沉浸在空间体验中。在许多《都柏林人》主人公的心中，家是压力的来源之一，也是反映他们精神状态的窗口。家人和家对于伊芙琳来说是压力的来源，父亲轻则想她要钱，重则打骂。小钱德勒先生和法林顿先生失意后回到家指责孩子以此发泄苦闷。住宅本应是带来安全感和温暖的避风港，但是在此时的都柏林，却成为了精神崩溃的来源，家人也变成了发泄失意的对象，成为人们眼中的累赘。

（二）窗。窗是隔开住宅内部和外部的一个标志性参照物，也是纽带。对故事的主人公来说，窗子内和窗子外属于不同的空间，寄托着不同的心境。因此窗成为了心灵空间和外部空间的一个分界线。最典型的就是《伊芙琳》。作品开头，主人公伊芙琳就坐在窗边，凝望着窗外的街道，以此开始整篇作品的主题。对她来说，窗内的生活是令人难以忍受的，而她向往着窗外的生活。她环顾窗内的家，回想家里的陈设，回想母亲对自己的嘱托，回想起父亲每次酗酒后对自己的暴力威胁。而在她心里，窗外的世界则是梦幻而又温暖美好的，她会和男朋友弗兰克结婚，会离开都柏林，通往布宜诺斯艾利斯，开始新的生活，会受到人们的尊重，远离父亲的暴力。伊芙琳一边期待未来逃离都柏林的美好生活，一边又难以放下母亲的嘱托。对窗内外心境的频繁转换，就是伊芙琳对未来选择的一个暧昧拉扯。看似是对窗内外景物的关注的变化，其实是对自己心灵中那道坎的纠结，她看到坎外的希望又不敢跨越这道坎。而窗将伊芙琳的幻想与现实链接，模糊了二者的边界。她半夜在窗边的思绪翻涌正是她挣扎于她的幻想和现实之间的表现。不仅如此，窗还是很好的场景分割的参照物，加强了内外空间的交流感，丰富画面，突显主题。在《阿拉比》中，主人公每天从窗里往窗外看曼根家的姐姐。每天早晨，主人公爬在前厅的地板上，透过这扇百叶窗，注视着曼根家姐姐门口。当"我"从家中的百叶窗里一看到曼根家的姐姐出门，就抓起书跟在她后面，直到她走到路口，"我"才快步超过她，每天都如此。尽管几乎没有说上几句话，也几乎没有互动，但这扇百叶窗便是"我"对初恋发泄情感的通道，只有通过百叶窗，"我"才能看到我懵懂喜欢的人，才能争取到和她擦肩而过的机会。后来，"我"在雨夜走近牧师死去的后客厅，透过窗子，"我"看不清什么，但是内心的情感却格外澎湃。"我所有的感觉似乎都在渴望模糊，当我觉得快要失去时，我紧紧地把双手合在一起，直合得它们颤抖起来，口中反复地喃喃自语：'啊，爱情！啊，爱情！'"^①在这时候，窗是一个渴望与现实的分界线，突显了"我"对于爱情的渴望，但又不敢表达的情感。

综上，无论从《都柏林人》的整体主旨还是《都柏林人》的城市空间场景的分析，在这部《都柏林人》中，乔伊斯对于都柏林人的整体精神面貌有着深刻的揭示，令人尤有印象的是乔伊斯在有意识地采用空间叙事的方式，很好地利用了城市的公共空间与私人空间来为塑造都柏林人的精神空间进行文学增殖。

《都柏林人》的空间实践与空间叙事

一、《都柏林人》的空间实践

法国思想家米歇尔·德·塞托（Michel De Certeau）曾说，日常生活空间的产生主要通过两种方式来创造：一个是人们运用日常的语言和文化来破坏占统治地位的权力体系，创造新的空间；其次是"行走"（walking）。"行走"会开辟新的空间，创造观察的机会，也是连接城市街道和建筑物的方式。"行走"在城市中，人和周围世界之间是互相作用的，他就在世界之中，或者更准确地说，他占用了城市空间，把它转化为自己的空间，他在空间中的移动模糊了空间的界限，并创造了属于自己的故事。^②

乔伊斯善于运用"行走"来看待和观察城市。他利用"行走"来转换空间，创造和观察新的城市故事。在《都柏林人》中最典型的是《两个浪汉》。这两个浪汉从鲁特兰广场的小山走下，一边走一边说笑。两人走到城市的大街上，沿着三一学院的栏杆走过，莱尼汉跳到马路上，两人沿着纳索街，然后转到了基尔代尔大街，走到了斯蒂芬绿地公园。这时，科尔利见到了约定好的姑娘，两人便分开了。而莱尼汉斜穿过马路，一直走到了谢尔本旅馆，沿着梅里恩广场的一边走

---

① 詹姆斯·乔伊斯著：《都柏林人》（王逢振译），上海：上海译文出版社，2010年版，第27页。

② 米歇尔·德·塞托著：《日常生活实践：1. 实践的艺术》（方琳琳译），南京：南京大学出版社，2019年，第165页。

去，再原路返回。后来他绕着斯蒂芬绿地公园漫步，然后走上了格拉夫顿大街，在一家餐馆用餐后，走出店铺走向凯普尔大街，又拐向戴姆大街。莱尼汉在乔志杰的街口与两个朋友交谈后，走进格拉夫顿大街，在那里，他等待他约会的同伴归来。随着主人公们的移步换景，街上的一切似乎都随着主人公们的到来变得鲜活，这样的描述使得我们已然对都柏林的城市有了一个基本印象。乔伊斯的这种"行走"，更加能让读者切身地感受到充满着烟火和平凡的真实的都柏林。

更有趣的是《一小片阴云》中，小钱德勒下班后，在城市的"行走"，去见从伦敦回来的加拉赫这个故事。由于故事中提到了"伦敦"这一空间概念与"都柏林"进行"并置"，因此，在"行走"的过程中，正如米歇尔·德·塞托所说，都柏林景观的色彩，充满了小钱德勒的想象与下意识与伦敦对比形成的评价。约瑟夫·弗兰克（Joseph Frank）提到："'并置'指在文本中并列地置放那些游离于叙事过程之外的各种意象和暗示、象征和联系，使他们在文本中取得联系的参照与前后参照，从而结成一个整体。"[①] 我们可以看到，在这个故事中，"伦敦"这个空间其实并没有被具体描写，取之而代的则是小钱德勒的想象以及从"伦敦"回来的加拉赫。因此，在"行走"的过程中，小钱德勒会下意识地将"伦敦"与"都柏林"对比。事实上，他对伦敦没有真实的概念，他心中的伦敦具像化到了加拉赫的身上。因此在赴加拉赫邀约的时候，小钱德勒会有"生平第一次感到自身优于身边路过的人们"，"第一次对凯普尔大街的沉闷庸俗产生了反感"的感觉，他觉得"每一步都使他更靠近伦敦，更远离他那平淡无味的生活"[②]。在这个过程中，"伦敦"成为了一个梦幻空间，"都柏林"成为了小钱德勒所认为的现实空间，小钱德勒在现实的空间中行走，渴望去往梦幻的空间。在这种强烈的对比之下，去往梦幻空间失败的小钱德勒，回到自己那一无所有的家，才更显颓废和失意。

二、《都柏林人》的空间叙事

一个有趣的现象是，《都柏林人》一反传统叙事对时间维度的强调，许多故事对时间并没有确切的提及，但是对空间的描绘却十分具体。其中主人公心中的

---

① 约瑟夫·弗兰克（Joseph Frank）等著：《现代小说中的空间形式》（秦林芳编译），北京：北京大学出版社，1991年，译序第3页。

② 詹姆斯·乔伊斯著：《都柏林人》（王逢振译），上海：上海译文出版社，2010年版，第76—77页。

梦幻空间和现实空间有着近似二元对立的关系：现实空间的麻木和瘫痪，使得人们向往去逃离现实的空间，去往与现实世界截然不同的梦幻空间。《伊芙琳》中，主人公伊芙琳坐在窗前，她知道天一亮就可以和男友弗兰克离开都柏林。在窗边的时候，伊芙琳想了很多，想到了母亲对自己照顾家庭的嘱托，想到了酗酒的父亲对自己的动辄打骂，也想到了自己日复一日无聊透顶的生活，她觉得在都柏林的生活平淡乏味而且没有值得留恋的，这也是她下定决心和男友离开都柏林这个现实空间，前往梦幻的布宜诺斯艾利斯的原因。到了第二天，她去往港口，准备要离开都柏林。此时，在叙事上，梦幻空间——布宜诺斯艾利斯和现实空间——都柏林就只有一线之隔，只要伊芙琳登上船，她就能前往那个她向往的梦幻空间。但此时她的心中闪回了很多现实生活空间场景，她听不进弗兰克的呼喊，放弃了登船。伊芙琳是向往逃离的，想要离开麻木的都柏林，去往一个她理想中的梦幻空间，但经历了一番内心的挣扎，她依旧选择了留在都柏林，打碎了梦幻的空间，也表现了伊芙琳性格上软弱的缺陷。不仅如此，《都柏林人》中还将不同的空间进行了对比，使得人物的命运和人物的性格更加鲜明和有戏剧性。比如说《一小片阴云》中就将伦敦和都柏林这两个不同的空间进行了对比：繁华的伦敦和沉闷麻木的都柏林；伦敦上流社会风度翩翩的加拉赫以及都柏林的平凡的职员小钱德勒。同时存在的伦敦与都柏林，像是实验的对照组，具有相当冲击力。这种心理想象中的对比，使得小钱德勒内心的挣扎和矛盾的情感尤为突出，而他最后的失败更表现了都柏林这座城市的麻木封闭，而身处其中的市民早已被同化，即使是有心逃离，最终也无法真正离开的宿命。

结语

二十世纪初期的爱尔兰，长期处于英国殖民统治以及天主教的精神禁锢之下，居民早已思想麻木、精神瘫痪却不自知。乔伊斯想拯救自己的国家，他意识到要先唤醒民智，以一个"流亡者"的身份，用冷静的眼光审视自己的祖国，在文学上自觉地使用空间叙事来进行创作，揭示城市空间与居民精神现状的关心，创造性地将空间场景叙事与人物剧情巧妙融合，使得人物形象更加鲜明，主题更为突出。以空间为主要维度进行文学叙事，无疑是乔伊斯《都柏林人》的伟大创举。

（余瑾，香港理工大学中文与双语学院 2023 级博士研究生）

参考文献：

［1］戴从容.乔伊斯与形式［J］.外国文学评论，2002，04：5—14.

［2］刘英.西方文论关键词——文化地理［J］.外国文学，2019，第二期：112—122.

［3］张卫华.乔伊斯小说中的空间意识研究［J］.长城，2012，08：31—32.

［4］郭方云.文学地图［J］.外国文学，2015，01：111—119+159.

［5］戴从容.乔伊斯与爱尔兰民间诙谐文化［J］.外国文学评论，2000，03：12—21.

［6］詹树魁.乔伊斯《死者》中的精神感悟和象征寓意［J］.外国文学研究，1998：02：89—91.

［7］马静.从《都柏林人》看乔伊斯笔下的城市书写［D］.西北民族大学，2012.4—25.

［8］David Norris and Carl Flint：Joyce for Beginners［M］，Cambridge：Icon Books，1994：64.

［9］理查德·艾尔曼著.乔伊斯传［M］.金堤，李汉林，王振平，译.北京：北京十月文艺出版社，2016：003—1144.

［10］凯文·林奇.城市意象［M］.方益平，何晓军，译.北京：华夏出版社，2017：94—97.

［11］约瑟夫·弗兰克等著.《现代小说中的空间形式》［M］.秦林芳编译.北京：北京大学出版社，1991：3.

［12］米歇尔·德·塞托著.《日常生活实践：1.实践的艺术》［M］.方琳琳译.南京：南京大学出版社，2019：165.

［13］詹姆斯·乔伊斯著.都柏林人［M］.王逢振，译.上海：上海译文出版社，2010：001—262.

［14］詹姆斯·乔伊斯著.乔伊斯评论集——名家论乔伊斯［M］.周汶等，译.上海：上海译文出版社，2015：001—030.

［15］詹姆斯·乔伊斯著.乔伊斯文论政论集［M］.姚君伟，郝素玲，译.上海：上海译文出版社，2013：083—087；106—110.

［16］詹姆斯·乔伊斯著.乔伊斯书信集［M］.蒲隆，译.上海：上海译文出

版社，2013：001—035.

[17] 詹姆斯·乔伊斯著.乔伊斯诗歌·剧作·随笔集［M］.傅浩，柯彦玢，译.上海：上海译文出版社，2013：051.

城市文学与文化

都市"打工文学"的个体经验与主旋律书写

——以王十月《国家订单》为例

聂　茂① 黄　琳②

摘　要：作为都市"打工文学"的代表性作品，王十月《国家订单》以20世纪初转型前夕的珠三角制造业为背景，呈现了不同"打工人"的底层生存处境，但又突破了传统底层文学，以全球化的开阔视野对造成底层生存处境的症结发出了颇具灵魂之痛的诘问。基于自身丰富的"打工"经历，王十月从全球产业分工体系和本土文化冲突两方面为这一诘问提供了解答，体现出"打工文学"创作主体逐渐觉醒的自我身份意识和融入主旋律书写的强烈意愿。伴随着全球化背景下的中国崛起，"打工文学"在对社会现实的直面与剖析中从边缘走向主流，累积了兼具国际视野与中国特色的生活经验和创作经验，充分印证了文学观照现实的人文功能以及个体发展与国家命运之间的紧密关联。

关键词：打工文学　王十月　国家订单　个体经验　主旋律书写

---

①　作者简介：聂茂，1970年生，男，湖南祁东人，东莞理工学院"杰出岗位"特聘教授，中南大学人文学院教授，博士生导师，主要研究方向：中国现当代文学与文化产业学

②　黄琳，1989年生，女，广东韶关人，韶关学院青年教师，中南大学人文学院博士生，主要研究方向：文化传播与文化产业学

基金项目：教育部人文社科后期资助一般项目《中国新时期文学道路选择研究》（20JHQ042）阶段性成果。

20 世纪 80 年代末，"打工文学"作为一种文化现象在深圳、东莞等珠三角新兴工业城市萌芽发生，这些主要由外来务工者书写的文学作品，以改革开放后广大农民"洗脚上田"、南下务工的底层生活经验为书写题材，是对这一发生在世纪末的历史大迁徙以及由此发生的社会文化变迁的直接见证与记录。曾几何时，"打工文学"由于叙事浅表化、苦难极端化、"零度写作"等缺陷而遭到诟病[1]，但随着全球化的不断深入，"打工文学"基于转型社会丰富的生活经验，逐渐涌现出一批富有时代气息和现实意义的优秀作品。如蒋述卓认为，"打工文学"所反映的强烈底层意识已具备新人文精神的因素，体现了作家群体的身份焦虑与主体觉醒、对道德与法律关系的思索以及对融入城市的思考[2]；陈雨露认为，"打工文学"作为以农民工为创作主体同时又以农民工生活为叙事题材的文本，构成了现代化进程关于"中国经验"的朴素写照[3]。"打工文学"作为由底层书写、反映底层在转型时代的生存经验的现实主义作品，其先锋性已为大多数研究者所共识。

2010 年，第五届鲁迅文学奖将中篇小说奖颁发给了"打工作家"王十月的《国家订单》，更是意味着文坛主流对"打工文学"的认可和接纳。王十月出身草根，初中毕业后就开始了南下广东的打工生涯，二十多年的打工生活使他对转型期间外来工群体的生存状态和思维立场有着深切的体会。在《国家订单》里，王十月讲述了由一张跨国订单引发的曲折故事：震惊中外的"9·11"事件爆发，随之而来的是美国人高涨的爱国情绪和对星条旗的急切需求，一批二十万面星条旗的订单被深圳一家小制衣厂所承包，制衣厂老板为了在短期内赶下订单，威逼利诱工人不眠不休加班，不料却导致一线工人过劳死亡。黑心老板压迫工人致死，这样的案例在现实生活并不陌生，也是"打工文学"所普遍选择的题材，但《国家订单》之所以能在众多"打工小说"中脱颖而出，并非因为它情节猎奇，而是因为它具备一般"打工小说"所不具备的立场高度，这一高度使其抽离了特定处境而对事态发展展开了洞若观火的冷静叙述。"打工作家"从来不乏对底层生存经验的一手素材，但对处境问题的把控却是制约其作品水平高低的重要原因，许多"打工文学"作品往往只关注到打工群体的个体经验来进行苦难控诉，却难以跳脱位置与眼光的局限，陷入了难以共鸣和共情的窠臼。而在《国家订单》里，王十月跳出了特定群体的立场，通过写全球化链条上不同群体的处境，并在不同处境的对比中显现问题、发现矛盾，从而开启了从感性的个体经验向理性的主旋律升华的思维变奏。李雷指出,《国家订单》体现了作家宏阔的全球视野[4],而在笔者看来,这一全球视野正是通过对处境的书写和对比中表现的。在王十月的叙事语境中,每个人的处境通过"褶子"的形式被连接起来,这个"褶子"在小说里被具化为一张跨国的国旗生产订单,通过完成订单,外部世界和本土环境环环紧扣,并造成了利益与人性、法律与道德、生存与发展等一系列关系的冲突,这一冲突的张力传递到全球化网络的低端,最终以底层工人张怀恩的死亡悲剧爆发。应该说,个体处境的冲突以及构成冲突的症结正是推动悲剧情节步步发生的基础,而作家也正是对于每种角色处境的深刻理解,才使小说体现出宏阔的全球化视野和格局。因此,对《国家订单》意义空间的深入剖解,应以处境问题作为切入点,分析不同个体的生存处境,将有利于我们更好地理解作家的意图,并进一步对打工群体的生存现状、对转型时代的主旋律节奏也产生更深入的把握。

一、生存处境:打工群体的"异化"与"边缘化"

围绕"国家订单",小说讲述了制衣厂小老板、车衣工张怀恩、香港贸易商赖查理、经理李想和"人权律师"周城五个人物之间的生存处境交锋,而其中张怀恩和小老板之间的冲突则是小说情节的主线。与一般"打工小说"不同,《国家订单》把主要视角落点放在了制衣厂小老板身上,以小老板发迹前、濒临破产、"起死回生"又再度陷破产的时间逻辑构筑了故事场景,但实际上,还是讲述了底层劳工张怀恩因为过度加班而累死在岗位从而引发后续赔偿的故事。通过对比小老板、张怀恩这两个同为上游产业链"打工"的人物处境,小说揭示了处于产业链下游的打工者的生存苦难,这一苦难在小老板身上体现为人性的异化,而在张怀恩身上则体现为命运的边缘化乃至生命的消亡。

一开始,小老板也是从内地农村来到深圳打工的异乡人,一穷二白,无依无靠,和千千万万个朴素的劳动者一样,怀惴着发财致富、衣锦还乡的简单愿望。乡里有句俗语,叫"吃得苦中苦,方为人上人",为了成为"人上人",小老板"不把自己当人",从当工人、搞技术到跑业务,才终于凭借一点一滴的积累开成了自己的制衣厂。在事业初有小成之时,他的人性还是保留的,他体谅底层工人的不容易,所以在制衣厂还在有效经营时,他对工人并没有过多的苛求,反而言行和气,给人感觉完全不像印象中大腹便便的"黑心老板"。但这份人性却在利益的诱惑之下变得岌岌可危,濒临破产时,他开始对自己一手提携出来的下属李想产生戒心，而在接到赖查理的救命订单后，开始想尽办法把"驭人之术"用在李想和车衣工张怀恩身上。李想有足够的经验和能力来安排生产，为了留住李想，小老板抛出昔日人情，拿出一万块的奖金说是给李想未来孩子的见面礼，但另一方面又在心里暗暗盘算完成订单之后去物色一个可以替代李想的经理人选。而对于张怀恩，虽然他只是小小的车工，但技术好、人缘好，厂里很多工人都是他的老乡，小老板正是看中了他这点可以利用，一方面故意用收到恐吓信之事试探他，另一方面则用好言好语和小恩小惠笼络他。五百块的新婚红包和火线提拔，竟是希望张怀恩能仿效抗洪抢险的战士，不顾一切代价都要带动工人赶下这笔急单。借助李想和张怀恩，小老板从生产流程、任务分工、工人士气、工人伙食等方面都搭建好了严丝合缝的"全景敞视监狱"，利用这一"驭人之术"，不断规训出为完成"国家订单"所需要的被驯服的身体[5]。

为了独享利润，小老板拒绝了李想把单子匀出去的建议，强令全厂工人五天内不眠不休完成这笔订单，可才干到第三天，许多工人都已经撑不住了，直接就在工位上睡着。实际上，不眠不休连续加班对身体健康的摧残，小老板是亲眼看到也亲身体会到的，而在以小恩小惠笼络到的新主管张怀恩身上，他也觉察到可能猝死的风险。但在迅速膨胀的物欲面前，他的人性已被彻底异化成物性，用李想的话来说，就是既"不把工人当人"，也不在乎自己会不会"被工人当人"了。一张"国家订单"，让小老板在心理上脱离了"打工者"的阶层，在完成这笔国家订单后，小老板关心的只有以后如何拿下更多的订单、赚更多的钱，对工人的生命价值变得漠不关心，得知张怀恩的死讯之后，他关注的只是如何撇清自己的责任，与创业初期判若两人。

小老板的改变并非仅仅发生在工人身上，在他与妓女阿蓝交往的私生活方面，也显示出他的人性在利益诱惑面前遭遇了异化。一开始，即便知道阿蓝的"职业身份"，但小老板也依然对她有着发自内心的尊重和关爱，一如他一开始对厂里工人也是真心体谅一样。他理解和他一样从农村出来城市打拼的底层异乡人的苦，出卖肉体和大量出现的工伤、职业病、精神病等既无法维权甚至无法言说的身体伤害的本质一样，有时候都是面对生存困窘的无奈之举，而这份出自"同是天涯沦落人"的理解和尊重也打动了见惯风月的阿蓝。在"不把自己当人"的艰苦日子里，小老板总是在百依百顺的阿蓝那里寻求身心的放松与慰藉，"有时他甚至觉得，阿蓝这儿才有家的感觉"。濒临破产之时，小老板和阿蓝作了依依不舍的诀别，内心充满不能多照顾对方的愧疚，然而没想到一纸国家订单让小老板的制衣厂"起死回生"，他又再次回到阿蓝身边，只是这一次他们的关系已经悄然发生改变。小老板志得意满，并开始像其他男人一样提出要单独包起阿蓝，这一看似情人之间的亲密呢喃实际上体现出他对阿蓝的心态已经不像以前一样是出于对知己的理解与怜惜，而是在被一纸订单迅速鼓胀起来的欲望催化下异变成居高临下的占有欲。凭借这一"国家订单"，小老板对李想、张怀恩和阿蓝的态度发生了一致的转变，显示出小老板被物质欲望的全面占领以及生存意义的急速萎缩，这一心态让他在后来再次陷入破产、命运急转直下时难以承受，从而走上轻生的道路。

德勒兹和瓜塔里指出，身体作为永不停息的欲望机器不断外溢扩张，试图冲出已有的一切领域[6]，这个不休止的欲望机器既鼓励着人们创造物质成果，却又在资本的压制与不断创造的匮乏之中攻克了人性，将人存在的意义仅仅剥离成生产需要，把身体异化成机器，把人性异化成物性。而人性异化在无限扩张自身物欲的同时，也对他人的生存空间造成了极大挤压。面对利益的诱惑，小老板在被步步异化的同时不仅把自己逼上绝路，在他的逼迫下，底层工人张怀恩更是直接走到了生命的尽头。

张怀恩的一生是卑微的、懦弱的，又是愚钝的，本来在厂里干得不错，但在小老板拖欠了四个多月的工资后，为婚事着急的他为了拿到工钱，偷偷给小老板寄出了一把刀子和匿名恐吓信。实际上，伴随着张怀恩每次出场，作家都会反复提到"刀子"，"刀子"成为理解张怀恩这一人物性格和命运发展的关键。从一开篇张怀恩在夜晚被治安员搜身盘查时被发现身上藏着刀子，到与未婚妻约会时为了防贼身上携带刀子，再到为了吓一吓小老板偷偷寄出刀子，刀子是张怀恩用来抵挡外力侵害的唯一武器，显然作家也将"刀子"作为一种反抗不公的隐喻。

但讽刺的是，张怀恩从来没有光明正大地使出过"刀子"。在珠三角外向型工业发展初期，大量来自内陆的务工者组成低端加工制造业所需要的廉价劳动力，治安员的滥权暴力、黑社会的偷盗抢劫、厂方对工人薪资的恶意拖欠、高强度的劳动体量和高危工作环境成为早期来深务工者都几乎经历过的集体创伤。在利润最大化和以 GDP 增长为主的政绩考核模式下，商人和公权部门结成"利益同盟"，大多数生活在异乡的农民工如同张怀恩一样，既没有社会地位、社会关系，又没有学历和与外界周旋的能力，既无力抗拒资本的劳动剥削，也难以寻求公权部门的合理维权，甚至还可能会遭遇来自治安员、警察等公权执法者的权力寻租现象，尽管政府陆续设置了相应机构为农民工维权发声，但他们的生存权利在面对权力和金钱时始终处于劣势。面对这种无奈局面，张怀恩只能随身携带水果刀用以防身，但这把小小的水果刀真的能保护他吗？面对治安员的随意搜身、辱骂和殴打，他百口莫辩、默默忍受，"回到工厂，睡在铁架床上，张怀恩的手脚还在发软"；约会时被"烂仔"抢劫，"烂仔"甚至还公然非礼他的未婚妻，他也同样默不作声，还被未婚妻劝说"以后别带刀子了，带了刀子更危险"；工厂拖欠自己工资长达四个月，他不敢直接向老板要钱，只能偷偷寄出刀子恐吓老板，而一旦面对老板，却是"被盯得有点发毛，惶恐地低下了头，恨不得把头都低到两条腿中间"。明明每次都是自己占了理，却每次都是自己吃亏受辱，可见像张怀恩这样的底层劳工，在大环境中既是弱小无助的，而他自身性格也是懦弱怕事的，两方面因素交织在一起，以至于难以判断究竟是大环境迫使他变得懦弱，还是他的懦弱更加纵容了大环境的歪风？

在这把处处随身携带又从来不曾使出过的刀子里，暗含了张怀恩这一卑微小人物必然的命运悲剧走向，从他寄出刀子又因此而做贼心虚、受宠若惊的神态里，注定他只会被残酷的社会现实和狡诈的"驭人之术"压垮。过劳死或许只是其中一个悲剧收尾，在《出租房里的磨刀声》里，只能用疯狂磨刀的变态行为来释放对现实仇恨的磨刀人和天佑，他们也都处于遭到残酷身体禁锢却根本无力抗争的生存狭缝中。现实压迫与内心反抗之间的巨大矛盾使底层打工者们患上"精神分裂症"，这些想使又不敢使的"刀子"，既象征着对不公现实的强烈反抗，同时又暗含着对现实处境的无力和卑微。

通过比较小老板、张怀恩两种不同个体生存处境，小说揭示了转型期间打工阶层所遭遇的生存苦难，这一生存苦难不仅有来自资本对剩余价值的压榨，还有价值追求的异化和社会秩序的失范。需要指出的是，小老板、张怀恩们的生存苦难并不仅限于在小说文本圈定的深圳发生，包括广州、东莞等珠三角城市以及香港、澳门地区，在承接发达国家产业转移的发展初期都普遍出现过类似的社会问题，比如20世纪70和80年代，香港知名作家李碧华就常以鬼魅题材小说批判人性遭到资本异化之后"不人不鬼"、惟利是图的社会风气，被誉为批判现实主义新《聊斋》[7]。在某种程度而言，珠三角"打工文学"和香港鬼魅书写都反映了后发工业城市和地区面对全球化转型时不可避免的文化阵痛。

二、处境探问：全球化背景下的生存关联与文化内因

无论是屡次陷入破产和生产循环的小老板，还是处于社会底层、备受欺压的张怀恩，他们始终都无法掌握对自己命运的主导权，那么，透过对他们生存苦难的揭示，我们不禁要进一步探问造成上述伦理失范和秩序危机的原因。王十月在谈到这篇小说时提到："不识庐山真面目，只缘身在此山中。对于当今时代而言，我们每个人都身在此山之中。但对优秀的小说家而言，则要时时警醒自己，要努力让思想和见识跳出群山之外，透过纷繁复杂的现实去洞见事实真相，去接近真理"[8]，这番话与小说最后小老板爬上高压架的反思形成文本内外的对话和呼应。在周城提出80万元的天价索赔后，小老板再次陷入破产绝境，于是他爬上高压架，希望能从"上帝"的角度来把自己的命运看清。小老板的人物视角在经历命运的陡然起伏后终于与全知视角走向相交，他在意图结束自己生命的时候才走出"当局者迷"的困境，转而思考他者的处境，思考围绕"国家订单"一系列的经济关联，以及这一关联背后的不平等。

德勒兹提出"褶子"的概念，认为在相异性概念区域之间存在普遍的扭结或折叠现象，即每一个概念都会在内部生成嵌套关系，并与其对立概念内部的类似关系形成更具多样性的对偶关系，因此概念与概念之间因扭结而相通，同时又保持着自身及其多样性品格，体现出一种对立而永恒的轮回规律，这种打褶与解褶（fold-unfold）象征着事物运转的差异共处、普遍和谐与回转迭合[9]。而在王十月的语境中，资本的空间生产与扩张正是通过"褶子"运动形成地方的普遍联系，并由此编织成资本的全球化网络，成为相互对偶又相互依存的辩证整体。震惊世界的"9·11"事件与南中国一个小制衣厂的一群底层劳动者的命运能做到相互关联，就是对褶子式的经济全球化关系的形象演绎。诚然，小老板对张怀恩的过劳死负有不可推卸的直接责任，但张怀恩的猝死可以追因到小老板的劳动压榨，也可以往前追溯到港商赖查理突然带来的美国急单，进而可以继续追溯到美国突然猛增的国旗需求却无法在本土短期内大批量生产国旗等廉价纺织品的市场现实。因为"9·11"的突然爆发，深圳这家小小的制衣厂也成为全球化产业链的一个具体链条，美国无法离开深圳，就连象征民族精神的国旗都需要深圳来生产；而深圳也同样无法离开美国，因为美国市场需求直接决定了"世界工厂"的出口总额和大量廉价劳动力的就业生存，美国市场和深圳工厂之间这种互相嵌套

迭合的关系就是全球化经济关联的一个"褶子"。而香港贸易商赖查理则是确保两者得以连接的关键，他的出现与否意味着订单能否到来、资金能否结清，也意味着凭他一个人就可以决定制衣厂的生死和上百个工人的就业和生活，这种收益地位的巨大失衡本身就构成了对包括小老板和工人在内的产业链下游的严重剥削。以劳动力密集为特点的"三来一补"制造业在全球化网络中的位置是被动和卑微的，即使整体上担负着"世界工厂"的基础角色，但也由于缺乏核心知识产权而失去自身发展的主导权，以至于身处其中的细微个体都难逃上游资本的剥夺，只能为生存而接下发达地区无人愿接也无人敢接的劳动体量。小老板爬上高压架试图从更高的地方看清自己命运的举动，正是作家跳出打工阶层处境而从全球化经济关联进行反思的隐喻。因此，当小老板再次接到赖查理的来电，要求他在两天内赶出一笔十万面的星条旗订单时气愤地扔出手机，这一举动不仅显示出作家对劳资地位不公的强烈控诉，更是超出了这一控诉本身，反映出作家对如何摆脱当前被动的生存处境、掌握自身命运发展主导权的迫切愿望。

在这一谋求自主发展、转型升级的"打工"心态的转变引导下，王十月也将批判之剑指向自身，带着自我检视的目的剖析苦难之下的伦理之殇。张怀恩便是千千万万个农民工的缩影，对于张怀恩，作家的笔触显然有着"哀其不幸，怒其不争"的意味。他的想法很单纯，一开始他只是想要在老板"跑路"之前讨回自己被拖欠了四个多月的工资，但他并没有找劳动站或者报警，而是写匿名信、寄刀子，看看能不能以此恐吓到小老板。当他做完这一切心虚地不敢抬头看小老板时，没想到小老板不仅给他送红包、还提拔他做车间主管，这些举动大大超出了他的意料，让他体会到从所未有的重视、感恩和愧疚，所以他只能通过更卖力干活来回报小老板的恩情，最终在五天五夜不眠不休的加班后累死在一堆碎布堆里。如果单从劳动法律关系来判断，小老板对张怀恩的过劳死确实负有责任，但小说却没有太多想象中资本家强迫工人劳动的情形，反而对张怀恩的心理细节倾注了大量笔墨，让读者感觉张怀恩是在强烈"报恩"心理的驱使下活活把自己累死的。可以看出，张怀恩的名字也是作家有意的暗示，张怀恩一直"怀着报恩"心情来替老板卖命，这份"报恩"之情大得连自己的生命都可以豁出不顾。

长期以来，"报恩"思想深深扎根于中国人的传统文化观念之中。费孝通先生在《乡土中国》中提出"差序格局"概念，指出中国传统社会结构是以家族为中心、向外扩展社会联系的圈层格局，而这一社会联系随着血缘、地缘的亲疏和经济、政治地位的高低而定，这种植根于小农经济的乡土社会结构存续了两千多年，其中便形成了俗话说的"关系文化"、"人情文化"、"报恩文化"，时至今日仍对社会成员之间的行为交往具有巨大的影响[10]。"报恩"既有着乡土社会维系人情义理、追求道德境界的积极一面，却又在两千多年古代君主专制统治下异化成对权贵的膜拜和对自身合法权利的轻忽，成为制约中国农民走向现代法治社会的思想痼疾。所以在张怀恩看来，自己只是一介卑微车衣工，小老板的奖励、提拔和不计前嫌使他产生了无比的感激和羞愧之情，成为自己愿意为此豁出去卖命的重大恩情。所以以现有的人力在五天时间内赶出二十万面星条旗，这一紧急任务在富有经验的经理李想看来是不可能的，但在心态陡然发生改变的张怀恩看来，无论是五天还是三天，无论是二十万面还是三十万面，都一样是向老板"报恩"的机会。这种"报恩"的心态使他"把老板的事当成了自己的事"，甚至"比自己的事还要重"，所以最快吃完饭赶回来工位车衣的是他，五天五夜不眠不休连续加班，甚至还哀求老乡回来一起加班的也是他；最后机器因为长时间运转过热冒出火苗，他竟能反过来劝小老板："人可以不休息，机器却不能不休息"，这些不合常理的荒谬言行竟然在一个小小的车衣工身上发生，足以可见这份"报恩"的心意已冲昏了正常的理智。

对小老板的客气相待感到受宠若惊的反应，如出一辙地表现在张怀恩的父母身上。当小老板把张怀恩的父母接过来商量处理儿子的身后事时，他们甚至因为小老板的"有礼有节"而对儿子身体太弱、未能好好报答老板而感到愧疚。最后他们同意了只有八万块的抚恤金，在小老板去取钱的路上，厂里的老乡带着律师和记者等人突然来到，二老更是紧张，对自己一家能得到这些"大人物"的关注感到受宠若惊，更进一步怪责自己儿子没有享福的命。可见，张怀恩一家的生存状况是极为卑微的，因此来自权贵的一点关注都是自己受不起的"恩宠"，反映出农民工群体一方面对权贵等级俯首帖耳、淡漠个人生存权利的文化陋习，另一方面则是以等级、人情替代法律和理性作为维持社会交往的规则，与转型要求的市场经济关系并不相容的思想拘囿。显然，作家并非把"怀恩"、"报恩"的心理仅仅赋予了张怀恩，还扩大化到他父母身上，扩大化到乡土社会及其生存伦理的现实处境中，这种法理让位于情理、等级尊卑分明的乡土文化，在遭遇现代化转型时表现出巨大的文化错位。

而与此同时，在近现代工业并非自然发生而是来自被动移植的乡土社会语境里，工业化生产所内含的工具理性文化无法获得社会各个阶层的完全理解和认同，反而对社会价值观念形成了巨大冲击，让人们在无所适从和自我怀疑中逐步剥离了道德约束，而把个体的功利性目的作为是否取得成功的度量衡。陈占江指出，在百余年的反传统和现代化过程中，克己复礼的儒家道德思想遭到工具理性的不断解构，而自我主义在权力与资本的共谋机制中被不断再生产，使个体道德陷于快速衰退的态势，也使社会秩序遭遇极大危机[11]。小说塑造了一个由美国基金会资助的"人权律师"周城，他屡次成功规避了现实的不公待遇，和老实巴交的张怀恩一家形成了鲜明对比。在周城的两次出场里，一次是谎称自己有派出所领导的关系，从治安员手上救下了被殴打折磨的张怀恩，第二次则是在张怀恩死后，他带着记者和李想赶到酒店见到张怀恩父母，并以委托律师的身份向小老板提出八十万的赔款。周城的身份不明，在做过各种生意失败之后，没有接受过任何法律训练的他摇身一变成为美国资助的"人权律师"，以专门曝光落后地区的欠薪、工伤等事件赚取来自美国的"公关费"、"律师费"。周城的话术冠冕堂皇，但他的目的绝非维护什么法律公义，而是在与工人和厂方的斡旋中谋取渔翁之利，实际是个善于钻营的利己主义者。可以说，周城既是张怀恩的极端反面，又是小老板在人性不断异化的另一种可能和侧面，人一旦选择了为自己而活，还无需顾及他人和所谓的社会公德，那么他就可以不择手段，并在一个价值秩序茫然失措的社会环境里所向披靡。所以，像在治安员手下"救人"这样的小事，到揽下各类"打工官司"、赚取高额律师费这样的大事，他都可以屡屡得手，所以在听到李想为小老板"求情"时，周城勃然大怒，斥责李想这样心慈手软"干不成大事"。周城这一人物的塑造是作家对社会秩序错位的辛辣讽刺，而更讽刺的是，如果从政治经济学角度追根溯源导致张怀恩过劳死的始作俑者，正是处于全球化产业链顶端的美国，他们把发达国家没人能做也没人愿做的订单派到中国，现在又通过基金会派出"人权律师"的方式为愿意揽下这批苦差事的中国农民工"伸张正义"，这一"贼喊捉贼"、颠倒黑白、混淆视听的做法恰恰说明了处于产业链低端的工人及其国家不仅处于经济上的弱势，还处于法律地位和话语权的弱势。面对似乎无懈可击的法律和程序时，张怀恩的哑口无言实际上也是一个落后国家面对强权的哑口无言。

　　小老板、张怀恩、周城，这些处于全球化产业链上不同处境的人物透过一张"国家订单"而发生了"褶子"一般的命运牵连，他们基于自身的经历立场作出了不同的行动选择，甚至有人还为此付出了生命的代价。这些个体经验看似偶然，但作家以跳出打工阶层的全局化视野，揭示了左右每一个个体生存命运的必然的经济关联与文化影响，并发出了在全球化背景下关于生存和发展、法律和人情、利益和道德之间关系的探问。李想在小说中的"戏份"并不多，但他某种程度似乎就是作家本人的化身，他并没有对任何一个事件产生关键的影响，但却始终以陪同的身份经历了所有故事人物的处境，他对小老板、张怀恩、周城等人的不满、同情、迷茫、疑惑等的复杂感受，也可以理解为作家的同样感受。作为从农民工群体走出来的作家，王十月体会过"打工"生活的生存艰辛，也体会过在不同立场声音交织下痛苦的心理斗争和博弈，在一系列"劳资"人物处境的换位思考中，造成转型初期工人生存苦难的症结跃然纸上。

三、主旋律书写：打工文学的自我意识与视野跃迁

王十月在二十多年"打工"生涯中不断历练、品味与沉思，试图为造成"打工阶层"生存疾苦的症结提供最接近现场的洞见，这份洞见显然已超越同类作品而具有了更高层次的思想格局。在他看来，构成底层劳工生存苦难有两层原因，一是来自全球化分工体系不公的外部因素，二是地方文化惯性与现代化生产难以调和的内部因素。一方面，当前全球化分工体系与利益分配格局存在巨大差异，没有掌握技术主导权的国家和地区处于落后与被动地位，只能依靠发达国家和地区的低端制造业转移获得全球化网络的经济资本。这一差异在一线工人的生存处境上得到直接凸显，表现为恶劣的劳动环境、沉重的劳动强度和巨大的生存风险等具体事实，这些事实也构成了大多数"打工文学"的背景素材和主题特点。与此同时，利益至上的资本逻辑伴随全球化网络的触角延伸到每一个角落，造成人性的异化与存在意义的消解，即便是像小老板一样从底层工人走出来的小企业主，在面对利润的巨大诱惑时，也会罔顾工人的生命健康而甘愿沦为"欲望机器"，缔造"资本之恶"。另一方面，根植于血缘关系圈层的传统乡土文化以人情熟悉程度作为社会交往和交易的基础，难以适应以效率、理性为特点的工业化生产，并在社会环境发生市场化和全球化突变时面临话语框架不兼容的问题，突出表现为对法律关系、权责关系判断的失准和对市场需求、市场风险反应的迟缓。因此，底层工人屡遭加班、恶意欠薪甚至发生工伤、猝死的严重后果，却又缺乏

相应的法律意识和法律手段来维护自身的合法权利，观念上的不适配带来生存发展权利的严重受损，而社会价值秩序也在全球化利益博弈的败退下逐步走向迷茫和缺位，使寻租乱象有了孳生的空间。一张跨越了半个地球的订单以"褶子"般的关联把不同人物的生存命运紧紧拴在一起，通过呈现小老板、张怀恩、周城等人物的生存处境，王十月逼真还原了"打工阶层"早期的生存苦难，并在小说情节的紧张推进中充分展示了作家对全球分工体系不公的控诉、对本土文化落后成分的痛批。作为"打工阶层"的一员，王十月的自我剖析是深刻且痛苦的，他在造成千千万万个个体苦难经验的表象上不停深挖，并发现和接受了这一残酷的事实，即落后就要挨打，落后就会死亡，造成苦难的症结不仅是外加的，更是内具的，不认识到这一点，就只能像小老板一样不断重复在生存线上挣扎的死循环，永远无法企及一个可以"看清这个世界"的高度。

与此同时，这一深刻而尖锐的自我剖析也从另一个侧面显示出一种强烈的求生本能和自我意识，显示出从个体经验向宏大叙事的主旋律回归。"打工文学"自其诞生之日起就以强烈的自我意识而自成特点，作品常常以叙述"打工阶层"所经受的身心磨难、抒发对乡土家园的思念和回不去的怅惘、控诉难以融入城市生活的苦闷为主题，释放出想四处迸发又无所安放的郁闷愁绪。20世纪80年代以后，包括深圳、东莞等在内的珠三角新兴工业城市凭借低廉的土地和劳动力价格等优势成为全球化生产转移的新空间，通过承接"三来一补"制造贸易大力发展外向型工业，创下了"深圳速度""珠江奇迹"等一系列经济发展神话。但在惊人的发展速度之下，传统社会在向市场化和全球化的转型期间也遭遇了利益天平失衡、价值秩序崩析等现实阵痛，当来自五湖四海的农民怀惴着致富的梦想南下"打工"，却恰恰掉进了全球与本土、城市与乡村之间的生存狭缝，因此在早期的"打工文学"作品中，城乡二元关系的对立和割裂常常是叙事和批判的对象。但回退乡村、固守传统却更多只是表面喟叹，打工阶层真正想要的，是融入异土，融入城市化，挽回和弥补在城市中失落的自由和尴尬的生存处境。进入新世纪以后，深圳、东莞等新兴工业城市陆续积累了经济资本并奠定"世界工厂"在全球化大生产的基础性地位，农民工的生存状况得到好转，恶意欠薪、超时工作、恶劣环境等在逐步完善的监管和治理条件下得到遏制，"打工文学"也越来越显示出一种向外探求的倾向，并在发现外部世界多样性同时开始解剖与检视自己的内在不足，寻找"突破口"成为此时"打工"书写的主基调。在这一时期推出的《国家订单》显然是这一主基调的代表，它从外部结构性冲击和内部观念不匹配两方面为造成转型期间农民工生存苦难的症结提供了自己的思考和回答，并指出当前全球化网络在带来物质和技术水平不断进步的同时，也难以弥合和消除不断加大的贫富差距与发展差距，而要走出这一恶性循环，只能寻求科技自主创新，寻找从低端产业向中高端产业升级的突破口。这一观点凸显出作家强烈的自我救赎意识，与此前单纯的自我控诉不同的是，这一救赎意识已是建立在立足城市、融入城市的基础上，并在此之上而产生的力图融入国家发展和主旋律书写的动机、在当今由西方主导的全球化网络中谋得主动地位的愿望。第五届全国鲁迅文学奖对《国家订单》给出的颁奖词是："作为一位从工人中走出来的作家，王十月对于全球化背景下中国企业中不同身份人们的复杂境遇有着深切的体会和理解。他的《国家订单》在危机与生存的紧张叙述中烛照人心，求证个体的权利、梦想与社会的和谐、发展，体现了公正、准确地把握时代生活的能力"[12]，这一权威评价显示出当前主流对"打工文学"突破边缘苦难叙事、融入主旋律书写的高度认可。"打工文学"的自我意识特点从反映城乡二元割裂的苦难控诉逐渐向外扩展，加入到国家与世界发展的主旋律叙事节奏，这一既向外探求、又向内解剖的思维立场从个体的直接经验中抽离，并上升到自我与他人、本土与世界之间关系的动态建构层面，显示出"打工作家"从"小我"到"大我"的自身意识与定位的转变，并将之转化成为脚踏实地的钻研与行动，转化成追逐权利、追逐梦想的劳动赞歌。在这一主旋律的烘照下，"打工文学"的叙事节奏和叙事技巧得到了显著提升，并成为反映改革开放以来粤港澳地区一体化发展的宏阔历史和文化变迁的现实主义文学类型。

综上所述，王十月《国家订单》中对个体处境的拆解以及作家本身的处境跃升都体现了个体发展与国家命运之间的紧密关联，体现了主旋律书写对于弘扬当代文学意义的重要推动作用。发源于改革开放初期、伴随粤港澳地区逐步融入全球化的"打工文学"以亲历者、见证者和记叙者的姿态为回顾和理解改革开放初期粤港澳地区的转型历史与社会心态提供了珍贵的文学史料，也为理解"全球化的中国"和"中国的全球化"提供了一种来自区域文化共同体的集体想象。作为文学史料，"打工文学"汇集了上个世纪末底层农民从农村踏入城市、从田野步入车间的个体生存经验；作为集体想象，"打工文学"基于"世界工厂"的处境和角色，在"开眼看世界"的惊奇与刺痛中感受到命运的参差，因此从城乡二元对立转向更为广阔的全球化视野，思考个体自我和集体自我在全球化链条中的位置与角色。伴随改革开放成长的"打工作家"及其所创作的"打工文学"，尽管曾经处于边缘位置并在一定程度上带有表层叙事、夸大苦难的缺陷，但作为发源于珠三角城市群崛起史的大众文化产品，作为对转型时期底层民众生活与心理状态的同频呈现，这些作品依然构成了区域文学见证与书写时代不可或缺的历史维度。更重要的是，"打工文学"在浓郁的底层书写之下体现出来的自我批判与自我救赎意识，不仅因此而具备强烈的人文主义精神，同时也在时空变迁中展示出农民工群体对现代性危机的省思觉醒以及主体意识的崛起，而这些也恰恰构成了劳动人民在逆境中艰苦创业、砥砺自强、书写生命艺术和劳动赞歌的"中国经验"。

参考文献：

1. 高志 . 当代"底层书写"的盲点、阈限与未来［J］. 海南大学学报（人文社会科学版），2019，37（06）：109—117.

2. 蒋述卓 . 现实关怀、底层意识与新人文精神——关于"打工文学现象"［J］. 文艺争鸣，2005（03）：30—33.

3. 陈雨露 . 打工文学：现代化进程的"中国经验"与生命实践［J］. 创作与评论，2013（24）：11—15.

4. 李雷 . "打工文学"的全球视野与阶级意识——读王十月的《国家订单》［J］. 作品与争鸣，2008（10）：2.

5. 柳冬妩 . "粤派评论"视野中的"打工文学"［M］. 广州：广东人民出版社，2018：286—292.

6. 邰蓓 . 论德勒兹和加塔里的"欲望机器"［J］. 求是学刊，2014，41（02）：39—46.

7. 韩宇瑄 . 论李碧华小说的鬼魅书写及其文化源流［J］. 华侨大学学报（哲学社会科学版），2019（02）：41—49.

8. 柳冬妩 . 70后青年作家系列之王十月：收脚印的人［EB/OL］.（2016-12-30）［2022-10-11］. http://www.chinawriter.com.cn/n1/2016/1226/c405057-28976505.html.

9. 吉尔·德勒兹 . 福柯·褶子［M］. 于奇智、杨洁，译 . 长沙：湖南文艺出版社，2001：180—190.

10. 费孝通．乡土中国［M］．上海：上海人民出版社，2007：45—48.

11. 陈占江．差序格局与中国文化二重性［J］．云南社会科学，2015（03）：142—149.

12. 中国作家协会．第五届鲁迅文学奖获奖作品评语［N］．文艺报，2010-11-10（1）.

从突围表演到回归水乡

——残雪新作《水乡》的生态书写

杨厚均　　车凌哲

一

　　《突围表演》是残雪先锋写作的代表作，讲的是五香街女士们对于性和自由的具有反叛意味的另类行为，是一种对于现存庸常生命的突围，而一场没有胜算的突围，充其量也不过是一种表演。"突围表演"可以视为残雪创作的逻辑起点。梦魇、怀疑、敌视、无确定的指向，成为残雪四十年来小说的基本景观。残雪因此被称为"永远的先锋作家"。

　　残雪的长篇近作《水乡》（湖南文艺出版社 2021 年出版）仍然延续了她一贯的突围表演的写作姿态，呈现的是一场围绕洞庭湖而展开的人的精神探索历程。但和五香街各色人物没有结局、没有指向、重在突围的表演不同，围绕洞庭湖而展开的种种人事，无论经历了何种神秘莫测的遭遇，但始终内在着一种面向洞庭湖水乡的"归乡"的生命冲动，以水为乡，该是"水乡"题旨所在。对于"老要与铜墙铁壁较量一下"[①] 并把自己逼向无家可归的残雪来说，这样一种"归乡"格调的出现，算是残雪创作呈现出来的"新质"。

　　《水乡》以退耕还湖以后仍然留守在老垸区野鸭滩的秀钟马白夫妇为中心，通过十四个片段场景，讲述了林林总总包括秀钟夫妇在内近二十余个人物的遭遇。和几乎所有先锋写作模糊现实背景不同，小说明确了退耕还湖这一可以辨识的社会现实背景以及与此相关联的围湖造田的历史背景。这此背景下，十四则各自独

---

　　① 残雪：为了报仇写小说——残雪访谈录 . 转引自卓今：《残雪评传》，湖南文艺出版社 2008 年版，第 165 页。

立又相互交织的故事，深入人与大湖之水的关系，各色人物殊途同归，回到生命的源头：充满神秘灵性的水的世界。这样一种人水同体共生的生命意识，在当下共同关注的生命生态意识形成了某种程度的共鸣。从这个意义上说，残雪这部仍然有着浓厚的先锋意味的《水乡》却隐约可见一个关于生态生命的喻指，或者说，残雪的《水乡》是其以先锋姿态展开生态文学写作的一次重要的尝试。

二

生态写作是西方上个世纪六十年代提出的概念，是人类对现代化背景下物质生存和精神生存状态深怀忧虑、沉痛反思的结果。批评界通过对罗梭的《瓦尔登湖》乃至上溯到达尔文的《物种起源》、吉尔伯特·怀特的《塞尔伯恩博物志》等文本的推崇与阐释而演变为一种文学上的创作思潮。这一思潮在上个世纪八九十年代开始影响中国文学，并成为当下中国文学创作的重要景观。按照王诺的定义，生态文学是以生态整体主义为思想基础的，以生态系统整体利益为最高价值的考察和表现自然与人之关系和探寻生态危机之社会根源的文学。[①] 事实上人与自然之关系，是人类有始以来的一种原生关系，从根本上来说，人就是自然的一部分。人与自然的和谐共生，本质上就是人回到自然之中去，自然才是人类的原乡。事实上，1866 年，博物学家海克尔最先提出"生态学"这个词时，就是以此为逻辑起点的，在他这里，"生态学"的德语为 Oecologie，他将希腊文中的 oikos（家或家园）和 logos（各种学科研究）拼合在一起，造出"生态学"（ecology）这个词。"从这个词语的字面解释来看，生态学就是对家园的研究。'生态'一词是与家园有关的生命、存在、天然、健康、和谐、共生等语意的聚合体。"[②][3](P3) 事实上，被西方推崇为生态文学之始的《塞尔伯恩博物志》就是写的作者家园里的生态故事。

《水乡》为我们讲述的正是一个又一个曲折离奇的寻找家园的故事，这个家园同样与自然同构，更具体地说，就是一个寻找洞庭湖水乡的故事。小说的人物主体大概可分为三种类型。一类是洞庭湖水乡原住民及其后代，像常永三珠夫妇、黄土、南等，一类是在围湖造田运动中的移居者及其后代，像秀钟马白夫妇和他

---

① 王诺.欧美生态文学［M］.北京：北京大学出版社，2003．第 11 页
② 薛敬梅.生态文学与文化［M］.昆明：云南大学出版社，2008 年，第 3 页。

们的女儿秀原等，还有一类就是受某种神秘力量的引导暗示奔向洞庭湖的外来者，像老赵及其维吾尔族妻子欢、老曹荆云夫妇及其子女。

作为原住民及其后代，水是其家族的 DNA，一种铭刻于精神底板上的集体记忆。常永三的祖先是湖区渔民，但他的理想是造万亩良田，围湖造田成就了他，让他当上了野鸭滩大队的大队长，他浑身力气，不知疲倦，独断专行，但最终在侄子三角梅、叔叔老鱼带来的家族记忆以及儿子带来的神秘的龟的启发与指引下，完成了退耕还湖后从领导者到单干人、从种稻到种藕的转型，回到了真正的"水乡"。黄土的祖先也在湖区，是湖区的地主，但黄土并不出生在湖区，他是来自一个叫枫树村的农民工，在城市建筑工地看守材料。然而他不满于城市的工作，他也坚信自己的祖先不在枫树村，而在有着辽阔之地的"那边"，因为，他的祖先是一路乞讨才到枫树村定居的。现在，他放下一切，执著于他的"寻根"之旅，历经各种神奇遭遇，他来到了野鸭滩，在野鸭滩搭建了自己的棚屋。野鸭滩就是他苦苦寻找的"那边"。和常永三、黄土相比，高个子"南"与洞庭湖的关系似乎有些"牵强"，仅仅是从他对秀钟说过一句"我们的父母都在这湖底下"可以推断他是洞庭湖原住民的后代，这一种隐秘的基因，让在城市作审计工作的"南"时刻感受到一股强烈的"水"的诱惑与鼓动，同样的历经各种挣扎，最终来到湖边，和自己水底的祖先相见。

对因围湖造田而来到洞庭湖水乡的移居者而言，在退耕还湖的过程中，他们的态度是复杂多元的。一部分年轻人像当年他们的父母容不得思考就来到野鸭滩一样，纷纷离开这里向城里讨生活，但也有像秀钟、马白这样在这块地上摸爬滚打了几十年的中老年人，他们无意于新的迁徙、奔波，但他们也仅仅是既往生活的留守者。是因为对原住民常永三夫妇的新的发现、源于与纷纷来野鸭滩的定居者的交流、源于一些神秘物象的启发，他们才发现自己生命中充满活力的"水乡"，至此，他们的生命不是"留守"，而是出发。当然也有走出去的年轻人，像秀钟夫妇的女儿秀原，在经历了城市的艰难后，重新发现家乡，发现水乡，最后回归家园，和父母会合。

如果说上述两类人物的返乡，都与自身的现实经验或者历史记忆相关联的话，第三类纯粹的外来者的"返乡"则更多一些形而上的意味。因为杀人而逃亡深山的老赵、来自西北的在深山和老赵邂逅的维族女子欢，最终在水乡定居。他们的既往，与水毫无关系，引导他们的认识洞庭水乡的是无影无踪又无处不在的"毒王"，从某种意义上说，无影无踪的"毒王"便是他们自己的另一面。因此可以说，是一种纯粹内在的生命冲动，让他们走向了返回自我生命之乡的路。他们的返乡较之前面两种也更纯粹，他们坐在"毒王"送给他们的巨大的鱼骨之间，他们可以随时下沉到水底，听水底湖的生命的声音，与水底生命交流，甚至他们就生活在水底。老曹夫妇的返乡也是如此，老曹本是一个锅炉工，也许他的祖先在水乡，但他自己则是完全没有这方面的记忆，只是他最小的只有几岁的儿子菟近乎本能地说要到爷爷那边去吃鱼，老曹是受盲人得龙演奏的《江河水》和荆云女友神秘的瓦连的暗示，走向寻找水乡之路的。在到达野鸭滩之后，同样也是"毒王"的出现，让老曹在这里找到真正的归宿。而老曹的三个孩子，几乎从一开始就对奔赴水乡之旅充满了热情，仿佛他们原本就是天不怕地不怕的湖的孩子。

三

回归之后便是栖居。栖居就是一种和谐的生态。因此，诗意的栖居是生态文学最终旨归甚至直接呈现的对象。一向以表达人的存在之紧张、对立、慌乱见长的残雪，在《水乡》中却呈现出一份十分难得的和谐与安宁。小说十四章，第一章《有不少人来野鸭滩了》，相当于引子，从第二章到第十二章是展开，写各种"返回"的故事，第十三十四最后两章，是收束，写返回后的栖居。这从两章的题目《幸福乐园》《返老还童的湖》的题目即可见端倪。《幸福乐园》写黄土来到野鸭滩，他成为了真正的"地主"：

> 经历了一番旅途的折腾，黄土终于在洞庭湖的野鸭滩安下家来。
> 他就住在芦苇滩里，这个形状有点像鸭棚的家园比他在枫树村的老家舒适，也比城里建筑工地的那个仓库舒适得多，没事的时候他就坐在窗口看那些芦苇。刮大风时，芦苇在风中摔打得很厉害，令他内心涌一股过瘾的情绪。

> 在这里工作很轻松，工作时间也不受限，爱做就做，不想做就少做，所以黄土过得潇洒极了。他没有成家，也没有家务可干。他一有空就去芦苇滩闲逛，边逛边漫无边际地遐想。

> 在这里，他遇到了过去在城里打工的工友和枫树村的村长，他甚至听到了老

曹的三个孩子的说话，由此他得出了这样的结论：

> 现在他已经知道，这里有不少地主，每个人都拥有自己的土地。也许，每个人拥有的都是同一块土地，但又版本不同。他眼前出现了奇异的景象，有许许多多的人在芦苇丛中出没……

最后一章《返老还童的湖》里，离开野鸭滩多年的亮在晚年返回家乡，然而他并不是去叶落归根老死在家乡，他是觉得自己老当益壮，还可以独自重新开始生活。事实上，他回乡后，野鸭滩的确充满生机，很多人都来了，像生活在地球的中心，他同样也遇到了老曹的三个唱歌、奔跑、彻夜不眠的孩子，湖很年轻，湖区的人永生不死，他得到了自己的新家，秀钟带他去芦苇滩看他的新房：

> "我这就搬进新家，我迫不及待了。啊！本来我以为我这一生都快过完了，可是你们然我知道，一切才刚刚开始……我太激动了！"
>
> 他俩往家的方向走时，太阳正在落下去，将他俩的身影拉得长长的。亮不断地揉自己的眼，他想让自己确信，发生的这一切全是真的。

残雪很少这样在作品中直抒胸臆："这里的每一寸都是他的地盘" [1][4](P323)！人是属于土地的，而土地同样属于人，两者没有谁征服谁，也不存在谁找谁复仇，此时，作为"湖的儿女"的人的意象和动植生灵完美契合，人与自然和鸣出优雅的协奏。"看来野鸭滩是这类动物出入的场所——很久以前它们曾同人类的祖先同居在此地，到了今天，它们单独行动，一个一个地回到了它们熟悉的地方。" [2][4](P323) 这不仅仅是动物们的返乡之旅，同样是那些所谓的"外乡人"奔赴心中的故园水乡的旅途，所有前往湖底的人都成了永生人。小说就这样以亮返回洞庭湖找到新家、开始新生结束。返老还童，在芦苇滩，在水底，在古老与原始处栖居并获得永生，这应该是《水乡》的终极指向，也是我们将其视为生态写作的最充分的理由。

---

[1] 残雪：《水乡》，湖南文艺出版社 2021 年版，第 323 页。
[2] 同上。

四

和残雪绝大多数先锋小说相比,《水乡》的表现空间和时间均得到了较大的拓展。

小说有较多的篇幅来表现人物在城市、山里等空间的生存状况,从而与洞庭湖野鸭滩水乡空间形成对照。如果说在水乡是诗意的栖居的话,在城市、在山里则是各种各样的生命抵牾与挣扎。年轻的南在城里有一份体面的统计工作,但他的精神始终处在一种焦虑紧张的无根状态,"不太干净的城市的夜空"和楼底下"人间生活的噪声"让他无法安生并迅速走向衰老:"有一天,南在刮完胡子之后仔细看了看自己在镜中的脸。老天爷,才过了两年,他怎么就已经老成折服模样了?镜子里活脱脱就是一个'大伯'型的,正迈向老年的男子,可他才四十六。不说别的,单看着眼袋,两个大蒜头,正是夜间失眠又爱鬼混的那类人的模样……"老曹的一家生活在城市的最底层,五个子女,三个还小,需要养育,他是一家大工厂的翻砂工,翻砂的铁水烫伤了脚,只能做薪水减半的打杂工作,妻子荆云带着孩子上街扫煤、到菜市场翻拣烂菜。但他们心中总有一个远离城市的庄园梦。常永三的两个孩子铁扇铁锤被送往城里读书,但他们并不被城市接纳,不能进入学校,只能偷偷寄居在传达室的杂物间,靠捡废品为生,甚至被关进地下黑屋,失去时间和空间,他们最后的城市工作是毫无意义的挖防空洞和送花圈寿衣。在《水乡》里,"山"并不具备我们常见的栖居意义的空间所在,而正好相反,是和"水"相对立而存在的。老赵因为杀人而被追捕,逃往深山,最然在这里,他找到了寄身的小棚屋,认识了从西北来到山里的欢,但这里却不是他们安身立命的归宿,欢的老姑妈、傻姑的出现,让一切变得扑朔迷离,到处是阴谋算计。至于黄土的家乡枫树村,也不过是黄土生命中的某个驿站,而不是真正的"家乡",枫树村的所有人最后都只能回到野鸭滩水乡,在那里找到与自己对应的墓碑。

紧张漂泊与诗意栖居两种不同空间的对立存在,同样是生态文学的重要标志。因为生态文学的缘起本身就是与现代工业文明带来的人的异化紧张体验相关联的。"作为具有自觉生态意识的文类,生态文学是西方新兴工业技术革命催生的新型文学产儿,并伴随阴冷的启蒙现代性和张狂的现代机械论科学的推进而不断抗争、艰难前行。随着全球自然生态形势的持续恶化,在纷纷攘攘的文学场域里长期默默无闻的生态文学异军突起，对生态危机发起了强烈、颇具想象力和创新性、有时也令人惊恐万状的反常回应。"[①] 新兴工业革命催生了新的城市空间，从而将整个地球生态切割为人为城市和原生自然两大对立空间。在城市空间逐渐成为人类生活中心并严重挤压人的主体精神的时代，重构原生自然空间中心，便成为生态文学的重要使命。正因为如此，《水乡》中的洞庭湖最后被指认为地球的中心，所有的人都来到这里，在这里，一切获得永生。

就时间而言，一般意义上的先锋小说往往通过模糊时间来获得抽象化符号化的效果。《水乡》则有着非常明显的时间指向。小说的故事建构在洞庭湖"围湖造田"和"退耕还湖"两段时间的比对之上，前者为历史时间，后者为现实时间。这样一种时间的确认，再一次指证了《水乡》对残雪传统先锋写作的叛离，而与生态写作靠拢。然而，在一般的生态写作中，因为历史时间段内，世界少受人类破坏，人与自然处在一个和谐共生的语境之中，因而历史、传统与理想往往同构，而现实则是被批评、否定的时间。《水乡》则对这一时间处理进行了改写：作为历史时间段的围护造田被指认为对自然的征服与背离，而现实时间段的退耕还湖则与回归自然步调一致。因此，尽管在常永三那里，造万亩良田也许带有其原生生命冲动的意味，但那毕竟在一场大的社会运动的语境之中，因此，常永三的行为与集体行为同质。在这一行为中，作为大队长的常永三以近乎专制的方式控制着他的属下，从某种意义上看，常永三便是福柯笔下"城市纪律"的维护者，这里的所有人都没有了自己的主体性。在残雪看来，退耕还湖与其说是还洞庭湖以自然生态，还不如说是还其人与自然共生的生态。从这个意义上来说，人不是简单地离开，离开之后只能是城市，那恰恰不是真正意义的生态，退耕还湖是另一种意义的"归来"，种藕、捕鱼，逐水草而居，这才是真正意义上的退耕还湖，是人与自然真正的和谐相处。至此，我们似乎隐约看到了第三个时间，那就是围湖造田之前的先人的时间。《水乡》里多次提到并没有死去的生活在水底的先人，提到野鸭滩生民和他们水底先人的各种交际交流，实现了退耕还湖的现实时间和围湖造田之前的更为久远的历史时间的穿越，最终还是回到了生态写作回归历史、回归传统的正常轨道。

---

① 胡志宏：生态文学：缘起、界定、创作原则及其前景.《西南民族大学学报》(人文社会科学版) 2021 年第 11 期

五

当我们聚焦《水乡》的生态写作特点的时候，必须面对这样一个事实：《水乡》并不是作者对其一贯的先锋写作的彻底抛弃与叛离。甚至可以说，《水乡》仍然算得上残雪先锋小说的新的延续。

先锋小说最大的特点是物象的符号化。先锋写作聚焦本质，因而并不关心物象的实指。《水乡》是围绕洞庭湖而展开的一个一个返乡的故事，但对洞庭湖的具象呈现则多少显得含混而游离。按照生态文学批评家托马斯.利昂的总结，生态写作由三个要素组成："博物学知识、对自然的个人体验以及对自然的哲学阐释。"这里博物学知识指向对自然生态的具体而细致的观察与呈现，生态写作需要关于自然世界的专业性知识。无论是《塞尔伯恩博物志》还是《瓦尔登湖》都有大量的自然世界的真实客观地描写。而这一点，我们在《水乡》则几乎没有发现。小说中洞庭湖是作为一种形而上意义上的精神生命符号而存在，而不是真正的自然生态空间。小说多次提到与湖相关的龟、鹰、猫、大蟒蛇，都近似神话传说中的动物，不过是某种神秘的隐喻，而并非自身生命主体。每每在关键时刻神祇般出现的海龟，是跟着常永三的儿子铁锤从城里过来的，而一直海龟居然能在洞庭湖生存下来并灵性十足，这些都是匪夷所思的事。海龟只能是一种符号的存在。有时候，甚至某些人物的设置都像"道具"一样，都具有符号性。他们神秘莫测，无处不在，以引导者的身份时隐时现。像"毒王"之于老赵夫妇、麻姐之于黄土、德龙、瓦连之于老曹夫妇、三角梅之于常永三、表演鹰的飞翔的妹夫之于南，等等等等，都是一种灵异的存在，一种图腾和昭示。

先锋小说总是通过各种神秘化手段来挑战常识，从而激发读者的主体参与。这种神秘化手段处理除符号化之外，也通过各种叙事圈套来实现。元小说通常被认为是先锋小说最典型也最具颠覆性的叙事方法。"元小说是关于小说的小说……元小说作家聪明地承认，与其说小说真实地呈现生活的浮光掠影，毋宁说它是文字建构而成的产物，丝毫不为此烦恼。"[1][5](P247) 元小说最大的特点是在不断的建构中结构自身，从而带来一种反思的力量。《水乡》的元小说特质，在于小说元视角的不断确立与不断解构，并通过这种方式，敲打读者不过是在游览一份语言建构的文本，其所见是有限的、局部的。其叙事结构从共时层面上看，分为十四

---

① 戴维·洛奇：《小说的艺术》，卢丽安译，上海：上海译文出版社，2010 年，第 247 页。

个小短章，第一章确立了秀钟与马白夫妻的视角，这个视角下，几乎所有的人物都得到呈现，然而，在这里，秀钟与马白自身的言行本身就是不确定的、含混甚至矛盾的，这就决定了全书所有叙述的不可靠性。其后的十三章，每个短章单独讲述一位人物的生活故事，这些人物有些是第一章中与秀钟夫妇关联的，但似乎又并不完全一致，有些是在前面某章中出现与某个人物相关联的，他们同样与前面出现的人物若即若离。以三角梅而言，这个小个子男人第一次出现是在第五章《一个过去时代的人物》，他是作为常永三妻子的远方亲戚来野鸭滩看常永三种稻，他像一个流浪汉，会扎染，像是一盏明灯，给常永三各种暗示、引导。第二次出现在第十章《珠的远房亲戚三角梅》，这一章专门写三角梅，这里的三角梅虽然是珠的远房亲戚，但不是珠娘家那个地方的人，珠和他没有什么联系，他也不是扎染工，他是研究洞庭湖的历史的，他研究洞庭湖的历史不是通过文字的方式，而是沉入湖底，与死去的人见面。他并不是来给常永三指路的，他只是在自我救赎。这里两个三角梅，似乎是同一个人，又并非同一个人。

先锋小说的另一个叙事手段"临界叙述"在《水乡》中同样显得十分突出。"临界叙述"也是残雪先锋小说的一贯手法。作为叙事革命的标志，"临界叙述"表明了先锋小说的叙述意识及其叙述语言所达到的难度和复杂度。"临界叙述"的关键就是，叙述语言打破了能指与所指的紧密的线性联系，甚至在能指与所指间形成一片断裂地带，所指的意义逃离于无边的能指之中"叙述变成了追踪与拒绝、期待与逃避的奇怪的双向运动。"[1] 这样，"能指由于摆脱约定的所指而变得轻松自由，然而也因此而陷入空虚的恐慌中：于瞬间被能指和所指的断裂虚无化了，叙述由此陷入了所指拒绝出场的漫长拖延和能指追踪所指的焦虑期待的双重疑难境地。"[2] 虽然，和早期先锋小说相比，《水乡》有了确切的空间时间指向，有了可以捕捉的社会现实内容，也就是说，叙述所指的及物性有了一定程度的改善，但很多具体场景的呈现仍然给人若即若离一头雾水之感。小说有很多人物之间的对话，一般来说，人物之间的语言应该具有某种线形的联系对话才能真正展开，如果抽空线性逻辑，就只能是各说各话了。《水乡》里存在着大量抽空线性逻辑的所谓"对话"，所有的对话似乎只剩一堆互相追逐又互相逃避的能指。小说

---

① 陈晓明：无边的挑战，长春：时代文艺出版社，1993 年，第 61 页。
② 同上书，第 65 页。

一开头写秀钟、常永三两个留守野鸭滩的老人在敌视多年后终于走到了一起，秀钟到常永三家里喝茶，聊天，于是出现了下面这一段"对话"：

> "老常啊，"秀钟终于开口了，"你看我应该怎样融入本地的生活呢？"
>
> "融入？你不是老湖区人吗？"常永三目光炯炯地看着他。
>
> "我是老湖区人，可我……可我……"
>
> "我明白了！"常永三一拍大腿，"你也想养一只龟，对吧？可我这只海龟是鳏夫，只有一只，没有伴。这种事可遇不可求啊。"
>
> 秀钟哭笑不得地望着他。

这里四句对话，第一二句似乎还有迹可寻，第三句两个"可我……可我……"意义含混，秀钟到底想说什么呢？到第四句，常永三的回答则如飞来之石，说是"明白了"，却是牛头不对马嘴，说到他的"海龟"上去了。不仅是秀钟"哭笑不得"，恐怕读者也是"哭笑不得"吧。这一对话，正体现了先锋小说能指叙述追踪与拒绝、期待与逃避的奇异过程。

六

尽管如此，《水乡》依然体现了残雪写作的新气象，可以说，《水乡》在先锋写作与生态写作之间搭建起一道有效的桥梁。

一方面，《水乡》拓展了先锋小说的表现领域和表现手法，体现了先锋小说与传统小说和解的迹象。如前所述，《水乡》有一个基本的主题，那就是"返乡"，"返乡"本是传统文学的基本主题，而"离家"、"无家可归"才是先锋文学的旨趣所在。在《水乡》里，每一个人都有"返乡"的生命冲动，每一个人都有一段惊心动魄的"返乡"经历，每个人在"返乡"之后找回生命的活力，获得永生。小说里，南的邻居老符有一个奇怪的爱好——在"水乡"（一个大水缸）里游泳，这似乎是他对抗枯燥城市生活的一种方式。水是人类的生命之源，每个人都从母亲的羊水中诞生，天生对水有着亲近之情。正是老符的"怪异"行为，一点一点唤醒南的"返乡"冲动。在经历了种种之后，南得以"返乡"。"返乡"、"永生"，这样一些具有建构意义的题旨，在传统先锋写作中是不被允许甚至是不可思议的。需要进一步明确的是，《水乡》的"返乡"还具有非常深刻的本土特征，这也可视为其传统化倾向的重要指标。"返乡"尽管缘于整个人类的生命冲动，但对东方本土民族来说，其集体记忆更为鲜明而强烈。从"离家"到"返乡"，是残雪先锋写作本土化的一个重要标志。更何况，这个"乡"是"水乡"，这里的"水"一方面指向生命之源，另一方面指向残雪所熟悉的洞庭湖，就后者而言，这种传统化、本土化甚至深入到了地方化的层面。

在表现手法上，《水乡》既有对先锋小说诸多技巧的运用，也有对传统小说技巧的让步。表现为两个方面，其一，从写作手法上说，象征和意象独有的朦胧感为写实性议论让步。尽管残雪的叙述仍然梦魇重重，但关键的题义会借由角色之口点明。"这里每个人都是地主，每个人都需要土地和湖泊，还有天空。"[1](P339) 老余好像传说中的土地公，被叙述者现身，代替不在场的叙述者发言，为读者困惑的"土地权限"问题解疑，这与早期现代主义反对直白说教的理念相悖。其二，从美学风格上，审丑向传统和谐美回归。早期的《黄泥街》《苍老的浮云》《山上的小屋》等，其中的环境描写和自然意象，常常是丑陋、低俗、恶心、压抑的，臭水沟、厕所、垃圾场四处可见，颇具现代象征的病态之感；《水乡》的意象选择明显更倾向于传统的审美，野鸭滩古老、平静、亲和、包容，龟、蛇、猫、鹰等具有传统神秘意义的意象成为主体，由此营造出"天人合一"的传统美学意境。意象的抉择和由此显露的美学倾向，充分说明作者对现代派象征主义的手段和目的进行了反思：必须是叛逆和病态的审美，才能表现内心的最高真实吗？答案显然是否定的。"在审美意义上，现代性的主体性表现为独创性、去秩序性，即永远的颠覆性。"[2](P7) 残雪向传统审美的回归，一定程度上纠正了颠覆性即非常态性的误区，呈现出对多元审美的包涵和认可。

另一方面，如果把《水乡》视为生态文学文本，那它对当下生态写作同样是具有一定的启示意义的。这种启示主要表现为两个方面：一是关注人的精神生态。鲁枢元指出"自然生态体现为人与物的关系、人与自然的关系；社会生态体现为人与他人的关系；精神生态则体现为人与他自己的关系"[3](P147)。残雪的《水乡》，就不仅仅讨论了人和洞庭湖生物的关系，人和水乡环境的关系，它更关注的是当下人内部精神生态的问题。在《水乡》里，退耕还湖不只是自然生态的

---

① 残雪：《水乡》，湖南文艺出版社 2021 年版，第 339 页。
② 温奉桥编：《现代性与 20 世纪中国文学》，青岛：中国海洋大学出版社，2004 年版，第 7 页。
③ 鲁枢元：《生态文艺学》，陕西人民教育出版社，2000 年 12 月第 1 版，第 147 页。

退耕还湖，在人的内部精神生态层面，同样存在着一个"退耕还湖"的命题。退耕还湖不是一种外部的指令，而是自己生命的原始冲动。这一种冲动，在一个人被异化被压抑的时代，更为强烈并转化为行动。这也是《水乡》和一般的生态文学文本相比，具有更为明显的抽象意味的真正原因。因此，在一般人看来，退耕还湖意味着人的离开，而在《水乡》却是人的归来，是"有不少人来野鸭滩了"。二是关注人与自然的生态体系。如果说，"归乡"的生命冲动更多地面对人与自己的关系的话，"归乡"后的生命体验则更多地面对人与自然的关系。在《水乡》里，从来不缺少人的活动，体现了对自然中心主义的挑战与超越。人应该回到水里，人也是水的一部分，没有人的水是一湖死水。常永三夫妇种得一手好藕，三角梅可以学习捕鱼，湖心偶有快艇甚至机帆船的出入，有人离开，也有人回归，人可以和历史对话，可以去水底探访先人，先人也可以上岸会自己的亲人，虽然在洞庭湖想干什么就干什么，没有谁来强制你的行为，但洞庭湖同样充满了各种危险、阴谋与搏斗。在作者看来，这样一个原生的系统地存在才是真正有生命的生态，才是这真正永生的生态。当"亮"回到洞庭湖，在湖心他听到了一群汉子拔河的声音，看不到，却感觉到实实在在的博弈的力量的存在，同行的秀钟告诉他，拔河的游戏在这里兴起很久了，而且会永远持续下去，这座湖还年轻，拔河的孩子更年轻，洞庭湖的人活到一定的岁数，就会产生永生的感觉。

七

纵观残雪多年来的先锋书写，从偶然闪现的生灵意识，到自觉的生态书写，她在某种程度上实现了对自我树立的"先锋"范式解构和重构的过程——不再仅仅重复个人内心世界的演绎，而将视点外放到了人与环境、社会的关系问题上。如果借用鲁枢元的"精神生态"理论分析残雪的创作历程，会发现：第一阶段，诸如1990年出版的《种在走廊上的苹果树》和1995年《断垣残壁里的风景》，是外部世界向内部灵魂的追问，这一时期的精神世界是焦灼的，虽有发现人与自我、人与环境的矛盾，但难以达到内部生态的平衡；第二阶段如2014年出版的《紫晶月季花》和《垂直的阅读》，分别关注现代人的精神家园和创作时的精神状态，初步构建起较为稳定的精神生态；第三阶段，2020年的《茶园》由内向外突破，笔写触及环境和生命的外部问题，呈现出"向死而生"的积极态度和平和心境，2021年的长篇小说《水乡》又把"生态"和"生命"的意蕴继续外延，通过马白和秀钟串联起几位洞庭湖"原住民"的荒诞"经历",共同交织演绎出一部"大湖传奇"。

事实上,残雪的生态意识在其前中期的创作中早已萌芽,可惜一直隐藏在追逐现代主义的执念之下,呈现出无意识的书写状态。只有在小说片段偶或浮现的动物意象和巫风呢喃里,我们能够窥见她的生命意识和人性关怀,由此识别她的湖湘文化基因和精神生态依赖。在长篇《水乡》出版之前,残雪曾做过一些生态书写的尝试。例如稍早出版的短篇《茶园》,讲述的是少年黄石来到传说中的美丽茶园,却发现那里的一切都与想象迥然:茶树用来喂养白蚁,白蚁又反过来成为人类的肉食。这种貌似颠倒的食物链关系,实则是对既有现代文明和生存秩序的一次反思,人为规定的益害即是必然的价值关系吗,"万物有灵",生物间的存在和联系究竟如何?美丽的茶园实质是一片荒原,就像我们赖以生存的繁华世界下隐藏虚无与危险,自然哺育人类而人类同样回馈自然,我们唯一能做的就是日复一日面对"向死而生"的挑战。《茶园》中,对于人与自然关系的思考已初步显形,但值得注意的是,其重点仍然放在人物的精神自省上。将大规模的生态意象云集到一部长篇内,同时表现出除对个人内部精神世界以外,整个社会发展和环境变化的强烈关注,《水乡》应该是第一次。在这部小说里,生态书写的倾向进一步明确,概念范畴也发生延展,涵盖了精神生态、社会生态和自然生态三层蕴藉,又呈现出鲜明的自觉意识和成系统的写作手法,对于她之前的作品母题来说,不可谓不是一次"突围表演"。

作者简介:杨厚均,湖南理工学院中文学院教授,博士。车凌哲,湖南理工学院 2022 级硕士研究生。

王船山音乐美学思想对都市音乐创作的启迪

陈庆云　苏鑫龙

中国音乐美学思想研究体系与西方话语体系不同。西方音乐美学研究以人的感性与理性思维方式相融相通为基准，通过对音乐形态、要素的分析转化成音乐技术理论，在此基础上来探究西方音乐美学的内涵。中国音乐美学则是把伦理化、生活化、理念化的思考方式运用到音乐创作中，建立对外部事物的情感认知，对内心自我的深度叩问，而后用音乐作品表现出来。王船山的音乐美学观亦是如此。王船山处于明末清初时期，这个时期的动荡不安是思想文明的又一次解放，形成了较为宽松的政治松弛环境，对于文艺、美学和哲学的发展起到了促进作用。作为著名的哲学家、思想家、美学家，他提出的文艺观、诗学观成为学者们争相研究的对象，但对于他的音乐美学思想方面的研究比较少见。实际上，他在《礼记章句·乐记》《诗广传》《尚书训义》中都有对音乐理论和实践的独到见解，形成了以乾坤万物为本质的音乐美学体系，是对前人音乐思想的继承和发展。他提出"穷本之变，乐之情也"，以此强调音乐的本质属性，这种本质属性包括"真善美"的统合、"生情论"、"内周物理，内及才情"、"情景互生"的审美观照等。他的音乐美学思想融合了哲学、历史、伦理、艺术各个方面，融通道家、儒家、佛家之精髓，把道家"道法自然"对于人生的超越，儒家积极入世的人生追求以及禅宗直觉观照下的人生哲思，独辟蹊径，融会贯通，构建了以"情"为天地万物之精神、以人为中介"以一贯之"的从本体论到认识论再到音乐实践论的音乐美学思想体系，并运用于他对音乐作品的感悟、理解和诠释中。本文主要从王船山音乐美学思想的主要内涵、王船山音乐美学视域下当前音乐创作的弊端以及王船山音乐美学思想对当前音乐创作者的启迪三个维度进行分析，以求教于方家。

一、王船山音乐美学思想的主要内涵

王船山在《礼记章句·乐记》中说到："律调而后声得所和，声和而后永得所依，永依而后言得以永，言永而后志着于言。故曰：'穷本之变，乐之情也。'非志之所之、言之所发而即得谓之乐，审矣。"[1]251 他的意思是说，音律校准后声音得到相合，声音相合后道理就有所依，道理有所依后言语就有所据，言语有据后表达就伴随言语而抒发。穷究其本质的变化，是音乐"情"的原因。不是言语表达出来，不是表达所表述出来，是音乐的原因。这句话包含了其对于音乐本体生成的最重要观点，包含王船山对于音乐美学的整体论述框架中。王船山所说的"情"不是普通意义的情感描述，而是以生命观为前提，把对"真善美"、"外周物理、内极才情"、"情景融合"等思想观念的统摄推到了天道与人性的高度。这种"情"暗含着人们对于人的现实性存在及其音乐审美之中的哲思性领悟，将人作为本体对当下的思考、对人生的见解融入到音乐创作的具体实践中，对当下音乐欣赏与创作、对音乐的认识、审美与音乐创新发展具有极其重要的现实意义。

首先，王船山音乐美学思想强调"情"的重要性，认为它是达到真善美三者融通的根本所在。纵观中国古代各时期美学家对于某种学科"美"的论述都是在本体论前提下，对于美的本质认知中得到解析。王船山对于音乐美学的论断也是如此，它源自于哲学形态下的认识论为导向形成的音乐美学判究。他倡导的"情"观点是以人居于世界，对客观事物"真善美"以统合的视角对音乐美学观念给与呈现，并通过对"穆耳协心"的"内耳"去治物来表述出"情"对于"心耳"的把握，成为天道论的依据即对万事万物之理的依据。

真善美相统一的观点，成为王船山音乐美学在认识论上不同于前人的思考方式。他把道家美是真的"美真统一"与儒家美是善的"美善统一"相互融合，实现了真与善统一的观点，其通过对人对自然的认识与对社会伦理的认识分别阐述，实现了"真善美"的三者互通。

人对自然美的认识中，美是真，是客观存在。"五色、五声、五味者，性知显也"[2]108 人所感受到的五色、五声、五味是对自然界美的感性直觉。"目遇之而成色，耳遇而成声"[3]169，人对于声音的感知是事物与人本身的交互相遇，是真实存在，是物、我二元论的融通的直接感触；再者美是善，是人的伦理之道，他在《四书训义》卷九中提到"仁道之大者也，万美皆于此统焉，以之事君则忠，以之立身则清[4]420"，在《四书训义》卷二十四提到"尊五美者，君子之道也[5]996"。五色、五声、五味的和谐之美使人能够仁礼兼备，有正气立于天地万物之中，这就是固有之美所形成的对于万事万物和谐本质的美的体现。人对于自身伦理的认识中，美也是"真善美"的统一。真是指对外部世界的一触即觉感受到人本身之美；善是指乾坤大地间之伦理人寓于其中。《读四书大全》卷五中提到"内外交养，缺一边则不足以见圣[6]15"。人是居于乾坤万物之中内外兼具的美的实体统一。①

人所体悟到的自然之美、伦理之美的本质是通过人的内心之"情"对物的直觉感知，是耳目受物的过程要以心之神去治物。音乐的美是要"穆耳协心"用听天地万物之声音，用固有之美的五音之规律进行审美活动。他提出内耳的概念，内耳即内在的耳朵实质是心之耳，通过思维与耳朵的感通，表达人心之感应和生命之律动达到对音乐的深层次的理解和对外界事物的体悟。即"穆耳协心"的内耳审美观。

但人的音乐审美感知被物体本身所遮蔽，即人的听感会有限度。"人之目力穷于微"，"耳目之力穷于小"人之耳受制于客观器官条件。"耳困于声，目困于味，体困于安，心之灵且从之而困于一物，得则见美，失则见恶，是非之准，吉凶之感，在眉睫而不自知，此物大而我小，下愚之所以陷溺也。"，人之而也会受制于事物的假象。[7]152"纵其目于一色，而天下之群色隐，况其未声者忽？纵其心于一求，而天下之群求塞，况其不可以求求者乎？纵其心于一求，而天下之群求塞，况其未有声者乎？乃若目，则可以视无色意，有内目故也；乃若耳，则可以听无声矣，有内耳故也"[8]259。因有此"蔽于物"的局限性，必须要调动"内耳"去指挥和调动才能让自身完全融于"情"之世界本源。

其次，王船山音乐美学思想体现在对唯现量发光的当下在场。现量是佛教用语"三量说"（"现量、比量、非量"）其中之一。理解为"由感官与对象接触所生之认识，不可言诠，不错乱，具有决定性的"即陶水平先生所诠释的"审美直观"。[9]133王船山在《相宗络索》中表述"现量，现者，有现在义，有现成义，有显现真实义。现在，不缘过去作影。现成，一触即觉，不假思量计较。显真实，乃彼之体性本自如此，显现无疑，不参虚妄。"[10]536王船山虽然在哲学观中

---

① 此观点吸收了熊考核对于美本质的论述。(熊考核.《王船山美学》.中国文史出版社.1991年版38—55页)

反对佛教虚空寂灭理论，但在对艺术生成观中批判的引入了现量说。其涵义是表述人通过现实的交感行为，以感性为始生成事物的自相，即事物本来形象，也就是音乐本体要追求当下"情"的感性直观，最后形成理性哲思的音乐作品为终。它是音乐形成最根本的源头，也是理解音乐作品内涵最重要的依据。

"万物之生，以感而始，乐之自无而有，亦因感而生"[11]914从音乐构成的角度说："现在、现成、真实显现"即音乐"情"的在场。音乐要直面当下人、景、声，从自身的观念出发表达出此时的感触。用即景会心来代替苦思冥想的艺术创作观。音乐是直觉感性的直观，当内心的情感与外物相交，勾织出一声声美妙的旋律，我们需要立即创作出来，而不是需要论证和分析之后。这种"顿悟"的感性直观是心与物的交流而形成的唯美旋律，此种以声表达"情"的模式是音乐之美的最本质显现，即"情"的在场。王船山主张发掘艺术的真实性，用情感与真实对象的统合来发掘自然之美、发现生活之美。他是感性与理性、真实与联想完美结合的统一体，而达到"体物而得神"的音乐之美。

再次，王船山音乐美学思想对"内极才情、外周物理"[12]843作了深入的思考。 王船山对于音乐表述事物内容完整性的"情"的表达，进行创作活动时不能脱离"外"的"物理"之"情"即外部事物的真实固有。其又不能脱离"内"的"才情"即本心直观。他说到"心目为政，不恃外物"以融合的视角来对待"外"与"内"的统摄。并据实践的不断深化，用发展的眼光对"内""外"更高层次和不断更新的认知实践。

"外周物理"以社会现实的认知角度对"情"的把握，它是音乐实践的源泉。揭示出创作者要有丰富的生活实践阅历之"情"。与康德观点一致，即人只能看到他所认识的事物。对物之美、性之美的深刻感悟才能彰显音乐艺术的"真"。既是对客观"物"的固有之"情"，又是对"物"的审美之"情"。

"内极才情"以创作本心的角度见"情"，高扬人主体地位来表达。"心目为政、不恃外物"创作既要来源于物但又不能拘泥于物，"心目为政"是创作主体用独特联想的审美意蕴来表述，即体物得神，透过现象之美捕捉生活之本质。"内极才情"既是穷神知化更是心之用的创造，王船山提出的"曲写心灵"就是用想象、直觉、移情等心理，通过对物的传神表达，用景与情的瞬间融合表现出对"情"的感悟，形成美轮美奂的音乐造物实践。

不过任何一门学科的美学都是随着时代的变迁而不断更新。王船山在有关孟子关于"今之乐即古之乐"的讨论时回答："夫谓今之乐由古乐而生，其言顺，然而非也；谓古之乐由世俗之乐而裁之以正，其言逆，然而固然以矣"[13]228 即音乐是随着社会变迁及人的伦理观而不断演变，我们的"情"观要根据音乐美感而不断更新审美意念，不断提升音乐实践之"情"。

最后，王船山音乐美学思想突出"情景互生"，追求"象"的直观。"情景互生"是中国音乐美学中最具特色的理论即"意境说"。"情景虽有心在物之分，而景生情，情生景，哀乐之触，荣悴之迎，互藏其宅。天情物理，可哀而可乐，用之无穷，流而不滞，穷且滞者不知尔。"[14]33 "情景名为二、而实不可离。神于诗者，妙合无垠；巧者则有景中情，情中景。[15]183"情与景不能判为二，不然会导致情景间对立须情景一体圆融才可彰显同一性，是主观之情与客观之景不隔而交融产生韵味无穷的艺术境界。是自然之象与人心之象的完美融合，是情感与景物和谐统一。意境的认识不再停留在某一着重的一个方面，以情景妙合去追求意境美学的本质和特征。"情景互生"的音乐美学观，对音乐审美创作有非常大影响。作为旋律的艺术，其表述的更是对于物本身的情感。以一首大海为主题的音乐创作中，其"情"必须置于大海之中，以物的音乐要素描述为基础，以充满感情的音乐走向为载体，写出个人之"情"的"大海"。反观音乐审美创作无论心为主体或物都是有些偏颇，景物二元论的融合，让音乐审美创作达到心物"情"的统一，是对中国传统音乐美学的融合与超越。

"情景互生"是"象"的会心。《诗》之比兴际于幽明而象人心；《书》之政事以明言圣王之治和彝伦攸叙之道而征发天理于微；《礼》以其威仪之象定其命而缘仁明道；《乐》用其自然之律动来移易性情而鼓舞以迁于善，象德无碍"[16]193。"象"是情景互生后音乐主体审美和创作的要求是，艺术表现的起点是中国美学重要的艺术生成观。他与古代音乐创作所讲求的虚空要素不同，王船山所表述的象是实在之象，是以情景互生之实象来贯穿始终，象即是情景的媒介又是心的媒介，通过实象的中枢转换成为音乐作品。音乐创作本体通过对物象、取象、立象、述象四个阶段来达到创作孕育的审美意图、体物得神、击木经心、道情尽意而见天下之赜。王船山认为感情的表达一定要从象中来，外部事物的选择要从象中观取，即情不虚情，情皆可景；景非滞景，景总含情从而达到宇宙万物之象。有了象的存在音乐才不至于成为无根之情，外物也不至于成为无感情的存在。

王船山的音乐美学思想是在本体中对音乐与人关系的探寻，是对本体本质直观的统合、是对"儒家"和"道家"之言进行了批判、扬弃与创新，达及音乐本体与人主体的完全统一。王船山是从人本位出发，探讨音乐创作之源、音乐审美之功用，追寻音乐创作带给人生命的动力。音乐是一门声音的艺术是对于人某一阶段的感悟，用音的各要素来表述生命的顿悟、生活的价值导向，从而带来对生命意义的无尽遐想和反思。对"乐"的本体探究是音乐分析、研究、创作的最根本任务，王船山通过他对"乐"的理解，对最具影响力的两种"乐"本质进行解读和批判。

其一是对《乐记》中乐与礼的本体论批判。《乐记》中如何看待乐本体的问题是本书重中之重。"凡音之起，由人心生也。人心之动，物使然也。……乐者，音之所由生也，其本在人心之感于物也"有何感取决于人心之感，无物则无感。喜怒哀乐敬爱六种感情都是被动衍生的。[17]29《乐记》认为两者是相异又相谐的关系，更多的是强调乐对社会功能性作用，比如音乐相合对于人心的净化、乐器的使用和摆放对于社会身份的和谐等。王船山运用"互见法"在"情"的音乐美学观照下"情理并重"对《乐记》乐与礼的本位性认知做出补充指正，"乐者，音之所由生也。其本在人心之感于物也"[18]252王船山从朱子之学的心学为理论原点认为乐为体、礼亦体。乐与礼是一体圆融，乐是喜怒哀乐的体现是情自然而然的流露和发生，礼的本质与乐相同亦是人情感表露。《乐记》中将两者分为二，只用乐的外化功用性来强调其对礼的调节作用，没有从音乐的本质入手去解释音乐与物关系。本质是乐将喜怒哀乐转化成音乐的旋律、器乐的色彩形成一段乐曲，与人之情无异。

其二是对《声无哀乐论》中声与心的本体论批判。嵇康在《声无哀乐论》提出本体论论点"心之与声，明为二物。二物之诚然，则求情者不留观与形貌，揆心者不借听于声音也"[19]250。心与声是独立存在的两种不同事物，心的表达与声的喜怒哀乐无关仅仅是一种物理的震动。王船山对声与心的本质进行了批判，"事与物不相称，物与情不相准者多矣，未能如之何，而彼固不为之损。然则《淮水》之乐，其音自乐，听其声者自悲，两无向与，而乐不见功。乐奚害于其心之忧，忧奚害于其乐之和哉，故君子之贵夫乐也，非贵其中出也，贵其外动而生中也。彼嵇康者，坦任其情，而忽于物理之贞胜，恶足以与于斯！"[20]30嵇康的观点是对"事与物不相称，物与情不相准"缺乏正确认识，错误将审美事物与审美主体相割裂。声音来源于人们的生产生活又影响着人们的喜怒哀乐，所以声音包含人们的情绪。人们通过音高、音强、音色等不同性质音的发出来表现当下的情绪意愿。"重志轻律,谓声无哀乐,勿以人为滑天和,象沿以迷者,嵇康之陋倡之也。"[21]255 表达出对声无哀乐观点的批判。

二、王船山音乐美学视域下当前音乐创作的病相

对照王船山音乐美学创作思想,我们不难发现:在高扬"艺术个性"展现个人魅力的当下,各种思潮蜂拥迭起层出不穷。随着互联网的普及,各种新媒体平台与大众有了更多交互方式而形成了各类数字娱乐化服务、广播影视类服务、新媒体展播服务;代表社会生产资料的资本运作模式涌入了音乐创作的各个环节。究根溯源,一方面是社会发展水平决定,改革开放以经济建设为中心发展战略下,无论国家政策还是人民奋斗目标都以物质文明提升为主导,大力发展经济、金融、城市建设等各个方面的物质提升为根本,有关部门不太重视对人民音乐素养的引导,普罗大众也忽视对音乐审美素养的提升。音乐创作的需求只停留在娱乐、综艺层面,是茶余饭后的消遣附庸。另一方面有关部门对于音乐文化产业不够重视,大众传播媒介对通常是以谋求收视率和点击量的经济利益为重心,在音乐基础知识欠缺、音乐审美匮乏的不少民众,总是喜欢选择那些有娱乐化、综艺化、口水化的歌曲为审美对象,从而导致创作者迎合大众趣味的倾向。此外,主流媒介对音乐作品的评价机制不健全,文化制作公司直接与音乐电视台部门编辑对接的模式,只要不违反相关政策的前提下即可播出,作品质量、内容等存在"把关人"缺位现象,音乐作品没有向精细化、内涵化方向发展,音乐创作水平没有得到根本性提升。

首先,透过王船山音乐美学思想,感触很深的是当前音乐创作偏离生命思辨之"情",多以商业价值为导向。对事物的认知要"外周物理、内极才情"[22]843,即对事物进行全面的分析才能得达及真理,而不是对某一事件进行个人化处理,把个人喜怒哀乐作为对周围事物哲思性的看法当成是生活哲理对其进行艺术加工,让肤浅粗鄙的思想和低劣的作品成为音乐创作和审美的主流。例如,美国音乐平台 Billboard Radio China 评选出华语十大金曲中《学猫叫》[23]2020.9.12 就是典型一例。这首歌曲的爆火让各大平台看到了商机,先后登上了江苏卫视、湖南卫视、中央电视台。著名歌唱家腾格尔、著名艺人谭维维、杨钰莹等通过重新制作编曲在各大卫星平台巡演,得到人民群众的喜爱播放量达到十亿余次。一方面是

对于现行人民群众音乐审美素养的无奈。虽然每个人都有不同的审美需求，最可怕的是《学猫叫》这种歌曲成为全民都在迎合的歌曲；另一方面音乐创作者只注重商业上的成功忽略对音乐艺术性的把握。

著名音乐人李宗盛在金曲国际论坛中说到，"各位的审美、你们的精神面貌你们对于音乐的修养、对文字、对人性的感受，就是决定整个华语流行音乐样子的人。因为听众是无辜的，所以我们给他们什么样子的东西，这是最紧要的。"[24]2020.9.25 "每颗心灵都需要不同的歌来满足，所以《小苹果》也没问题，问题是在偏差，大家都看到《小苹果》赚钱，所有的人都在做《小苹果》，这就是我们时代的问题。[25]2020.9.25" 音乐创作者应该去引导群众的审美观，而不是应声附和，应该以音乐艺术性为重点而不是更多关注商业价值。一些音乐创作者对艺术作品忠诚度不高，只在意以博人眼球为目的为音乐创作价值导向。音乐选秀节目重点不是在音乐作品，而是以音乐梦想为外衣的娱乐类综艺。为了突出节目效果，主要内容不是在挖掘"灵魂歌者"、"创作天才"而是在"比梦想"、"比惨"、甚至选手们的表情包都比演唱歌曲更容易上热搜。节目平台的投票、刷榜等商业规则，也让歌手的唱功、创作才能淹没于规则之中。①

同时，音乐创作成为一夜暴富、一夜成名的名利场，很多创作者漠不关心艺术的创作深度，只在意可否赚到钱。一味迎合大众的娱乐化、猎奇化心理，不遵循艺术创作规律，利用当下比较火的旋律、节奏、配器方式来忽悠听众，对音乐技术、音乐美学等漠不关心。这种事例在各大综艺节目也经常发生，比如某著名流行歌手不知和声如何进行，某音乐制作人利用怪诞理念进行创作，等等。

其次，透过王船山音乐美学思想，我们感到目前音乐创作中缺乏"德"、"礼"之"情"，多以娱乐为重心。 "周礼大司乐以乐得、乐语教国资，成童而习之，迨圣德已成，而学韶者三月。以上迪士，君子以自成，以惟于此。阖涵泳淫佚，引性情以入微，而超事功之烦黩矣。[26]36" 这段话用来告知对于德的重视。"先王之教，以正天下之志者，礼也。礼之既设，其小人恒佚与礼之外，则辅礼以刑；其君子或困于礼之中，则达礼以乐……刑画天下以不易，缘理为准而不滥，故法为例。乐因天下之本有，情合其节而后安，故律为和。[27]353 这里，王船山强调

---

① 上述例子是微信公众号《视觉志》中"那一年，你被周杰伦写歌吐槽，你让蔡依林被媒体群嘲……"中内容的扩展和引深．(不一.《那一年，你被周杰伦写歌吐槽，你让蔡依林被媒体群嘲》.《视觉志》2020.8.02）

伦理的表达应该用"乐"来践行"礼"的内涵。即艺术创作应该遵循人们对德、礼的要求，把尽善尽美作为创作根本不能偏离其中而以寻求单纯的卖萌、娱乐等一时的心理刺激为创作初衷。王船山所倡导的"德"与"伦理"的音乐创作体系与网络化、商业化占主导的当下，形成了巨大文化鸿沟。

在网络文化占主导的背景之下，形成了对现实遮蔽的音乐文化氛围。由于网络文化中没有了现实继承性，使得音乐创作指向享乐主义。虽迎合了人们想要得到快乐的欲求，导致人现实性展现的失败，导致人精神延展性丧失。使得片面娱乐、恶搞、低俗的音乐创作成为常态，这种"缺席的在场"使得音乐作品只能沦为娱乐的附庸。例如：《我不想说我是鸡》、《光棍好苦》、《猪都笑了》这样的恶搞原创新作品；《笨小孩》恶搞版、《双节棍》经典歪唱、《满城尽是黄金猪》这样的恶搞翻唱音乐作品成为常态化创作。

众多的音乐创作者一味追求高传播量，创作出一些幼稚的歌曲来博取大家的欢乐；创作一些脑残低龄趣味的歌曲；创作一些郎朗上口无意义的音乐作品来变相"追捧"大众智商。创作观念在歪曲音乐意义的同时也在离人民群众的精神生活渐行渐远。随着人们精神生活水平的提升中国主要矛盾的变更，这种创作价值观已经慢慢远离人民群众。以台湾"金曲奖"为缩影其关注度和收视率都在下滑，有位著名音乐人说道："我自己的经验，我们最大的痛苦，就是发现大部分的内容都是垃圾，真正有价值的东西不多。"[28] 2020.9.25

第三，透过王船山音乐美学思想，我们发现目前乐创作者缺乏情感之"情"，过多盲目跟风模仿。"凡音之起，从人心生也。"乐由心声、以声而音，对于音的创造要从心和情的直观感受中把握音乐脉络，抒发此情此景下对人生哲思的表达。王船山并以诗为艺术载体表述了艺术作品情感的重要性，"诗以道情，道之为言路也""可性可情乃三百篇之妙用。盖抒情在己，弗待于物发思。"感情是艺术创作的源泉和动力。"诗以道情"艺术形式的"诗"是对情的娓娓道来，情是最本质的内涵。无论是音乐创造还是音乐审美，都不能离开"情"的主体脉络。

当前音乐创作中，不少创作者为了讨好音乐听众创作出数量更多、迎合消费者心理更强的音乐作品，偏离了艺术"情"为本源。忽视创作规律无病呻吟，即创作者在其无感的状态下强行运用各种音程、和声手段以求吻合某种感情状态；忽视创作者本人擅长的风格领域，模仿创作当下受欢迎的音乐表现风格，运用程式化的编配方式，技法简单、无新意。以"谁火抄谁"的音乐创作思维模式下跟风泛滥。例如，周杰伦的《烟花易冷》、《夜曲》、《东风破》等歌曲被音乐创作者们争相模仿，用这种"抄近路"的方式，来达到成名的目的。这种风格上的模仿确实可以增加点击量。李袁杰《离人愁》播放量超过七亿但被质疑模仿周杰伦《烟花易冷》、许嵩《清明月上》，面对不断的质疑声以及没有持续更新的音乐作品，他的创作也慢慢淡出人们的视野。

三、王船山音乐美学思想对当前音乐创作者的启迪

王船山"情"的音乐美学思想向我们展示出了音乐创作的初心，即天道与人道统摄下的"情"之物感，对当前音乐创作具有非常大启迪意义。对于创作的本源、创作的途径、创作的方式给与了音乐创作者新的思考方式，抓住了音乐创作的最核心要义使音乐作品有最真实的展现。

音乐创作必须坚持以生命之"情"为基础，这是王船山音乐美学思想对当前音乐创作者的启迪之一。"诗所以言志也，歌所以永言也，声所以依永也，律所以和声也。以诗言志而志不滞，以歌永言而言不郁，以声依永而永不荡，以律和声而生不诐。"[29]251 对于"志""言""永""声"的诠释是在其对生命感悟的视角下来表述，在哲理式的天人和谐观的统筹下诗歌表达志向而不会停滞、歌唱可以延续志向而不会郁积、和声可以高低抑扬随歌唱变化而不会摆动飘荡、音调节律可以和声而不会偏颇不正。音乐与人之间的沟通是伦理之情，音乐创作中的生命共通感是情的作用，情的感觉生于心。在对心的把控要遵循"人心即道心"的本体原则，从天地自然的情感逻辑入手追求情的真善美。创作中注重对真理与心的交互，把音乐旋律、和声、配器各个要素融入人的伦理情感和自然情感之中。把个人对某一事件的感悟写出对人性美的抒发，形成音乐美感相交融与自然和社会伦理的整体，体现出的美是心中所散发的光芒。

作为立美的音乐创作者，追求最抚慰人心的音乐永远是最终目的。"一切历史文化原为人心所创造，且知此历史文化，知人性富有之原于天命，而善择之，点活之，使一切既有成绩于人生为意义。"[30]318 作为音乐创作者应该像一位诗人，用格物致知的顿悟咏颂出时代精神、人性光辉。被人所铭记的歌曲都是在感悟生命的真谛，都是创作者在用自己的人生经历在高扬人性之美。例如：beyond 乐队的歌曲是在感悟人生、激发斗志，他们的创作的《大地》、《再见理想》、《光辉岁月》、《海阔天空》等作品在二十年后的今天还在被人们所喜爱；朴树在《我去两

千年》专辑中《那些花儿》、《旅途》、《白桦林》抒发了年轻人对爱情、对生命的哲思性表达，也指引着年轻人生活的方向。

音乐创作必须以情景融合的象"情"为追求，这是王船山音乐美学思想对当前音乐创作者的启迪之二。音乐创作中若无瞬间萌发的哲思性的美感作品只能屈从于平庸。"有人心之象，心有其成事之象也"[31]317。其包含两层涵义，其一是人心之象是自然之象的内心创造，其二是人心之象是对自然之象的艺术创造是音与道的交融、是神与乐的同一。"象"是链接自然与内心的桥梁，若没有了象的哲思与美感音乐作品无感。"夫辞以文言，言以舒意，意从象触，象与心迁，出内槃括之中含心千古，非研思合度末内，动人哀乐固矣。"[32]173即是象对于音乐创作的重要涵义。

法国印象派作曲家德彪西回顾创作思绪中说到，他善于从大自然的声像中捕捉捕捉乐思，在置身于大自然的体验中有一种心理想象出的状态让他气质、人格、思想得到了升华，这种超然的状态转化成音乐的乐思，继而通过对超然状态的描述通过音乐的表达方式转化成一串串的和声进行、变成一句句的乐思发展，最终变成了人们喜爱的音乐作品。这就是王船山所表述的象的感性直观对于音乐创作起到的决定性作用。

音乐创作必须以音律"自然英旨"①**之"情"为底线，这是王船山音乐美学思想对当前音乐创作者的启迪之三。**"唯手口心耳无固然之则，故虽圣人必依律以为程，则管不待吹，弦不待弹，故不待伐，钟不待考，而五音十二律已有划一之"。在探求新的音乐创作手段中需坚守大自然规律以自然之美为思维根基，拒绝以新奇、破坏法则的创作，用直接的、感性的、形象的对于乐思本体的契合。以学院派作曲技法为例：自十九世纪末二十世纪初至今在专业音乐创作领域的学院派创作中非常注重对音乐和声、配器等创作手段的拓展，虽然创作出了很多优秀的音乐作品如：斯特拉文斯基的《春之祭》、勋伯格《一个华沙的幸存者》、梅西安《鸟鸣集》。在追求技术上革新和听觉上极限的实验乐派以突破常规的创作手段进行创作是很有必要的，但带来越来越多音乐创作者以技术上的创新为根本出发点，利用乐器不常用的表现手段，运用非常规的和声音程，创作出通常只是在表

---

① "自然英旨"是钟嵘提出，即指自然人事之本性，是宇宙的规律，是最高的本体。（唐虹.《从本体论到认识论再到语言论—中国美学史上审美直觉理论的发展轨迹》.《社会科学家》.2010年第6期.第11页）

现某一种极端情况才有的心理状态。"舍律而任声则淫，舍永而任言则野"。这种通常只有在音乐创作者充分解释的前提下才能听懂的作品不具有审美直觉。这种创新只能是个人实验性质的审美测验，不能成为创作群体所追求的主流。"有韵则雅，无韵则欲；有韵则响，无韵则沉"，对于音乐创作的创作，要讲求音乐的韵美，要以必要的"情"作为基础进行审美听觉的拓展，不能打破"情"的底线。

总之，王船山音乐美学思想以"穷本之变，乐之情也"为本质，强调天道与人道相合、伦理与自然相合、人文与乐理相合，主张真善美相互融合的审美观、为现量发光直觉的生成观、内极才情和外周物理相融合的实践观、情景互生的意境观，并通过对《乐记》、《声无哀乐》音乐本体论的扬弃与批判形成其独特的音乐美学思想。透过王船山的音乐美学思想，可以看到当今音乐创作多以商业价值为导向、以娱乐为重心、以盲目跟风模仿为创作态势、以追名逐利为创作动力的"音乐病相"，启迪一切有理想、有抱负、有追求的音乐创作者要以生命共通感之"情"为基础、以"情景融合"的象之"情"为追求、以音律"自然英旨"之"情"为内蕴，真正实现"乐为神之所依，人之所成也"[33]511。王船山以独特生命感知的无界限融合来告诫创作者对音乐的美、节奏、内涵等要以全局观的思考和把握，发现美、描绘美、抒发美、创作美，唯其如此，才能创作出经久不衰、历久弥新的音乐经典；也唯其如此，在中华民族伟大复兴的历史进程中，音乐之"情"才会随着时代的大潮而散发出应有的光芒。

参考文献

［1］（明）王夫之.《船山全书》[M]第二册.岳麓书社.2011年版.

［2］（明）王夫之.《四书训义下·卷二十六·孟子二》[M].岳麓书社.2011年版.

［3］（明）王夫之.《船山全书》[M].第十三册.2011年版.

［4］（明）王夫之.《船山全书》[M].第七册.岳麓书社.2011年版.

［5］（明）王夫之.《船山全书》[M].第七册.岳麓书社.2011年版.

［6］肖起来.《论王船山廉政思想的理论特色》[J].船山学刊2001年第2期.

［7］（明）王夫之.《船山全书》[M].第十二册.岳麓书社.2011年版.

［8］（明）王夫之.《船山全书》[M].第三册.岳麓书社.2011年版.

［9］刘新敖，赖力行.《王夫之"现量"说的时空化思维特征》［J］.湖南师范大学社会科学学报.2014年04期.

［10］（明）王夫之.《船山全书》［M］.第十三册《相宗络索》.岳麓书社.2011年版.

［11］（明）王夫之.《礼记章句·乐记》［M］.岳麓书社.1998年版.

［12］（明）王夫之.《船山全书》［M］第十五册.岳麓出版社.1996年.

［13］（明）王夫之.《船山全书》［M］第十三册.岳麓书社.2011年版.

［14］戴洪森笺注.《姜斋诗话笺注》［M］.人民文学出版社.1981年版.

［15］熊考核.《王船山美学》［M］.中国文史出版社.1991年版.

［16］张震.《道器之际：王船山"象"哲学思想研究.》［J］.2017年博士论文.

［17］张汝伦《论"乐"》.复旦学报（社会科学版）［J］.2018年第一期.

［18］王夫之.《尚书引义·舜典三》［M］.岳麓书社.1988年版.第252页.

［19］北京大学哲学系美学教研室.《中国美学史资料选编》［M］上册.中华书局出版社.1980年版.

［20］张汝伦《论"乐"》.复旦学报（社会科学版）［J］.2018年第一期.

［21］（明）王夫之.《船山全书》［M］第二册.2011年版.

［22］（明）王夫之.《船山全书》［M］第十五册.岳麓出版社.1996年版.

［23］https：//www.sohu.com/a/282619515_6434112020年9月12日.

［24］《李宗盛致金曲国际论坛》http：//blog.sina.com.cn/s/blog_154df05620102wowq.html2020年9月25日.

［25］《李宗盛致金曲国际论坛》http：//blog.sina.com.cn/s/blog_154df05620102wowq.html2020年9月25日.

［26］（明）王夫之.《船山全书》［M］.第十五册.岳麓书社.2011年版.

［27］（明）王夫之.《尚书引义·舜典三》［M］.岳麓出版社.1988年版.

［28］《李宗盛致金曲国际论坛》http：//blog.sina.com.cn/s/blog_154df05620102wowq.html2020年9月25日.

［29］（明）王船山.《船山全书》第二册［M］.岳麓书社.2011年版.

［30］曾昭旭.《王船山哲学》.［M］台北里仁书局.2008年版.第318页.

［31］（明）王夫之.《船山全书》［M］.第十二册.2011年版.

［32］熊考核.《王船山美学》[M].中国文史出版社.1991 年版.

［33］（明）王夫之.《船山全书》[M] 第三册.岳麓书社.2011 年版.

（陈庆云，中南大学湖南红色文化创作与传播研究中心研究员；苏鑫龙，中南大学博士研究生）

论 1920 年代通俗报刊上的话剧评介

黄海丹[*]

　　1920 年代通俗报刊中的话剧评介，在数量上、质量上，均有可观。通俗报刊中话剧评介活动的活跃，是通俗文坛对早期新剧评介的自然延伸，也是话剧界对通俗作家保持友善的结果。通俗报刊的宣传功能很可能是话剧界选择与通俗作家保持友善的重要原因。1920 年代通俗报刊中的话剧评介为当时稍显薄弱的话剧评介增添了力量，提供了一些可资参考的观点，记录了珍贵的历史信息，呈现着当时雅俗双方和谐互动的一面。

　　1920 年代，雅俗双方总体交恶，但《小时报》、《快活林》、《金刚钻》等通俗报刊中，话剧评介文字并不鲜见[①]。现代文学研究界在整理话剧评论史料时，只注意在新文化派的出版物中找史料，相对忽略对通俗报刊的考察。近些年出版的现代话剧家传记著作，如《舞古今长袖，演中外剧诗：欧阳予倩评传》[②]、《响当当一颗铜豌豆：田汉传》[③]等，大都附有作家评介文献的目录，这些目录基本没有收录 1920 年代通俗报刊中的评介文献。学界对通俗报刊方面评介史料的忽略颇令人可惜，通俗报刊方面的评介不仅在数量上、质量上均有可观，还具有独特的意义。

一、概论

　　1920 年代通俗报刊中的话剧评介，在数量上、质量上，均有可观。

　　有不少通俗报刊曾参与话剧评介活动，有相当一批剧作曾得到评介。《时报》中取向通俗的副刊《小时报》长期跟进戏剧协社的活动，戏剧协社演出新的话剧

---

　　① 本文所谓的"话剧"，指新文化运动以后应运而生的新文化戏剧。1930 年代，雅俗双方关系整体转好，通俗报刊中的新文学评介整体增多，不再仅常见话剧批评。
　　② 陈珂．舞古今长袖，演中外剧诗：欧阳予倩评传［M］．上海：上海古籍出版社，2012.
　　③ 田本相、吴卫民、宋宝珍．响当当一颗铜豌豆：田汉传［M］．上海：上海古籍出版社，2013.

时，《小时报》往往有该剧的评介。《新闻报》中取向通俗的副刊《快活林》以及《晶报》、《金刚钻》、《小日报》、《罗宾汉》等通俗小报中，都不时可见话剧的评介。《上海画报》、《北洋画报》等通俗画报中，也偶尔可见话剧的评介。曾在通俗报刊上被评介过的话剧名作着实不少，有胡适《终身大事》，欧阳予倩《回家以后》、《泼妇》、《潘金莲》，田汉《获虎之夜》、《古潭的声音》、《苏州夜话》、《名优之死》、《湖上的悲剧》，丁西林《一只马蜂》，陈大悲《爱国贼》、《幽兰女士》，洪深《赵阎王》，汪仲贤《好儿子》，徐半梅《月下》等。

通俗报刊中的评介中，对话剧思想意蕴、叙事设计、语言风格的分析，均不乏到位的地方。

虽然话剧的思想意蕴大都带着一定的新颖性，但通俗期刊中的评介却大抵能对话剧的思想意蕴有所把握。在《评〈终身大事〉新剧》中，丐者指出，田亚梅"我们该自己决断"一句"实乃胡君编是剧时对于婚姻问题最强之主张也。"① 楼一叶《评实验剧社的〈幽兰女士〉》指出，本剧借幽兰女士这个人物，切入"现代中国最切实最重要的遗产问题和妇女问题。"② 佚名《〈好儿子〉、〈月下〉、〈回家以后〉》指出，"《好儿子》之命意为描摹环境逼人为恶，《月下》为表现失足女子之悲哀，《回家以后》为表现繁华都市之罪恶与乡村间之真善。"③ 署名"看客"的评介者分析欧阳予倩对潘金莲故事思想意蕴的改造，指出"他以为潘金莲的谋杀亲夫，完全是张大户所造成的，张大户仗着绅士的势力，摆布一个没有抵抗力的女子，其结果便造成了这件惨案，照他这般说法，理由似乎但也很充足，同时他又提出'爱'的问题，他以为潘金莲对于武松的爱，是真挚的，是正当的，他愿意死在武松的手里，便是爱武松爱到极点的缘故。"④ 周瘦鹃则指出，《苏州夜话》"剧旨是藉一老画师父女的奇遇，写战争与贫穷对于人生的影响。"⑤ 上述评介中部分论断或许过于绝对，但它们确实指出了剧作思想意蕴中的重要面向。部分评介还能自觉地将剧本的思想意蕴与当时代的思想背景结合起来。署名看客的评介者指出，欧阳予倩的剧作《潘金莲》"把一个劣绅（原注：张大户）一个土豪（引者注：应指西门庆）的罪恶，亦赤裸裸的表露出来，又很合乎现在国民革命军打倒劣绅

① 丐者.评《终身大事》新剧［N］.时报 1923 年 8 月 18 日（4）.
② 楼一叶.评实验剧社的《幽兰女士》(续)［N］.时报，1923 年 7 月 16 日（4）.
③ 《好儿子》、《月下》、《回家以后》［N］.时报，1924 年 12 月 8 日（3）.
④ 看客.看了《潘金莲》之后［N］.金刚钻，1928 年 11 月 27 日（2）.
⑤ 瘦鹃.南国之一夕［N］.上海画报，1928 年 12 月 21 日（2）.

土豪的主义，这虽是剧中余绪，却也算是编者聪明而能迎合时代潮流的地方。"①

通俗报刊中对剧作叙事设计的讨论也不无可观。含复生《观东吴剧社之〈爱国贼〉》指出这部剧作"其本事颇简单，而情节殊紧凑……历时逾一小时，而无一懈节，无一浮语，斯为难得耳。"②署名为"看客"的评介者分析《潘金莲》的情节组织，指出剧作"从侧面落笔，着眼在张大户与西门庆身上，于是正面的事迹，一例可以删节。"③分析剧作得以紧凑凝练的原因。评介者对叙事设计中的疏漏，也不乏允当的批评。含复生指出，《爱国贼》"忽于卖国之罪之渲染。"④这也符合剧作的实际情况。《爱国贼》通过入室盗窃的窃贼，去看官僚阶级的堕落。从题目"爱国贼"看来，"贼"看到的情况，似乎主要应该是"爱国"的反面——卖国行径。但实际上，剧作其情节主要呈现出官僚阶级的私德败坏，对官僚卖国的行径则缺乏铺叙，主要剧情与"爱国"或"卖国"的关系不很大。因此，评介者说剧作"忽于卖国之罪之渲染"，是准确的。

通俗报刊中的评介还涉及话剧的语言风格。谷剑尘《记戏剧协社喜剧〈一只马蜂〉》强调，"是剧完全属于滑稽的，而尤以剧词之俏皮见胜……警句之多，或谓较《少奶奶的扇子》有过之，无不及也。"⑤谷剑尘的评介确实抓住了《一只马蜂》诙谐机警的语言风格。迪庄认为，《潘金莲》虽然命意新颖深刻，"不过词儿内新名词太多不很相宜，因为这戏到底是宋朝的故事呀。"⑥迪庄确实指出了《潘金莲》的一个缺陷，这个缺陷也是同时期许多新文化派历史题材作品的通病。

此外，通俗报刊中的评介还涉及演员表演、舞台布置、观众反应、剧场秩序、话剧家的个人生活、话剧团的运作等多个方面。

二、成因

1920 年代通俗期刊中话剧评介活动的活跃，是新文化派与通俗文坛合力的结果。

通俗文坛早有评介新剧的传统，通俗报刊对话剧的评介，是通俗文坛对早期

---

① 看客.看了《潘金莲》之后［N］.金刚钻，1928 年 11 月 27 日（2）.

② 瘦鹃.南国之一夕［N］.上海画报，1928 年 12 月 21 日（2）.

③ 看客.看了《潘金莲》之后［N］.金刚钻，1928 年 11 月 27 日（2）.

④ 含复生.观东吴剧社之《爱国贼》［N］.新闻报，1924 年 12 月 3 日（5）.

⑤ 谷剑尘.记戏剧协社喜剧《一只马蜂》［N］.新闻报，1925 年 1 月 17 日（5）.

⑥ 迪庄.记《潘金莲》［N］.小日报，1928 年 1 月 11 日（3）.

新剧评介的自然延伸。晚清时，现代通俗文学与早期新剧在相近的时间应相似的时代背景而生，在思想文化旨趣方面有相似之处，通俗文学家与剧作家群体间更存在着不小的交集。通俗文坛向来关注早期新剧的发展。早在晚清，包天笑等通俗作家便已写有不少早期新剧评介文字，如《十一夜之社会教育团新剧观》①等。到了民初，回顾、反思新剧发展，思索新剧未来，评论新剧作演出的文章在通俗报刊中所在多有。《繁华杂志》更设有《新剧潮流》一大栏目，开辟了早期新据讨论的专门园地。比至 1920 年代，通俗报刊中仍不时有文章回顾早期新剧历史，或评论承早期新剧余绪的通俗戏剧。毕业生《新剧谈》②、顾怜《新剧人才之回忆》③等文章，都有一定的史料价值。通俗作家将早期新剧与话剧同目为"新剧"，在当时的通俗报刊中，"新剧评"之类的名目下，可能是早期新剧或民国通俗戏剧评论，也可能是话剧评论。站在通俗文坛的视角上看过去，通俗文坛评介新剧，由来已久，话剧也不过是新兴的一批新剧而已，在通俗报刊中出现它们的评介文字，是再自然不过的事情。

话剧界也对通俗文坛保持着足够的友善。新文化派作家大都拒绝在通俗报刊上发表文章，但话剧家则往往是例外。欧阳予倩曾在《小说日报》上发表《艺术问答》，既泛谈艺术、社会教育，又论及戏剧相关问题④，田汉曾在《小说日报》上发表新诗《清晨》⑤，洪深曾在《上海画报》发表《观俞振飞〈贩马记〉后》⑥，在《紫罗兰》上发表《影片之道德问题》⑦。以上剧作家主要以供稿的形式公开表现自己对通俗文坛的友善，其他话剧界人士与通俗文坛的联系甚至显得更加密切。宋春舫为黑幕小说喝彩⑧，为赵苕狂的神怪小说《神怪斗法记》作序⑨。汪仲贤早在 1920 年就在《晶报》上发文章，1930 年代他将相当一部分精力投放在章回小说创作上，写有《歌场冶史》、《恼人春色》等名作。徐半梅同时是值得一提的新剧界人士与名留通俗小说史的滑稽小说家。新文化运动初兴时，通俗文坛对

---

① 笑.十一夜之社会教育团新剧观［N］.时报，1911 年 8 月 7 日（13）.

② 毕业生.新剧谈［N］.新新日报，1926 年 2 月 25、26、27 日（2）.

③ 顾怜.新剧人才之回忆［N］.礼拜六，1928 年 6 月 9 日（2）.

④ 欧阳予倩.艺术问答［N］.小说日报，1923 年 2 月 26 日（11—12）、27 日（11）、28 日（11）.

⑤ 田汉.清晨［N］.小说日报，1923 年 5 月 15 日（8）.

⑥ 洪深.观俞振飞《贩马记》后［N］.上海画报，1925 年 8 月 9 日（2）.

⑦ 洪深.影片之道德问题［J］.紫罗兰，1926 年，第 1 卷第 12 期.

⑧ 杨亦曾.对于教育部通俗教育研究会劝告勿再编黑幕小说之意见［J］.新青年，1919 年，第 6 卷第 2 号.

⑨ 宋春舫.《神怪斗法记》序［J］.红玫瑰，1926 年，第 2 卷第 40 期.

新文化小说、新诗、新散文的善意的评介，所在多有，他们曾为雅俗双方的相互尊重、和睦共处做过努力。然而，新文化派整体上主要强调通俗文坛"根本就不知道什么是文学，又有什么可调和呢？"① 积极鼓吹对通俗文坛的决绝反对。新文化派对通俗文坛如此决绝，通俗文坛方面也就越来越少去善意地评介新文化派，而代之以偏激乃至于上不得台面的谩骂。与新文化派其他方面的偏激不同，话剧界的不少人士公开表现出对通俗文坛的友善，双方的和睦互动因而易于维持。

通俗报刊的宣传功能很可能是话剧界选择与通俗文坛保持友善的重要原因。1920 年代，通俗报刊为话剧演出做的宣传配套可谓周致。以 1923 年的《泼妇》演出为例。是剧于九月开演，但在七月、八月，《小时报》已以短讯形式向观众预告该剧上演的消息，为该剧预热。九月，戏剧协社内部人士谷剑尘亲自下场，在《小时报》上连续五天连载《记欧阳予倩之〈泼妇〉本事》。文章先强调戏剧协社"秉创造的精神，抱研究的态度，祛职业剧团的恶习，绝非人的动作"，因此"日渐发达"，然后鼓吹欧阳予倩"久蜚声誉，无待赘言"，《泼妇》是其"心得之作"，之后，谷剑尘一边概述剧情，披露剧本中的精彩段落，一边加以评论，最后，谷剑尘宣称"《泼妇》一剧实足为戏剧届辟一新天地，创文艺界未有之奇观。"② 此文的宣传追求甚为显豁。《泼妇》正式上演后，《快活林》有评论文章《记新剧〈泼妇〉》③，《小时报》则有为《泼妇》辩护的文章《〈泼妇〉新剧之批评答余少兰》④。比至 12 月，《泼妇》即将再次上演，《快活林》上也出现了宣传文章《去看〈泼妇〉吗？》，作者在文章中特别强调，此次演出在剧情、布景、演员安排等方面与之前的演出完全不同，且观演不用入场券⑤。这显然是在引逗观众观剧乃至于再次观剧的兴趣。通俗报刊为话剧作的宣传，当然有利于话剧扩大自身影响力，一些话剧界人士因此亲身参与到通俗报刊的宣传中。谷剑尘就曾在《小时报》、《快活林》等地方为《泼妇》、《一只马蜂》、《傀儡家庭》、《第二梦》等原创或改译剧作写过带一定宣传性质的评介文章。在 1920 年代，通俗报刊的读者广度，恐怕是新文化派无法企及的，它们能为为话剧的宣传提供切实助力。既然如此，那话剧届与通俗文坛保持和睦也就不足为怪，通俗报刊中的话剧评介活动，

① 西谛.新旧文学的调和［J］.文学旬刊，1922 年，第 6 号.
② 谷剑尘.记欧阳予倩之《泼妇》本事［N］.时报，1923 年 9 月 10 日—14 日（4）.
③ 顾肯夫.记新剧《泼妇》［N］.新闻，1923 年 12 月 18、19 日（5）.
④ 小帆.《泼妇》新剧之批评答余少兰［N］.时报，1923 年 10 月 5 日（4）.
⑤ 秋梦.去看《泼妇》吗？［N］.时报，1923 年 12 月 5 日（4）.

也就随之能保持活跃。

部分话剧界人士与通俗作家素有私交。欧阳予倩在民初参与京剧活动时，已与杨尘因、张冥飞等通俗作家相善。宋春舫与赵苕狂是发小。洪深也相当在意他与明星公司同事包天笑的关系。两方面人士的私交也是话剧界与通俗文坛保持和睦，通俗报刊中的话剧评介保持活跃的原因之一。

三、价值

1920 年代通俗报刊中的话剧评介既具有评介史意义，又具有史料价值。

就评介史发展而言，通俗报刊中的话剧评介为当时稍显薄弱的话剧评介增添了力量。学界在考察新文化派的出版物后，普遍认为在新文学初兴时，话剧评介的发展较为薄弱，空泛。在 1940 年代，田禽就已经认为"自'五四'时代一直到抗战前夕，新演剧运动中除了一九二九年传留下来一点批评的遗迹——向培良的《中国戏剧概评》外，还没有什么值得注意的戏剧批评的论文或书物。"[1] 晚近的研究者也认为"在 1917—1927 年间具体的批评还不多，戏剧研究略显空泛"[2]。在新文化派出版物中的话剧评介发展略显薄弱、空泛的情况下，通俗报刊参与话剧评介，无疑能为话剧评介扩充人手，壮大声势。通俗报刊的某些评介甚至在一定程度上具有填补空白的性质。某些剧作面世后，最早的、在当时也是难得一见的反响，就出现在通俗报刊上，如果评论者仅检索新文化派方面的报刊，甚至会误以为这些剧作在面世后毫无评介。孙师毅曾感慨"西林君的《一只马蜂》发表已年余，而竟寂然毫无反应，麻木的社会啊！荒凉的艺圃啊！"[3] 其实，孙师毅发感慨前，《快活林》中已经登载了谷剑尘的评介文章《记戏剧协社喜剧〈一只马蜂〉》[4]。《中国现代文学研究史》称"胡适的《终身大事》是第一出有了剧本的问题剧，但（引者注：当时）并没有针对它的批评文章。"[5]，其实，1923 年的《小时报》上，已经有孟尹言《我观了〈终身大事〉以后的意见》[6]、丐者《评〈终身大事〉新剧》[7]、梨芸《戏剧协社排演〈终身大事〉纪略》[8] 等三篇评

---

① 田禽．中国戏剧运动［M］．上海：商务印书馆，1946，2 页．
② 黄修已、刘卫国主编．中国现代文学研究史（上册）［M］．广州：广东人民出版社，2008，112 页．
③ 孙诗毅．演《一只马蜂》后［N］．《晨报》副刊，3 月 1 日（3）．
④ 谷剑尘．记戏剧协社喜剧《一只马蜂》［N］．新闻报，1925 年 1 月 17 日（5）．
⑤ 黄修已、刘卫国主编．中国现代文学研究史（上册）［M］．广州：广东人民出版社，2008，28 页．
⑥ 孟尹言．我观了《终身大事》以后的意见［N］．时报，1923 年 7 月 7 日（4）．
⑦ 丐者．评《终身大事》新剧［N］．时报 1923 年 8 月 18 日（4）．
⑧ 梨芸．戏剧协社排演《终身大事》纪略［N］．时报，1923 年 8 月 29 日（4）．

介《终身大事》的文章。

对当下研究者而言，通俗报刊中话剧评介的某些观点能给当下研究者以借鉴、启发。晚近学者讨论欧阳予倩对潘金莲故事的重写时，一般只比对《潘金莲》与《水浒传》、《金瓶梅》，而通俗报刊中的评介者则认为，欧阳予倩在重写潘金莲故事时，需要与另一批的潜在对象——演绎潘金莲故事的戏剧对话。吟父指出，在欧阳予倩创作、排演《潘金莲》之前，潘金莲故事早已"历经梨园子弟，绘声绘色"[①]。迪庄甚至认为"《潘金莲》这出戏，是欧阳予倩拿旧剧《武松杀嫂》改编的。"[②]评介者也尝试去将《潘金莲》与之前的潘金莲戏剧作对比，发现欧阳予倩的创新之处。吟父认为，当时其它潘金莲戏剧大都"演得淫邪不堪"，而欧阳予倩的《潘金莲》却是"写情结晶之作。"[③]迪庄则指出，欧阳予倩"将武大显魂托梦的迷信旧套删去，甚好。"[④]评介者强调《潘金莲》创作过程中与既有潘金莲戏剧的潜在对话，这样的问题意识，能给当下研究者以启发。署名丐者的评介者在《终身大事》这部剧作中发现了"慈母爱子之心"。[⑤]这也是现今研究者较少提及的。《终身大事》中母亲田太太的迷信固然毋庸置疑，但她对女儿的爱同样是毋庸置疑的，同时也是令人动容的。胡适这样处理田太太这个角色，正体现了他创作时的客观性与分寸感。

1920年代通俗期刊中的话剧评介还具有不可小觑的史料价值。

通俗报刊中的话剧评介记录了一些珍贵的历史信息。孟尹言细致比对《终身大事》剧本与他观看的演出后，记录了《终身大事》演出中的演剧改编与演员临时救场："那晚饰李妈从右门出去，仍旧从右门进来……这样似乎较剧本上（引者注：从右门出去，从左门进来）清楚些"，"饰田亚梅的当田先生回来的时候，叫了田太太出来，忽的又唤起李妈来，待那李妈出来后，却又没话说，亏她机警，倒了一杯茶进去了，剧本上完全没有这回事。"[⑥]我们可以据此了解到当时排剧者的细致与演员演出能力之强。欧阳予倩剧作《潘金莲》于1927年年末至1928年年初两次公演，之后才有纸质的公开发表。上述两次公演时，通俗报

---

① 吟父.观欧阳予倩演《潘金莲》感言［N］.新闻报，1928年1月14日（5）.
② 迪庄.记《潘金莲》［N］.小日报，1928年1月11日（3）.
③ 吟父.观欧阳予倩演《潘金莲》感言［N］.新闻报，1928年1月14日（5）.
④ 迪庄.记《潘金莲》［N］.小日报，1928年1月11日（3）.
⑤ 丐者.评《终身大事》新剧［N］.时报1923年8月18日（4）.
⑥ 孟尹言.我观了《终身大事》以后的意见［N］.时报，1923年7月7日（4）.

刊涌现出一批评介文字。其中，不少评介者均对该剧作的结尾击节赞赏。周瘦鹃认为，"（引者注：武松）最后下刀杀西门庆时，说'你爱我，我爱我的哥哥'一语，斩钉截铁而出，余音嫋嫋，使人常留耳根，不易忘却。"[①] 迪庄也表示"最使我不能忘的，是末了一句'我爱我的兄长'，结构得真好。"[②] "你爱我，我爱我的哥哥"这样的结尾，在《潘金莲》纸质发表时已然不见，因此，很少有人知道《潘金莲》曾有这样的结尾。幸有当时的评介者加以记录，这一颇负时誉的结尾不至湮没在历史中，《潘金莲》从舞台到案头的演变轨迹也留下了印记。

1920年代通俗报刊中的话剧评介活动本身就呈现着当时雅俗双方的和谐互动乃至于相互协作，显露出文学史发展中尚未被人充分认识到的复杂性。范伯群认为，新文化派如果能对通俗文坛方面的趋新倾向善加利用，"团结和争取一切可以团结和争取的文艺界的力量，再通过他们去带动和影响身边尽可能多的人，也许中国现代文学可以有另一种发展的态势，现代文学史可能会有另一种写法，但这种假设是根本不大可能的。"[③] 范伯群的观点在很大程度上代表了学界对1920年代雅俗关系的理解：1920年代的雅俗关系以冲突为鲜明的主基调，新文化派对通俗文坛的决绝排斥在事后看来有过激之处，但在当时的历史语境中则具有必然性。在考察通俗报刊中的话剧评介并梳理其成因之后，上述观点未必没有可商榷之处。1920年代，新文化阵营中的话剧界一直与通俗文坛保持着公开化的良性互动，并借助通俗报刊扩大自身的影响力。新文化派与通俗文坛之间似乎远不只有冲突，也似乎并非只能走向冲突。

四、小结

1920年代，话剧评介文字在通俗报刊中大量存在，且质量可观，具有独特的学术史价值。当前学界已普遍承认通俗文坛的文学史地位，但对通俗文坛方面史料的发掘仍很不够，对这一方面史料的钩沉不仅能让我们打捞到若干遗珠，还能让我们更精确，更全面地认识文学史的发展。

（黄海丹，博士，东莞理工学院文传学院教师）

---

① 瘦鹃.哀艳雄奇的《潘金莲》[N].上海画报，1928年1月12日（2）.
② 迪庄.记《潘金莲》[N].小日报，1928年1月11日（3）.
③ 范伯群.1921—1923：中国雅俗文坛的"分道扬镳"与"各得其所"[J].文学评论，2009年，第5期.

晚明山人书法与交游

——以合书扇为例

熊天涵

晚明嘉庆、万历时期，山人形成了特殊的社会群体。他们虽决意仕途，但现实所迫他们不得不入世，以诗文书画之长干谒公卿，在社会中游走谋求生计。山人凭借书法与名士官员结交往来，在他们的书法应酬中出现了一种特殊的作品形式——合书扇。晚明合书扇受到文人的喜爱，这一形式的发展或许山人群体性及好交游的特征有着密切的关联。

图1　赵宦光　草书纨扇　上海博物馆藏书法释文选　上海书画出版社 2014 年版

有明一代，山人称号盛极一时，士人热衷于以山人为名号，成为一时风尚。明中晚期，大批读书人遭科举淘汰，仕途不利的他们只能凭借自己的诗文书画等技艺干谒游走在权贵富豪之中，以谋生计。这类人在晚明应运生成了一个特殊的群体，即山人群体。明沈德符《万历野获编》云："山人之名本重，如李邺侯仅得此称。不意数十年来出游无籍辈，以诗卷遍贽达官，亦谓之山人。始于嘉靖初年，盛于今上岁。"① 沈德符指出，山人群体出现于嘉靖初年，万历年间开始兴盛。

山人之称古已有之。早期山人有山虞之意，《左传·昭公四年》："自命夫命妇至于老疾，无不受冰。山人取之，县人传之，舆人纳之，隶人藏之。"杜预注："山人，虞官也。"疏《周礼》："山虞掌山林之政令。"② 此外，山人亦指生活在山中人，《荀子·王制》："故泽人足乎木，山人足乎鱼。"③ 其后，山人一词逐渐演变，蕴含避世归隐之意。南朝庾信《幽居值春》诗云："山人久陆沉，幽逕忽春临。"④ 唐以后，开始将不入仕而负有清望的士人称为山人，前文沈德符提及的李邺侯即为李泌，《新唐书·李泌传》记载："肃宗即位灵武，物色求访，会泌自至。欲授以官，固辞，愿以客从，入讥国事，出陪舆辇，众指曰：'着黄者圣人，着白者山人。'"⑤

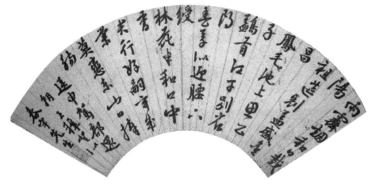

图 2　王穉登　《送申驾部还朝诗》刊于《中国古代书画图目》文物出版社 1997 年版

山人本为隐君称号，以山人为号者原是为标榜自己不为官场名禄所羁绊，表明淡泊之志。然大多晚明山人虽有山人之名，却无山人之实。隐居不仕的士人自号山人，入朝的士大夫雅号山人，商贾名儒有称山人者，下层卖弄技艺者称山人，甚至明王朝宗室朱载靖也称山人。显然其中一些人并不具备晚明时期山人特

① （明）沈德符，《万历野获编》[M]，北京：中华书局，2015 年，第 585 页。
② （晋）杜预注，（唐）孔颖达疏，《春秋左传正义》[M]，卷四十二，浙江：浙江古籍出版社影印世界书局本，1998 年，第 2034 页。
③ （唐）杨倞注，《荀子》[M]，卷五，上海：上海古籍出版社浙江书局汇辑本，199 年，第 305 页。
④ （南朝）庾信，《庾子山集》[M]，卷四，文渊阁四库全书本。
⑤ （唐）欧阳修，《新唐书》[M]，卷一三九，北京：中华书局，1975 年，第 4630 页。

征，时人谭元春《女山人说》中对晚明山人有明确地表述："山人者，客之狭薄技，问舟车于四方之号也。"① 薛冈《辞友称山人书》中说："今日游客，动号山人，以为无位者之通称。"又说："今长安中，无位而游者，不分牛骥，皆自称山人。"② 晚明山人特征有三，一山人多为被排除在仕途之外或决绝仕途的读书人；二山人皆有一定的文化修养，能诗或善书画，具备一定的生存技能；三山人好游，晚明山人没有固定的职业，也无固定的生活来源，因此他们为了生存不得不奔波游走。而无论是处馆、入幕或干谒，都具有阶段性，他们必须随着社会变迁、时局变化改变自己的生存方式。同时为了广交公卿，改善自己的社会处境，他们也需要四处游食，"问舟车于四方"。

图 3　张凤翼行书五律二首　刊于《范本传真·故宫博物馆藏明清扇面：书法部分》
人民美术出版社 2014 年版

晚明山人以一身技艺游走天下，除诗文外，书画也是山人干谒权贵、获取生计的重要技能。山人中不乏书画之佼佼者，而书法则更为突出。书法水平的高低也一定程度上影响科举考试的成绩，为了应对科考他们苦练书法，因而书法也是读书人不可或缺的一项能力。经过长时间对书法的训练与积累，山人整体的书法水平较高，在其处馆授课、客居他人幕下代写文书、售卖字墨或书画鉴藏等活动中，书法都扮演着重要的角色。晚明山人中更是出现如王宠、徐渭、陈继儒等著名书家。

晚明山人研究现已有诸多成果，基础研究多集中于其成因与特征，进一步则

① （明）谭元春撰，陈杏珍标校，《谭元春集》[M]，卷二十九，上海：上海古籍出版社，1998年，第789页。
② （明）薛冈，《天爵堂集》[M]，卷十八，明崇祯刻本。又见于（明）卫泳，《冰雪携》，上海：中央书店，1935年，第59页。

是关于山人文学的讨论。2005 年，张德建出版《明代山人文学研究》一书，这是迄今唯一一本关于山人的专著。该书以明代山人群体及其文学为研究对象，探讨山人群体的生成、构成、及其生存方式，在此基础上进一步对其诗歌、小品进行研究。其中《晚明山人交游与生活》一节通过文献及案例指出晚明山人交游目的一是为扬名、二是为谋求投靠。此外，除了对山人群体的研究，还有对一些著名山人的个案研究。如 2006 年冯保善发表《晚明山人之巨擘——陈继儒》、2010 年伏建民、朱丹发表《明代大山人王穉登》，在对山人生平事迹考证的同时，对其交游有所讨论。

书画方面，目前对晚明山人中以书画著名的王宠、徐渭等人的研究较多，然而这些研究多是从艺术家或一般文人的的角度进行的，鲜少将其山人身份与书画艺术相联系。薛龙春《雅宜山色——王宠的人生与书法》中提及晚明山人大盛这一现象，通过王宠的山居生活现状分析认为这是一种与世俗生活保持区隔的自我选择。薛龙春亦指出吴门书画扇面、册页等杂陈形式的不断出现，与这些未能通过科举滞留于本地的文人间的诗文书画酬酢有着密切关系。南京艺术学院吴鹏的博士论文《晚明士人生活中的书法世界》有一节专论晚明扇面书法应酬，其中也有论及一些著名山人如王穉登、张凤翼的书法交游。吴鹏在其文中也对合书扇现象有所考察，但仅列举了一些作品，略及合书扇有着更为值得关注的社会意义，并未展开深入的分析。

本文将基于前人研究成果之上，对以合书扇为例，对晚明山人书法交游进行考察分析。晚明山人作为士人分化而来的一个特殊社会阶层，与士人有着一定的相似性，但又因其特殊身份在交游时也有着更强的目的性与功利性，这一点在合书扇现象中尤为凸显。而合书扇这一现象的兴盛与晚明山人的群体性或也有着一定的关联。本文将晚明的社会文化风气作为历史背景，讨论晚明山人以合书扇为形式的书法交游，并分析合书扇这一现象背后所蕴含的社会隐喻。

一、晚明山人书扇交游

晚明山人集中涌现在江南地区。李维桢云："大江以南，山人诗人如云。"① 邹迪光也有此说："今之为山人者林林矣，然皆三吴两越，而他方殊少，粤东西绝

---

① （明）李维桢，《大泌山房集》[M]，卷十二，明万历三十九年（1611）刻本。

无一二"。①江南一直以来作为经济、文化中心，人文荟萃，城市繁荣。且时人好结社，以诗文书画为名开设的雅集众多，其中也有不少山人的身影。晚明一些享有盛名的山人，在文徵明去世后"遥接其风，主词翰之席三十余年"的王稚登（1535—1613）、与王稚登同为万历年间三大布衣山人的沈明臣（1518—1596）、结庐小昆山名声大震的陈继儒（1558—1639）等皆出自江南。且他们所交友人如文徵明、王世贞、董其昌也是在江南文化圈举足轻重的名士。

　　苏州作为人文渊薮，又成为晚明江南文化圈的中心。晚明的书扇之风也正是兴于江南，特别是苏州地区，文震亨《长物志》云："姑苏最重书画扇"②。晚明所谓书画扇多为折扇，折扇之起源则众说纷纭，一说源于日本或高丽，自宋时传入中国；一说折扇产生在中国，而出现时间又各有争论。无论折扇源于何时何地，明以前都未曾时兴，直至永乐年间，因皇帝的喜爱与推崇，折扇才逐渐受到人们的欢迎。苏州有着精良的制扇工艺，能够满足文人对折扇近乎苛刻的需求。且苏州作为江南的中心城市，商品经济发达、货物流通便捷，制扇所需的各种丰富材质汇集于此，各地最优质的折扇，如川扇也多销往苏州。苏州文人如云，对怀袖雅物的时尚竞相追逐，推动着折扇的发展。

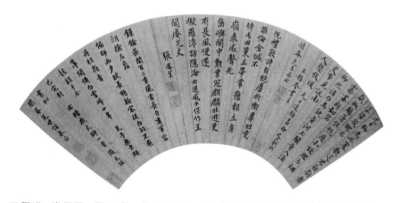

图4　王稚登、张凤翼、周天球行书扇面　刊于《中国古代书画图目》文物出版社 1997 年版

　　书画扇最早始于何时已不得而知，然三国时已有画扇之事，"杨修与魏太祖画扇，误点成蝇"③。《晋书·王羲之列传》中就有羲之书扇于老姥助其买扇的故

---

　　① （明）邹迪光，《石语斋文集》[M]，卷二十三。
　　② （明）文震亨，陈植校注，《长物志校注》[M]，卷七，江苏：江苏科学技术出版社，1984年，第291页。
　　③ （唐）张彦远，《历代名画记》[M]，卷四，明刻津逮秘书本。

事，虽为逸闻，然在东晋时或已有书扇之事。虞龢《论书表》中亦记载羲献二人有"书扇二帙二卷"。现存最早的书扇或为宋徽宗赵佶所作（图1），早期书画扇多为团扇，至明代折扇方兴。李日华指出："摺叠扇，古名聚头扇。……今则流行浸广，而团扇几废矣。至于挥洒名人翰墨，则始于成化间。"① 事实上，早在宣德年间，皇帝就曾亲画折扇。王世贞《艺苑卮言》中说"天下书法归吾吴"，书画扇这一特殊艺术形式最终在吴门书画的推动引领下成为一时风尚。

书画扇作为风雅之物，备受文人喜爱。晚明时文人间交际应酬频繁，书画扇成为文人酬酢往来时常见的馈赠礼物。又因文人未必尽擅丹青，却大多善书，因而书扇互赠更是常常伴随于他们的交游而出现。这其中，山人因其特殊的身份与生存现状，在其干谒权贵的活动中，也往往需要以书扇为依托。

广西博物馆藏有一件王穉登所作行书扇面《寄余丙仲诗》，其人为余有丁（1527—1584），字丙仲，万历十年，受张居正举荐晋为礼部尚书兼文渊阁大学士，进入内阁。与余有丁同期申时行也与王穉登交好，申时行（1535—1614）为嘉靖四十一年（1562）状元，官至首辅，《明史》中记载其对王穉登甚为推崇："申时行以元老里居，特相推重"②。申时行与余有丁皆为朝中重臣，王穉登与他们结交受其举荐结识许多才学之人，为其成为知名山人，跻身上层社会奠定了基础。他与申时行之谊尤笃，他们同龄同里，申时行返乡后二人结为至交，往来频繁。申时行称赞王穉登："异时传逸民、文苑者，当以君为称首。"③ 王穉登曾书扇面《送申驾部还朝诗》（图2），现藏于四川省博物馆，扇面所录是其为申时行所作的诗，但扇面却是赠予"春宇先生"。春宇先生其人未祥④，但无论是谁，王穉登在赠给他人的扇上书此诗，或可彰显自己与申时行之交。

同为山人的张凤翼（1527—1613）也曾有过相似的行为，他给一位叫"敬虞"者的书扇上所提内容却是自己与王世贞的唱和诗（图3）⑤。王世贞（1526—1590），苏州府太仓州人，嘉靖二十六年（1547）进士，授刑部主事，官至南京刑部尚书。王世贞与众多吴门书画家有交从甚密，他自己也以山人为号，号弇州

① （明）李日华，薛维源点校，《紫桃轩杂缀》[M]，卷四，江苏：凤凰出版社，2010年，第323页。
② 《明史》[M]，卷二百八十八，列传第一百七十六，文苑四，王穉登传。
③ （明）申时行，《赐间堂集》[M]，寿王徵君百穀七十，四库全书存目丛书，集部134卷二。
④ 或为戴凤翔，沈德符《万历获野编》记"吾乡戴春雨【凤翔】。嘉靖己未甲榜。以行人为吏科给事。"
⑤ 敬虞或为常熟商人钱君，见赵用贤，《敬虞钱君墓志铭》[M]，[清]邵松年：《海虞文征》卷二十二《墓志铭》。

山人。王世贞显然没有山人之实，但他与山人的交游却颇值得人玩味。他与山人诗文唱酬、书画鉴藏的活动，一方面为山人缓解了经济的困境，一方面也为自己进入吴门文化圈，最终成为文人领袖产生了重要的作用。如他与张凤翼三兄弟之交往，吴门张凤翼、张献翼、张燕翼兄弟亦为吴中文化圈的核心人物，被誉为"吴中三张"。香港中文大学邓民亮指出："王世贞和张氏兄弟之间的交往以书法为基础，通过各自的优势和影响力，从而实现文化资源的互换。"[1]这与王穉登所说的干谒之道如出一辙。王穉登深谙此道，他说："谒之道有二，上者流名誉，下者要货贿。"[2]他对于山人与权贵的交游有着清晰冷静的分析，钱谦益在《列朝诗集小传》中称其"好交游、善接纳"[3]，也正是他灵活变通的应酬交际能力，为王穉登日后成为吴门主词翰之席者奠定了基础。王穉登也与王世贞亦交往密切，他在给友人信中坦言："持元美公书以谒辕门"[4]，可见王世贞亦对其拜谒达官显贵有所裨益。而王世贞也凭借众多山人对其倾慕与赞誉，确立了自己在江南文人中的地位，"声华意气笼盖海内，一时士大夫及山人、词客、衲子、羽流，莫不奔走门下。片言褒赏，声价骤起。"[5]王世贞与文徵明弟子，山人彭年（1505—1566）的交游也存在着这样的性质。二人以共同的诗词书画爱好为基础，在此之上，他们也为彼此提供社会资源的支持，王世贞凭借彭年扩大自己在吴门文化圈的影响力，而彭年亦凭借王世贞的地位与声望获得经济赞助与庇护。

图5 张凤翼 张献翼 周天球 王穉登行书扇面
引自吴鹏《晚明士人生活中的书法世界》2008年

---

① 邓民亮，《王世贞（1526—1590）艺术赞助的研究》，香港：香港中文大学，2006年，第227页。
② （明）王穉登，《谋野集》[M]，卷一，答大鸿胪张公肖甫，四库禁毁丛刊本。
③ （清）钱谦益，《列朝诗集小传》[M]，王校书穉登，上海：上海古籍出版社，2008年，第481页。
④ （明）王穉登，《谋野集》[M]，卷四，寄张少保肖甫，四库禁毁丛刊本。
⑤ 《明史》[M]，卷二百八十八，列传第一百七十六，文苑四，王世贞传。

二、晚明山人之合书扇

查阅现存古代书画作品，在晚明，扇面作品数量空前，而这其中又有一种作品形式尤为引人关注，即合书扇。如《中国古代书画图目》中所收合书扇，绝大多数出自晚明时期，其中也往往都能发现山人之身影。

王穉登、张凤翼和周天球有一件三人合书扇藏于北京故宫博物院（图4），扇面上所书内容分别是三人赠与他人之诗。所赠扇面之人为"闻庵先生"，而王穉登所书诗却是赠予顾益卿（1537—1604），其名养谦，嘉靖四十四年（1565）进士，有才武、理戎政，官至辽东巡抚、兵部尚书；而张凤翼与周天球赠诗之人是著名的抗倭将领戚继光（1528—1588）。顾养谦与戚继光皆为武将名臣，因抗倭享有威名，三人将三首诗书于一扇，虽所赠对象不同却也不显突兀。顾戚二人在朝中极有地位与声望，三人皆在落款处写明其诗所赠为谁，或许也是为彰显自己与其之交游，借助他人之名以抬高自身地位。

周天球（1514—1595）虽未以山人为号，但其身份与生存状况却是与山人无异。他曾为诸生，后不乐仕进，而从文徵明游，与王穉登、张凤翼皆为吴门书派之后继者。晚明不少著名山人都出自吴门，一定程度上山人延续了吴门书画之遗风。而他们因有同门之谊，交往密切，时有几人合作扇面共赠一人的情况出现。如张凤翼、张献翼、周天球和王穉登的合书扇（图5），四人各书一诗赠予"笠湖先生"。又有2014年北京匡时秋拍的一件合书扇，为周天球、张凤翼、王穉登、杜大中四人共同合作完成。合书扇也表明了山人交游的一种形式即为几人共同应酬。山人大多未曾取得功名，也为在官场占得一席之地，虽如王穉登等著名山人已有才名，但其身份仍受人非议，社会地位也不可避免的有些尴尬。而他们这种集体的应酬行为或能加重这份酬赠礼物的份量，能更为引起所赠之人的重视。

除了以上几位山人共同书扇赠予一人的形式外，亦有其他众多文人共同书扇而山人也参与其中的情况。

王穉登与文氏一门关系匪浅，他从师于文徵明，又与其子文彭、文嘉交为密友，甚至与文嘉结为姻亲。几人时常互和诗文，品鉴所藏古董字画，又共同研磨挥毫。现存有不少王穉登与文氏共创的合书扇，其中也有周天球、彭年等其他山人参与其中。如扬州市博物馆藏文彭等八人合书小楷诗扇面，其中就有王穉登、周天球、彭年所书；藏于湖北博物馆的行书扇面为文嘉、文肇祉、周天球、王穉登四人合书；北京故宫博物院亦藏有周天球、王穉登、张梦锡、文从周四人合书扇面。……吴门山人与文氏书法承袭一脉，因而扇面虽为几人合书，却书风相近，甚为和谐。他们在与文氏的交游中彼此切磋交流书画诗文，也正是通过与文氏的交游为王穉登、周天球等人成为吴门后期的代表人物奠定了基础。钱谦益在《列朝诗集小传》中称赞王穉登："振华启秀、嘘古吹生。"[①]《明史》亦称其："吴中自文徵明后，风雅无定属，穉登尝及徵明门，遥接其风，主词翰之席三十余年。"[②] 王穉登之所以能取得如此高的地位，与其和文氏一门的密切交往有着必然的联系。

图 6 图 7　蒋乾、周廷策　孙枝　周时臣　杜大中　张凤翼　王穉登　张元举　薛明益　强存仁　周天球　金陵八景二开扇页　刊于《中国古代书画图目》文物出版社 1997 年版

除王穉登、周天球等出自吴门的山人外，被后世视为山人之代表的陈继儒也也有参与文人共同书扇之活动。包虎臣旧藏一件合书扇即为文震孟、陈继儒、董

---

① （清）钱谦益，《列朝诗集小传》[M]，王校书穉登，上海：上海古籍出版社，2008 年，第 481 页。
② 《明史》[M]，卷二百八十八，列传第一百七十六，文苑四，王穉登传。

其昌三人所作。合书扇在晚明兴起，这一形式受到文人青睐，成为文人清赏雅玩之新风，实并非山人之专利。然山人参与其中，一方面正是体现山人与其他文人之交往，另一方面山人频繁参与其他文人之活动，亦可帮助自己跻身上层，淡化其山人身份，使自己与其他文人看起来并无区别。同时，山人亦可在这样的合书扇应酬中，借助其他文人的名气与影响力，提升自己的社会地位，也能更好地达到书扇应酬的目的。

三、合书扇所透射的社会意义

晚明文人结社之风大盛，且结社多有地域性，江南地区的文人尤好此风。山人也不甘落后，"西湖八社"、"七子社"、"白榆社"、"南屏社"、"春社气"、"秦淮大社"、"青溪社"等山人社团都极为活跃。山人与其他文人并未泾渭分明，在结社时多有二者混杂其中。社中成员交游密切，常有雅集，诗文唱和、书画交游频繁。

晚明的结社之风与山人好游、喜交往的特点恰为契合，众多的社会群体与频繁的社交活动也为山人结交名士提供了更多的机会，参与此类活动也有助于山人在文化圈内提升自己的名声与影响力。钱谦益《列朝诗集小传》中对许多山人热衷交游以扬其名的行为有所记载，如山人钱希言"薄游浙东、荆南、豫章，屠长卿、汤若士诸公皆称之"①，又如山人俞安期，"少客于龙君扬，受国士之遇……羡长以长律一百五十韵投赠王元美，元美为之倾倒。已而访汪伯玉于新安，访吴明卿于下雉，皆与结社，后门韦布，颇依诸公以起名"②。陈鸿亦是如此，"起于微寒，自幼能诗，无有物色之者。曹能始招入社……由是名大著"③。薛冈也有相似的记载："张公结社湖南，社中有尚书南坦刘公，箸溪公，皆海内缙绅冠冕，一见君，即重为上客。由是诸公互为延誉，人间渐知有仲蔚矣。"④

事实上，晚明一些士人结社有较为明确的学术性或政治性主旨，也有相对严格的会社规定及要求。而晚明山人更多是出现在一些严密性相对较弱的会社群体中，也未有士人那么重的社会责任感。这些会社群体更多的是自适自娱，集会也

---

① （清）钱谦益，《列朝诗集小传》[M]，山人钱希言，上海：上海古籍出版社，2008 年，第 632 页。
② （清）钱谦益，《列朝诗集小传》[M]，山人俞安期，上海：上海古籍出版社，2008 年，第 630 页。
③ （清）钱谦益，《列朝诗集小传》[M]，布衣陈鸿，上海：上海古籍出版社，2008 年，第 634 页。
④ （明）薛冈，《天爵堂集》[M]，明崇祯刻本，卷二《经品录序》，四库未收书辑刊。

多为游山玩水、饮食宴乐等娱乐性较强的活动。如吴门张凤翼、张献翼、张燕翼兄弟有园林"求志园",园中常常举行诗文酒会。嘉靖甲子（1564）闰二月,王世贞、王世懋、彭年、黄姬水、周天球、章美中、袁尊尼、魏学礼等人聚于张氏求志园,诗文书画酬唱。

合书扇的产生与晚明文人结社有着密切的联系,正是晚明文人的群体性推动了合书扇这一特殊作品形式的发展。集会活动中的书画活动,因有众人参与,就出现多人合作完成作品的情况。在雅集中,山人与友人诗文唱酬,兴起时挥墨书扇,扇面作为备受喜爱的作品形式,也就常常在集会时被题书作画用以留念,合书扇就是在这样的背景下,频繁地出现在晚明山人的书法交游活动中（图6、图7）。扇面便于携带便于展示,在晚明成为文人身份的标识,合书扇的这一作用则更为明显,一扇中有多人题书,更能彰显所携之人的交友广泛,这亦是合书扇受文人欢迎的一个原因。

山人或因科举失利或因无意仕途而未能完成从士人到士大夫的转变,作为士人分化而来的社会群体,他们有着较为尴尬的社会处境。特别是晚期山人鱼龙混杂,造成诸多社会问题,以至在万历二十九年（1601）,朝廷下诏尽逐在京山人:"近来风俗专以私揭匿名,或需捏他人姓名,阴谋巧计,无所不至。久不申饬,致令四方无籍棍徒,罢闲官吏,山人游客,潜往京师,出入衙门,拨置指使,及左道邪术,异言异服,煽惑扶作,是非颠倒,纪纲陵夷,甚为政蠹。今后缉事衙门,不时驱逐访拿。"[1] 山人靠干谒游食为生的生存方式也备受时人所诟病,王世贞虽与众多山人相交密切,却也对山人颇有微词:"山人不山,而时时尘见,何以为山人。"[2] 山人作为一个下层的文人阶层,科举失利,又遭受世人冷眼,内心压抑与苦闷也促使他们寻求同类,他们结社、组成群体也是为寻求精神上的归属感与认同感。山人以合书扇的形式进行应酬也是为互相标榜、相为引重,而几人合书也能更为引起所赠之人的重视,另其不可轻视书扇背后之情之礼。

四、余论

今所见晚明山人合书扇,大多为知名山人所作,在众多山人中,这些知名山

① （明）沈德符,《万历获野编》[M],北京:中华书局,2015年,第584页。
② （明）王世贞,《弇州山人续稿》[M],卷七十四,引他人语,明刻本。

人已有相对较高的社会地位，生活境况与其他山人相比也有极大的改善。而更多的晚明山人生活在社会的底层，过着清贫疾苦的生活，也鲜有机会能够与名士交游，跻身上层。但从这些知名山人如王穉登、张凤翼的交游中，仍可发现合书扇这一作品形式的发展与山人书法交游有着不可分割的联系。山人因其特殊的社会身份，交游更具有功利性与目的性，或许也是基于这样的原因，山人积极参与晚明的结社与集会活动，并创作出如此多的合书扇作品。晚明时山人形成特定的群体，事实上，在晚明社会文化背景之下，整个士人阶层都有着群体性的特征，合书扇便是晚明文人热衷结社集会，频繁进行书画应酬活动的产物。

（作者简介：熊天涵，台湾东华大学多元文化教育博士生，广州美术学院艺术学理论硕士）

岭南二居与中国画的写生

熊　曦

居廉居巢是岭南绘画的重要开创者，他们师法恽寿平，重视写生，将宋代院体工整细致、富贵清妍的绘画风格和文人画的写意精神融炼一体，达到淡然天真的笔墨逸趣。二居的重要性不止于岭南画坛，他们对形与意有着深入精准的理解与表达，分析二居作品源流及创作理念，可以管窥中国画之写生观。中国画的写生重在写意，具有游目骋怀、游乎于心、以形写神、妙合自然的美学意义。对于美术范畴的写生问题，中西绘画有不同的理解与表述。从中国绘画出发去理解写生，二居（居廉、居巢）的作品，会给我们带来许多启示。

一、写生之源流与发展

中国画的写生一词，最早见于唐代彦悰的《后画录》："（王知慎）受业阎家，写生殆庶。用笔爽利，风采不凡。"[①] 由此可知，中国传统的写生之妙在于，用笔爽利，风采不凡，是超越物象形体的美学追求。

一千多年前，一位画家写生而著称画坛。他常饮朝露，沐韶光，围坐苗圃，细察花容，折枝引花，勾勒描绘，施墨赋彩，自号"写生赵昌"。苏轼有句称颂赵昌："古来写生人，妙绝如似昌。"[②] 后来在滕昌祐、徐崇嗣的基础上，发展完善了没骨画法。

自南北朝张僧繇到唐代杨升、王洽，宋代黄筌、徐崇嗣，尤其是赵昌，到元代王冕到明代徐渭、董其昌、蓝瑛、孙隆，再到清代恽南田、居廉居巢花鸟写生法一路演进。二居深得恽南田绘画风格的影响，在创作体裁方面，将岭南花卉、瓜果、四时风物作为写生对象，丰富了花鸟写生语言，拓展了表现空间，体现了

---

① 何志明、潘运告，《唐五代画论》。长沙：湖南美术出版社，2004年。
② 苏轼，《苏东坡全集》，北京：中华书局，2021年。

岭南地域特色，升华了写生意义。

许慎《说文解字》中的写："从宀从舄，置物也。"① 而生，是富有生命力的意蕴，如《周易·系辞下》中所言："天地之大德曰生"②，生是化生万物，生生不息，故又有"生生之谓易"。《二程遗书》："生生之谓易，是天之所道也"③，生生之谓易，生生之用则神也。"王阳明《传习录》有述："太极生生之理妙用天息，而常休不易。太极之生生，即阴阳之生生。"④ 一阴一阳，其生生乎！生乃生化，乃化之源也！

中国文化语境下的写生意义还有"写真"之涵义。"真"是物象的本质，是精神世界，并非物象的真实形态。荆浩认为："真者，气质俱盛"、"渡物象而取其真"。⑤ 这才是"观物写真"。王羲之的《临镜自写真图》是最早出现"写真"字眼的绘画作品。谢赫的"六法论"中的"传移模写"是对中国绘画写生较准确的描述。姚最曾有述："（谢赫）写貌人物，不俟对照。所须一览，便归操笔，点刷精研，意存形似。"⑥ 这样看来，中国绘画重在写意、写神、写"精气神"，这是中国绘画的崇高审美境界。

二、居巢居廉的绘画特点及其师承

居廉居巢，番禺河南隔山乡人，是清末岭南重要的花鸟画家，居巢，字士杰，号梅生。居廉，字士刚，号古泉，系居巢同祖堂弟，自幼受居巢抚养及教诲，兄弟二人擅长花鸟，执着写生，追求物象，笔墨、色泽、意境、美感和谐统一，居廉居巢建有"十香园"，种植瑞香、素馨、鹰爪、茉莉、夜合、珠兰、白兰、含笑、夜来香、鱼子兰等奇花异草，这些花木成了兄弟二人写生入画的重要对象。当然，二居花鸟画在题材上远不止这十种花卉，有人总结他们所画动植物品种超过两百多种，其中多为岭南地域特色的荔枝、龙眼、香蕉、芒果、橄榄、菠萝蜜及各类花草、虫鱼，甚至月饼、角黍、火腿、腊鸭等等，皆一一施诸画幅，笔兴成趣，自然天成。当年他们做客东莞可园，得主人张敬修相惜，可园内置有玩石鱼虫，并种植岭南风情的异卉奇木，二居与主人及其门生对物对景或白描勾勒，

① 许慎，〔清〕段玉裁注，许惟贤整理，《说文解字注》。南京：凤凰出版社，2007年。
② 黄寿祺、张善文，《周易易注》。上海：上海古籍出版社，2018年。
③ 程颢、程颐，潘富恩导读，《二程遗书》，上海：上海古籍出版社，2000年。
④ 王阳明，《传习录》。北京：中华书局，2016年。
⑤ 荆浩，王伯敏注译，邓以蛰校阅，《笔法记》，北京：人民美术出版社，2016年。
⑥ 谢赫、姚最，王伯敏注译，《古画品录　续画品录》。北京：人民美术出版社，2016年。

或着墨施粉，或没骨濡染，居廉坚持每日写册一页，几年积成数十册，不少成为张氏家族藏品。从读过的大量二居作品中，不难发现，写生成为他们记录生活、验校古法、提炼技能、突破苑囿的重要手段及创作方式。

纵观二居的存世作品，可以看出其主要师法对象是恽寿平，他们在学习恽寿平的艺术过程中受到李秉绶、孟丽堂、宋光宝的启发和影响。

恽寿平别号南田，江苏武进人，常州画派代表人物，恽寿平在《南田画跋》中多处论述其对于写生的立场与态度，在形与意方面有独特的认识和追求，将这些论述并对照恽氏和二居作品来综合分析，恽氏理论及作品风格对二居的影响是显而易见的。《南田画跋》[①]中有许多对写生的论述：（一）昔滕昌佑常于所居，树竹石杞菊，名草异花，以资画趣，所作折枝花果，并拟诸生。余曩有抱翁之愿，便于舍旁得隙地，编篱种花，吟啸其中。兴至抽毫，觉目前造物，皆吾粉本。庶几胜英华之风。然若有妒之，至今未遂此缘。每拈笔写生，游目苔草，而不胜凝神耳。（二）观石谷写空烟，真能脱去町畦，妙夺化权，变态要妙，不可知己。从此真相中盘郁而出，非由于毫端，不关乎心手，正杜诗所谓"真宰上诉天应泣"者。（三）沃丹、虞美人二种，昔人为之，多不能似，似亦不能佳，余略仿赵松雪，然赵亦以不似为似，予则以极似师其不似耳。（四）画秋海棠，不难于绰约妖冶可怜之态，而难于矫拔有挺立意。惟能挺立而绰约妖冶以为容，其可以况美人之贞而极丽者。于是制图，窃比宋玉赋东家子，司马相如之赋美人也。（五）昔安期生以醉墨洒石上，皆成桃花，故写生家多效之，又磅礴之山，其桃千围，其花青黑西王母以食穆王。今之墨桃，其遗意云。（六）吾友唐子匹士，与予皆研思山水写生。而匹士于蒲塘菡萏游鱼萍影，尤得神趣，此图成，呼予游赏。因借悬榻上若身在西湖香雾中，濯魄冰壶，遂忘炎夏之灼体也。其经营花叶，布置根茎。直以造化为师，非时史碌碌抹绿涂红者所能窥见。（七）徐熙画牡丹，止于笔墨随意点定，略施丹粉而神趣自足，亦犹写山水取意到。在以上恽寿平对写生形与意的认知表述中，充分呈现其对于物象与意象的双重关注，是游目与凝神的高度统一。恽寿平是继明代沈周后又一位对形神物象整体关照的大家，他们都主张对物象最大限度的深入认知和对形体的了然于笔、了然于胸，生气、意境"从此真相中盘郁而出"，方可"脱去町畦，妙夺造化。"

---

① 恽寿平，《南田画跋》，杭州：西泠印社出版社，2008 年。

二居有没有读过《南田画跋》，我不得知，但通过对居廉作品《芙蓉鸣蝉图》、《花石册页（八开）》、《花卉虫草（十二开）》等和居巢作品《四时花卉（四屏）》、《桃花春风图轴》的琢磨和分析，管窥到他们在写生和创作时，我即花草，花草即我，物我共融，物与神游的师承来源。尤其是从居巢《花卉镜心》这件作品的款识"仿瓯香馆用色，居巢梅生"（瓯香馆乃恽寿平宅号）可见他对于恽体风格及精神理念的追袭与传承。

我们在研究二居时，很少发现他们致于绘画理念的表述文字，但作品摆在这里，从海珠博物馆、十香园合编的《居巢居廉白描手稿》中，有大量信息值得我们去研判、去总结、去归纳，去延伸。这些白描手稿，足见二居在十分经意地观察物象、表现形质的同时又以"不似为似"取意，"以极似求不似"。他们将宋代院体工整细致、富贵清妍的绘画风格和文人画的写意精神融炼一体，达到淡然天真的笔墨逸趣。对形与意深入精准的理解与表达，是二居关于写生的最佳解读与认识。

三、中国画的写生观及其美学意义

尽管二居的写生关注物象，刻画形态，但他们对于形与意的认识是和西方式的绘画理念有本质区别的。在当今的绘画训练中，西方式的写生训练方式成为作品创作的必要手段，如近大远小的透视问题，黑白灰的调子问题，光与影的原理等，与中国画形成显而易见的矛盾，在本质上产生意识差异。因而分析二居作品源流及创作理念，对中国画写生观的确立及其美学追求有着重大的现实意义，其意义归纳如下：

1. 游目骋怀

东晋王羲之在《兰亭集序》中描述："仰观宇宙之大，俯察品类之盛，所以游目骋怀，足以极视之娱，信可乐也。"这就是说，观宇宙、察品类，归根结蒂是快然自足，信可乐也。对于二居绘画他们察品类，关乎花木虫鱼，寄情于物，是实现"立大意于笔端，化万物为情思"，实现借物喻人，借物赋意，借物喻情。孔子以松譬君子、屈原以兰为钟情、陶潜以菊而咏怀、濂溪以莲颂品格，历朝历代中国画家以写梅兰竹菊四君子体现内在的操首与德行，如王夫之所言："情景名为二，而实不可离，神于诗者，妙合无垠。"[①] 王国维云："一切景语皆情语

---

① 王夫之，《姜斋诗话》。长沙：岳麓书社，2011年。

也。"① 这是游目物象、观乎自然达到"骋怀"之目的。

2. 游乎于心

这里还要引用恽南田语："笔墨可知，天机不可知也；规矩可得，气韵不可得也。以可知可得者，求夫不可知不可得者，岂易为力哉？"② 这里几个关键词：笔墨、天机、规矩、气韵，可知可得和不可知不可得，道出以可知的技术、法度去探求不可学之境界与意韵。谢赫"六法"，一曰"气韵之生动"，"骨法用笔"以下五法皆可归于技术范畴，惟"气韵生动"更多是需要体验与感悟，郭若虚《图画见闻志·论用笔》云："凡画，气韵本乎游心，神采生于用笔。"③ 二居写生观物的过程就是游心的体验，是希望自己的心（佛家认为心为万法之源），游弋于艺术的自由境界，主张境随心转，相由心生。如庄子所言："吾游心于物之初"④，物之初，乃物象之本性，而非物象之外象，只有通过游心方可去穷尽事物之本质。孔子曰："志于道、据于德、依于仁、游于艺，"⑤ 无疑是"游乎于心"的最神圣的表述。"志于道"，心为主一，方能分定不迁；"据于德"，心有所循，方能行有所止；"依于仁"行有宗旨，方能左右逢源；"游于艺"，趣有陶冶，方能无不自得。

3. 以形写神

"以形写神"首先由东晋顾恺之提出，原话出自《摹拓妙法》："人有长短，今既定远近瞩其对，则不可改易阔促，错置高下也，几生人亡（无）有手揖眼视而前亡所对者，以形写神而妙传空其实对⋯⋯"⑥ 顾氏以形写神这一著名论点，指画家在反映客观对象时，不仅追求外在形象的逼真，更应进内在本质的酷似。

形而上者谓之道，形而下者谓之器。二居写生以形写意、形意兼容，其形工致，其态漫妙，并通过精妙的笔墨使自然之美得于升华，以文人的闲情逸致摒弃自然万物的完全形似，通过一草一木，捕捉自然界中的生命律动与寄于其间的精神内核。正如南朝宗炳所言："圣人含道映物，贤者澄怀味象"。⑦ 因此，古人有以形媚道，以形写神的审美高度。潘天寿说："以形写神，即神由形生"，他又

---

① 王国维，《人间词话》。上海：上海古籍出版社，1998 年。

② 恽寿平，《南田画跋》，杭州：西泠印社出版社，2008 年。

③ 郭若虚，黄苗子点校，《图画见闻志》，北京：人民美术出版社，2016 年。

④ 孙通海译注，《庄子》。北京：中华书局，2007 年。

⑤ 杨伯峻译注，《论语》。北京：中华书局，2018 年。

⑥ 陈传席，《六朝画论研究》，天津：天津人民美术出版，2006 年。

⑦ 同上。

说："故画家在表现对象时，须先将作者之思想感情移入对象中，熟悉其生生活力之所在，并由作者内心之感应与迁想之所得，结合形象与技巧之配置，而臻于妙得"。[1] 倪云林在《题自画墨竹》中说："余之竹，聊以写胸中逸气耳"。所以，中国画家写生时，不是为了再现这些对象的自然属性，而是需要"望秋云，神飞扬、临去风，思浩荡"。

4. 妙合自然

中国画借助自然万物表达性情，抒发心意。中国文化的美学精神就是将人与自然的和谐相处奉为至高境界，也就是我们通常说的妙合自然，天人合一。二居笔下的花卉，花卉即我，我即花卉，是物我交融，心物合一。庄子说："天地与我共生，万物与我为一"。[2] 山川林木，孤石飞鸟，花草虫鱼。通过"外师造化"，达到"中得心源"，甚至实现"妙得"与"神遇"，邹一桂在《小山画谱》中有述："以万物为师，以生机为运，见一花一蕚，谛视而熟察之，以得其所以然，则韵致丰采，自然生动，而造物在我矣。"[3] 中国传统画家向往道家的玄妙，禅宗的空灵，儒家的博爱，往往借助一方石、一枝花、一枯藤、一叶舟、一轻烟……畅于神游，物我两忘，进而直通生命之本原。难怪恽南田认为："一草一木，一丘一壑，皆灵相所独辟，总非人间所有，其意象在六合之表，荣落在四时之外。"[4] 苏东坡有诗曰："几时归去，做个闲人，对一张琴、一壶酒、一溪云"。[5]

四、小结

"粉翅浓香共扑春，林园仿佛落花尘。谁教草露吟秋思，惊觉南华梦里人"。[6] 从北宋赵昌《写生蛱蝶图》到清末二居的众多写生作品中，我们读出了"宋人骨法元人韵"的深层涵义。因二居绘画理念和绘画风格所引出的中国画写生问题，只是我的一些思考，也是我的一家之言。二居之后，新式写生方式勃能盛行，我们且不论后来的争论与得失，但二居是新岭南绘画史上最具代表性的人物，这一地位不可动摇。他们广收门徒，薪火相传，学生有坚守传统绘画的卫道士，更有

① 潘天寿，《听天阁画谈随笔》。上海：上海人民美术出版，1980年。
② 孙通海译注，《庄子》。北京：中华书局，2007年。
③ 邹一桂，《邹一桂集》，杭州：浙江人民美术出版社，2019年。
④ 恽寿平，《南田画跋》，杭州：西泠印社出版社，2008年。
⑤ 苏轼，《苏东坡全集》，北京：中华书局，2021年。
⑥ 赵岩，《写生蛱蝶图》题诗。

西风东渐大潮中的弄潮儿，他们的绘画作品及创作理念，为广东画坛留下了许多斑斓的地域色彩和艺术遐想，是民族绘画的瑰宝与典范，值得我们去回味、去总结、去弘扬。"仁者见仁，智者见智"，不同的审美观念产生不同的认识，这也许是二居留给传统的岭南，留给现代的岭南最绚丽的光耀，是夕阳还是朝晖，自有有后人评说。

（作者简介：熊曦，著名书画家，东莞文学艺术院院长）

从民族到世界：
张艺谋电影跨文化传播的表达策略

聂　茂　黄　琳

　　张艺谋在中国可谓是家喻户晓的人物。其 1950 年出生于古城西安，是中国电影"第五代导演"的重要代表。1984 年，张艺谋以摄影师身份初涉影坛，首次在电影《一个与八个》中担任摄影师，便获得了中国电影优秀摄影师的奖项；1986 年，又转以男主演身份担纲电影《老井》，并一举囊括百花奖、东京国际电影节、金鸡奖三座影帝；1987 年，张艺谋首次以导演身份执导电影《红高粱》，并凭借该片夺得同年柏林国际电影节金熊奖，这在国内尚属首次[①]。由此，张艺谋顺利实现了从摄影师到演员、从演员到导演的转型，开启了导演生涯的创作史。90 年代期间，由其执导的《大红灯笼高高挂》《秋菊打官司》《一个都不能少》《我的父亲母亲》等影片在国内外屡获奖项，三次提名奥斯卡、五次提名金球奖[②]。当其时，张艺谋是华语影坛最引人注目的"明星"，他创造了中国电影史上惊人的"奇迹"；巨大的赞誉纷至沓来，各路媒体不吝溢美之词，认为张艺谋

---

　　① 中国电影出版社中国电影艺术编辑室编：《论张艺谋》，北京：中国电影出版社，1994 年，第 308—311 页。

　　② 南方网：《张艺谋荣誉史》，2001 年 1 月 13 日，http://ent.sina.com.cn/s/m/30015.html。

是中国电影扬威国际的"英雄"①，甚至对电影本身、导演个人经历甚至连导演和演员的私生活都注以持续的关注和报道，这一狂热现象被评论界称为"张艺谋神话"②。

2000年后，张艺谋转型执导商业片，包括《英雄》《十面埋伏》《满城尽带黄金甲》《金陵十三钗》等影片刷新中国电影票房记录，四次夺得当年华语电影票房冠军。2008年，张艺谋担任北京奥运会开幕式和闭幕式总导演；2014年，担任北京申办2022年冬奥会主宣传片总导演；2016年，担任中国杭州G20峰会文艺演出总导演。在商业电影取得的巨大成功以及在官方性质节事的主要参与，再次表明张艺谋在电影圈、文化圈举足轻重的代表性地位。从大众文化传播的角度来看，张艺谋可以称得上是当代中国文化的代言人。

根据电影主题、传播受众与资本流动的变迁，北京大学学者张颐武在2003年把张艺谋的导演创作历程分为三个时期：20世纪80年代末到90年代中的"外向化"时期、90年代中到90年代末的"内向化"时期和2000年以《英雄》为起点的"全球化"时期③。尽管实际上，从90年代中期至今的张艺谋作品里，上述三个时期的特性始终交织，但张颐武的上述划分反映了海内外电影资本市场的发展

---

① 金鸡奖高度评价《红高粱》："《红高粱》热烈豪放地礼赞了炎黄子孙追求自由的顽强意志和生生不息的强大生命力，融叙事与抒情、写实与写意于一炉，发挥了电影语言的独特魅力。"转引自罗艺军：《论〈红高粱〉〈老井〉现象》，《电影艺术》1988年第10期。学者张海方认为，张艺谋电影"富有浓烈的东方神秘主义色彩"和"东方民族的神韵"，"实实在在地体现了深沉的意义，体现了我们的祖辈和民族的神气"。参见张海方：《自由随意的结构形式》，《电影艺术》1988年第4期。张艺谋电影同时在海外掀起热烈讨论，至今仍具巨大影响力。韩国学者李宗禧认为，"张艺谋的电影继承了中国'五四'新文化运动的反孔精神、反封建精神，表达了对封建专制和伦理道德的批判，这种批判基本上放在了传统与现实、道德与人性、秩序与个人之间冲突矛盾的基础上，使得张艺谋这种批判精神不仅具有了当代意识，同时还有弘扬民族文化、讴歌鲜活人性的意义。"参见李宗禧：《民族的与世界的——论张艺谋电影》，《当代电影》2000年第1期。

② 80年代后期至90年代初期，张艺谋接连在多个重量级国际电影节事上屡获大奖，在中国大陆、港台地区乃至东亚地区获得了超常的声誉和关注，同时引发了大陆电影及文化学界对这一现象的讨论与研究。学者王一川、张颐武等人将之称为"张艺谋神话"，认为这一现象被当时特定的文化语境赋予了当代中国人"丑小鸭"奇迹、自我实现偶像、向西方认同的范例和走向世界的英雄等内涵。参见王一川：《谁导演了张艺谋神话》，《创世纪》（西安）1993年第2期。也见张颐武：《全球性后殖民语境中的张艺谋》，《当代电影》1993年第3期。

③ 1993年，张颐武针对当时狂热的"张艺谋神话"发表评论文章《全球性后殖民语境中的张艺谋》，成为中国大陆对张艺谋电影发出批评声音的首批学者之一。在这篇论文里，张颐武认为《红高粱》《大红灯笼高高挂》等电影是"为迎合西方想象而被刻意架空的符码"，是以"西方话语为主导性和权威性的文化杂耍"。十年后，随着张艺谋电影创作的变迁，张颐武再刊评论文章《孤独的英雄：十年后再说"张艺谋神话"》，作为前文探究的继续。在这篇论文里，张颐武以张艺谋十年来执导的影片变迁作为研究对象，为其导演历程作出了学理划分与分析。参见张颐武：《全球性后殖民语境中的张艺谋》，《当代电影》1993年第3期；《孤独的英雄：十年后再说"张艺谋神话"》，《电影艺术》2003年第7期。

规律，至今仍具有重要的学理和现实意义。

一、东方寓言的讲述者与中国电影民族主体化的呈现

（一）"外向化"时期的张艺谋电影

这一时期的张艺谋电影以 80 年代末至 90 年代中的《红高粱》《大红灯笼高高挂》《秋菊打官司》为代表。之所以被称为"外向化"时期，是因为这一时期的张艺谋电影在国外诸多重量级电影评选与竞赛中屡获奖项，使张艺谋成为中国电影走出海外"第一人"。这一时期的张艺谋作品带有明显的抽象性和奇观性。

1. 民俗符号和东方情节。摄影师出身的张艺谋不乏精巧的构图技巧和拍摄手法，他用大量的民俗符号如灯笼、颠轿、皮影等，诠释出令人印象深刻的东方美学镜像。然而与之形成强烈对比和紧密联系的是民俗符号下的丑陋本体，张艺谋通过在民俗符号下性与暴力的情节铺排，揭露和鞭挞了东方专制文化的腐朽、压抑和畸形。要注意的是，这些民俗符号大多是导演"生造"的，是其想象力的产物。作为艺术创作无可指摘，但这也为其招致了"刻意丑化中国文化以迎合西方"的恶名①。

2. 窥探视角和想象空间。这一时期的张艺谋电影往往借助"窥探"的视角，对比意象鲜明的民俗符号讲述在"喜庆"、"和美"的表象下不被人所知的隐秘故事甚至乡野绯闻。与之相联系，故事的发生通常建立在时间、地点不明确的想象空间之中，构造出暧昧模糊的故事基底，因之也形成了超越时间的、超验的典型寓言化叙事。张艺谋试图在这些东方寓言里把当时对西方而言神秘的中国抽象化和隐喻化，营造出由"窥探"得来的"真实"感觉②。

---

① 有批评家认为张艺谋始终是以西方的眼光进行艺术表达，刻意展示中国文化中愚昧、落后甚至丑恶的一面以迎合西方受众的"猎奇"需求，具有浓厚的后殖民主义色彩。朱寿桐在《红高粱》甫公映后便无情地批评道，"《红高粱》成了探索片摒弃美的倾向的终端，成了西部片渲染丑的趋势的集成"；"使中国老百姓的顽蛮心理得到淋漓的暴露"；"作品从基调到主旋律、从概貌到神韵都粗化、丑陋化了"。陈旭光在《当代中国影视文化研究》中指出，"张艺谋最擅长的就是借用子虚乌有的传奇故事来讨论启蒙话题，用娱乐化的故事来消解精英主义电影的凝重……这些发生在封建时代的故事的共同特点就是：故事的发生时间总是模糊的、滞后的，其空间也是与世隔绝的、奇观化的，而'家'是罪恶腐朽的单位，'父亲'的形象总是狰狞扭曲的，女人们则总是一群受压迫的对象，故事结局也总是充满着批判意味的悲剧情调。参见朱寿桐：《愈益丑陋的蛮刺激——谈〈红高粱〉等探索影片的追求》，《电影艺术》1988 年第 7 期；又见陈旭光：《当代中国影视文化研究》，北京：北京大学出版社，2004 年，第 78 页。

② 美国学者弗雷德里克·詹姆逊指出，"第三世界的文本总是以民族寓言的形式来投射一种政治，即使是关于个人的利比多趋力的文本，有时也包含着对整个民族的艰难叙述。"参见［美］弗雷德里克·詹姆逊著，张京媛译，《处于跨国资本主义时代的第三世界文学》，《当代电影》1989 年第 6 期。

来自东方的奇观电影引起了当时西方世界的强烈关注，张艺谋这一时期的成功可以说是他个人艺术追求和努力的结果，但同样也是时势的偶然。其背后也反映了与之息息相关的中国市场化进程和全球化进程。

一方面，从文化环境而言，80年代末的改革开放催生社会启蒙思潮，这让包括"第五代导演"在内的大陆学者及文化创作者对民族身份和文化认同产生了深入的思考。在这样的背景下，张艺谋借助电影这一载体向西方世界展示了"第三世界"的民族寓言，有意无意地抛射出一种"寻求援助"的期待；然而对充满东方异域风情的民俗奇观的刻画，却满足了傲慢的、以白人中心主义自居的西方人对神秘东方的想象，正中了对东方怀有好奇、误解甚至敌意的西方人下怀。另一方面，从经济环境而言，其时的国内电影制片厂商正处于从计划到市场化改制的过渡期中，这迫使国内电影人不得不转向寻求海外资本的经济支持。而当时国内低廉的劳动价格等拍摄成本也是让海外投资商青睐的理由。相比较而言，投资一部中国电影只需要占领较小的海外市场便能收回成本乃至获利。因此，在文化和经济双重因素下，张艺谋电影的"中国奇观"在这一时期屡获海外热捧有必然道理。

（二）"内向化"时期的张艺谋电影

这一时期的张艺谋电影以拍摄于90年代中期的《摇啊摇摇到外婆桥》《一个都不能少》《我的父亲母亲》等影片为代表。所谓"内向化"时期，盖因此时的张艺谋电影在海外的热捧日渐回落，而他本人也逐渐有意识地把重心转向日益成熟的国内电影市场。与"外向"时期带有明显的抽象性和奇观性不同，"内向"时期的张艺谋电影增加了更多的具体意象，压抑的寓言主题也展现了更多的感性意味。

1. 日常生活的具象。《摇啊摇摇到外婆桥》是张艺谋转向具象叙事的初步尝试。这部电影讲述的是一个黑帮悲情故事，总体上延续了"外向"时期的寓言体征；但故事的时间和地点都明确设定在20世纪30年代的上海。这个故事背景的选取并非偶然，上海作为中国历来最为国际化和商业化的城市之一，是中国市场化进程的重要地标，折射出90年代中国从封闭走向世界、从计划走向市场、从分配转为消费的全球化意义。如果说外向时期的张艺谋电影展示的是一个封闭的旧中国，那么内向时期的张艺谋电影则反而展示了一个走向世界的新中国。在此之后，张艺谋的电影作品也投入了更多的具体意象来寄托对转型期中国的不安与迷惘。

2. 浪漫年代的回忆。除了为作品注入具象，张艺谋此时也拍摄了《一个也不能少》《我的父亲母亲》等脍炙人口的代表作。这两部作品摒弃以往批判式的悲剧基调，通过叙说"旧年代"的浪漫故事，表达了导演对"过去"的追忆和反思。市场的逐渐开放给中国带来消费主义的冲击，也带来一系列秩序的失范和浮躁的风气。关于"性"和"暴力"的抽象批判此时已经变成对具体社会现实的不安感、迷失感，与外向时期的作品以窥探、旁观的视角相较而言，这一时期的电影则带有切肤的、浓重的伤感意味①。

尽管张艺谋把重心逐渐转回中国内地市场，也通过"具体的意象"和"浪漫的情节"迎合大众市场的消费品位，但这一时期的内地观众却不像过去一样持续狂欢式的追捧。而海外反应同样冷淡，无论是市场表现或者作品口碑，张艺谋的影响力已不再如往昔②。

其一，国内电影市场凋敝。当其时，国内电影制片厂商从计划转向市场，而此时中国的市场进程仍处萌芽，文化消费尚未提振，导致商业性电影遭遇"雪崩"。此外，好莱坞竞争对手的加入，电视机等替代产品以及 VCD、DVD 等家庭影院的兴起也让中国电影市场雪上加霜。电视剧、家庭影院因其成本低、选择性广受到越来越多中国观众的青睐，而电视剧取材及拍摄的灵活性和及时性更是电影所无法比拟的。这是包括张艺谋在内的中国导演共同面临的难题。

其二，海外电影市场萎缩。伴随着中国市场化的进程加快及全球化的程度加深，中国以更加具体的形象走进国际视野，颠覆了西方人以往对中国人蛮横、神秘和压抑的异族想象。在这种想象和现实的脱节之中，张艺谋无法再像以往那样通过讲述奇异、边缘甚至变态的故事来获得海外的关注和认可，这种抽象化的民族寓言正在被全球化所解构。某种程度上，"内向化"是张艺谋不得已而为之。

---

① 李欧梵认为20世纪90年代中国《老照片》之类"怀旧病"的流行，实质上触及了民族记忆和意识形态。参见李欧梵：《当代中国文化的现代性与后现代性》，《北京评论》1999年第5期。此外，李泽厚认为，当代中国语境从80年代的"人类本体论"到90年代的"吃饭哲学"，既是对中国传统思想的反省，也是对西方的现代性和中国特色的现代化的反思。参见李泽厚：《李泽厚学术文化随笔》，北京：中国青年出版社，1998年，第102页。

② 继《大红灯笼高高挂》之后，1995年张艺谋凭电影《活着》再添重量级奖项：折桂戛纳电影节最佳男演员奖和评委会大奖。但由于题材较为敏感的原因，这部电影在国内遭受禁播，也未如前造成轰动与热捧。在此之后的90年代张艺谋的获奖记录有所回落。王一川认为，这标志着"张艺谋神话"的终结，超凡和幻想的时代已经过去，平凡和具体的时代已经到来。参见王一川：《张艺谋神话：终结及其意义》，《文艺研究》1997年第5期。

实际上，面对市场化的中国，张艺谋也无法运用高度抽象和概括的寓言来描绘一个瞬息万变、鱼龙混杂的场景：霓虹、高楼、西装、洋酒甚至钞票，这些意象似乎都不是"中国性"的。到了这里，外向期压抑的图景转化成混乱的迷思。

（三）全球化时期的张艺谋电影

2002 年，张艺谋以"英雄"的姿态再次进军海外并凯旋而归：这一年，他凭借《英雄》提名奥斯卡金像奖和美国电影金球奖最佳外语片，收获第 8 届多伦多影评人协会奖最佳外语片奖，被美国《时代周刊》评为 2004 年度全球十大佳片第一名。这部汇集了当年一线顶级明星的电影同样在商业市场上大获全胜，根据当年票房统计，中国内地票房达 2.5 亿元人民币，是 2002 年华语电影票房冠军，全球票房共计 1.77 亿美元（约合 14 亿元人民币）；截止到 2017 年，该片总票房超过 559 亿元人民币[①]。无论从影响力抑或从电影本身反映的主题、呈现的画面、选取的制作团队等方面来说，《英雄》无疑开启了张艺谋创作生涯又一个崭新时期。

1. 全球化语境下的"强者哲学"。《英雄》讲述的是战国末年六国侠客为抵抗秦国的吞并而欲刺杀秦王的故事。这个主题显然是对 21 世纪国际秩序的隐喻。21 世纪的国际秩序与 90 年代截然不同：一边是由美国主导的全球化秩序已然确立，另一边是中国作为"世界工厂"的崛起已经成型，中国是全球化的市场进程中不可缺失的重要一环。张艺谋在纪录片《缘起》中坦承"9·11"事件对《英雄》起到的影响，他曾说道：《英雄》中提到的"天下"、"和平"，指的是全球的[②]。面对美国霸权的兴起和中华民族的崛起，通过片中角色残剑的"秦王不可杀"，张艺谋站在历史新纪元上传达出"天下和平大于正义暴力"的"强者哲学"——一种在全球化语境下的民族寓言。这种"强者哲学"与外向期的"自卑"、内向期的"自省"形成了鲜明对比。

2. 中外合作下的巨大投入。根据该片出品方北京新画面影业公司官网数据显示，《英雄》制作投资合计 3000 万美元，这放在 16 年后的今天仍是一笔巨大的电影投入。与电影呈现的"天下——全球化"格局相对应的是，《英雄》的制作团队涵盖中国大陆、中国香港、美国、澳大利亚三国四地，真正称得上一支国际化

---

① 参见张宪席：《〈英雄〉：东方美学视域中的镜像中国》，《电影文学》2018 年第 17 期。
② 转引自张颐武：《孤独的英雄：十年后再说"张艺谋神话"》，《电影艺术》2003 年第 7 期。

的制作团队；而发行方更遍布亚、欧、美洲 11 个国家 ①，是华语电影对中国市场与海外市场的首次整合。这样的幕后制作方式也象征着在全球化格局中新的世界秩序，中国作为全球市场的重要角色投入到生产和消费的各个环节中，同时也认同了在全球化语境下的全新身份和价值定位——这也正是张艺谋力图在电影里所要表达的"强者哲学"②。

3. 消费主义下的"眼球经济"。与 80 至 90 年代不同，十余年的改革开放已让 21 世纪的中国产生了翻天覆地的变化。市场的开放极大地促进了中国经济发展，也带来法治环境、社会规范的不断调试等一系列的阵痛和转型。而与之相伴的，是消费主义和功利主义也日益充斥于人们的思维习惯和日常生活当中，精英话语逐渐被大众文化消解，催生了文化市场的"眼球经济"和"流量经济"。《英雄》正是在此意义下的商业性作品。一方面它的演出阵容包括李连杰、梁朝伟、张曼玉、陈道明、章子怡、甄子丹等两岸三地华语影坛的一线明星，具有强大的票房号召力；另一方面在延续东方美学意象呈现的基础上，比以往的作品加入了大量精彩的打斗与特技画面，体现出消费主义下与传统艺术截然不同的商业美感。《英雄》是文化产业资本运作高投资、高回报的典型案例。

二、中国电影的进军路：传统文化的现代表达

张艺谋不同阶段的创作变迁体现了商业资本运作的规律，也是导演本人对当代中国语境的变迁和全球化进程的思考和表达。正如前文所言，张艺谋的成功既是必然也是偶然，是时代造就的不可复制的"神话"——《英雄》之后至今的近二十年间，张艺谋鲜有作品再掀起《红高粱》《大红灯笼高高挂》《英雄》一般的热潮；2016 年，投资 1.5 亿美元、由跨国影业巨头联合制作、汇集中外一线明星和"流量小生"的电影《长城》在海外遭遇票房"滑铁卢"，评价方面更是以负评居多。《长城》就像一个复刻版的《英雄》，讲述欧洲雇佣兵威廉加入中国勇士共同抗击怪兽饕餮的故事——相似的主题隐喻、国际化的创作团队、完备的商业

---

① 根据乐视网，《英雄》，片尾字幕 89 分 20 秒至 92 分 23 秒。
② 张颐武认为，2002 年底以《英雄》热映为标志的张艺谋电影"全球化"时期同样也是中国全球化和市场化转型的新开始。在这一阶段里，张艺谋电影的"中国性"（意象和符号）仍然存在，但文本逻辑却明显指向哈特和内格里所描写的《帝国》的秩序，通过巨大的资本投入和流量运作，张艺谋超越了"民族寓言"中第三世界的被动地位，"中国性"成为了"世界性"。参见张颐武：《孤独的英雄：十年后再说"张艺谋神话"》，《电影艺术》2003 年第 7 期。

元素，当然还有丰富的东方意象……然而这次复刻却最终造就了一个不伦不类、表意不明的电影作品。20年过去了，由互联网技术带动引发的技术革新再次颠覆了社会图景，消费主义逐步在人们的生活中形成支配与凌驾。后现代来临，"张艺谋神话"不再延续——至少不再是"中国性"表达的唯一声音。尽管如此，张艺谋作为中国影坛里程碑式的人物，他的创作历程仍然是今后中国电影进军海外的指路明灯。

（一）坚定文化自信，走出中国气派。张艺谋电影的创作变迁史是全球化后殖民语境下中国文化的重要表征。作为历史悠久、底蕴深厚的民族国家，中国在经历近代战争的重创后迅速实现和平崛起，国际影响力日益提高，成为世界经济贸易格局的重要一极，为全球化语境下抗击后殖民主义和文化霸权、增强中华民族的文化自信提供了坚实的经济基础。从80年代的自卑、到90年代的自省，再到21世纪的自信，中国积极参与全球化进程并发出中国声音，这个过程必然地含有痛苦、焦虑、不安以及迷惘，直至在不远的将来不再怯懦于封建传统的枷锁和迷失于市场开放的冲击，逐渐找到并坚定全球化格局中的身份认同和价值定位。只要坚定文化自信、走出中国气派，不崇洋媚外并正视我们所经历的巨大转变，我们就能真正发掘中国文化的精华和潜能，创作出在后新时代的中国电影的文化图腾 [①]。

（二）加强文化认同，用好东方意象。上个世纪90年代美国麦当劳、可口可乐等快餐文化形象风靡世界各地，也正是借助这些鲜明的文化符号美国巩固了后殖民语境的文化霸权。中国在全球化的进程中要保持民族文化特性首先要树立文化自信和文化认同，进而提升国家"软实力"和国际话语权。通过东方意象的呈现实现文化传播是中国电影进军海外的重要方法。我们知道，贯穿张艺谋电影其中一个明显特征是大量东方意象的运用。从富有东方审美意蕴的色彩和构图、到传统文化符号的情节和情境，张艺谋力图在银幕上为观众呈现出中国特色和东方

---

① 聂茂对当代中国文学曾有过下列论述："中国作家在新时期文学创作中的自觉选择和具体实践，都是文学批评工作者运用西方话语在中国特殊语境下对中国新时期文学进行还原性解读时所能够望获得的精神维度……中国新时期文学创作群体的共同努力，不仅冲击了第一世界文化霸权的'自在预想'，而且修补、充实、拓展和丰富了西方话语体系之本身，从而使人们更加客观地认识到中国新时期文学在'世界文学'的大家庭中有着怎样'不可轻忽'的意义。"这对于张艺谋电影现象的分析具有借鉴意义。张艺谋的创作一方面是资本的表征，一方面是导演本人的思考和寄托，在非自觉中，这种自卑、自信到自信确如中国文学一般"修补和拓展了西方话语体系之本身"。参见聂茂：《民族寓言的张力》，北京，民族出版社，2004年，第44页。

韵味，这不仅是叙事的必需，也是寓言的烘托，更是成功地帮助他的电影打进海外市场和海外评选人的视线范围。2018 年，由其执导的影片《影》入围第 75 届威尼斯国际电影节非竞赛展映单元及第 43 届多伦多国际电影节主展映单元，同时入围第 55 届台湾电影金马奖最佳剧情长片、最佳导演、最佳男主角、最佳女主角等 12 项提名[①]。这部影片从演员衣饰、画面构图乃至关于"义利"之争的主题都带有明显的汉文化和禅文化色彩，给海内外观众带来愉悦观影感受的同时也展现了中国文化的中庸、圆融和变通之道。

（三）**借鉴海外经验，满足大众需求**。法兰克福学派对电影的艺术性和工业性作过一番热烈的讨论，放在今天来看，以美国好莱坞为代表的电影生产模式让电影更多向工业和商业的性质倾斜。好莱坞制片人积极研究消费市场和观众偏好，据此决定一部商业电影的诞生，票房成绩成为衡量一部电影成功与否的唯一指标。随着全球化进程的加深，任何国家和地区也避免不了加入全球资本运作的市场环节，电影在消费主义下的商业生产和改造成为必然。如何有效吸引观众甚至驾驭大众文化的走向成为任何电影创作者需要共同面对的难题。

面对全球化带来的生产环境的变革我们只能积极融入和适应，在这过程中借鉴发达国家和地区的成功经验有助于中国电影在海外走得更远。好莱坞电影工业"项目制"的生产模式、制片人主导制以及"观众至上"的营销观为中国商业电影生产提供了有益的启发。另一方面，全球化造就"跨国工厂"，越来越多"大片"的生产环节由不同国家的不同团队进行创作和专业分工，发行商更是遍布各语种分布地区。张艺谋 2000 年后的电影作品便基本是由不同国家和地区的幕后团队制作完成，资金、技术和人才的互补大大提升了电影商业运作的效率。但是，电影作为具有明显意识形态属性的文化产品，必须得首先考虑其承载的精神内涵，切不可在市场运作的过程中只注重经济价值而忽略了社会价值和社会影响。

（四）**把握国际趋势，创新创作手法**。伴随着互联网移动技术的全面革新和跨国资本主义的迅速发展，全球化的进程深入到日常生活的每一个角落形成对人们生活的全面支配。如果说前工业社会是"上帝活着，人还活着"的时代，那么工业社会则是"上帝死了，人还活着"，而后工业社会便是"上帝死了，人也死

---

① 参见腾讯新闻:《〈影〉入围威尼斯非竞赛展映单元将于水城全球首映》，2018 年 7 月 25 日，http://ent.qq.com/a/20180725/038785.htm;《〈影〉获第 55 届金马奖 12 项提名徐峥、邓超争最佳男主》，2018 年 10 月 4 日，https://xw.qq.com/ent/20181001008269/ENT2018100100826900。

了"，后现代主义时代全面来临①。与张艺谋将对技术变革和社会思潮的思考投射到电影中相类似，西方电影取得成功的一个重要原因是文本主旨和表现手法主动积极地融入了后现代主义思潮。

一方面是多元化。近年来，越来越多的西方电影聚焦于边缘群体的具体故事情境，强调平等对待各个族裔及社会群体，无论是主演阵容、制作团队还是电影主题都力图表现文化和信仰的多元性，展现出对全球性文化霸权的积极抵抗。好莱坞经典类型片英雄电影的叙事主体就经历过从精英英雄到反精英英雄再到少数群体英雄的形象变迁；美籍华裔著名导演李安更是不遗余力在影片中展示中国人的"禅"主题及相关哲理思考。中国电影的文本主题大多具有宏大叙事的倾向，这在世界影坛里显得土气过时，因此，"中国大片"在海外遭到冷遇并不奇怪。

另一方面是融合化。由于媒介技术的进步、媒介链条的贯通以及媒介通过大数据与消费者紧密的黏合，后现代的大众文化体现出媒体生产与消费者融合、主流媒体与"草根"媒体融合、新媒体与旧媒体融合的特性。正如电视剧、DVD 的风靡和消退，电影媒介也从银幕延伸到了移动终端，叙事结构也从单一转变为复杂。漫威影业下的系列科幻电影《复仇者联盟》便是拥抱融合文化的典型案例：从漫画到银幕再到电脑和手机，多种播放渠道和媒介平台进一步拓展了影片的价值；同时还将故事中的支线人物置于其他情境之下推出崭新的电影文本，这种叙事模式的延伸和创新同时取悦了原生观众和新兴观众。

（五）铺设包容环境，摒弃短视眼光。文化产品的艺术属性和商业属性需要获得平衡。尽管电影的创作／生产模式更像是一种"工业成品"，但它同样倾注了导演、编剧、演员等创作团队的艺术构想，承载了大量的精神文化属性。因此，对待电影艺术，乃至助力中国电影进军世界影坛，都需要更加开放包容的社会环境和舆论氛围，才能鼓励和迸发更多的艺术灵感和电影创意。

---

① 尼采名言："上帝死了！"，福柯承接这句话说出"人也死了"，描述后工业社会后现代主义全面兴起。后现代主义源自现代主义但又反叛现代主义，是对现代化过程中出现的剥夺人的主体性和感觉丰富性的整体性、中心性、同一性等思维方式的批判与解构，也是对西方传统哲学的本质主义、基础主义、"形而上学的在场"、"逻各斯中心主义"等的批判与解构。代表人物主要有美国的理查德·罗蒂（1931—2007）、法国的雅克·德里达（1930—2004）和让—弗郎索瓦·利奥塔（1924—1998）。参见汪辉勇，《公共价值论》，（安徽：合肥工业大学出版社，2014）。让—弗郎索瓦·利奥塔在其 1979 年的著作《后现代状况》（*The Postmodern Condition*）中指出西方社会在后工业时代出现知识地位的危机，具体表现为"对宏大叙事的怀疑"以及"宏大叙事合法性机制的衰落"；他预言由此必将开启一个文化多元化与差异化的时代，在其中，边缘话语获得与主流话语同等的地位。转引自［英］约翰·斯道雷著，常江译：《文化理论与大众文化导论》，北京：北京大学出版社，2015 年，第 263 页。

与此对应的是，当前中国电影圈乃至文化圈存在一种唯利是图的浮躁风气，表现在对敏感话题和演员花边新闻的不断炒作，形成强大的"流量经济"和"话题经济"，而忽略了作品本身的内容深度，造成"烂片"泛滥、浮躁弥漫的负面影响，甚至还带来诸如"范冰冰偷税门"①的违法犯罪案件。一方面，中国文化市场面临严重的结构性供需问题，群众文化需求日益增长，电影生产厂商只看到眼前的巨大利益而忽视了内容的积淀，这在长远来看是不利于中国电影发展的。另一方面，国内电影产业资本运作尚处于粗放状态，缺乏完善有效的监管手段和信息披露机制，给资本勾结和暗箱操作带来可能。上述短视的商人行为会使中国电影逐渐弱化甚至丧失艺术和批判的生命力，给社会和青年下一代造成恶劣的影响，政府需要对此格外重视。

结语

张艺谋电影从"外向期"到"内向期"并最终走向"全球化"时期，不仅体现了以"第五代导演"为代表的中国电影创作人从"自卑"到"自省"、最终迈向"自信"的心态转变，更是反映了电影创作／生产背后的商业资本运作规律以及不同时期下中国市场化和全球化的进程。上述对张艺谋电影创作历程和电影文化镜像的分析表明，新时期中国电影进军海外应在坚定文化自信和对传统文化加以认同的基础上，努力学习和借鉴发达地区的先进经验并运用到自身的创作当中，同时准确把握后现代主义多元化和融合化的技术格局和叙事潮流，最终探索并形成中国电影走向世界的特色路径。

（聂茂，中南大学文学与新闻传播学院教授，博士生导师，教授；黄琳，中南大学文学与新闻传播学院博士生，韶关学院音乐学院教师）

---

① 2018 年 10 月 3 日，国家税务总局以及江苏省税务局正式公布范冰冰偷税漏税一案的调查和处理结果：今年 6 月初，根据举报，国家税务总局高度重视，即责成江苏等地税务机关依法开展调查核实。经查，范冰冰在电影《大轰炸》剧组拍摄过程中实际取得片酬 3000 万元，其中 1000 万元已经申报纳税，其余 2000 万元以拆分合同方式偷逃个人所得税 618 万元，少缴营业税及附加 112 万元，合计 730 万元。此外，还查出范冰冰及其担任法定代表人的企业少缴税款 2.48 亿元，其中偷逃税款 1.34 亿元。根据当前的税法规定，范冰冰及关联公司需要补缴的税款、滞纳金及罚款一共需要缴纳三部分涉税款项，总计应补缴税款：2.55 亿元；滞纳金 0.33 亿元，公司各项罚款 4.8846 亿、范冰冰个人需要补缴税款 0.51 亿元，罚款 0.65 亿元。合计需要缴纳 8.8924 亿元。转引自新华社：《税务部门依法查处范冰冰"阴阳合同"等偷逃税问题》，国家税务总局《新闻发布》，2018 年 10 月 3 日，http://www.chinatax.gov.cn/n810219/n810724/c3789033/content.html。

东莞如何以影视艺术建构城市形象

谭军波

一、影视艺术与城市形象相互建构

作为综合艺术的影视作品影响大，传播强。影视即根据人的视觉具有瞬间保留印象的原理，用摄影机将人物或其他被摄体的活动影像拍摄成连续性的画面，通过放映机及收看平台在再现出来的综合性艺术。其涵盖了文学、摄影、音乐、美术、表演、服装等多种艺术元素。优秀的影视作品比一幅画、一首歌、一个摄影、一部小说、一场戏剧更有影响力与传播力。

城市形象需要定位与塑造。卡尔维诺在《看不见的城市》中这样描述："城市就像一块海绵，吸取着这些不断涌流的记忆的潮水，并且随之膨胀着。对今日城市的描述，还应该包含城市的整个过去。然而，城市不会泄露自己的过去，它被写在街巷的角落、窗格的护栏、楼梯的扶手、避雷天线与旗杆上……"

习近平总书记说："既要善于运用现代科技手段实现智能化，又要通过绣花般的细心、耐心、巧心提高精细化水平，绣出城市的品质品牌。""保留城市历史文化记忆，让人们记得住历史、记得住乡愁，坚定文化自信，增强家国情怀。"

城市就在那里，但它不会说话，需要有人帮它讲故事。城市形象从宏观上看，即一个城市留给人们的感觉和印象；从微观上看是指一个城市的经过长时间的发展与积淀，形成的自身的经济发展状况、历史文化底蕴、生活方式特质等要素，为公众所普遍接受而生成的对该城市产生的认知和直观反映。

城市形象的塑造来源于对城市形象的定位，城市形象的定位需要考虑到城市的政治、经济、文化、历史等方面的因素，这便有了各城市间差异化的"城市营销"。

影视剧可以以一种润物细无声的方式达到城市形象塑造的效果。城市推广的需求和影视剧的热播相结合，俨然已成为了国内城市营销的一大热点。有了影视剧的背书，不管是相应的行业带动，还是城市文化的输出，自然水到渠成。

影视作品对城市形象的宣传推广更有力度。影视文化自诞生起，就以生力军的姿态参与到城市文化的塑造，日渐成为城市形象的重要组成部分，阅读城市也越来越绕不开阅读影视，优秀的电影对城市形象传播作用显著。影视作品塑造城市气质，传播人文精神与文化特征。《温州一家人》系列对于温州人形象有正向拉动；《乔家大院》对晋商文化进行有效宣传；《疯狂的石头》《从你的全世界路过》对于重庆文化有强力推广，《人世间》对东北文化温暖释放，等等。

影视文化能助力城市经济发展与繁荣。每个城市都有自己独特的情绪和气场。过去几年国内不断涌现网红城市，吸引了无数游客到来，如北京、上海、成都、重庆、长沙、淄博、江门、隆回……这些城市有独树一帜的魅力，但能成为网红，自然也离不开影视剧的有效传播。

电影电视能保留城市文化记忆，优秀影片注重表现城市环境的质感，使环境表达成为影片有机组成部分，达到情景交融，触景生情之效。

刁亦男导演的电影《白日焰火》还原冰天雪地的东北工业区，白雪皑皑，烟筒高耸，房屋低矮，道路泥泞，路灯昏黄，寒风凛冽……恶劣环境与惊悚悬疑互为交融，暗藏杀机，亦真亦幻。

《南方车站的聚会》则营造出一个闷热潮湿，鱼龙混杂，管理失序，阴暗灰色的城中村野鹅塘世界，有力推动剧情的发展。

我国历史悠久，人口众多，幅员辽阔，地大物博，自然景观和人文景观都有着极为丰富。通过优秀影片的传播，一方面能带给人丰富的审美享受，另一方面则会激发起好奇心，出现在镜头中的绝美风景，会刻印在观众记忆里，成为用户选择旅行目的地甚至落脚城市的有效参考，从而促进了旅游业的发展。

最典型的例子如 1982 年上映的《少林寺》，不仅让李连杰如日中天，更让少林寺一跃成为全球知名度最高的寺庙，吸引无数人慕名前来练习少林功夫。当时的少林寺破烂不堪，残垣断壁，杂草丛生，而参观游客仍络绎不绝，带旺了旅游人气。

1984 年上映的《雅马哈鱼档》，将改革开放后的广州气象万千的鲜活形象精彩再现，使先行一步的南国成为全国人民向往之地，引发后来的百万大军下珠江的热潮。

《疯狂的石头》开始，重庆这座城市就和影视作品之间有了不解之缘，到《从你的全世界路过》《火锅英雄》《少年的你》之时，重庆与影视剧就已成了"黄金搭档"。

观众们醉心于重庆的迷人夜景，受到了重庆江湖气的感染，对影视作品中的场景有了心驰神往的崇拜。这座充满了历史特色和人文特色的城市搭上了影视剧内容输出的快车，一路向前，旅游业更是迎来了空前的欣欣向荣。

《阿诗玛》《蝴蝶泉边》促进了云南风景名胜的宣传推广；《后会无期》让原本寂寂无名的东极岛一票难求；姜文导演的《让子弹飞》让广东开平碉楼迎来"全国范围内的爆红"；《红高粱》让宁夏西部影视城美名远扬；冯小刚电影《非诚勿扰》《非诚勿扰2》对杭州西溪湿地、亚龙湾人间天堂鸟巢度假村的旅游促销；《只有芸知道》使静谧的新西兰安静的克莱德小镇魅力深植观众心中；《都挺好》不仅带火了取景地苏州同德里，也带火了包括苏州的一系列江南文化符号，等等。

电影促进经济发展的最典型案例当属横店影视城。位于浙江省金华市东阳市的横店镇，1996年为配合著名导演谢晋拍摄历史巨片《鸦片战争》建拍摄基地，并对社会正式开放。之后镇政府成立横店集团，累计投入30多个亿兴建了跨越几千年历史时空、汇聚南北地域特色的影视拍摄场景，及超大型的现代化摄影棚，成为全球规模最大、配套最齐全的影视拍摄基地，中国唯一的"国家级影视产业实验区"，被美国《好莱坞》杂志称为"中国好莱坞"。横店影视城集影视、旅游、度假、休闲、观光为一体的大型综合性旅游区，被评为国家AAAAA级旅游景区。

《长安十二时辰》的热播让观众将目光再一次对准了古都西安。据马蜂窝旅游网大数据显示，该剧播出一周后，西安旅游热度便上涨了22%。同时，携程机票数据显示，飞往西安的机票搜索量也实现暴增。得益于《长安十二时辰》，西安文化旅游迎来了一波新浪潮。

关于影视媒介与城市形象的双赢发展，典型案例当数《唐山大地震》。电影《唐山大地震》1.2亿的投资中，有一半是唐山市政府所投。为实现城市宣传和包装的终极目标，唐山方还特别聘请了北京的制作公司，耗资300万元打造了电影开场前的城市宣传片。宣传片中，唐山新景观曹妃甸经济区、南湖生态园、第一辆国产动车组、唐山皮影等唐山元素——亮相，每一位观众都能通过这部宣传片对唐山加深认识，甚至获得好感。今年因一部电视剧而带火的旅游城市即江门。张颂文主演的电视剧《狂飙》暴红，其拍摄外景地江门三十三墟街成为春节旅游打卡旺地。

影视里城市与现实中的城市有差距，所谓城随影动，影随城兴。由于文艺创作者的认知或者服务故事主题的需要，甚至塑造人物制造戏曲冲突的需要，他们对城市的表达千差万别，造成现实与作品的差异。《罗马假日》的派克与赫本浪漫故事感动一代人，意大利罗马真成了浪漫之都，促使许多情侣来此旅游，寻求电影的浪漫。香港的警匪片与功夫片盛行，电影里的香港成了黑社会横行霸道之地，许多人港产片看多了，以为香港到处都是黑社会。其实，现实的香港是法制社会，文明社会，安全社会。

电影中的东莞形象往往不佳，如著名导演贾樟柯的《天注定》里的东莞，是遍地活色生香按摩女的黄都，回不去故乡的打工者结束生命之地；香港电影《一路向西》打上东莞的标签，强化了东莞负面形象；韩寒电影处女作《后会无期》，唯一的骗子形象竟然来自东莞……

东莞是一座被误读的城市，亟需通过影视作品推广城市正能量。今年东莞将全力推进文化强市建设，发展壮大文化产业，推动文艺精品创作，突出打造历史文化、红色文化、改革开放文化、潮流文化、体育文化、莞邑文化、生态文化等七大文化。影随城动，通过影视作品助力传播七大文化，势在必行！

二、民间力量与政府引导的双向奔赴

东莞影视业民间力量十分活跃，为城市形象传播发展奠定了基础。具体表现如下：

其一，票房高，影院多，路演盛。据东莞电影行业协会推出的《东莞影视业发展情况报告（2021）》提供的数据显示，东莞的电影市场一年比一年兴旺，票房节节攀高：2010年近1亿，2011年1.3亿，2012年1.7亿，2013年2.45亿，2014年3.5亿，2015年5.55亿，2016年5.98亿，2017年7.54亿，2018年8.09亿，2019年8.42亿。东莞电影票房增速为全国平均数的2倍多。即使2020年受疫情影响，全球票房锐减，东莞依然取得了2.5亿票房。

2021年属于后疫情时代，东莞市放映场次共149.42万场，观众1467.4万人次，电影票房收入达5.12亿元，比2020年翻了一倍多，票房位列广东省全省第三，仅次于广州、深圳。2022 年广东省电影票房 37.9 亿元，东莞票房为 23656 万。全国票房看广东，广东拥有两个特大城市广州与深圳，票房雄居全国第一，占比达 10% 以上。而东莞票房一直占广东省的 10%，在广东省排名第三，全国地级市排名第一。作为一个地级市，其票房比内地的某些省份城市还高。

由此我们可以测算出东莞电影票房应该占全国的 1% 以上。有些电影在东莞往往超出 1%，如 2019 年总票房 46.85 亿的《流浪地球》，在东莞拿下了 5263 万元的票房，总票房 29.10 亿的《中国机长》，在东莞拿下了 4064 万元的票房，而总票房 31.64 亿的《我和我的祖国》，则在东莞拿到了 3713 万元票房。

东莞影院数量和银幕数亦领先全国地级市。2021 年东莞市在册电影放映单位 149 家，院线 22 条、银幕 994 块、座位 134879 个。与 2017 年电影放映单位 98 家，院线 15 条、银幕 591 块、座位 80545 个相比，三年时间银幕和座位数增长了 40%。全市影院的布局已基本完成，实现了两公里影视生活圈，四大主城区以及虎门、长安、厚街、塘厦等镇街中心影院的布点密集，半径内越来越多地方出现重叠。

恰恰因为东莞已经成为广东乃至全国的重要票仓，颇受电影发行方重视，许多大牌导演、明星在宣传影片或者路演时，除了选择一线城市，二线城市的东莞亦被重视。每年吸引诸多知名导演和大牌明星来东莞做宣发活动。周星驰、邓超、王宝强、小沈阳、梁家辉、古天乐等诸多一线明星都来过东莞路演。像博纳、光线、中影等片方、院线，对东莞市场亦情有独钟，会尽量争取、安排大牌明星来莞活动，与影迷互动交流，跟媒体合作推广。对于质量较高，人气较旺的电影，都会提前半个月举行看片和点映等活动。

如此氛围下，也催生了不来电、猫眼粉丝团东莞站等影迷团体，以及本土的电影莞、同场加映等影迷自媒体的产生，常常举办新片超前观影会、首映式、影星见面会、影迷分享会，等等。

其二，公司多，协会多，活动多。据不完全统计，目前东莞市涉及影视制作行业的企业超过 200 家以上，其中持有广播电视节目制作许可证企业 43 家。影视从业人员约 3000 多人，其中国家级影视协会会员约 70 人，省级影视协会会员约 1300 人。在国内及广东有影响力和知名度的有金斗影视、典范影视、意图创视、梦工厂影视、虹虹动漫、多多影视、卡农文化、华视影视、莞少时、世纪海岸影视、倚天影视、八零映象、君和闻道影视、凤玺文化传媒、领秀文化传媒，等等。目前，东莞有三大影视协会比较活跃，分别是东莞电影电视艺术家协会、东莞影视行业协会、东莞莞城影视文化促进会。这些协会的成立与活动的开展，整合了东莞影视资源，促进了东莞影视人的沟通和交流。

东莞市电影电视艺术家协会成立于2015年12月19日，由文联主管。该协会属于东莞市电影和电视艺术工作者自愿组成的专业性、学术型、非营利性的社会团体，团结了东莞最活跃的影视人，成为东莞电影和电视艺术工作者联系政府与社会的桥梁和纽带。莞城影视文化促进会2014年正式挂牌成立，由中天创意谷和东莞本土多个影视创作团队共同发起，莞城街道办事处主管。莞城影视文化促进会聚集了一群本土年轻的创作力量，每年举办的影人影视莞邑盛典，对推动本土影视文化创作，营造本土影视文化良好氛围，传递社会正能量起到了积极的推动作用。东莞市电影行业协会2016年11月由东莞市民政局正式批准成立，业务指导单位为东莞市文化广电新闻出版局，团结了一批电影发行机构。

其三，学校多，专业多，支撑大。东莞市拥有东莞理工学院、东莞城市学院、广东科技学院、东莞新华学院、广东亚视演艺职业学院等大专院校，共计10余所，开设有表演、设计、影视制作等多门影视艺术类专业，多年积累培养了一批从事戏剧影视表演、教育培训及研究方面的高素质复合型本土人才，为东莞市影视行业的演员、制片、编剧、后期制作等提供了人才储备。同时通过校外实践参与影视剧的前期项目策划、中期摄制、后期剪辑以及市场运作，对东莞市影视产业链的人才支撑提供了有力保障。

如东莞理工学院文学与传媒学院从2011年开始，每年推出"粤光杯"学生影视作品大赛，为有影视梦想的提供了一个展示才华的舞台。通过校内大众评审和专家评审筛选出入围作品后，由行业专家评审和校内专家评审再评选出获奖作品，共颁发最佳编导、最佳摄剪、最佳演员、最佳剧情片、最佳纪录片、最佳纪实摄影、最佳艺术摄影、最佳主持人、最佳人气等多个奖项。

东莞市电子科技学校2014年起开办数字媒体技术专业，汇集多方资源投入建设资金，1300多万夯实影视设备及教学资源库，校内建设5个名导演影视工作室，引进影视产业优秀文化，着眼于服务区域现代化建设，推动影视技能人才高质量发展。近年来学校全面推行"臻芯教育"文化品牌，特别是影视专业人才的培养效果显著，校企联合摄制电影电视剧达17部之多，其中与CCTV与广东省公安厅联合出品的缉毒刑侦剧《破冰行动》为代表作之一，成为全省领先的产教融合型专业办学模式以及践行现代职业教育理念的先行者。

其四，数量多，品类丰，获奖多。从影视作品的数量和结构上看，东莞影视数量众多，品种丰富。据东莞市电影行业协会的统计，东莞 2019 年产电影、电视剧、动画片约 50 余部、200 多集；网络电影年产约 35 部。其中在央视或省级卫视播出的电视剧和动画片年约 100 集，院线电影上映的约 10 部，中央 6 台播出的电影约 5 部。东莞影视作品不仅有电视剧、微电影、电视片、纪录片、网络电影，亦有院线电影；既有商业片，也有文艺片；既有正剧，也有喜剧；题材多元，风格多样，警匪、悬疑、功夫、动作、儿童……应有尽有。

东莞不少影视作品上过央视，获过多种奖项，有一定的影响力。据不完全统计，广东金斗影视投资有限公司的电视剧《拯救之非常地带》获得国家飞天奖提名，电视剧《七妹》获得省五个一工程奖，电视剧《孩子，你在哪里》获得省优秀电视剧奖；广东典范文化传媒公司的电视剧《紫檀王》2012 年 12 月 4 日登上了中央电视台电视剧频道，为东莞影视产品首次在央视播出，另有《雪鹰》《运城攻坚站》亦上了央视；穆肃创作的电影剧本《麦田的守望者》荣获 2010 年度"夏衍杯"创意电影剧本奖；王虹虹原创 IP《斗龙战士》系列，共计 240 集超过 5000 分钟的 TV 动画片，在包括央视少儿在内的卡通少儿频道收视飘红，网络视频如爱奇艺、优酷、土豆的点播已突破 50 亿人次；多多影视传媒的电影《梅花》荣获年度的第 23 届中国（兰州）金鸡百花电影节国产新片优秀影片奖，电影《呼吸的音乐》获广东省"五个一工程"奖；华视影视的院线电影《那狗》获得 2017 中国金鸡奖百花电影入围奖；倚天影视拍摄的纪录片《方志敏》，获得江西省五个一工程奖。电影《大漠战将班超》获第四界深圳青年影家国际单元最佳故事片……东莞市政府也投资了院线电影《击战》、电视连续剧《袁崇焕》、电视纪录片《制造时代》《寻味东莞》……

当然，东莞影市也存在一些问题，表现在作品品质差，影响弱，政府与企业常被忽悠。东莞影视作品质量参差不齐，能在央视和院线上映的影视太少，更无票房大卖或口碑人气之作，许多作品即使上了院线亦成为"票房一日游"；缺乏专业水准的"玩票电影"、半途而废的"烂尾片"时有发生，劳民伤财，得不偿失；"外来和尚好念经"的观念作祟，政府与老板被忽悠案例层出不穷，以致于谈电影投资则色变。2015 年 9 月 11 日上映的《东莞女孩》，由东莞海尚影视文化传播有限公司投拍，票房只有 10.4 万元；2016 年，东莞市政府投入 1300 万元投拍的院线电影《击战》，票房 80 多万；2017 年上映的东莞院线电影《双手洪拳》只有 10.2 万元的票房；2017 年许多东莞老板参与投拍的《中国推销员》票房惨败，上亿投资收一千万票房，投资者血本无归，欲哭无泪；2019 年上映的东莞文艺片《幸福岛味道》，仅发行费就花了 60 多万，最终收 14.3 万票房；政府投资的电视剧《蒋光鼐》只完成剧本，《国事家事》《东江魂》未播出，电视剧《袁崇焕》声势浩大，政府投资 7000 多万元，2018 年拍竣，至今未能播放……疫情使影视公司雪上加霜，有的负债累累，有的官司不断，有的选择躺平，哀鸿遍野。

虽然东莞影市乱象丛生，失败案例比比皆是。但政府不应该袖手旁观，无为而治，更应重视，加大扶持。政府如何支持影视业可从以下方向努力：

一是出台相关扶持政策，促进影视产业发展。应该说东莞市以往对文化产业扶持力度较大，出台了一系列政策，如《东莞市文化产业发展专项资金管理办法》《东莞市建设文化名城规划纲要（2011—2020 年）》《东莞市建设岭南文化精品名城实施意见（2011—2020 年）》等系列文件，也出台了《东莞市文化精品专项资金管理暂行办法》和《东莞市文化产业发展专项资金管理暂行办法》，对东莞影视事业和文化产业发展起到一定积极的推动作用。

2017 年 5 月 26 日，东莞道滘镇出台了《道滘镇扶持影视文创产业集群发展暂行办法》，但在市级层面一直没有专门出台针对影视业的扶持政策，不利于东莞影视产业的快速发展。

佛山市十分重视影视产业，2017 年 8 月 1 日出台《佛山市扶持影视产业发展的若干政策》，扎扎实实促进了当地影视产业发展。扶持政策颁布 4 年，全市影视企业从 65 家增长到 1700 家，影视产业园区 10 家，佛山公司参与出品院线电影累计票房超 50 亿元，出品票房破千万元的网络电影超 40 部。它山之石，可以攻玉，佛山经验值得借鉴。非常有必要由政府部门牵头，进行深入的行业调研，并组织行业专家、影视协会代表、本土影视公司代表、媒体相关记者等，共同研讨并制定本土影视行业的发展规划与扶持政策。支持本土影视公司成长壮大和专业人才培养，集聚粤港澳大湾区和全国的影视力量入驻东莞。

二是通过大奖扶持影视精品。通过市级层面设立文艺大奖，能有效鼓舞文艺家们创作精品的热情。东莞原来有镇街与媒体推出过一些自己设计的文学奖，坚持下来的不多，如桥头的荷花奖。但涉及影视作品的评奖几乎空白。建议弥补短板，促进影视业发展。

三是扶持东莞本土影视作品。习近平总书记指出："社会主义文艺，从本质上讲，就是人民的文艺。"文艺要反映好人民心声，就要坚持为人民服务、为社会主义服务这个根本方向。东莞市委市政府要鼓励文艺家深入基层，投入到火热的生活，创作反映时代的正能量、贴地气的作品。对于表现东莞历史文化、红色文化、改革开放文化、潮流文化、体育文化、莞邑文化、生态文化的影视作品给予大力支持。政府可从源头抓起，从一剧之本抓起，重点组织、寻找本土优秀题材进行创作，策划组织剧本征集大赛，挖掘优秀的编剧人才。东莞文学力量雄厚，每年诞生大量的小说，可以从中寻找影视改编作品，亦可以组织作家主攻每个专题项目。

四是支持影视剧组来莞拍戏。东莞非常适合拍电影，这里有风景优美的山湖江海，也有保留完整的传统街道，有密密麻麻的低矮旧屋，亦有鳞次栉比的高楼大厦，有废弃的工业遗存，还有现代化的无人工厂，传统与现代在此交融，古老与时尚在此杂糅。而众多价廉物美的星级酒店与天南地北的美食餐饮，一年四季温暖气候，可为剧组提供便捷周到的服务。东莞已成为许多剧组理想的外景地。黄旗山、松山湖、振华路、中山路、鳙鱼洲、古村落、粤晖园、观音山、下坝坊、虎门大桥、龙凤山庄、华南 mall、龙湾公园……均为重点取景区。许多知名影视剧在东莞取景，如《鸦片战争》《酒店风云》《外来妹》《遇见你真好》《大人物》《热带往事》《奇迹·笨小孩》《月色撩人》《白夜追凶》《检察风云》……影视作品能宣传推广城市形象，同时带动餐饮、住宿、旅游的发展，也能促进本地影视公司的业务发展与水平提高，我们没有理由不热烈欢迎，应该给予政策支持。我们有必要成立拍摄外景地联盟，为剧组提供便捷服务。

五是政府投资项目走市场。政府不宜长官意志，拍脑袋决策，要尊重专业，敬畏专家，遵从规律。也不应该因噎废食，"一朝被蛇咬，十年怕井绳。"

三、纪录电影与题材选择的双向赋能

东莞适合多拍纪录片。作为二级城市适宜通过拍摄纪录片，讲好本地的故事与传奇人物，传播城市形象。这是我们的影视市场处于远离北京上海等创作市场，缺乏人才、缺乏资本的生态环境决定的。纪录片不需要大投入，需要本地团队对题材的沉淀积累与深入挖掘，同时可通过引入专业团队紧密合作，创作出精品。纪录片容易传播，除了传统的市台、省台、央视等电视平台播出，还可以放

在腾讯视频、爱奇艺、优酷等公共平台播放，点击收费，我们亦可以通过线上线下相结合的营销活动，制造事件新闻，让大众上线观赏。因此，政府有必要统筹规划，大力扶持纪录片，推广城市形象。

纪录影片大有可为。纪录片以真实生活为创作素材，以真人真事为表现对象，对其进行艺术加工与展现。纪录片的本质为真实，其拒绝虚假，厌恶粉饰，贴近现实，贴近人生，直面生活。著名纪录片编导陈光忠说：被誉为"人类生存之镜"的纪录片，以真实性为生命，具有独特的魅力。他的艺术感染力，情感渗透力，事实的影响力，思想的冲击力和精神的穿透力，其现实作用和文献价值是与时俱进，是其他文化艺术门类无法复制和替代的。纪录片是人民的记忆，国家的档案，历史的回声。它用光影抵抗遗忘，拒绝谎言，唤醒良知，振奋精神。记录电影的纪实，不是有闻必录。纪录片的真实性体现着尊严、良知、激情、信仰和热血，他用事实道出真相、真情、真话乃至真理。纪录片的真实性决定了纪录片人的忧患意识和责任感，优秀的纪录片，不能"侃"出来，"玩"出来，"编"出来，而是对事物的敏感发现，敏锐的洞察和敏捷的反应。一个城市需要留下记忆，留下文化，留下乡愁，留下档案，需要优秀的纪录片工作者辛勤耕耘，否则我们会失去很多有价值的历史。

电影的诞生始于纪录片的创作。1895年法国路易·卢米埃尔拍摄的《工厂的大门》《火车进站》等实验性的电影，都属于纪录片的性质。中国纪录电影的拍摄始于19世纪末和20世纪初，第一部《定军山》拍于1905年，最早的一些镜头，包括清朝末年的社会风貌，历史人物李鸿章等，由外国摄影师拍摄。早在60—70年代，中央新闻纪录片厂的《新闻简报》从建国开始到1993年结束，陪伴着众多中国人走过了近50年的征程。改革开放初期，陈光忠的编导的新闻纪录片有《美的旋律》《莫让年华付水流》《零的突破》曾影响了一代人励志向上。早在1996年，八一电影制片厂推出的抗美援朝纪录片《较量》票房不俗，在广州等地甚至打败了同期上映的美国大片；2012年，中国市场所有纪录片加起来的总票房只有244.24万。仅仅一年之后，这个数字提高到了2340.17万。而2018年，纪录片总票房高达5.25亿元，《厉害了，我的国》更创造了4.8亿的最高票房。如果说该片因大国对抗的背景下诞生，助燃了民族情绪的暴发，作品之外的因素影响受益，那么票房排名第二的首部破亿纪录片《二十二》(1.71亿)绝对令人兴奋。

《二十二》由郭柯编导，他在2012年到广西采访一位慰安妇时，始知当时公开身份的慰安妇只剩 32 人，于是决定筹资追踪中国慰安妇故事。直至 2014 年开始拍摄，半年时间采访了剩余的 22 位幸存者。影片进入耄耋老人的内心世界，揭开隐秘暗黑而难以启齿的伤疤。该片选择其中 4 位有代表性的老人重点讲述，以老人及长期关爱她们的爱心人士口述为主，展现其生活现状及过往故事。《二十二》于 2017 年 8 月 14 日在中国内地公映。影片题材特异性强，情感饱满，制作精良，质量上乘。上映时又有几位老人去世，本身即新闻。采取众筹方式争取观众，女明星张歆艺为《二十二》捐款 100 万，均成为热议话题并促进了影片的热销。同样 2016 年纪录片票房冠军《我们诞生在中国》由著名导演陆川拍摄，周迅解说，豆瓣评分高，收获 6651 万元。

另有《生门》《我在故宫修文物》《旋风九日》《四个春天》《生活万岁》《出山记》《港珠澳大桥》《零零后》《棒！少年》《您一定不要错过》《变化中的中国·生活因你而火热》《藏北秘岭：重返无人区》等口碑与票房双丰收之作。2011 年中央电视台设纪录片频道（CCTV9），推出现象级美食纪录片《舌尖上的中国》成爆款。纪录片不再等于低影响、低票房的代名词。

纪录片的本土成功案例。近年来东莞通过纪录片宣传城市形象，有不少成功案例。

一是宣传制造业名城的《制造时代》。2019 年 2 月 25 日至 27 日，中央电视台九套连续播出三集纪录片《制造时代》，该片由中共东莞市委宣传部策划、广东声屏传媒股份有限公司摄制，为首部东莞题材大型系列纪录片。40 多年来，东莞从一个香飘四季的农业县发展成为现代化的国际制造业名城，被誉为"中国改革开放精彩而生动的缩影"，东莞故事就是中国故事，东莞制造即中国制造。《制造时代》纪录片围绕"制造"主题，分为《了不起的工人》、《人在商界》、《与世界握手》三集，每集 50 分钟，主要讲述在改革开放大潮中，一系列在东莞的制造业从业者如产业工人、工程师、销售人员、创业者、企业家等的奋斗成长故事，以及东莞制造企业参与国际竞争、产品走向世界的故事，将"东莞制造"作为"中国制造"的缩影和样本，以"东莞制造"的转型升级作为中国方案的鲜活案例，呈现中国制造业的现状和转型探索，从一个侧面以小见大反映中国改革开放的巨大成就和探索经验，为庆祝改革开放 40 周年献礼。纪录片选择的制造业企业颇具代表性，以讲故事方式呈现，不高调不生硬，有趣味有温度。《制造时代》经历两年多时间，总共拍摄了超过 580 个小时的素材。摄制组前往美国、德国、越南、瑞士等国家，北京、重庆、香港、广州等城市进行跟踪拍摄。让观众感受到东莞制造乃至中国制造的规模之巨大、体系之完整，感受到东莞人的积极进取、奋勇拼搏、视野开阔，坚韧不拔；感受到工人、商人浓浓的家国情怀。《制造时代》的宣传推广亦有章法，先在中国（广州）国际纪录片节拿下"南派纪录片"最佳作品，再到地方台播放，2019年春节后上央视，还放在腾讯视频上线推广，并剪辑出15个英文字幕短视频在各大媒体热推，持续引发各界热议和良好反响。笔者2017年曾随时任东莞市委宣传部李翠青副部长带队考察城市形象推广，走访了佛山、顺德、中山等地。当年五一期间《寻味顺德》央视播出影响力大。通过纪录片推广城市形象，中山、顺德比东莞更胜一筹，主管对外宣传的李部长决定向他们学习，终于请来中山成熟团队拍摄纪录片《制造时代》。

二是传播东莞美食文化的《寻味东莞》。《寻味东莞》纪录片由中共东莞市委宣传部策划，投资500万元，由陈晓卿的稻来传媒拍摄制作完成。陈晓卿因执导现象级美食纪录片《舌尖上的中国》而声名远播。2017年10月，他从央视离职，创立北京稻来传媒科技有限公司，推出美食纪录片《风味人间》再度引人关注。《寻味东莞》属于为东莞量身打造的城市美食纪录片，分为《得天独厚》《山水相逢》《欢宴流转》三集，每集50分钟，分别从顺应天时，依山傍海和迁徙交融三个角度展现东莞美食风貌。纪录片通过近20个人物故事，串联展现了130多种食材和菜式，不仅呈现了大量传统风味浓郁，地方特色鲜明的东莞美食，更通过一系列鲜活的人物与故事，体现了东莞传统与现代融合本土异域回应的独特人文气质和城市基因，对东莞地道风味和人文风情进行的全方位展示。《寻味东莞》营销有特色，2020年6月，该片先在广东卫视、腾讯、视频和新浪微博等平台上进行首轮播出。2021年2月在央视农业农村频道CCTV 17乡土中国栏目播出。2021年7月29日每天5∶40再央视二套播放，又在哔哩哔哩B站亦同步上线，再度传播。

对于陈晓卿团队打造的东莞美食纪录片，我并不十分满意，尤其前两集，延用传统套路，专注本土食材与烹饪，以美食传递亲情，喜欢让老人家召呼家人聚餐的模式，看得太多，有些腻味，有些娇情，有些雷同，缺乏新意，缺乏差异，无法全面展示东莞美食特质。东莞的特点即融合，传统与现代的融合，本地人与外来人的融合，乡村与城市的融合。反映在美食市场则呈现本土菜式与外来烹饪百花齐放的生态。《寻味东莞》过于拘泥传统美食的表达，对外来多元美食、时尚潮流美食缺乏挖掘与展示，对于东莞餐饮人的创新与创造涉猎太弱。比如对于全国第一中餐连锁品牌真功夫及一批东莞诞生的全国餐饮连锁品牌的忽略；对于无辣不欢的湘菜餐厅的风生水起的漠视；对于引入"香港富豪餐厅"的新派高级粤菜的浅尝辄止；对于日式、韩式、泰式料理在东莞风起云涌的熟视无睹；对于现代素食馆兴盛崛起的表现缺失；对于非遗菜式的创新与实践的忘却……均影响了本片的宽度与深度。

第三集《欢宴流转》有意识强化海纳百川美食文化的梳理，介绍久居莞邑的台湾人与台湾菜，刻意表现年轻人创造的中西融合之新美食，体现了对创新美食的尊重与敬意，弥补了部分遗憾。不能否认，《寻味东莞》对东莞美食的传播，对餐饮行业的促进，对城市形象的推广，有力量有影响，可圈可点，值得点赞！

三是穆肃及其东莞影像创作者。2010年，记者出身的穆肃利用周末完成了两部纪录短片《寻子》和《纹身》的拍摄。之后他和两位本土导演成立东莞首家专业纪录片机构——眉目纪录片工作室。拍摄了一众东莞题材的纪录片。包括讲述东莞社工和志愿者的《城市微光》，聚焦泗安岛上麻风病康复者的《生命岛屿》，关注东莞残疾人奋斗故事的《逆流而上》，表现年轻的非遗传承人的《一味知秋》，到首部全景式大型城市人文纪录片《航拍东莞》，他的镜头下总是充满情感与诗意。

四是红色题材的纪录片《英雄母亲》。2021年12月28日，在第27届中国纪录片学术盛典暨第14届深圳青年影像节上，大岭山红色革命题材纪录片《英雄母亲》荣获"建党百年"最佳纪录片奖。该片由东莞市委宣传部、大岭山镇政府出品，大岭山镇文化服务中心组织策划，广东多多影视传媒有限公司承制，是2021年东莞市文化精品专项资金扶持项目。该片在中央广播电视总台CCTV-7国防军事频道《军事纪实》栏目首播后，又分别在CCTV-老故事频道、CCTV-发现之旅频道播出，收到观众的点赞。

关于适合拍摄的东莞题材。东莞有篮球之城、藏茶之都、潮玩之都、便利店之都、打工之城等多种美誉。东莞历史上人文荟萃，有不少人物可拍，如袁崇焕、蒋光鼐、王宠惠、陈链、张荫麟、陈镜开等，现有东莞文化活化石之称的杨宝霖、建筑大师何镜堂院士，等等，均为影视作品的好选题。

东莞篮球是东莞最闪亮的品牌，体现了活力之城的东莞人爱运动，爱体育！CBA十一冠王，男女总冠军同时落地东莞，群众业余篮球运动尤其活跃，"中国篮球看广东，广东篮球看东莞"。很有必要拍一部精彩记录片或影视剧。

对于国人而言，不知东莞而知虎门。虎门因鸦片战争的标志性事件"虎门销烟"而进入课本，国人皆知。鸦片战争是中国近代史开端。百年之后的新中国进入开放国门进行社会主义现代化的时代，中国内地在改革开放初期尝试性地创立的一种企业贸易形式叫"三来一补"。首家"三来一补"企业诞生于东莞。

中国衰落与崛起的符号性事件均诞生于虎门，使这座城市的文化价值彰显。有必要拍一部政论纪录片《虎门沧桑》；《三来一补》或《太平手袋厂》也是纪录片的好题材；更可以创作类似《温州一家人》的电视连续剧。

国家级保护文物代表一个城市历史文化的积淀与深厚，是一个城市有无文化的衡量标杆，东莞有 8 个国保文物，包括虎门炮台、可园、东江纵队、珠三角第一村蚝岗遗址、古村南社、石龙二桥、却金亭碑等，每个题材可以拍一部纪录片。东莞国保需要科普，需要让更多年轻人知道。

高埗大桥影响全国的大事件，"集资建桥，收费还贷"模式风行全国，对中国路桥建设顺猛发展做出了突出贡献。为什么不赶紧拍一部优秀的纪录片？

东莞是世界制造工厂，也是打工之城，据说全国有两亿多人在此工作过。东莞也诞生过不少打工文学作品。曾经在莞拍摄的电视剧《外来妹》也影响全国。为何不拍一部《新打工妹》，讲述当年的外来妹在东莞成长的故事。若论现代题材，首选《东莞大道》，从一条路串起东莞的过去现在与未来，讲述东莞日新月异的发展变迁。题材多如牛毛，关键在于发现。

（谭军波，广东东莞腾讯公司总经理）

多维学术视野中的播音主持风格研究

张曼缔

  电视节目主持人作为电视媒介最活跃、最生动的体现者和传播者，因其在传播活动中的"前台"位置，在大众传播活动中扮演了重要角色。主持人在《广播电视词典》中的定义为"在广播电视节目中，以个体行为出现，代表群体观念，以有声语言为主干或主线驾驭节目进程，直接面对受众，平等地进行传播的人。"这种传播方式下，主持人在提供信息、满足受众信息要求的同时，给予受众一种人情味和亲近感，造成一个人与人相交往、相交流的虚幻的传播环境，弥补了大众媒介传播所造成的受众的情感断流。以主持人为主体的传播可视为是一种独特的大众传播，体现了大众传播人际化、拟态化和人格化的特点和优势，也发挥了重要的传播影响力。大众传播学理论和主持传播实践皆证明，主持人在大众传播中扮演了重要角色，主持风格不仅体现了媒体的风格、节目的风格和个人风格，并且成为与受众交流的纽带，是受众直接感知和体验的整体把握，成为影响传播效果的重要因素之一。电视节目主持是一种传播艺术，主持风格可视为增强传播效果的一种途径，是节目风格与主持人个人风格的有机融合，也是节目质量的重要衡量标准之一。主持风格可以从主持人的外在形象、个性语言、整体感觉和受众反馈四个方面去欣赏、感知和体会。主持风格的演进也折射出时代和社会的变迁、传播媒介和传播产业的发展变化以及受众结构和受众需求的变化等。

  古今中外，对风格的论述不少。对于风格学的研究，一般分为两种，主要围绕语言学延伸，狭义的风格学古已有之，即修辞学；而突破传统的风格学格局而另立原则与方法的是 20 世纪的文体学，即广义的风格学。早期风格学理论一般分为修辞学和文体学，主要观点有：风格的美可以确定为明晰（亚里士多德，公元前四世纪）；修辞风格文雅合乎身份（西塞罗、昆提利安，古罗马时期）；风格即人（布封，1758）；风格是艺术已经达到和能够达到的最高境界（歌德，1789）；风格的语言和言语活动属于个人和社会领域（索绪尔，1916）；风格是说话者个人语言感情的特点（巴里，1905）；风格因气质而异（沃尔夫林，1915）；风格是表征一种文化的构成原则（鲍列夫，1981）；从语言学、美学、艺术学建构起风格理论。在文学创作中，风格指的是作家通过作品体现出来的综合性特点；进一步分析作品风格的不同，可以看出，作家风格的形成，是受到其生活环境、知识积累、写作题材的选择、运用语言的习惯等影响，从而体现在其作品中不约而同地反映出一个社会、一个时代甚至一个民族的共同的风格特征。因此从语言学维度的语言风格、美学维度的审美风格、艺术学维度的表现风格等多个角度阐释风格学，将对主持风格的认知和形成奠定理论基础。

一、语言学维度的语言风格

语言学是研究语言的科学，包括研究语言结构的语音学、词汇学、语义学、语法学，研究语言运用的修辞学、风格学，以及研究语言与社会、文化现象关系的交叉学科，如社会语言学、文化语言学等。可见，语言风格学的理论基础包含语言与社会、文化的相互关系，是研究使用语言的特点和行为的学说。

关于风格的含义，黎运汉教授在《汉语风格学》中将风格进行如下溯源："风格"在外国最初出于希腊文，后来进入拉丁文。希腊语 stylos 和拉丁语 stylus，原解作"锥子"和"一把用以刻字或作图的刀子"。以后它的意义渐渐发展为"写字的方法"，又渐渐引申为"以辞达意的方法"、"写作的风度"、"作品的特殊格调"、"伟大作家的写作格调"、"艺术作品的气势"；进而成为一个国际科学术语，英语称为 style，以 stylistics 表示风格学。德语称为 Stiel，以 Stilistik 表示风格学，法语称 style，以 Stylistique 表示风格学，俄语称为 СТИЛЬ，以 СТИЛИСТИКА 表示风格学。[1]此外，《牛津高阶英汉双解词典》对 Style 进行如下界定：风格是做事方式，作风；服饰发型，样式，款式；格调优雅，精致性，品位；风度；气派；书、画、建筑物的体裁和风格；语言运用；样式；构成形容词，风格的。[2]《现代汉语辞海》界定风格为：某一时期流行的一种文艺形式；文艺上的独特表现；文章风格；良好的风度作风。[3]

黎运汉教授及词典中对于风格的解释，主要从词义的角度阐述体现风格的载体和方式，即作家、作品风格和各种呈现方式，归纳出风格是一种整体的气氛、格调，并且是一定时期、一个民族的独特表现形式，主要是语言方面的表述。

关于语言风格的研究，在西方古已有之。在西欧，古希腊的哲学家、修辞理论家亚里士多德（公元前 384 ～前 322）专门写了《修辞学》一书来探讨运用语言的艺术，其重点在于研究如何能打动听众，因此为作政治演说与法庭辩护的人所必读。在他的《修辞学》里就有关于语言风格问题的论述，《修辞学》开头一句是："修辞术是论辩术的对应物。"[4] 这句话表示修辞术是一种语言表述的艺术，它和论辩术相似而不完全相同。

古罗马时期，西塞罗（公元前 106 ～前 43 年）、昆提利安（约公元 35 ～ 95 年）等人又进一步研究各种修辞手段的运用，从此修辞学成为西欧各国学校中的必修课，与文法、逻辑并列。其影响所及，凡上层人士而标榜教养，必注意言词的文雅与合乎身份，结果是矫饰过甚，套语层积，反成修辞之病。此后在欧洲多个国家都有人从事语言风格学的研究。

语言学的奠基人瑞士语言学家索绪尔（Ferdinand de Saussure）在他的《普通语言学教程》的提出了与社会、集体的"语言"（langue）相对立的术语"言语"（parole）以及调整言语与语言对立的"言语活动"（language）的学说，他认为"言语活动是多方面的，性质复杂的，同时跨着物理、生理和心理几个领域，它还属于个人的领域和社会的领域。我们没法把它归入任何一个人文事实的范畴，因为不知道怎样去理出它的统一体。"[5] 语言风格学正是在语言、修辞、言语活动的基础上提出来的。

"语言风格"这个术语最早见于索绪尔（Ferdinand de Saussure）的学生巴里（harles Bally）在 1905 年出版的《风格学概说》，他提出"风格是说话者个人语言感情的特点。"巴里正式提出了语言风格学的学说体系，他把风格限定在语言学的范围之内，为语言风格的研究打下了基础。后来各国语言学家也都纷纷采用了"语言风格"这一说法。可见，不同人的语言方式不同，其语言风格也不同；不同的语言语境、体裁、节奏、修辞等不同，所体现的语言风格也不一样。从上述研究可以发现，语言风格是言语行为产生的成品，言语行为一般在具体的交际场合中发生，为着特定的交际目的，进行具体内容的交际活动，在许许多多、不同类别的交际场合和语言环境中，使用不同的语法、词汇、修辞，形成不同言语作品，产生各种不同的格调和气氛。语言学称这些不同的格调或气氛为语言风格。

风格理论在我国的研究相对西方而言起步较早，但论述分散庞杂，并未构成理论体系。在中国，对于语言运用之术早就有人注意，所以孔子说："辞达而已矣"，"言之无文，行之不远"。春秋战国诸子百家各逞雄辩的时候，更是讲究说话作文的本领。我国古代文学理论批评和艺术理论（画论、书论、乐论等）中常有提到风格，研究这些问题，而在理论上加以总结的是 5 世纪的刘勰（约465 ~ 约532 年）。他的论著《文心雕龙》把文章按风格分为八体，"一曰典雅，二曰远奥，三曰精约，四曰显附，五曰繁缛，六曰壮丽，七曰新奇，八曰轻靡"（《文心雕龙·体性》），并且进一步指出："雅与奇反，奥与显殊，繁与约舛，壮与轻乖"，将风格分成了两种对立的类型。刘勰的"八体论"被认为是狭义的风格学之起源。把风格称为"体性"，认为风格是一种用语的文体和使用语言的习惯，风格通过文学作品来实现。他在《文心雕龙·定势》中说："章表奏议，则准的乎典雅；赋颂歌诗，则羽仪乎清丽；符檄书移，则楷式于明断；史论序注，则师范于核要；箴铭碑诔，则体制于宏深；连珠七辞，则从事于巧艳……"认为作品不论诗、赋、散文或奏议等，都归入某一种文体，要构成一种风格，不同文体分别具有一种约束性的风格特征。刘勰论风格，还提出了"才、气、学、习"，称"才有庸俊，气有刚柔，学有浅深，习有雅郑，并情性所铄，陶染所凝，是以笔区云谲，文苑波诡者矣。"认为要在作品中显示作家的风格个性，受到作家的性情、主观意识和掌握的创作手段或技法的影响，提出了不同风格的形成原因。刘勰论风格，除了提出风格的体性之外，还解释了风格的形成、风格的高下、评论风格是否得当等。

除刘勰的"八体"说外，初唐李峤（645 ~ 714 年）早在《评诗格》中提出了十种主要风格现象：一曰形似；二曰质气；三曰情理；四曰直置；五曰雕藻；六曰影带；七曰婉转；八曰飞动；九曰清切；十曰精华。此外，从字面押韵来看，李峤还总结了九种"切对"：一曰切对；二曰切侧对；三曰字对；四曰字侧对；五曰声对；六曰双声对；七曰双声侧对；八曰叠韵对；九曰叠韵侧对。

王昌龄的《诗格》提出"五趣向"说，也是指五种重要的风格；皎然《诗式》用十九字概括了十九种风格类型；司空图的《二十四诗品》之二十四则，每一则概括的便是一种风格类型。明朝的诗评家胡应麟认为："作诗大要不过二端，体格声调、兴象风神而已。"他将诗歌创作分为虚实结合的两个方向，一是"体格声调"，即题材、声调等具体而实在的诗歌组成材料；二是"兴象风神"，即情感、风格、神韵，是前者的一种升华，也是将一种诗歌之外的风格意蕴放置更高的艺术层面。他是提出"古诗之妙，专求意象"的第一人，他的《诗薮》是明代中期一部重要的诗话著作，书中汇聚了其对历代诗歌作品的评价，为文学作品的风格研究奠定了基础。

此外，在曹丕、陆机、钟嵘的文论、诗论中，不仅有对作品风格、作家风格的品评、界定，而且涉及到体裁风格、流派风格、历史风格、时代风格等极其广阔的领域。

从以上提到的风格理论可以看出，我国古代的风格理论各有内涵，不仅描述出跟中各样的风格现象，还划分出风格类型的分类系统，并对风格的构成要素和形成原因作了一定程度的探讨；并且早在魏晋南北朝时代，风格学便已经达到相当高的水平。

综合以上关于语言风格的研究，归纳为以下四类：一是"格调气氛论"——由于交际情境、交际目的的不同，选用一些适用于该情境和目的的语言手段所形成的言语气氛和格调）；二是"综合特点论"——在语言材料的基础上，在实际运用语言时产生的现象，是在语言实践中语音、语法、词汇、修辞的基础上形成的许多特点的综合结果；三是"表达手段论"——按语言手段（词汇、成语、句子结构及其应用规范）的构成来表达手段的体系；四是"常规变体论"——人们在语言运用中有意识地违反标准常规的一种变异。

总而言之，语言风格就是利用语言学的观念与方法，从语境、语体、修辞和语法等方面分析语言行为或文学作品，包括研究语言的格调气氛、综合特点、表达手段和突出特点，这一研究思路为之后主持人的语言风格研究提供了研究方法和研究对象。

二、美学维度的审美风格

黑格尔在《美学》（第一卷）这样阐释："风格，用它来指艺术表现的一些定性和规律，即对象所借以表现的那门艺术特性所产生的定律和规律。风格就是服从所用材料的各种条件的一种表现方式，而且它还要适应一定艺术种类的要求和从主题概念生出的规律。"[6]这一概念指出风格具有一定的艺术特征，并且具有稳定性和内在规定性，各风格要素必须围绕风格主题而表现。

歌德在《自然的单纯模仿·作风·风格》中说："照我看来，唯一重要的是给予风格这个词以最高地位，以便有一个用语可以随手来表明艺术已经达到和能够达到的最高境界。"这说明风格是具有一定的文化特征和功能特征，有欣赏价值；其次风格作为一种艺术对象和现象，是能够被欣赏的；第三，风格需要欣赏者具有鉴赏能力，才能够做出合理的评价，艺术风格的欣赏和被欣赏之间存在着一种相互依存的关系。

苏联美学家鲍列夫在《美学》一书中将风格作如下阐释："风格是某种特定文化的特征，这一特征使该种文化区别于任何其他文化。风格是表征一种文化的构成原则。风格揭示一个对象或现象的功能特征。"[7]这一概念指出风格是社会文化的表征，也是文化的重要组成部分，重点提出了风格的文化性。此外，他根据风格的特点和功能提出四个观点：一是"风格是创作过程的一个因素，它统一着这一过程，将其纳入统一的轨道，为艺术家处理对世界的关系指示方向。"二是"风格是艺术发展过程的一个因素，它为艺术家在创作过程中指示方向。"三是"风格是作品社会存在的一个因素，是艺术家对于社会的关系的实现，它规定着艺术家必须创造艺术整体，从而确保作品能作为一个完备的、独特的社会现象而存在。"四是"风格是艺术发挥其影响的因素，它决定着艺术作品对欣赏者的审美影响的性质，使艺术家面向一定的欣赏者类型，又使后者面向一定的艺术价值类型。"这些观点全面地概括和总结了风格的创作特点——具有统一性、主观性；风格的艺术特点——具有指示性、概括性；风格的存在特征——具有社会性、客观性；风格的审美特点——具有审美对象和审美价值。以上关于风格的论述，主要从艺术创作主体和欣赏对象两个方面来探讨。对于风格的创作主体而言，突出了风格的审美。风格是创作主体本质的显现，是美的创造。马克思说："一个种的全部特性、种的类特性就在于生命活动的性质，而人的类特性恰恰就是自由自觉的活动。"而这种自由自觉的活动就是自由创造，能够产生风格必须是创造性的活动。马克思就人的本质及美的关系说："动物只是生产自身，而人则自由地对待自己的产品。动物是按照它所属的那个种的尺度和需要来建造，而人却懂得按照任何一种尺度来进行生产，并且懂得怎样把内在的尺度运用到对象上去。因此，人也按照美的规律来建造。"[8]所以，风格作为美的创造过程，是创作主体展现人的自由自觉的本质的过程。风格作为一种创作追求，需要创作主体深深涵化对生命的体验、感悟，在实践中将独特的感受表现为风格美。

风格的欣赏，主要是由于接触艺术作品而产生的一种审美活动，也是一种通过艺术形象去认识客观世界的思维活动。风格的审美，表现在它是一种感觉与理解、感情与认识相统一的精神活动。这样的高度统一，使欣赏者和创作者之间产生一种共鸣现象。

艺术创作的风格，直接目的是为受众提供欣赏对象，以期感染受众、产生共鸣；因而，满足欣赏者的欣赏常被作为创作方向。德国哲学家鲍姆嘉通1750年出版了《美学》，他认为"美的本质是一种感性认识的现象，感性认知在人类认知活动中具有重要地位。"艺术的审美风格，是艺术家创造性劳动的产物，和社会生活的美相比，它具有更高、更强烈、更集中、更典型和更理想的特点。风格的体现，需要让欣赏者在感知和欣赏其风格时，受到感染并产生一种思想冲动。风格创作是创作主体的创造性劳动，也是欣赏者的审美对象，风格的欣赏是对美的一种认知和感受，创作主体主导着风格的创造，并自觉或不自觉依据欣赏者的审美和认知不断调整着风格的创造。因此可以说，在风格审美的过程中，是创作者创造性的劳动，创造者创造了风格的美；同时，欣赏者的认知和欣赏的过程，也推动着风格美的创造。

三、艺术学维度的表现风格

如果说哲学代表着人类理性认识的最高形式，那么艺术学则代表着感性认识的最高形式，是对艺术形式的具体表现来品评和分析。从广义上讲，艺术学应当包括实用艺术（建筑、园林、工艺美术和现代设计等）、造型艺术（绘画、雕塑、摄影、书法艺术等）、表情艺术（音乐、舞蹈等）、综合艺术（戏剧、戏曲、电影、电视艺术等）、语言艺术（诗歌、散文、小说等）以及杂技、曲艺、木偶、皮影等历史悠久的民间艺术。[9] 每一种艺术都可以用风格来划分类别或阶段，用风格来表现某一种艺术形式的特点。

李心峰教授在《元艺术学》一书中认为："风格是指作风、风貌、格调，是各种特点的综合表现；风格概念的内涵不同，其所指的对象本质属性就不同，其所归属的学科也就不同。"[10] 可见，艺术学把风格理解各种特点的综合表现，并依据不同的艺术学科或表现对象而具有不同的内涵及本质属性，每种艺术形式都有不同的风格特征。如前文所述，风格最初用来形容作家独特的文字艺术魅力，如语言风格，后来随着适用语境的泛化，风格一词也出现在其他领域，如建筑风格、音乐风格、服饰风格、表演风格等。虽然风格的具体内容不同，但风格的规律和特性却是相对统一的，都是指某类事物主要的思想内涵和艺术上的综合特点，是许多具有稳定性的特质与具有规定性的元素之总和。

俄国著名文艺理论家别林斯基在其著作《艺术论》写道："风格是思想和形式密切融会中按下自己的性格和精神独特性的印记。"这一概念一方面提出了风格所具有文化特征，是内容和形式的统一体，具有某一类艺术的共同特征，与创作者的个人性格有密切关系，同时指出风格具有区别性，也就是独特性。

法国布封有一句名言："风格即其人。"强调了人的主观意识及其掌握的创作手段的重要性。他在《论风格》一文中这样说："作品里所包含的知识之多，事实之奇，乃至发现之新颖，都不能成为不朽的确实保证；如果包含这些知识、事实和发现额作品只谈论些琐屑对象，如果他们小得无风致，无天才，毫不高雅，那么，它们就会是湮没无闻的，因为知识、事实与发现都很容易脱离作品而转入别人手里，他们经更巧妙的手笔一写，甚至于会比原作还要出色些哩。这些东西都是身外物，风格却就是本人。"可见，所谓"风格却就是本人"，指的不仅仅是作品的内容，也不仅仅是作品的形式，更重要的是作品的境界，"风致""天才""高雅"等就是境界的标志。换句话说，作品境界必须通过创作主体来完成，必须将知识、事实和发现融入创作主体的见识、体验中，才可能变身外物为身内物，成为具有本人风格的作品。这段话告诉我们，创作风格受到创作主体所处环境地点、风土人情、个人学识修养和理想意志的影响，作品风格只是个人意识情感倾向通过一定的创作方法和手段体现出来的某种符号特征而已。

在艺术学中，关于风格界定最早在古希腊—罗马时代，首先是用风格给作家分类，来区别不同的艺术作品。"人们一般把风格分为三类，并有这样的习惯，即给每个作家贴上一个标签以资区别；像繁缛风格、简洁风格和介于其中的中间风格便是当时流行的风格类型划分法。"后来朗加纳斯的《论崇高》则对崇高风格形成的机制作了若干探讨。他认为崇高的风格来源于五个方面，一是伟大的思想，即"崇高可以说是灵魂的伟大的反映"；二是"强烈而激动的感情"；三是"运用藻饰的技术"（包括思想和语言的藻饰）；四是"高雅的措辞"；五是"整个结构的堂皇卓越。"他认为崇高的对象是"不平凡的，伟大的"，崇高的效果是使人产生惊奇和狂喜之感，提高人的情绪和自尊感。可见，艺术家要创造出崇高的作品，必须有丰富的想象力，即具有"选择所写事物的特点和把它们联合成一个有生命的整体的能力。"这五个方面，前两个来源于天赋，后三个来源于个人修养，只有二者很好地结合，才能真正达到崇高的艺术风格。

西方自近代以来，产生了许许多多影响深远的艺术风格理论，划分出艺术风格诸层次、总结出风格的各种分类以及风格的有关理论学说。例如，将艺术作品、个人的风格视为在艺术风格体系中最小的单位、最初的层次，是风格的具体体现形式；而时代风格、地理风格、人种风格、社会风格被视为风格的更高层次、更为复杂和包容面更大的风格现象。李心峰教授将西方关于风格理论的各种学说归纳如下：一是席勒关于"素朴的诗"和"感伤的诗"的学说；二是黑格尔的关于"象征型、古典型、浪漫型"三大艺术类型的学说；三是尼采的关于"日神艺术"与"酒神艺术"的学说；四是荣格的"感动型"和"直观型"风格分类学说；五是狄尔泰的关于"自然主义"、"自由的观念论"与"客观的观念论"的风格学说；六是乌尔富林从绘画理论基础上提出五对基本风格概念："线描的与图绘的"、"平面的与纵深的"、"封闭型与开放型"、"一元性与多元性"、"清晰性与模糊性"；七是伏尔盖特从创作类型和创作方向构制艺术的五对对立的基本风格："原素的风格与理性明净化的风格"、"素朴风格与感伤风格"、"客观风格与主观风格"、"强化风格与现实风格"、"类型风格与个性化风格"；八是佩特森的文学风格系统，并解构了文学作品的层次和构成要素：将风格分为"造型的—音乐的"、"客观的—主观的"、"明了—朦胧"、"日常的—显示出特性的"、"平俗—夸大"、"感觉的—概念的"、"投入的—间离的"、"逻辑的—空想的"、"游戏的—形象的"、"对比累积的—调和平衡的"等十种；九是日本学者竹内敏雄的基本风格体系学说，即总结、分析、归纳了西方近代以来关于艺术基本风格的种种有代表性的学说，将风格体系概括为三维对立概念："客观的风格与主观的风格"、"静的风格与动的风格"、"即实的风格与虚构的风格"。

以上关于风格的总结，各自成说，分别从文学、绘画、音乐等艺术领域分析风格的概念、种类、体裁、特性、成因、意义，吸收并融合了席勒、尼采、狄尔泰以及其他学者关于风格学说的合理性，具有一定的系统性和理论性。可见，西方的学者从开始论述风格时，已经从风格的特征、分类方法、创作规律和社会功能着手，并逐渐建立风格理论体系。

风格作为一种艺术，具有风格的艺术标准，风格不是一蹴而就，而是长期在实践中形成的一种稳定的艺术形式。艺术学认为，艺术作品可以看成一个具有多层结构的作品，是由表层（言）、中层（象）、高层（意）逐层构成的整体。王岳川在《艺术本体论》中奖艺术作品的构成分为三个层次："第一层作品存在方式，主要可以归结为艺术语言问题，如声音、文字、色彩、线条等物质材料构成的层次（又可称为作品外形式）。第二层形象层，又可分为两个方面，一是再现对象层（又可称为作品内形式），包括人物、景物、题材、情节及其结构，主要是一种精神形式、意识形式；二是表现主体情思层，这是主体将自己的整个生命价值的一种定向。艺术家借助自己的情感和想象创造出不同于现实的、但却是可能存在、或应该存在的艺术世界。第三层是作品本体层次的深层结构（意蕴），是优秀艺术作品必须具备的灵魂。这种深邃意义带有浓烈的生命底蕴意味，成为作品更为隽永、更具有普遍性的成分。"[11]

可见，若将风格作为一种艺术作品来欣赏，那么，风格的表层则是语言、声音、节奏、形象构成的一个外在形象；风格的中层则是由内容、题材、话题和思想情感构成的一种风格内核；风格的深层结构则是能反映出符合时代和民族的发展进程，能获得社会和受众接受的一种普遍性的意义。

四、风格理论与主持传播学的双向关联

（一）风格理论在传播过程中的运用

一个传播过程，必定具有四个基本要素：传播者、传播内容、传播媒介、接收者。风格理论在传播中的运用主要体现在两个方面，一是风格如何在传播过程中体现，与传播各要素之间的关系如何；二是风格作为一种传播艺术，如何体现传播效果。

在主持传播中，传播者是主持人，传播内容是节目内容，传播媒介是广播电视等电子媒介，接收者是广播电视受众；主持风格与传播平台、节目定位和内容以及主持人的个性特征有密切关系。主持风格的体现，贯穿在整个传播过程，是增强传播效果的一种途径。

传播学大师施拉姆在其《传播学概论》一文中指出："传播是各种各样技能中最富有人性的。"广播电视媒介自推出主持人传播这种传播形态以来，作为联系大众媒介与受众的中介，主持人能够更自由、更灵活地调动语言、行为、表情、画面、音响等综合表现元素，以人格化的传播形式向受众传达节目内容、传递节目信息，主持人的形象、气质、语言内涵、个性魅力直接呈现在受众面前，主持人从某种意义上是传媒自身人格化传播的表现形式，主持人作为个体所具有的性

格气质、文化修养、专业知识、思想意识、感情情绪以及其他个人因素，会全方位在节目中的介入、渗透和显现，主持人认识世界的方式、表达方式、对节目整体驾驭，集中反映在主持风格的内涵上，主持风格的呈现和传递能凸显传播效果、提高传播效率。主持人通过人格化的主持内容和主持手段，使电视节目具有人性化的风格。从符号学上讲，主持人角色以真实的个人这一符号注入媒介文化中，并成为其人格象征；通过这一活符号，媒介不断利用主持人来阐释它的理念而逐渐形成其媒介人格文化。

美国著名新闻顾问艾尔·普里莫认为："如果把构成一档新闻节目获得成功的因素考虑进去，并且给每一个因素增加一些分量构成 10 个因素的话，那么主持人会占据 8 个因素，其他诸因素的总和只占 2 个。"例如，凤凰卫视就以主持人为核心来设置栏目，树立节目的风格乃至媒体的风格，取得了巨大的成功；又如，很多电视台在节目包装、节目预告和频道宣传时，都采用主持人的形象和语言来推荐。可见，节目主持人是电视媒体人格化传播的表现载体，越来越多的电视媒体借助主持人的形象、主持人的语言和视角来增强媒体与大众的亲近感，树立媒体在大众中的权威度和信赖感。随着主持人人际传播分量的加重，主持人的主导作用和个性特点发挥得越来越充分，逐渐树立起主持人、节目和媒体的传播风格。

从以上分析可以看出，主持人是主持风格体现的载体，而主持风格则是人格化传播的强化，主持人对栏目乃至所在媒体的具有重要意义，甚至决定着节目的成败。一个著名的主持人可以成为一家媒体或一档栏目的标志，具有一定的市场号召力和影响力，对提升传播效果有着不可低估的作用。

社会和时代是节目主持风格传播的环境，主持风格是在媒体所处的整个语境中塑造而成的，它不但体现社会的进步和变迁，而且与媒体的属性和定位的变化密切相关；因此，只有从综合因素的视角去关照，从社会变化和媒介的发展中去重新审视主持风格，才能挖掘出主持风格传播更深层次的社会意义。

在主持风格的传播过程中，主持人需要与受众"信息共享"、"认知共识"、"愉悦共鸣"，更要"美感共怡"。在技术手段日益进步、媒体分布如此密集、媒介竞争更加激烈的今天，"传播什么"已经很难成为竞争的获胜因素。因此在继续重视传播内容的基础上，建立明确的传播目的之下的"如何传播"就至关重要。正因如此，有学者指出，"在当代，传播的事业、传播的态度，传播的方式日益成为传播行为的真正力量之所在。"多样化主持风格的兴起和发展，正是这种新的科技革命语境下广播电视业的创新和进步。主持风格的演进是一个动态过程，它随着社会经济发展、媒介生态变迁、受众需求变化、技术手段更新而同步变动发展。这种种变化，推动了主持风格质的飞跃，推动着主持人传播这一传播新手段去提高效率，去优化品格，去更出色地完成传播任务。

从艺术的创作主体和创作客体可以看出，艺术是人创造出来的，艺术的表现内容也离不开人，而风格是艺术成熟的标志。由此可见，研究主持风格也是一门研究人的艺术。从主持风格的角度研究主持人，是主持人理论研究深入的表现之一，是主持人研究视野开拓的体现，也是将主持实践的关照提升到了美学的层面，上升到了一个全新的层面，符合时代发展的需求。

能够被纳入风格研究的主持人及其节目应该是完美或接近完美的作品或节目。主持风格作为创作主体在主持实践中的一种艺术成就，具有重要的研究意义和价值。

张颂先生曾说，风格是"成熟稳定的艺术特色""独特的艺术个性"。对于主持风格的研究，将有利于找到主持人的内涵和分类，帮助主持人在风格表现过程中保持风格的自觉性，明确主持风格的表现形式，深入挖掘主持风格的成因，找到风格养成过程的规律和方法，为实践领域中的主持人提供参考，帮助其扬长避短，朝着合乎自己审美个性和特长的方向去努力，以此加快主持风格形成的步伐。

对于主持人而言，主持风格是其在创作实践中经过长期艰苦的磨练所塑造和形成的，是思想艺术上臻于成熟的标志，是主持人追求的最高目标。

对于时代的需求而言，多样化的主持风格是顺应迅速发展的时代潮流，适应社会文化的发展和变化，满足不同时期人们多元化的精神需求。

对于受众而言，主持风格有助于提高其审美能力和欣赏水平。受众所需要的是千姿百态、有较强独特性的、风格多样的主持风格，主持风格能以感性、形象的方式诉诸人们的情感和思想，但是并不是每一个人能轻易发现的，这需要研究者用独特的慧眼和准确的评价，发现和归纳多样化的、鲜明的、符合大众审美需求的主持风格，将其从模糊的感受变成清晰的概念，让观众一目了然、准确把握，同时能引导观众审美情趣，提升欣赏水平。

（二）风格理论对电视播音主持风格的植入

如前文所述，"风格"是指作风、风貌、格调，是各种特点的综合表现，是一个时代、一个民族、一个流派或一个人的文艺作品所表现出来的主要思想特点和艺术特点。由此可以引申出，电视节目主持风格即是"主持节目活动中表现出来的主导思想和艺术特点，是节目主持人的思想和艺术风格等各种有机因素的总和。"可见，主持风格作为一种总体表现和格调风貌，具有整体性；同时，构成主持风格的有机因素，就像一个有机生物体，互相关联协调，具有不可分割的统一性。主持风格是主持人在主持节目过程中动态呈现出的风貌特征，主持人的个性差异形成各自不同的个性特征，主持风格作为一种传播形式，可见、可听、可感，从其外在形象、个性语言、整体感觉等多个方面作用于受众的视觉、听觉、感觉，并对受众产生一种心理影响，引起受众反馈。

根据风格的概念，探讨将风格概念植入主持风格研究的可能性及意义。

1. 风格的独特性。风格的核心是创作个体所具备的创作个性，个性是反映创作者整个精神面貌的一种具有内在一致性和倾向性的特质；艺术家要形成自己的风格，必然在艺术创作中自觉或不自觉地形成区别于其他艺术家的独特性；并且创作个性一旦形成，便具有鲜明的独特性、相对的稳定性，形成与其他作品的差异性。主持风格也是具有独特性的艺术形式，并且其创作个体——主持人，需要有个性，在思维方式和语言表达上能塑造出独特的主持风格。在表现形式上，主持风格需要具备典型特征，在节目主持中同步、动态体现主持风格；此外，主持风格的独特性也是媒介市场化的需求，只有独特性才能吸引受众的关注与认可，以差异化在市场竞争中取胜。

2. 风格的整体性。风格是内容与形式的协调统一，是给人的整体感觉，也是作品在整体上呈现出来的总体特征和风貌。主持风格是主持人依托节目、在节目动态过程中体现出来的总体风貌，是主持人的外在形象、内在气质和节目内容及表现形式综合体现出来的整体特征，具有整体性、概括性；主持风格是主持人风格与节目风格的融合，主持风格需要主持人动态、同步体现，不可以脱离节目本身单独存在，受到节目类型的制约。

3. 风格的艺术性。风格可看作是作家在艺术上获得相当成就的标志，风格不是任何文学作品都有，而是需要达到一定的艺术标准。这与主持风格也是一种艺术创作的理念一致，主持风格是一种艺术成就和美学品质；并非每个主持人都可以有自己的风格，主持风格也不是一蹴而就，而是需要经过主持实践中的积累磨练、符合艺术构成的规律才可以达到的一种艺术追求，这也是为什么主持风格常常被当做一门传播艺术来探讨。

4. 风格的交际性。"风格不是一种简单的特点，而是一种艺术实践与现实的交际，能影响读者的接受与欣赏；艺术交际的整个链条（现实—创作者—作品—表演者—欣赏者—现实）也是在风格中实现（或中断）的。"从艺术交际的角度看，风格能影响欣赏着的接受与欣赏，这与主持风格具有互动性和交际性、能影响受众的收看行为和思想观念一致；主持风格在整个主持传播过程中产生和实现，需要考虑受众的认知和接受，主持风格是提高传播效率和强化传播效果的有效途径。

5. 风格的社会性。风格既是社会关系的反映，也包括社会关系带来的对风格的影响；风格能体现时代和地域的特色，具有社会性。客观上，风格所表现的题材、艺术形式必然要受到其所属时代、社会、民族、阶级等社会历史条件的影响，是客观现实的一种反映，脱离客观社会环境的风格就必然导致空洞造作、虚假肤浅。这与主持风格的社会性一致，主持风格不能脱离当时的社会和时代背景而单独存在，是当时社会思潮和受众收视习惯的反映，主持风格的演进和创新与社会经济的发展都有明显的关联作用。

将风格理论引入节目主持风格的表述，可以看出要对节目主持风格进行界定，要将风格理论中关于风格的属性特点、形成规律、表现方式进行思索和总结，并结合主持风格的传播主体、传播环境、传播效果来规范主持风格的概念，探讨主持风格的属性特征。

这样来看，主持风格是诠释主持人特质的重要依据，是主持人在外在形象、个性语言、思想特点、生活经历等多个方面呈现出来的相对稳定的独特个性，具有独特性；主持风格不是任何主持人都有的，是一种传播艺术和艺术成就，具有艺术性；主持风格是主持人风格与节目风格的融合统一，是呈现出来的整体感觉，主持风格既包含某一个节目主持人的个人风格，又包含某一类型节目或某一时期众多节目主持人共有的风格特征，具有整体性；主持风格需要被受众感知，是主持人人格化传播的重要载体，能增强主持人的可识别性、帮助受众接受信息以及规范主持人传播行为，具有交际性；主持风格是在传播实践中形成的，受到一定时期、一定社会环境、一定地域的制约和影响，具有社会性。

参考文献

［1］黎运汉 . 汉语风格学［M］. 广州：广东教育出版社，2000：145.

　　［2］牛津高阶英汉双解词典（第七版）［M］.北京：商务印书馆、牛津大学出版社，2010：3011.

　　［3］倪文杰，张卫国，冀小军主编.现代汉语辞海［M］.北京：人民中国出版社，1994：269.

　　［4］亚里士多德.修辞学［M］.罗念生译，北京：三联书局，1991：147.

　　［5］程祥徽，邓俊捷，张建桦.语言风格［M］.香港：三联书店香港有限公司，2002：8.

　　［6］〔德〕黑格尔.美学（第一卷）［M］.朱光潜译.北京：商务印书馆，1982：243—244.

　　［7］〔苏〕鲍列夫.美学［M］.乔修业，常谢枫译.北京：中国文联出版公司，1986：283.

　　［8］马克思.1844年经济学——哲学手稿／马克思恩格斯全集［M］.北京：人民出版社，1979：96—97.

　　［9］彭吉象.艺术学概论［M］.北京：北京大学出版社，2006：1.

　　［10］李心峰.元艺术学［M］.南宁：广西师范大学出版社，1997：213.

　　［11］王岳川.艺术本体论［M］.北京：中国社会科学出版社，2005：248—251.

（张曼缔，东莞理工学院文学与传媒学院副教授，博士）

影像的城市与城市的影像

——李志良制造业城市影像志观察

李逸涛

  影像城市一般是指通过复杂的影像系统处理与互联网关联来实现现实城市形象的完美展示，为公众服务带来富信息、可视化、可标注与可挖掘的真图实景的地图服务。本文所讲的"影像的城市"是通过系列影像展现城市的历史变迁，揭示城市的文化与精神内蕴，具有城市影像志与图像档案馆的功能，其杰出代表是李志良制造业城市摄影系列。

  摄影家李志良在 40 余年影像探索中，深入生活，独辟蹊径，以强烈的责任心与深沉的使命感，打造出"东莞制造"的摄影系列专题。其作品以文献性与艺术性的理念，在极致高度的视觉艺术形态中，蕴藏着对于由"中国制造"走向"中国智造"的产业升级的憧憬，以及用影像"为我们崭新的时代立传"使命担当。

一、"影像的城市"

  文学之于城市，有文学的上海，文学的北京，即所谓"海派文学""京派文学"，而且，关于京派海派之争持续近两个世纪，这种争论对各自城市的文化形塑产生重大影响。其实，与文字相比，影像艺术则更为直观，也更具说服力。因此，有影像的上海、影像的北京是不足为奇的。那么，可不可以有"影像的东莞"呢？答案是可以的。

  与文学的城市一样，称得上"影像的城市"也须包含三个条件：一是城市汇集、容纳各类人才，具备区域文化中心的凝聚力；二是具有作为文化中心的传播功能与辐射力；三是具有独特的政治经济地位。

  东莞是世界著名的制造业城市，是一个充满魅惑力的城市。著名经济学家张五常认为，今天我推断深圳一带将会超越上海，我肯定地推断深圳将会超越硅谷，主要是硅谷没有一个像东莞水平的工业区。东莞不是一个普通工业区，不是温州那样专于小商品，不是苏州工业园那样名牌满布，不是阳江那样专于一两项行业。东莞是无数种产品皆可制造，而且造得好、造得快、造得便宜。当然，在这个年轻的城市里，每一代人对待城市的感情十分不同。李志良等一大批摄影家以影像记录东莞的昨天、今天，其实，蕴含着一种以家事见证城事，以旧物揭示历史的意味的。在若干年后，我们再重新审视这座城市的时候，相信后来人不是要做作者的寻访与旧地重游，而是要在历史和现实之间形成对话，这也许就是李志良"制造业城市影像"的城市史的价值体现。

诚然，我们完全不怀疑李志良的40余年追踪东莞制造之于"影像的城市"的重大意义，但还有必要对整个城市的影像创作与发展轨迹与创作实绩进行一次总检阅，有必要对自身影像发展历程进行历史定位与有序型塑，通过眼光独到的历史考察，来获取东莞这座城市的精神文化深度，并为这座城市乃至当下中国的文化建设搭建对话的空间。也就是说，我们如何从影像的入口去审视、衡量、证明这座城市与这个时代，应该成为制造业城市文化发展的思考起点，也应成为高度，或者是一种文化理想，应成为这座年轻城市关切影像发展、重视文化修饰的重要依托。这里有几个认知维度是需要确知：

一是文化语境。就城市而言，东莞是中国经济与世界同步发展的晴雨表，是中国最富有活力和魅力的制造业之都，也是无数追梦者不约而同的生存驿站和理想归宿。它是拓荒者，也是中西方文化交汇与时代精神集中展示地。其社会形态是移民为主体，文化多元多态，开放与融合、竞争与包容并存。随着风格社会的成长，人们越来越重视品味、美感与体验。因此，城市发展中美学经济、设计思维等已然成为关键词。因此，秉持以人为本的城市发展理念，打造具有人文吸引力、对年轻劳动者友好、方便宜居的新一代都市已经成为城市文化发展的重要方向。

二是文化定位。"影像的城市"如何发生，创造与创作流派的丰富性如何表现，影像表达的优越性、审美视角的独特性如何体现，等等，都是需要我们去审视、去思考的问题。尤其是透过创作的肌理，去看取精神文化的深度与文化多姿多彩，这一方面，我们在李志良的杰出创作中得到映证。当然，东莞"影像的城市"的建构要具有身份认同的合法性，既需要自认，也需要他认，我们今天的学术探讨是其中一个重要步骤。

三是文化机制。从世界工业摄影经典范例而言，如美国摄影师查尔斯·谢尔（Charles Sheeler）以其对工业景观与机械化过程的独特诠释而闻名，他的《上层结构》《巴西子公司》等，通过几何线条与明暗对比，展现工业建筑和机械的现代美感。奥地利摄影师菲利普-吉法德（Philippe G. Halsman）以工业主题的肖像摄影闻名，他的《阿尔伯特·爱因斯坦》《杰奎琳·肯尼迪》则展现工业领域的科学家和领导人的形象与个性。爱尔兰摄影师安东尼·豪尔（Anthony Haughey）的作品关注社会和政治议题，其中包括工业遗产与城市转型，他的系列作品《搬运》《工地》等，记录了工业衰退和城市重建的过程。其实，每个摄影师与系列作品都有其独特的风格和主题，为我们展现了工业世界的多样性与艺术性。而且，从艺术史视野出发，如何发掘影像与城市互动的关键要素，尤其是在工业化、现代化、城市化过程中人的心理、情感与精神遭际，并延伸至对身份认同和城市发展问题。这方面，李志良的《东莞制造》《牵引线》都予以深刻地揭示与展现。

二、"城市的影像"

"城市的影像"是看得见的城市。中国摄影金像奖组委会的评语是："工业题材繁杂厚重，专业性强，众多摄影家视为畏途。李志良得天时地利之便，在影像的表达中，诗意的浪漫与工业的严谨浑然一体，科技信息的切入和政策方向的解读共写华章。人文情怀隐于其中，满怀激情地描绘出时代精神的长卷。摄影家李志良在对于工业形象的特征归纳与升华之中，寻求个人的观念思考与时代进程的坐标点，摄影艺术语言的追求与公众审美价值的切入点。"李志良对东莞制造业发展情有独钟，40多年来只做一件事，记录具体而细微，轻盈而充实，是一座用镜头讲述城市变迁的影像宝库。

"城市的影像"要有表达的主题。一个时代有一个时代城市文化发展的核心主题，像杭州的"电商之都"、成都的"休闲之都"、重庆的"魔幻城市"、长沙的"网红城市"等。如今，东莞已成为国际制造名城，其城市文化内核是以标准化、大规模的工业化生产为主导的制造文化。因此，新时代如何认识东莞是个文化现实问题，如何表达东莞是个文化技术问题，如何发展东莞是个文化战略问题。特别是随着信息社会到来，如何围绕东莞文化发展的基本主题元素——制造文化展开文化形塑，是东莞文化发展的新课题。东莞作为世界制造业城市，李志良有众多代表性影像展示了其制造业的景象和特色，其中包括工业园区景观、工人劳动场景、制造过程和工艺、工人肖像、工业遗产和转型等，这些影像共同展示了东莞作为世界制造业城市的工业景象、劳动者群像以及制造过程的现代化、智能化，它们记录了东莞制造业的发展历程和变迁，展现了制造业在东莞社会经济中的重要地位和影响力。

"城市的影像"是影像与城市的对话。相对而言更重要的是，影像要和城市形成对话，带领我们去探寻城市的灵魂、气质、神韵。正如北大中文系李杨教授所说，在一般的城市影像中，我们看到的都是地标、摩天大楼，或是历史的遗迹，但构成城市的，其实还有欲望、恐惧、创伤、记忆、怀旧和感伤，只是这些元素被幽灵化了。影像是我们洞见城市真相的通道，通过影像将他们打捞出来，即对城市的探秘。也只有如此，才能使人们感受到摄影基调的质感，而非普通的浏览，这也是李志良众多摄影作品带给我们的兴味与启示。城市的气质，其实就是生活在城市里的人身上那屡烟火气。李志良的诸多摄影善于捕捉在生活中即时呈现的人物细节，通过人物去展示城市的精神气象。同时，摄影要求极高的艺术，要有画面质感，追求拍摄的精美程度，以展现城市空间美好的人文风情，也体现李志良兢兢业业的人生态度。

"城市的影像"人是主体。一方面，人是文化的主体，是文化的创造者也是文化的携带者和传播者。东莞在其经济高速发展的历程中，其人口年龄长期保持在全国最年轻的城市行列，东莞城市文化的重要色调——青春元素。从第七次全国人口普查数据来看，东莞 60 岁以上的人口占比比全省（12.35%）低 6.88%，比全国（18.70%）低 13.23%，充分反映出东莞人口年龄结构的年轻化。如果从城市老龄化的忧虑，以及未来城市文化的青年性、时尚型、前沿性考量，青年人才的吸纳、输入与储备必不可少，这也是城市品牌塑造的新途径与城市的国际化竞争的必由之路，更是建设文化城市、青春城市、未来城市的**必由之路**。另一方面，人的追求与创作是城市发展的永恒动力。"无数怀揣梦想的劳动者，每一滴汗水，都将滋润脚下的沃野，敢于闯海的弄潮儿，每一次征程，都化作动人的赞歌。你看见了曾经以'世界工厂'闻名中外，而今又以文化名城享誉全球的东莞，但你没有看见，辉煌背后，是无数双如森林般举起的手。正是那一针一线的补缝，一刀一刻的雕琢，一生只专注做一事的执着，才铸就了东莞波澜壮阔的时代进程，这是一个城市不该遗忘的记忆，也是一代人弥足珍贵的光影！"（东莞的制造梦：李志良）

"城市的影像"是品质与美学的展现。如今，城市竞争力与优势不再是数量的多寡，而是品质的优劣：即产品性质、人力素质、生活品质、环境特质。经济社会转型本质上是文化转型。从李志良的影像叙事中，我们能感受到三方面气象：一是优品呈现，体现魅力经济。文化科技与东莞制造优势结合，塑造魅力经济。为社会层面输出地方再造（社区更新、绿色社区）；为文化层面输出优质产品；为生态层面输出绿色资源禀赋。二是呈现社区更新，展示风格社会。大力弘扬与优秀文化，发挥多元社群的特色，塑造东莞城市品牌与特质。为社会层面输出文化的创造与创新，为文化层面输出文化的多元体验，为生态层面输出民众的文化广泛参与。三是倡导绿色理念，展现美感生活。美感生活的发展核心是生活鉴赏力，以提升文化消费的质量为目的。为经济层面输出品味能力与绿色理念；为社会层面输出集体认同；为生态层面输出文化观光旅游。

三、结语

影像与城市建立联系并重新赋予其意义是李志良作品的核心主题，他自己就明确表示："东莞制造"是我们摄影人服务东莞的自选动作，也是一个机会，就是为"东莞制造"存留一部具有文献性、艺术性和学术性的影像档案。通过这种全新的视觉机制，我们能领略到东莞制造业的独特魅力，也能看到这座城市的底色与气质。

（李逸涛　东莞理工学院教育学院教师）

区域城市文化实践

岭南水乡（东莞）文化实验示范区调研报告

田根胜　罗瑜斌

　　东莞水乡文化生态保护实验区位于东莞西北部，地处珠三角中心腹地，与广州隔江相望，是东莞的西北门户。生态区覆盖 11 镇 1 港，覆盖石龙、万江街道、中堂、望牛墩、麻涌、石碣、高埗、道滘、洪梅、沙田、虎门以及东莞港，总面积 688.5 平方公里，占东莞区域面积的 27.4％。东莞水乡是广府文化的发祥地之一，也是岭南水乡的杰出代表，其山、水、果、田、塘生态空间与积淀丰厚的岭南民俗文化，具有极高的文化遗产价值，它们共同维系着水乡生态安全与精神品质。在快速的城市化过程中，随着城市建设空间的扩大，生态空间的萎缩，生态质量降低，水乡风貌与人文特色在逐渐消失。因此，在新的历史时期，如何将东莞的区位优势与文化优势相结合，赓续传承水乡文化遗产，推动水乡文化生态与自然、经济、社会的互相促进就成为重大战略问题，亟需厘清其影响机理和特征，并制定相应的策略与规划。

一、调研背景与建设意义

（一）调研背景

　　习近平总书记在党的二十大报告中提出，要增强中华文明传播力影响力。要求坚守中华文化立场，提炼展示中华文明的精神标识和文化精髓，加快构建中国话语和中国叙事体系，讲好中国故事，传播好中国声音，展现可信、可爱、可敬的中国形象。为深入学习贯彻党的二十大精神和习近平总书记关于文化建设的重要论述，认真贯彻落实中央关于文化强国建设的部署要求，以及广东省委省政府提出聚力"六大工程"，大力实施岭南文化"双创"工程，注重文化资源系统化保护、品牌化提升和活化利用，推动岭南文化焕发新的时代光彩。我市第十五次党代会和《东莞市文化发展"十四五"规划》提出，深入推进品质文化之都建设，大力实施文化发展"十大工程"。积极推进国家历史文化名城建设，高水平打造"东莞记忆"示范项目，加强文化遗产保护利用，赓续传承好岭南文化、莞邑文化、红色文化、改革开放文化。

为贯彻落实省、市会议精神，助力我市品质文化之都建设，文化文史和民族宗教委员会组织相关政协委员、专家学者、相关部门开展了"争创水乡文化（东莞）生态保护实验区，助力东莞文化经济新发展"专题调研，期望以加强水乡文化保护、提升、活化利用为重点，以争创水乡文化（东莞）生态保护实验区为载体和抓手，将区位优势与文化优势相结合，促进水乡文化资源的整合与升级，赓续传承水乡文化遗产，推动水乡文化生态与自然环境、经济效益、社会效益的互相促进，打造"岭南创意水乡"品牌，让文化在发展"产业升级、创新驱动"中发挥重要作用。

（二）文化生态保护实验区建设的意义

国家文化生态保护实验区建设方兴未艾。国家级文化生态保护区是以保护非物质文化遗产为核心，对历史文化积淀丰厚、存续状态良好，具有重要价值和鲜明特色的文化形态进行整体性保护，并经文化和旅游部同意设立的特定区域。设立国家级文化生态保护区，是文化"创新驱动"的重要战略部署。目前，国家级文化生态保护实验区已达 23 个，涉及省份 17 个。广东省对具有重要价值和鲜明岭南特色的文化形态进行整体性保护，先后批准设立 1 个国家级和 9 个省级文化生态保护实验区，共涉及 9 个地级以上市，初步建成涵盖客家文化、广府文化、潮汕文化、雷州文化、瑶族文化、侨乡文化、粤剧粤曲等岭南代表性文化生态保护区体系。

水乡文化（东莞）生态保护实验区创建大有可为。推动东莞经济社会转型，水乡特色经济发展区是重要抓手。东莞水乡地理区位优势明显，水网密布，岭南民俗文化积淀丰厚，是"龙舟之乡""花灯之乡""乞巧文化之乡""曲艺之乡""美食之乡""游泳之乡"，拥有一大批特色建筑和特色村落。2013 年 10 月，广东省审议通过《广东东莞水乡特色发展经济区发展总体规划（2013—2030年）》，东莞水乡正式上升为广东省战略"经济区"。根据《总体规划》，东莞以水乡生态为基础，充分发挥水乡文化底蕴，积极探索水乡生态文明建设新路子，努力打造岭南传统文化与现代城市文明相融合的水乡特色发展经济区，其目标定位是国家水乡生态文明建设示范区、粤港澳优质生活圈的特色区域、珠江口东岸产业优化发展先导区、穗莞战略合作重要平台，最终实现水乡地区的高水平崛起。

水乡文化（东莞）生态保护实验区申报意义深远。设立水乡文化（东莞）生态保护实验区，将区位优势与文化优势相结合，促进文化资源的整合利用，有利于传承文化遗产，繁荣区域特色文化，推动文化强市建设。有利于把文化资源转化为旅游资源，促进文化与旅游的深度结合，打造"岭南创意水乡"品牌。尤其是在大湾区国家战略背景下，东莞奋力推动在万亿GDP、千万人口城市新起点上加快高质量发展，水乡文化（东莞）生态保护实验区的申报与建设，将对整合区域文化资源，壮大区域文化品牌，繁荣区域文化产业等具有巨大的推动作用。

二、争创水乡文化（东莞）生态保护实验区的现实基础

（一）区位优势明显

图1　东莞水乡文化生态区范围及区位图

东莞水乡文化生态区位于东莞市西北部,地处珠三角中心腹地,与广州隔江(东江)相望,是东莞的西北门户,随着珠三角城际轨道的建设,东莞水乡将成为穗莞深和佛莞惠两大城际轨道交汇的重要枢纽地区,区位优势明显,发展空间广阔。东莞水乡文化生态区面积达688.5平方公里,占东莞区域面积的27.4%,是东莞重要的行政区域之一(图1),其中虎门镇是水乡地区面积最大的镇,面积178.5平方公里,处于黄金海岸与黄金水道交汇处,海陆空交通发达。沙田镇面积107.6平方公里,是水乡地区面积第二大镇,位于东江南支流出海口与狮子洋交汇处,拥有28公里的黄金海岸线。水乡地区第三大镇是麻涌镇,面积达91平方公里,水网密布,土地资源丰富,有35公里长的海岸线。位列第四的是中堂镇,全镇面积60平方公里,其中陆地50平方公里,水域10平方公里,东江水系环绕全镇,穗莞深城际轨道途经中堂并设中堂站,建成后预计可分别30分钟到达广州白云国际机场、深圳宝安国际机场。

(二)人口与经济发展

根据2021年5月东莞市第七次全国人口普查公报,东莞常住人口为10466625人,其中东莞水乡11镇常住人口2665208人,占全市总人口比重25.46%。全市33个镇街(园区)中,人口超过20万人的有20个,水乡地区占4个,分别是虎门、万江、沙田和石碣;人口少于20万的有13个,水乡地区占7个,其中水乡地区人口在10万至20万之间的有5个,人口少于10万的有2个(表1、图2)。

表 1 东莞水乡镇街概况表

地 区	面积 (平方千米)	户籍人口	常住人口	镇区特色
石龙镇	13.83	84985	144762	中国历史文化名镇
石碣镇	36.2	63466	282255	电子名镇、供港蔬菜、英雄故里
望牛墩镇	31.6	53215	86960	国家卫生镇、中国乞巧文化之乡、省教育强镇、省印刷重镇、省技术创新专业镇、省级生态乡镇、省休闲农业与乡村旅游示范镇、省社区教育实验区和市教育现代化先进镇、市文明镇。
高埗镇	34.6	45909	169923	全国文明镇、国家卫生镇、省教育强镇、省生态乡镇、省休闲体育用品专业镇和省曲艺之乡
麻涌镇	91	88113	182416	"中国曲艺之乡""全国美丽宜居小镇""中国美丽乡村建设示范镇""中国最具魅力乡镇"

地 区	面积（平方千米）	户籍人口	常住人口	镇区特色
道滘镇	54.3	6515	159502	"中国游泳之乡""中国曲艺之乡""中国民间文化艺术之乡""中国特色食品名镇""国家卫生镇""省园林城镇""省生态乡镇""省教育强镇""省森林小镇""省文明村镇"等荣誉称号。
中堂镇	60	87389	196890	"全国综合实力千强镇""中国民间文化艺术之乡""国家卫生镇""中国龙舟文化之乡""中国龙舟之乡""中国曲艺之乡""广东省教育强镇""市文明镇"
洪梅镇	33.2	26877	65325	广东省卫生镇、国家卫生镇、广东省花灯之乡、中国花灯之乡、东莞市文明镇、广东省生态镇
沙田镇	107.6	56300	210175	"鱼米之乡"，港口物流重镇，全国龙舟之乡，中国水上民歌（咸水歌）之乡，疍家文化
万江街道	48.6	113000	328856	"龙舟之乡""曲艺之乡""书画之乡"
虎门镇	178.5	168995	838144	岭南历史文化名镇、全国重点镇、中国女装名镇、中国童装名镇、全国服装（休闲服）知名品牌创建示范区、全国纺织模范产业集群、中国服装产业示范集群、国家电子商务示范基地、国家电子信息产业基地、国家特色景观旅游名镇
合计	688.5	794764	22665208	

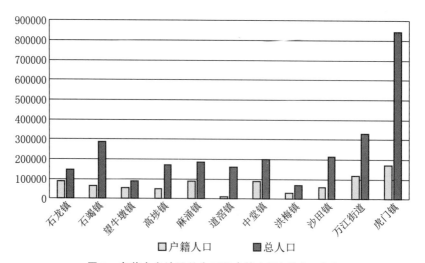

图 2　东莞水乡地区总人口和户籍人口（单位：人）

表 2　东莞水乡地区三大产业产值（单位：万元）

地　区	第一产业	第二产业	第三产业	地区生产总值
东莞全市	325660	63178137	45049701	108553500
石龙镇	129	578984	700538	1279651
石碣镇	4673	1668522	635732	2308927
望牛墩镇	6150	632154	437128	1075432
高埗镇	11003	1190314	568162	1769479
麻涌镇	18512	1685486	1062980	2766978
道滘镇	12578	821322	522564	1356464
中堂镇	23049	975396	631183	1629628
洪梅镇	4981	833241	314545	1152767
沙田镇	23340	1164499	1223383	2411222
万江街道	10357	898635	1026358	1935350
虎门镇	19543	3739998	7122573	7201394
水乡地区合计	134315	14188551	14245146	24887292

2021 年，东莞全市地区生产总值 10855.35 亿元，其中东莞水乡地区生产总值 2488.73 亿元，占全市地区生产总值的 22.93%；全市第一产业生产总值 32.57 亿元，其中东莞水乡地区第一产业生产总值 13.43 亿元，占全市地区第一产业生产总值的 41.24%；全市第二产业生产总值 6317.81 亿元，其中东莞水乡地区第二产业生产总值 1418.86 亿元，占全市地区第二产业生产总值的 22.46%；全市第三产业生产总值 4504.97 亿元，其中东莞水乡地区第三产业生产总值 1424.51 亿元，占全市地区第三产业生产总值的 31.62%（表 2、图 3）。水乡地区三大产业生产总值占地区总生产总值的比重分别为第一产业 1%，第二产业 55%，第三产业 44%（图 4）。2021 年东莞水乡地区经济增长速度快，如 2021 年万江街道实现地区生产总值 193.53 亿元，按可比价计算，同比增长 9.0%，增速快于全国、广东、东莞的平均水平；2021 年石碣镇地区生产总值 230.9 亿元，同比增长 9.8%；2021 年中堂镇实现地区生产总值 163 亿元，同比增长 8.9%。

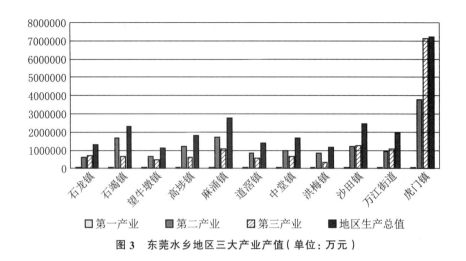

图 3　东莞水乡地区三大产业产值（单位：万元）

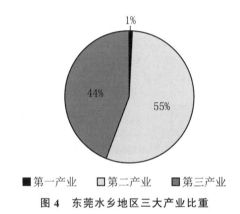

图 4　东莞水乡地区三大产业比重

（三）河网水系发达

东莞水乡属于典型的岭南水乡，被誉为东莞的"鱼米之乡"。区域内有东江北干流和南支流穿过，河涌交错，水网密布，呈现出珠江三角洲典型的水乡基塘风貌。其中，耕地面积超过 52 平方公里，占全市的 35%。河网水域面积 122.4 平方公里，干流和支流总长度约 837.4 公里，河网总密度约 1.64 公里/平方公里（图 5），远高于珠三角地区 0.8 公里/平方公里的平均水平。水是东莞最宝贵的生态资源，更是东莞的文化基因，城市因水而美，因水而兴。水乡分布有大量的桑基鱼塘、水乡聚落，以及以宗祠庙宇为代表的传统建筑，而水乡聚落大多与基塘、水系相伴相生，桥、树、庙、市、埠、涌等共同构成了水乡景观，因水生市、沿河成街，进而形成圩市密集、商贾遍布、规模宏大的水乡聚落空间。近年来，东莞投入巨资整治水环境治理工程，并把以水美城以水兴城，打造岭南水乡的东莞示范作为事关长远发展的重大战略来抓。由于特殊的地理条件，孕育了岭南水乡别具一格的人文特色和自然形态。郭沫若曾这样赞颂它的自然景观："千顷鱼塘千顷蔗，万家桑土万家弦"，而"家家门巷有清泉""百亩榕荫百丈堤""水巷小桥多"也是东莞水乡人文景观的真实写照。

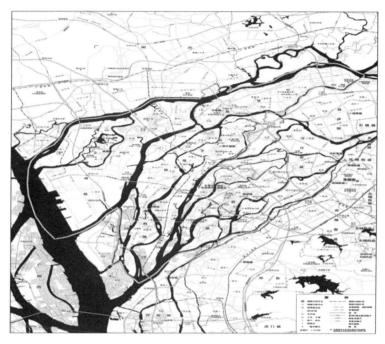

图 5　东莞水乡文化生态区河网水系图

（四）文化生态资源丰富

东莞水乡文化生态区地处珠三角沙田区和民田区交汇处，是岭南水乡传统农耕文化和农业文明的代表地。东莞水乡拥有丰富的物质文化与非物质文化遗产，这些文化遗产是东莞各个历史时期的社会组织结构、生产力发展情况、科技发展

表 4　东莞水乡文化生态资源构成

文化资源	要素构成	表现形式	典型代表
生态文化	水乡自然生态与景观资源	地域风貌、河流水涌、古树名木等	三江六岸、华阳湖、虎门港、虎门大桥、虎门二桥
生产文化	依托地域特征和自然条件，结合水乡人们生产活动所产生的物质文化	农耕文化、饮食文化、特产、手工艺文化等	麻涌香蕉、厚街荔枝、莞草、厚街濑粉、矮仔肠、洗沙鱼丸等
风俗文化	水乡日常社会及行为活动方式	民俗文化、商业文化、节庆文化、风土人情等	龙舟竞渡、乞巧节、花灯节、粤剧、咸水歌、盲佬歌、麒麟引凤

文化资源	要素构成	表现形式	典型代表
居住文化	具有地域特征且风貌较为完整的建筑物	水乡民居、书院、桥梁、历史建筑、祠堂庙宇、街巷肌理等	鳌台书院、黎氏大宗祠、虎门炮台、石龙老街、和甫家塾（大汾）
历史人物	水乡代表性历史文化名人		陈琏、袁崇焕、林则徐、周恩来、陈伯陶、莫伯骥、伦明,蒋光鼐

水平、人类创造认知能力等要素的原真性保存和反映，带有特定时代的历史特征与区域文化烙印，是时代历史遗留下来的历史财富，蕴含丰富的历史文化信息，挖掘整理利用好这笔丰富的文化遗产，对实现东莞水乡经济社会发展与城市品质提升具有很强的现实意义。

1. 东莞水乡物质文化资源

东莞水乡拥有丰富的历史文化资源，包括国家历史文化名镇 1 个、省级历史文化街区 1 处、省级历史文化名村 3 个以及一批文物保护单位，不可移动文物占全市的 15%（表 5）。

表 5　东莞水乡地区物质文化遗产

类　别	名　称	级　别	公布时间
名镇	石龙	国家级	第四批，2008
	虎门	省级	第二批，2009
名村	万江下坝	省级	第三批，2013
	中堂横涌	省级	第三批，2013
	麻涌新基	省级	第三批，2013
历史文化街区	石龙镇中山路	省级	第三批，2012
文物保护单位	虎门林则徐销烟池与虎门炮台旧址	国家级	1982 年 2 月
	石龙广九铁路石龙南桥、石龙公园史迹（含周恩来演讲处、李文甫纪念亭、莫公璧殉难纪念碑、凯旋门）	国家级	2013 年 5 月
	万江金鳌洲塔	省级	1989 年 6 月
	中堂黎氏大宗祠及古建筑群	省级	2002 年 7 月
	道滘国殇冢	省级	2002 年 7 月
	道滘大坟	省级	2012 年 10 月
	虎门村头贝丘遗址	省级	1989 年 6 月
	虎门蒋光鼐故居	省级	2002 年 7 月
	虎门朱执信纪念碑	省级	2008 年 11 月

表 6　东莞现存水乡横渡航线统计

渡 口	航 线	费 用
墟镇渡口 郭洲渡口	中堂镇中心至郭洲村（中堂水道）	非郭洲村村民 每人每次收取 1 元过渡费
樟村渡	樟村至大王洲岛（东莞水道）	非樟村社区户籍人员 每人每次收取 2.5 元过渡费
大王洲渡口鹤田厦渡口	大王洲岛至石碣鹤田厦（中堂水道）	非樟村社区户籍人员 每人每次收取 2.5 元过渡费
沙腰渡口	石碣沙腰至檀香岛（东江北支流）	免费（需要提前预约）

表 7　东莞水乡代表性产业遗址

产业类型	遗址类型	代表性产业遗址
农桑渔林业	田野风光	水乡稻田、香飘四季等
	农田水利	麻涌漳澎运河水闸、等
	生态鱼塘	桑基鱼塘、蕉基鱼塘、果基鱼塘
	山林苗木	中堂花海等
传统手工业	生产类	道滘莞草编织坊等
	生活类	万江新村腐竹作坊、石龙新昌鼓作坊等
货运仓储业	仓库储运	道滘粮仓、博厦旧粮仓（已改造为工农 8 号文创园）、望牛墩望汐坊粮仓等
制造业	国营工厂	东江水泥厂旧址、石龙木材厂旧址、石龙印刷厂旧址、石龙造纸厂蓄水池旧址、高埗自来水厂旧址等
	"三堂"工厂	高埗下江城手袋厂（下江城村饭堂）、石碣水南叶氏宗祠等
	工业园区	道滘三丫叉等
商贸服务业	商贸店铺	石龙民国时期当铺锟生大押、虎门港等

2. 东莞水乡地区非物质文化遗产

水乡片区是东莞市非物质文化遗产资源最集中、最丰富的地区，文化形态具有多样性、惟一性和独特性，极具文化代表性和保护价值。这里是民族英雄袁崇焕的故里，被称为南国红豆的粤剧在东莞水乡历史悠久，具有鲜明的岭南海洋文化、水乡文化特质的咸水歌，是粤港澳大湾区典型的文化符号。加上自由婉转的村落空间，风景如画的水系景观，淳朴浓郁的民俗风情，共同构成绚烂多姿的东莞水乡情韵。目前，东莞水乡市级以上非物质文化遗产项目占比 27.4%（东莞拥有 167 项市级以上非物质文化遗产），是"龙舟之乡""花灯之乡""乞巧文化之乡""曲艺之乡""美食之乡""游泳之乡"，拥有良好的非遗保护传承基础。如国家级非遗项目赛龙舟、龙舟制作技艺等；省级非遗项目乞巧节、麒麟引凤、七夕贡案、道滘裹蒸粽制作技艺、莞草编织技艺、石龙醒狮头制作技艺、石龙新昌鼓制作技艺、咸水歌等；市级非遗项目洪梅花灯技艺、大步巡游、粤曲、龙舟说唱、交盘会等，以及东莞水乡各镇（街）特色文化及节令习俗。

表 8　东莞水乡非物质文化遗产简表

类　别	项目名称	保护单位	市级名录	省级名录	国家级名录
传统体育类	龙舟月	万江区文化服务中心	第一批（2007）	第三批（2009）	第三批（2011）
民俗类	舞木龙	厚街镇文化广播电视服务中心	第一批（2007）	第三批（2009）	
	中堂龙舟景	中堂文化广播电视服务中心	第二批（2010）	第三批（2009）	
	乞巧节	望牛墩文化广播电视服务中心	第一批（2007）	第二批（2007）	
	大步巡游	麻涌文化广播电视服务中心	第三批（2014）	第七批（2018）	
	节马传说	虎门镇文化服务中心		第七批（2018）	
	交盘会	石碣文化广播电视服务中心	第一批（2007）		
	放河莲花	道滘文化广播电视服务中心	第一批（2007）		
	东莞粥品	东莞花园粥城饮食有限服务公司	第一批（2007）		
	东莞小吃	东莞花园粥城饮食有限服务公司	第一批（2007）		
	开灯习俗	洪梅文化广播电视服务中心	第二批（2010）		
	东莞传统婚俗	麻涌文化广播电视服务中心	第二批（2010）		
	疍家传统婚俗	沙田文化广播电视服务中心	第二批（2010）		
	入伙习俗	东城区文化服务中心	第二批（2010）		
	中秋习俗	麻涌文化广播电视服务中心	第二批（2010）		

类　　别	项目名称	保护单位	市级名录	省级名录	国家级名录
民俗类	端阳节	望牛墩文化广播电视服务中心	第二批（2010）		
	鸦片战争民间故事	虎门镇文化服务中心	第四批（2016）		
	新湾渔网编织技艺	虎门镇文化服务中心	第五批（2019）		
饮食技艺类	广式腊味制作技艺	虎门镇文化服务中心		第四批（2012）	
	庾家粽制作技艺	东莞花园粥城服务有限公司	第三批（2014）	第六批（2015）	
	高埗矮仔肠制作技艺	高埗文化广播电视服务中心	第三批（2014）	第六批（2015）	
	东莞粥品	东莞市花园粥城饮食有限服务公司	第一批（2007年）		
	李全和麦芽糖、糖柚皮制作技艺	石龙文化广播电视服务中心	第二批（2010）		
	冼沙鱼丸	高埗文化广播电视服务中心	第二批（2010）		
	厚街什锦菜头制作技艺	厚街文化广播电视服务中心	第二批（2010）		
	道滘蟛蜞酱制作技艺	道滘文化广播电视服务中心	第三批（2014）		
	万江新村腐竹制作技艺	万江区文化服务中心	第三批（2014）		
	东莞腊猪头皮制作技艺	东莞市真宜食品有限公司	第四批（2016）		
	保安围扣肉	高埗文化广播电视服务中心	第四批（2016）		
	林旁粽制作技艺	虎门镇文化服务中心	第四批（2016）		
曲艺音乐类	咸水歌（传统音乐）	沙田镇文化广播电视服务中心	第一批（2007）	第二批（2007）	
	粤剧（传统音乐）	望牛墩文化广播电视服务中心	第一批（2007）		

类　别	项目名称	保护单位	市级名录	省级名录	国家级名录
曲艺音乐类	粤曲（曲艺）	道滘、麻涌文化广播电视服务中心	第一批（2007）		
	龙舟说唱（曲艺）	石碣文化广播电视服务中心	第一批（2007）		
	盲佬话（民间文学）	洪梅文化广播电视服务中心	第二批（2010）		
	道滘木鱼歌（曲艺）	道滘文化广播电视服务中心	第四批（2016）		
传统舞蹈类	麒麟引凤	道滘文化广播电视服务中心	第一批（2007）	第四批（2012）	

三、水乡文化（东莞）生态保护实验区存在的问题

改革开放前，东莞水乡地区城市化水平较低，村落与山、水、林、田、塘、居和谐共生，保持着桑基鱼塘、果基鱼塘等景观，创造了丰富多彩的传统文化，包括世代相传的非物质文化遗产，并与当地自然环境，古村古镇、古建筑相依相存，形成了较为完整的文化生态区域。在快速城市化、工业化过程中，也产生一系列问题。主要体现在以下几个方面：

一是城市的特色与个性渐逝渐弱。历史上的东莞水乡是东莞的文化发源地、工业文明起步区和重要生态功能区，但是在高速城市化的今天，城市的文脉保护与建设在很大程度的减弱了，成为发展的弱势区。

二是生态环境的破坏与非遗自然物质基础的消解。基于东莞"以地生财、自下而上"的发展模式，东莞水乡由于长期缺乏统筹规划引导，自然景观遭受破坏，原来具有鲜明水乡特色的传统生活特征及人居环境也逐渐湮灭。随着河流尤其是内河涌水质的恶化，人们逐渐背水生活，滨水空间吸引力下降与公共性、景观性、亲水性缺失之间形成恶性循环。

三是历史文化遗产生态空间碎片化。在城市化影响下，从农耕村落变成工农混杂村落到城中村，东莞水乡传统村落的历史文化遗产包括码头、巷道、古井、院落、古桥、炮楼、园林、古树、祠堂、书院、庙宇和传统民居等呈现碎片化状态，严重影响东莞水乡的整体文化生态品质。

如何在新时代以深广的中国传统水乡审美视野，开掘出具有东莞气派的水乡文化，如何在具有岭南文化的城市规划中，维护水乡的自然景观与人文景观的和谐发展，如何在保护实验区建设中，呈现"新人新物新生活"的社会景象，都是我们面临的现实问题。

四、水乡文化（东莞）生态保护实验区建设的建议

加强东莞水乡文化生态保护试验区建设，对推动非遗整体性保护，维护文化生态系统的平衡和完整，对提高文化自觉，建设大湾区共有精神家园，增进社会团结，增强民族自信心和凝聚力，推动文化强市建设具有重要意义。具体建议如下：

（一）加强组织领导

坚持"政府主导、规划先行、群众主体、专业推动、社会参与"总原则。保护区实行市、镇、村（社区）三级管理领导机制，由市文化广电旅游体育局牵头，成立保护区建设规划实施领导小组。由市委、市政府分管领导任组长，市直有关部门单位和镇（街）政府负责人为成员。各镇（街）分别成立保护区小组，负责组织落实本地的保护区工作。各级各相关部门按照职责分工，及时落实督导各项建设任务，建立法制化、常态化、规范化的工作机制，有效推动保护区各项建设任务落实。建议设立领导小组办公室，统筹协调文化广电旅游体育局等各职能部门事物，建立东莞水乡文化生态保护试验区联席会议制度，成立专门的业务部门，负责文化资源调查、学术研讨、项目管理、数字化记录、活动推广传播等业务。

（二）健全传承体系

建议市文化部门通过完善保护文化生态保护区范围内的国家、省、市、镇四级非物质文化遗产名录体系，完善四级名录项目代表性传承人认定体系及保护机制。建议由市文化部门与镇（街）联合确立若干以自然环境、物质文化遗产为依托的文化空间，建立非物质文化遗产专题博物馆和传习所以及采取生产性保护等方式，对文化生态保护区内的传统技艺等文化遗产项目加以保护与扶持。具体包括：

一是完善非遗传承设施体系。全市形成市级有非遗专题博物馆（展示馆），镇（街）有非遗展示馆，村（社区）有综合性传习中心的非遗传习传播三级设施网

络体系。

二是构建非遗传承名录体系。建议由市文化部门牵头组织实施非遗传承"十乡百人扶持计划",制定《非物质文化遗产校园职业教育方案》,打造非遗志愿者、镇(街)、市、省、国家五级传承人梯队。

三是搭建多元交流传播体系。积极利用传统民俗节庆、文化和自然遗产日以及文化节等节会,以及电视、广播、报纸、公共文化云平台、微信公众号、微博、抖音等传播载体,建立全方位覆盖、多终端、多通道的文化生态传播平台。

四是强化非遗生产性保护体系。突出融合性保护带动,推进非遗传承保护和文化旅游融合发展,着力打造特色非遗空间、岭南水乡民俗大观园等一批以传统文化项目为主题的文化旅游区。推动生产性项目的融合,打造了一批特色区域品牌。支持"非遗墟市"等推广销售具有岭南特色的非遗产品和非遗衍生品。

(三)提升文化生态环境

自然生态空间是东莞(岭南)水乡文化提升保护的基础,建议市政府及水乡的 11 镇 1 港政府切实提升保护区生态环境。

一是优化水网系统。水系肌理不仅反映了地域自然风貌特征,是岭南水乡文化的重要载体,也是水乡城镇活力的根。紧密结合乡村振兴战略,从水系的综合治理出发,整体、系统、有重点地发掘水系特色,激发城镇活力,加强居民的地域认同感和归属感。

二是打造优雅滨水空间。引入生态要素打造滨水绿带,为市民提供游览和活动的景观设施;将岭南水乡的传统民俗文化、饮食文化融入滨水空间的塑造,通过滨水食街、小型表演场所、室外展览场所,打造具有地方特色的大众休闲空间。

三是营造优雅乡村。保护村落格局,延续地域特色。重点对三基鱼塘、田园、廊桥、祠堂、水埠码头等公共活动集中的节点开放空间塑造与公共设施配给,加强对东莞水乡"民居+传统巷道+河道+传统巷道+民居"的格局的保护,增强滨水空间的开放性和共享性。

四是打造活力都市。紧密结合东莞"品质文化之都"与文化强市建设的契机,将公共空间与消费场所、文体设施相结合,尤其是将庙宇、衙署、墟市、商业会馆等传统元素植入现代公共空间,将公共空间与传统民俗活动融合发展,展示城市历史文化特色。历史街区部分道路恢复步行空间尺度,尽可能地保存街道、水网与建筑的传统关系，形成文化性的商业步行道。在推动自然遗产保护的同时，科学合理有效地引入游赏、旅游活动、科研展示，发挥遗产地独特的吸引力。

（四）强化保障体系

一是加强政策保障。建议市政府将文化生态保护区建设纳入市国民经济和社会发展总体规划、土地利用总体规划、城乡规划，作为全市重点工作统筹推进。制定《东莞市水乡文化生态保护实验区建设管理办法》等政策文件，规范非遗传承人、传习所、展示馆、水乡文化生态设施的发展。

二是提供智力支撑。市文化广电旅游体育局牵头与市自然资源局联动组织开展《东莞岭南水乡文化生态研究》《东莞文化生态保护区建设规划研究》等专题研究，为示范区建设提供智力支撑。

三是提供资金支持。建议设立市文化生态保护区建设专项资金，用于保护区项目建设、非物质文化遗产传承发展保护、重大活动支出以及宣传推广活动，高质量推动示范区非遗设施建设和项目建设。

城市实体书店集团服务延伸与业态多元研究

盛　虎　张开阳

一、引言

　　社会进步与文化消费方式逐步实现了协同发展，城市实体书店不只是图书销售的场所，也是安静看书、品味文化的重要场所。2016 年中宣部等 11 个部委联合发布《关于支持实体书店发展的指导意见》，用简化行政审批、财税金融优惠、和房产土地支持等政策推动实体书店发展；随后各省市相继出台了财政补贴、贷款贴息、土地划拨等政策，支持承担了文化传播等公益职能的实体书店在城市街角和乡村社区等区域布局，在一定程度上实现了"提倡多读书，建设书香社会"的整体构想。国家的"十四五"规划强调"提升公共文化服务水平"，实体书店建设与运营创新可有效实现"推进城乡公共文化服务体系一体建设，创新实施文化惠民工程"这一目标。但是，互联网发展改变了人们阅读方式，数字出版、网络书店、线上书城以及音频视频阅读等不断挑战着传统实体书店盈利模式，实体书店的发展能否顺应互联网阅读市场需求成为行业讨论的话题，根据《中国图书零售市场报告》，2021 年中国图书零售市场码洋规模 986.8 亿元，相对于疫情前的 2019 年下降 3.51%，实体店渠道码洋规模为 212 亿元，相对于 2019 年下降 31.09%。实体书店传统经营模式受到挑战，建成后的实体书店如何顺应图书消费习惯转型而实现店态创新和经营多元，在提升其公共文化服务能力的同时，实现其社会效益和经济效益双丰收，将是继需要解决的问题，也是对 11 部位有关书店发展政策的有效回应。新华书店作为国有实体书店的金字招牌，得到了足够的政策资源支持，更应该在这场经营创新中承担起领头羊的职责，以其资本与规模优势带领实体书店实现创新经营。

二、文献回顾与书店服务延伸下的业态多元

（一）书店服务的顾客体验多维度分析

城市实体书店作为读者知识服务机构，关注顾客体验是实现其服务创新的基础。良好的顾客体验能够给顾客带来满意度、信任感和重复消费需求（BENNETT，2014）[1]，形成顾客的忠诚度而产生重复消费（杨奇星，2019）[2]，提升企业产品市场占有率和财务绩效（GRONHOLDT，2015）[3]，进而推动零售商绩效提升（高芳，2021）[4]。而顾客体验是有多维属性的，关注其认知、情感、社交、知觉反应以及其他社会因素，构建服务的表达体验，可以有效影响顾客的产品和服务的购买冲动（Brakus，2009）[5]。顾客体验可分为认知维度，即对物质性产品、场景等认知和非物质价格、服务等认知（Hirschman，1982）[6]；情感维度，即顾客消费产品时的沉浸度和愉悦度（MUHAMMAD，2014）[7]；社会维度，即服务创造公益价值等（VERHOEF P C，2009）[8]。实体书店作为图书销售与文化服务的场所，受到互联网发展的"去中介化"影响，遭遇严重的生存危机，那么书店实现迭代升级之路，从商品本位转向受众本位，从销售图书转向提供综合服务，从传统出版发行转向数字出版发行（周挥辉，毛军刚2020）[9]，提升其功能性体验、情感体验和社会体验，实现店态经营模式转型升级成为必然。

（二）书店功能多元与收入增长

除了传统图书销售功能外，利用互联网和大数据分析可提升书店的图书销售能力。拓展融合导购、场景体验、文化社交、便捷支付和物流配送等功能，"线上＋线下"结合的多渠道销售方式与一体化物流配送能够加大图书销售量（崔明、于佳丽，2020）[10]；借助大数据对书店客户的年龄、行业、文化程度进行用户画像，可实现图书精准销售（谭宇菲、赵茹，2019）[11]。

"书店＋"衍生业态拓展。图书用户的需求也是多元的，书店逐步衍生功能多业态融合的"书店＋"经营模式，以多元业态满足不同顾客需求（杨青青，2017）[12]。与阅读相关的衍生需求包括数字教育、影视传播、文化用品、电子产品、动漫产品等，那么实体书店可打破行业界限实现多业态融合下商品销售，能够进一步增加单店面积销售额（刘尧，2015）[13]，还可以拓展阅读空间和休闲空间的餐饮、购物服务（王炎龙，2016）[14]。随着顾客需求的增强，书店可以通过"书店＋"的方式形成多业态融合的文化综合体，而与图书消费很相关的文创产

品衍生就是最多的"书店 + 文创"融合形式，随着人文"文化 +"消费需求不断延伸，创新出更多元的功能如民宿、手作、亲子互动等业态融合，甚至与文化艺术相融合而构建出"书店 + 美术馆"、"书店 + 服装店"、"书店 + 家具店"等模式（谭宇菲、赵茹，2019）[11]，多角度功能拓展能够满足读者多元心理诉求，通过多元功能打造，实现场景激活，建构复合文化空间，带去新颖阅读体验，吸引人到店消费，衍生消费增长，带来多元收入（吴赟等 2021）[15]。

（三）优质情感体验阅读场打造与用户吸引

顾客体验的情感体验维度强调了顾客在与情境互动的过程中的沉浸度和愉悦度（MUSA 2014）[7]，情感因素的前因还包括了顾客与服务人员、其他顾客的互动（KLAUS 2012）[16]。实体书店作为公共文化共享空间，通过读者阅读、交流、讨论，以及举办讲座和论坛，可获得情感交流（麦奎尔，2013）[17]。

打造主题化、沉浸式文化场所。顾客体验影响因素包括产品功能（GREWAL 2009）[18]、消费环境（BAKER 2002）[19]等。除了创作和销售精品图书外，书店的销售服务、阅读空间等满足读者情感需求体验的场景打造，使其从单一图书销售场所转化为注重读者阅读体验的精神交流场所（郭佳瑞 2017）[20]，设计以本地文化为基石的场景，营造浓郁主题化文化氛围吸引读者注意，提升读者阅读体验，满足不同地域群体和不同个体情感体验需求，提升用户进店率，最终提高销售额（李森，2018）[21]。随着互联网技术的发展，书店打造互联网平台实现精细化、动态化、个性化和交互式的知识服务，可精准定位用户需求，提升附加值，反哺苗壮主业（陈盼等，2021）[22]。

举办读书活动实现作者与读者之间的情感交流。顾客与服务人员、以及顾客之间交流，可以产生良好的顾客体验（GREMLER，2008）[23]。实体书店可以举办读书会、文化宣传活动、文化沙龙、论坛讲座、亲子阅读、主题演讲等互动性较强的文化活动来联系读者，丰富消费者在店体验，增强情感交流（崔英超，2019）[24]；通过特定主题图书展或者定期开展图书赏鉴，能够让读者与作家、读者与读者进行面对面交流。实体书店还可以效仿音乐厅、剧院、展览馆等形式公开展示艺术作品，增加作品与读者的接触机会，也有利于培养普通民众文化素养（谭宇菲等，2019）[11]。

（四）社会责任承担与品牌延伸

从书店的社会价值方向看，书店经营包含了文化传播，书店要宣扬一种人类精神追随的普遍状态或习惯，通过物质、知识与精神三者相互影响，构成丰富的社会生活（威廉斯，1991）[25]。实体书店是推广人类阅读的最重要实体场所，如果举办各种以读者阅读体验为核心多元化活动，能使读者收获更多的文化熏陶（支磊，2017）[26]。同时，书店与图书馆融合发展，一方面助力于公共文化建设，另一方面助力于书店营销，可实现政府、社会、居民和书店多方共赢（叶勤，2021）[27]。社区书店作为社会最小单位的公共阅读空间，是"推动全民阅读，建设书香社会"工作的重要阵地，是推进全民阅读工作的"最后一公里"，也是社区文化建设的重要内容（朱静雯等，2019）[28]。

（五）研究设计

学者们的研究表明，基于消费者的需求和社会责任的承担，书店需要对其功能实现多元拓展，这些研究对于我国书店发展提供了有益的研究支持。我国书店既有以单店或者连锁形式存在的纯粹书店企业，如止间书店、西西弗书店等；也有以图书销售为主要业务，逐渐演化为图书销售与文化服务相结合的大型书店集团，如我国各省市的新华书店集团、民营书店诚品生活等。基于数据的可得性和研究的针对性，我们以案例研究形式，以大型书店集团为对象，研究书店集团功能延伸下业态多元打造模式，以及功能延伸下业务收入和利润的实现机制，以及功能延伸与社会责任承担下经济效益与社会效益并存机理。通过理论探讨和案例印证，来研究书店功能拓展、业态转型的实施路径，以提升经营绩效和社会服务能力，为实体书店创新发展和书香社会建设提供理论支持。

三、书店集团经营转型的皖新传媒实现路径

（一）案例选择依据及数据来源

安徽新华传媒股份有限公司（上海证券交易所上市，证券代码601801，后简称皖新传媒）是安徽省新华发行集团控股的一家国有书店集团（控股比例70.53%），在安徽、江苏、上海、北京等地拥有793家实体书店网点，形成覆盖安徽全省、辐射周边的完整出版物分销服务及教育服务体系。近年来，该企业近年来致力于书店业务功能拓展、打造读书情感体验、通过各种方式承担社会责任，逐渐走出了以资本为纽带，顺应读书习惯变化，实现书店业务服务延伸和业态多元发展。皖新传媒作为唯一国有上市书店集团，对其进行案例研究，一方面研究国有书店集团功能转型和店态多元的实现机制，以及在书香社会建设中的社

会责任承担；另一方面，可以从其书店功能拓展视角来研究书店业态转型与经营绩效之间关系。论文主要通过巨潮资讯网收集上市公司所披露的年报数据及相关投融资信息，行业相关财务平均数来源于 Wind 资讯对 28 家上市图书出版企业加权平均数，图书出版行业的产业收入和利润数据来源于国家统计局网站。

有着金字招牌"新华书店"的皖新传媒，经过多年的建设与发展，逐步打造出以图书销售、教育服务和物流服务为主的多元业务，实现了书店功能拓展；同时通过线上线下公益读书活动、文化直播活动等，传递书香文化，形成读者情感黏性；而社会责任的承担则是该书店集团亮点，通过参与地方图书馆建设、各类非主流书店建设、中小学生教材发行网点建设等事项，支持着基层社会的教育、阅读等公益事业发展。整体业务模式如下：

（二）图书销售与服务功能拓展

对于书店的功能拓展，皖新传媒主要从图书销售、教育服务业务拓展和物流服务三方面提升其服务能力。

1. 图书销售能力提升

为了顺应消费者对新的阅读方式和购书方式需求，皖新传媒上市以来致力于对传统书店升级改造，打造"咖啡＋书"等业态融合的都市人群碎片化文化休闲场所，并推进图书销售。2011—2017 年间，募集资金累计投资超 3.5 亿元实施书店改造升级，如 2013 年着力打造"前言后记"品牌书店，以经典的"书＋咖啡"功能融合的经营模式，把合肥新华书店三孝口店打造为皖新传媒旗舰书店，开启了多业态融合模式，其店面不再只是销售图书，书店每层都有各自特点和功能，如融合陶艺等艺术品制作和展览、休闲休息等，读者可以在这里喝咖啡、品茶、看展览。后续以三孝口书店作为样板，继续对芜湖银泰城店、安徽图书城店、铜陵图书馆店等实施转型，截止到 2021 年，皖新传媒在安徽、江苏、上海、北京等地拥有 780 家实体网点，形成了覆盖安徽全省城乡、辐射周边的完整出版物分销和知识服务体系。

表 1　皖新传媒书店升级项目

项目名称	累计投资（万元）	投资年份
书店店面改造升级	35511.54	2011—2017

2. 互联网赋能书店销售

皖新传媒按照"终端＋平台"模式，实现互联网赋能书店运营。首先累计

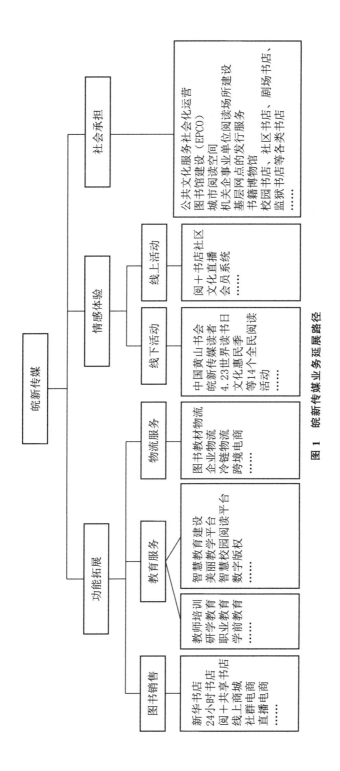

图 1 皖新传媒业务延展路径

皖新传媒

- 功能拓展
  - 图书销售
    - 新华书店
    - 24小时书店
    - 阅＋共享书店
    - 线上商城
    - 社群电商
    - 直播电商
    - ……
  - 教育服务
    - 教师培训
    - 研学教育
    - 职业教育
    - 学前教育
    - ……
    - 智慧教育建设
    - 美丽学校平台
    - 智慧校园阅读平台
    - 数字版权
    - ……
  - 物流服务
    - 图书教材物流
    - 企业物流
    - 冷链物流
    - 跨境电商
    - ……
- 情感体验
  - 线下活动
    - 中国黄山书会
    - 皖新传媒读者
    - 4.23世界读书日
    - 文化惠民季
    - 等14个全民阅读
    - 活动
    - ……
  - 线上活动
    - 阅＋书店社区
    - 文化直播
    - 会员系统
    - ……
- 社会承担
  - 公共文化服务社会化运营
  - 图书馆建设
  - 城市阅读空间
  - 机关企事业单位阅读场所建设（EPCO）
  - 基层网点的发行服务
  - 书籍网博物馆
  - 校园书店、社区书店、剧场书店、
  - 监狱书店等各类书店
  - ……

投资"新网工程"超 2 亿元聚焦于书店网络终端、广告媒体终端建设和电子商务等项目，线上推进电商平台及微店、"阅＋优选"等多种电商营销模式，获客渠道、流量入口不断增加；2021 年在各类平台开设网店 26 家，新增天猫店铺 1 家，旗下 16 个市级书店均上线网店。同时投资皖新文化科技公司和智慧书城运营平台等项目，超 1 亿元打造集图书销售、网络社区与文化交流分享、文化消费的 O2O 社交互联网平台，开发"皖新云书店""皖新云馆配"线上服务平台，打造 APP、小程序、网上商城和公众号服务矩阵，以"社群＋社交＋图书"经营模式推动文化新零售业务发展。如在智慧书城基础上创新建设"阅＋"共享书店，以线下实体书店为依托，扩展包含了"阅＋"微信端、智慧书房、智慧书城、校园订阅号、皖新书院等产品互联网生态圈，实打通用户的图书交流、借阅、售卖等，实现线上线下的会员融合、销售渠道融合、服务场景融合，扩大图书销量。

表 2　皖新传媒互联网平台投资项目

项目类别	项目名称	累计投资（万元）	投资年份
网络终端	新网工程——安徽图书音像及文化商品经营网点建设项目	20193.83	2011—2013
	e 网工程——安徽数字广告媒体网络建设项目	1244.37	2011
	畅网工程——安徽图书音像及文化商品经营物流体系及信息化建设项目	5235.97	2011—2015
	新华互联电子商务有限责任公司	671.87	2017—2020
网络平台	皖新文化科技有限公司	10000.00	2011—2017
	智慧书城运营平台项目	562.76	2016—2019

3. 教育服务能力提升

皖新传媒长期承担着安徽省中小学教材教辅发行工作，建立了强大的物流体系和覆盖安徽全省的教育服务网络及教育服务专员体系，是拓展教育服务的排头兵。以此为营销平台，结合自身教材教辅内容优势，对所服务中小学开展智慧学校建设项目、教育装备及多媒体运营服务项目和"皖新 K12 教育云·智慧整体解决方案"等数字化教学平台建设与运营等，开拓了以硬件建设与运营的多媒体业务，这也在一段时间内成为公司业务增长的主要来源。

表 3　皖新传媒教育服务能力投资项目

项目名称	累计投资（万元）	年 份
安徽皖新金智教育科技有限公司	1161.00	2012—2016
安徽皖新金智科教创业投资合伙企业	129184.91	2013—2018

4. 物流平台发展

为了满足多渠道销售模式以及自营需求，皖新传媒自 2012 年陆续投资了三家供应链子公司，以保障图书、尤其是教材物流体系的安全与顺畅。2020 年疫情期间，这些深入基层的物流体系，为中小学生及时拿到教材进行网上教学发挥了重要作用。2016 年后，皖新传媒依托自身在物流体系长期经营经验，逐渐将物流体系拓展到企业物流、冷链物流和跨境电商领域，开始以重资产投入方式，增加多元业务收入。同时，建设数字化出版发行产业园，链接多元主体实现图书消费延伸的产品满足。

表 4　皖新传媒投资项目

项目名称	累计投资（万元）	年份
安徽皖新供应链服务有限公司	2200.00	2013
亳州皖新供应链管理有限公司	500.00	2015
合肥皖新供应链管理有限公司	10000.00	2015—2021
皖新皖南物流园项目	7035.42	2016—2020
黄山皖新物流园项目	7890.16	2015—2020
皖北物流园项目	12777.49	2016—2021
仓储自动化工程	1592.72	2017—2018
皖新数字化出版发行产业园	22671.00	2015—2021

（三）图书阅读的情感体验提升

顺应用户文化消费新需求，皖新传媒以读书会、文化交流会等形式，让读者线上线下交流来加强情感体验。自 2014 年开始每年都会组织各具特色的专业读书会、主题文化活动等线下活动，持续打造以"新华书店、前言后记、读书会、布克乐园、阅生活"等为代表的文化商业品牌集群，其中"黄山书会"品牌经过多年培育取得了较大的影响力，2021 年开展专家宣讲、专题展示、"千师讲堂""万人共读"等活动 4000 多场次，服务读者 1600 万人次。在线上活动方面，皖新传媒开展系统化、常态化文化直播活动，如 2021 年打造的皖新云书店新媒体传播平台，开展直播 1164 场，线上互动量数百万人次。线上线下的文化活动以高质量文化供给增强人民群众文化获得感、幸福感，满足读者和顾客的情感体验，获得用户黏性。

表 5　皖新传媒情感体验提升的文化活动

活动类型	活动名称	影响力
专业读书会	"中国黄山书会"	2020 年 500 多家出版单位、100 余家网上书店将在线下线上展示展销 20 余万种精品图书
专业读书会	"院士进校园"、"名师名家进校园"	中小学学生
阅读体验提升活动	"皖新传媒读者节"	2020 年举办 300 余场，线上线下参加约 83 万人次
主题文化活动	4.23 世界读书日	2020 年观看人数 77.4 万人，开展阅读推广活动 1372 次
主题文化活动	"万场七进"	积极推进全民阅读"进农村、进社区、进学校、进机关、进企业、进军营、进监狱"

（四）书香社会建设的责任承担

皖新传媒在社会承担方面主要集中于建设新型公共文化项目和推进全民阅读。在公共文化项目建设上，主要参与地方公共图书馆建设：2014 年建设以收藏展示线装古籍善本为主的书籍博物馆；2015 年打造全国首家图书馆与实体书店结合的铜陵新华书店图书馆店，逐步探索将书店的盈利项目与图书馆的公益项目进行有效融合；经过多年探索，2019 年逐步打造出"设计、采购、建设、运营一体化"一体化专业服务（EPCO）的政府公共图书馆建设与运营模式，服务于地方政府。在推动全民阅读上，建设运营城市阅读空间，打造独具文化特色的书店分布在商圈、学校、社区的城市阅读空间，以"图书馆＋书店"的"馆店一体"模式，实现市民"借书、看书、买书"的"三位一体"阅读服务，构建功能多元的 15 分钟阅读圈和最后一公里全民阅读服务体系；2018 年还推出"共享读书会"产品模式，全力推进党政机关企事业单位阅读场所建设。皖新传媒建设和运营城市空间项目 62 个，运营空间 4.7 万平方米，通过开展文化直播、文化活动将近 2000 场，对推动全民阅读，完成全民阅读"最后一公里"等工作做出了富有成效的贡献。截至 2021 年末，公司承接运营各类公共文化服务项目 92 个、总面积 16.9 万平米，主要运营服务指标处于全国领先水平。

表 6　书香社会建设的责任承担活动

活动类型	项目名称	影响人群
公共图书馆建设	为颍东区捐建了三个图书电子阅览室，捐助图书 8000 余册，电脑及配套设备 16 台	不详
公共图书馆建设	城市阅读空间项目 68 个，实际运营 55 个，运营面积约 3.9 万平方米，总藏书量约 146 万册	不详
全民阅读建设	"阅+"平台项目，已扩展包含"阅+"微信端、智慧书房、智慧书城、校园订阅号、皖新书院等产品，积累粉丝数达 307 万，成为安徽文化类第一公众号	不详
全民阅读活动推广	举办公益讲座 12 场	参与人数超 5000 人举办万场七进活动 10030 场

四、皖新传媒业态多元对企业经营的影响

（一）书店业态多元对营业收入的影响

随着皖新传媒的功能拓展，服务能力不断提升，营业收入每年有近 10 亿元的增长，从 2011 年不足 30 亿元迅速增长到 2021 年超 101 亿元。通过与图书出版行业的整体经营数据对比分析表明（图 2），皖新传媒相对于整体图书出版行业收入增长而言较高，但近两年来表现疲软；其构建的以图书销售为主，多功能拓展下的多元业态下收入增加是实现企业收入增长高于行业平均水平的重要因素。在具体营收的贡献上：

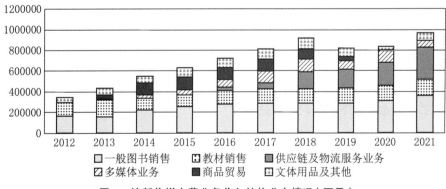

图 2　皖新传媒主营业务收入结构分布情况（万元）

1. 图书与文创销售增长

由于书店翻新，购物环境改善，以及 24 小时书店、共享书店发展，"阅 +"平台打造的"线上 + 线下"多渠道销售模式拓展，皖新传媒一般图书销售不断增长，由 2013 年的 15 亿元增长到 2021 年的 35.92 亿元的销售额，多措并举正是提升其销售额的重要因素。如三孝口店和淮南书城转型成为全球首家共享书店，当年书店周均客流较共享书店增长 125%，同期书店营业收入同比增长 19.47%；智慧书店平台升级下"阅 +"文化新零售服务体系，多平台聚合大量图书用户，带动文创产品销售，由 2012 年的 5 亿元增长到 2018 年的超过 10 亿元；电商渠道拓展也是实现图书销售增长的最重要因素，2021 年全年实现电商销售收入 1.67 亿元，同比增长近 80%。文化活动和书香社会建设等社会责任的承担，提升了书店品牌，增强产品销售吸引力。

2. 教材及多媒体业务发展

皖新传媒依托其教材发行业务资质和强大的教材物流体系，实现了稳定的教材销售收入，保持在 15 亿元左右。除了教材销售，公司通过组织"院士进校园"、"名师名家进校园"、"中小学阅读成长计划"等推动全民阅读与中小学生知识服务的教育服务项目，承担社会责任，逐渐形成了服务于基层教育部门和学校的强大能力，抓住了义务教育数字化升级机遇，依托其内容优势和产品需求精准定位，逐渐放大其服务于学校的数字教育服务多媒体业务，增加公司收入来源，由 2013 年 1 亿元，增长到最高的 2020 年 11.41 亿元，2021 年降到 7.11 亿元。

3. 物流业务的延伸发展

基于长年教材物流累积的能力，皖新传媒逐步将一些资产嵌入到供应链及物流服务领域，形成专业企业物流、冷链物流和跨境电商，构成了公司新的收入来源。其业务规模由 2016 年 3000 多万元，增长到 2021 年近 30.4 亿元，为公司业务持续增长做出巨大贡献。但是其重资产业务模式与图书行业轻资产运营产生一定的矛盾，也很难有原有经营管理经验溢出，这一业务是否协同还值得商榷。

（二）业态多元下的盈利能力分析

业态多元的发展，增加了企业收入，同时也大幅增加了利润。但是功能拓展和社会活动承担承担中，产生的大量成本，也对利润产生了一定的影响。

1. 业态多元拓展下利润提升

皖新传媒业务的多元发展，实现业务收入的大幅上升，利润也跟着上涨，由

2012 年 5.02 亿元增长 2017 年的 11.34 亿元，到 2021 年净利润 6.4 亿元。但图 2 的数据表明皖新传媒净利润水平波动率要高于图书出版行业整体利润率，且自 2015 年以来，其利润增长率一直低于行业整体水平。

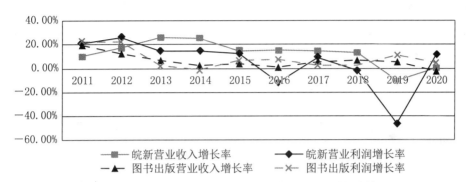

图 3　皖新传媒和图书出版行业的营业收入和利润增长率情况

进一步对皖新传媒的业务利润情况进行分析，基于数据的可得性，我们将上市公司 28 家图书出版企业的相关财务数据进行加权平均，得到相关的行业平均值，并对皖新传媒相关经营数据进行对比研究，见图 3，我们发现，皖新传媒一般图书销售基本保持着 35% 左右的毛利率，高于行业水平 3 个百分点左右，而教材销售毛利率水平只有 22% 左右，低于行业水平，教材销售并不是想象的那么赚钱；同样多媒体业务毛利率虽然有上升，但是毛利率低于 10%；但是对业务增量贡献较大的供应链及物流业务毛利率由 6% 下降到 2%，重资产经营模式大幅拉底了资产价值创造能力，这可能就是皖新传媒相对于行业而言，利润水平不占优，且呈现波动性大的原因。

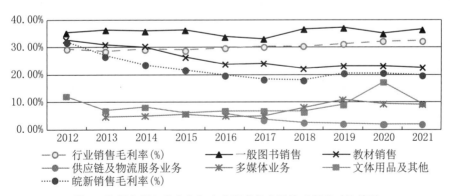

图 4　皖新传媒各类业务与上市图书行业平均毛利率对比情况

2. 功能多元下财务成本支出增加

经过 2014、2015 年通过对书店转型运营的投资，以及举办一系列文化社会活动，耗费了大量现金流资源，资产负债率逐步走高，到 2014 年达到 28%。2016 年和 2018 年将部分书店资产证券化方式分别融资 3.75 亿元和 6.9 亿元，把资产负债率下降到 2018 年 22%% 左右。但从 2016 年以来开始大力向物流领域投资，导致资产负债率逐渐上升，这也给经营利润的增长带来压力。

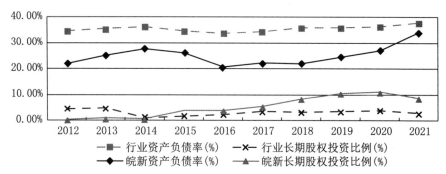

图5 皖新传媒和上市图书行业平均的资产负债率、长期股权投资比例情况
（长期股权投资比例 = 长期股权投资 / 总资产）

3. 情感体验和社会责任承担下的费用支出分析

皖新传媒的情感体验和社会责任承担，需要投入很多人力和财力资源开展各种图书文化活动和社会公益活动，其销售人员、销售费用以及相关管理费用等大幅增加。销售费用和管理费用分别由 2012 年 4.48 亿元，2.82 亿元上涨到 2021 年 8.28 亿元和 4.73 亿元，增长明显。这些费用的增加，降低了公司利润率，但是实现了其公益价值。根据年报披露，公司在 2020 年举办的"中国黄山书会"13 个主题场馆图书展销活动和 300 多场线上线下阅读推广活动，吸引约 10 万人次参加；以"读出自己的世界"为主题举办首届"皖新传媒读者节"活动，

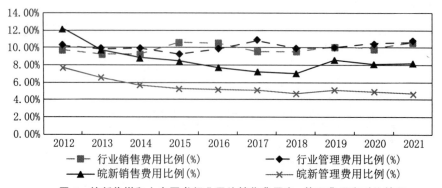

图6 皖新传媒和上市图书行业平均销售费用率、管理费用率对比情况

期间全省门店图书零售额同比增长 12.9%；"春天云阅读"为主题的 4.23 世界读书日活动，举办直播活动 261 场，图书销售同比增长 31.6%。可能由于良好的管理制度，相对于整个行业而言，皖新传媒两项费用的控制力还是很强的，低于行业水平。

（三）股东回报分析

皖新传媒通过书店购物环境优化、渠道拓展和多元业务的开发，实现了收入和利润的增长，在 2012—2016 年间净资产报酬率 ROE 和总资产报酬率 ROA 不断上升，达到了历史顶峰，分别为 17.22%、11.36%，也高于行业 2 个百分点左右。不过在业务发展中，2016 年后依靠供应链及物流业务带来了营收总的突破，但是该项业务的重资产属性，大幅拉低资产盈利能力，使其 ROE、ROA 不断下降，到 2021 年分别只有 5.94% 和 4.18%，与同是上市公司同行业平均水平相比，ROE 低出近 5 个百分点，ROA 低于近 3 个百分点。以重资产拓展业务的模式，虽然能够突破业务瓶颈，增加收入，但是大幅拉低了资产的盈利能力。依托非相关业务拓展带来的业务增长可能并不一定适合图书企业的发展。

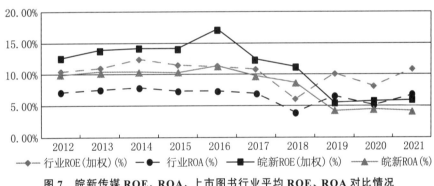

图 7　皖新传媒 ROE、ROA、上市图书行业平均 ROE、ROA 对比情况

五、结论与启示

由于人们文化消费习惯转变和数字出版、网络书店、短视频等冲击，实体书店需要进行经营转型，以顾客体验为主导的书店功能多元化、情感体验提升、社会价值承担是转型升级的方向。国有书店集团皖新传媒的转型发展分析发现，其书店店面装修升级和互联网、智能化发展、以及各类读书活动、全面阅读推广等社会文化活动的承担，使其图书销售和文创产品、学校智能教育系统建设等业务获得了突破性发展，在实现业务收入和利润的增长的同时，也实现了文化传播和

书香社会建设的社会价值，很好地诠释了书店集团发展的成功转型路径。但是，受制于区域经营下图书销售为主的文化产业发展空间限制，皖新传媒以巨额投资拓展重资产经营模式的物流与供应链业务，虽然跨产业经营带来了业务突破性增长，但与以轻资产运营为主的图书出版主业有着很大差异，很难有业务协同，给集团带来了沉重的资本支出和成本压力，导致股东回报率持续下降。

通过上述研究，我们得到如下启示：（1）对于一般实体书店而言。实施店态转型升级以及多元服务开发，是实体书店发展的方向，尤其是以互联网平台实现精准服务与产品匹配，是实体书店转型发展的方向；同时，读书活动、全民阅读推广等的活动开展，能有效吸引顾客，实现了社会效益和经济效益的统一，这一模式值得推广。（2）对于大型连锁综合经营型书店集团而言。除了加大传统书店装修实现店面环境升级外，依托连锁书店庞大客户流量，打造互联网文化消费数据平台，深度挖掘用户消费需求，拓展业务多元的店态经营模式，打开收入增长空间具有重要价值；而配合国家文化推广活动，开展各类系列化读书活动和全民阅读推广等活动，既是大型书店集团的社会责任承担，也是实现用户互动，做活互联网平台的有效途径；当然作为国有新华书店集团，承担了基础教育的教材发行工作，那么如何用好这一营销渠道，打开学生校园学习外的多元文化消费空间，有很多的商机可以挖掘。（3）区域化的经营垄断，无形中阻隔了书店集团跨区域业务整合，使其业务发展遭遇行业"天花板"，基于市场化上市融资带来的经营压力，皖新传媒通过跨越文化产业的物流业务突破，使其收入打破业务"天花板"，但是不同经营模式却很难产生实质性的利润增长，同时在不断增加了债务，这种业务扩展模式存在一定的风险。那么，行业主管部门如何制定相关政策，合理放松行业内的区域管制，许可和鼓励优秀出版发行企业实现跨区域业务发展，做大做强整个产业，这在政策层面上需要突破与创新。（4）对于文化管理的政府相关部门而言。推动书香社会建设意义重大，遍布城市各类空间的实体书店是开展各类文化活动和推广全民阅读的最好实体依托，案例分析表明，做书香社会建设的活动推广，需要实体书店大量人、财、物投入，所以基于公共服务产品生产而提供合适的财政补贴是必要的，也是这一模式可持续性发展的前提。

参考文献

［1］LIN Z, BENNETT D. Examining retail customer experienceand the moderation effect of loyalty programmes［J］. International journal of retail & distribution management, 2014, 42（10）: 929—947.

［2］杨奇星，王京安，欧瑞秋. 二三线城市购物中心顾客体验、顾客满意和顾客忠诚关系的实证研究［J］. 商业经济，2019（01）: 125—129.

［3］GRONHOLDT L, MARTENSEN A. Customerexperience management and business performance［J］. Internal journal of quality and service sciences, 2015, 7（1）: 90—106.

［4］高芳. 零售商服务互动风格与顾客体验价值的相关性研究［J］. 商业经济研究，2021（08）: 53—56.

［5］BRAKUS J J, SCHMITT B H, ARANTONELLO L. Brand experience: what is it? how is it measured? does it affect loyalty?［J］. Journal of marketing, 2009, 73（4）: 52—68.

［6］HOLBROOK M B, HIRSCHMAN E C. The experiential aspects of consumption: consumer fantasies, feelings, and fun［J］. Journal of consumer research, 1982, 9（9）: 132—140.

［7］MUHAMMAD N S, MUSA R, ALI N S. Unleashing the effect of store atmospherics on hedonic experience and store loyalty［J］. Procedia. social and behavioral sciences, 2014, 130: 469—478.

［8］VERHOEF P C, LEMON K N, PARASURAMAN A, ROGGEVEEN A, TSIROS M, SCHLESINGER L A. Customer experience creation: determinants, dynamics and management strategies［J］. Journal of retailing, 2009, 85（1）: 31—41.

［9］周挥辉，毛军刚. 新华书店的迭代升级与品牌振兴研究. 中国编辑. 2020，（11）: 44—48.

［10］崔明，于佳丽. 零售4.0时代实体书店转型之服务创新——基于服务质量差距的书店服务［J］. 科技与出版，2020（01）: 95—102.

［11］谭宇菲，赵茹. 从空间体验到文化理性：实体书店经营转型的发展进路［J］. 编辑之友，2019（11）: 75—79. DOI: 10.13786/j.cnki.cn14-1066/g2.2019.11.013.

［12］杨青青. 实体书店转型浪潮下的出版新视野［J］. 编辑学刊，2017，

No.172（02）：18—21.

　　［13］刘尧.以"用户思维"谋求实体书店转型的思考［J］.出版发行研究，2015（10）：47—49.

　　［14］王炎龙，吕海.基于空间生产视角的实体书店转型探究［J］.中国出版，2016（08）：23—27.

　　［15］吴赟，闫薇，陈曦.激活场景：实体书店融合发展的基本思路、核心内容与效果评估.出版广角.出版广角.2021，（20）：56—59.

　　［16］KLAUS P，MAKLAN S. EXQ：Amultiple-item scale for assessing service experience［J］.Journal of service management，2012，23（1）：5—33.

　　［17］斯科特·麦奎尔.媒体城市：媒体、建筑与都市空间［M］.邵文实，译.南京：江苏教育出版社，2013：182—220.

　　［18］GREWAL D. Customer experience management in retailing：an organizing framework［J］.Journal of retailing，2009，85（1）：1—14.

　　［19］BAKER J，PARASURAMAN A，GREWAL D，VOSS G B. The influence of multiple store environment cues on perceived merchandise value and patronage intentions［J］.Journal of marketing，2002，66（2）：120—141.

　　［20］郭瑞佳.中国独立书店向"非营利性组织"转型的可行性探讨［J］.现代出版，2017（02）：30—32.

　　［21］李淼."去"书店：基于场景的实体书店转型策略与实践［J］.编辑之友，2018（11）：37—41.

　　［22］陈盼，钟瑛.实体书店精细化知识服务创新研究.中国出版.2021，（08），39—42.

　　［23］GREMLER D D，GWINNER K P. Rapport-building behaviors used by retail employees［J］.Journal of retailing，2008，84（3）：308—324.

　　［24］崔英超.互联网时代实体书店的文化转型——以上海特色书店为例［J］.编辑之友，2019（03）：21—27.

　　［25］雷蒙德·威廉斯.文化与社会［M］.吴松江，张文定，译.北京：北京大学出版社，1991.

　　［26］支磊.民营书店非书经营模式探索［J］.出版广角，2017（12）：54—56.

[27]叶勤.试论公共图书馆与实体书店融合发展中的战略营销管理.新世纪图书馆.2021，（03）：18—21

[28]朱静雯，王佳敏.实体书店转型之光，照亮全民阅读道路［J］.出版广角，2019（06）：14—17.

（盛虎，中南大学人文学院教授，中南大学融媒体发展研究中心执行主任，管理科学与工程博士；张开阳，中南大学商学院应用经济学硕士研究生。本文系湖南省社会科学成果评审委员会重大课题："双平台"模式下湖南出版产业协同发展研究，项目批准号：XSP21ZDA008）

传统村落绅士化演进与文化再生研究——以下坝坊为例

罗瑜斌

在中国实行乡村振兴战略的大背景下如何实现乡村经济振兴与文化振兴是值得探讨的现实问题。本文通过实地踏勘、文献检索和村委座谈等多种形式对东莞传统村落下坝坊的绅士化演进过程以及对乡村文化的影响进行研究，发现下坝坊绅士化演进经历了初始期的机缘巧合、发展期的迅速走红和稳定期的文商之争三个阶段，而在这三个阶段中文化相应呈现出单一传统文化、多元复合文化和二元并置文化的三种形态。面对商业化的冲击导致传统文化的衰退提出了下坝坊未来文化再生的发展策略，以期对国内开展乡村振兴工作有所启示。

2017年党的十九大报告中提出乡村振兴战略，指出乡村振兴必须传承发展提升农耕文明，走乡村文化兴盛之路，实施乡村振兴战略是传承中华优秀传统文化的有效途径。乡村文化在近40年中国高速城市化进展中伴随着乡村百万自然村的消失而失去了生存根基，如何在仅有留存的乡村中挖掘、传承乃至植入文化，实现乡村的经济振兴与文化振兴是亟待解决的现实问题。《东莞市乡村建设规划（2018—2035年）》（以下简称《规划》）提出按照"产业兴旺、生态宜居、乡风文明、治理有效、生活富裕"的总要求，以建设"城乡高质量融合示范区、湾区都市魅力栖居地"为总体目标定位推进东莞乡村振兴。《规划》将村庄发展模式划分为三大类，即城中村型村庄242个，半城中村型243个，传统农村型69个。下坝坊位于东莞万江街道坝头社区，属于城中村型，是城镇发展潜力区，重点通过多种改造方式建设成新型城市社区。坝头社区包括上坝村和下坝坊，虽然两村仅有一河之隔，但却呈现出截然不同的乡村风貌，上坝村以农民新村的面貌出现，但下坝坊却保留着大量的传统民居，是岭南水乡文化保存较为完整的传统村落，也东莞最具代表性的文化创意型历史街区之一。本文通过实地踏勘、文献检索和村委座谈等多种形式研究下坝坊的绅士化演进以及对乡村文化的传播与影响，试图对如何同时实现乡村经济振兴和文化振兴的现实问题进行探讨，提出的策略建议希望能对国内开展乡村振兴工作有所启发。

1 国内外研究现状

城市绅士化（Gentrification）是20世纪60年代末西方发达国家城市中心区更新中出现的一种社会空间现象，其特征是城市中产阶级以上阶层取代低收入阶级重新由郊区返回内城（城市中心区）。[1] 1964年，英国社会学家Ruth Glass首先提出"城市绅士化"的概念。[2] 由于西方国家逆城市化和居民消费方式的转变，绅士化突破城市界限，以资本形式进驻乡村，造成乡村空间异化和重构，乡村经历着与城市相似的绅士化进程。[3] 乡村绅士化是指移民从城市迁入乡村地区，通过对一定的经济资本的利用，来达到对乡村的自然环境与独特的生活方式及文化氛围的体验与消费的过程[4] 而对于乡村独特的文化特质与自然环境的消费，又会引发乡村地区的文化内涵与物质景观进一步的演变与重构，尤其是对乡村地区的经济结构、人口结构以及绅士群体与本地的乡村居民直接的冲突与协调，产生十分深远的影响。[5—7] 尽管绅士化现象自诞生之日便饱受争议，但其对乡村经济的拉动及乡村文化的传承与保护作用不容忽视。因而，若在合理的认识与控制下，乡村绅士化必将成为我国新农村建设以及乡村复兴的新路径，客观上填补乡村经济的资本缺口。[8] 我国学者对乡村绅士化的研究从近10年才开始，还处于起步阶段，关于乡村绅士化引发的乡村经济、人口、空间结构等一系列的变化已经引起了国内学者的关注，但相关的文献论述不多，已有的文献主要关注乡村绅士化对乡村产业空间和人口变迁的影响。而本案的研究聚焦于同时拥有省级历史文化名村和市级历史文化街区称号双重身份的下坝坊，具有一定的代表性，如何在乡村绅士化的演进中实现空间活化的良性循环以及文化资源的再生利用，达到同时实现乡村经济振兴和文化振兴的目的是本文关注的重点。

2 下坝坊绅士化演进历程及其影响

下坝坊位于东莞万江、南城与莞城的交界处，属万江街道坝头社区，立村于明代，是以詹姓为主的宗族聚居村落。据族谱记载，现坝头社区詹姓为明太祖时期由江西省饶州府鄱阳县（现江西鄱阳县）迁徙而来。建国前坝头社区被称为詹屋码头，因"码"与"坝"音近，后改称坝头。坝头社区行政划分为两条自然村，坐东向西的村称为上坝村，坐西向东的村称为下坝坊，两村之间隔着厚街水道。仅有一河之隔的两个村落命运迥然。上坝村在2009年东莞开展的"三旧改造"运动中迅速拆除了大片传统民居而在原地建新村，而下坝坊却因一批文艺经营者的入驻彻底扭转了被拆除的命运，幸存下来的下坝坊在此后的十几年中经历了乡村绅士化的演变过程。与乡村绅士化一般理论认为的中产阶级以牺牲低收入群体利益为代价，侵入乡村地域的一种阶级导向的人口运动，并以此引起房价上涨、土地变更、人口阶层极化以及文化转型等乡村空间重构的过程[9、10]不同，下坝坊因中国特有的农村土地政策和其特殊的身份和地理区位，故表现出来的绅士化演进的特征有别于西方乃至国内出现的乡村绅士化，并未出现因艺术家入驻带来的学生绅士化现象[4、11]。下坝坊绅士化演进大致经历了初始期、发展期、稳定期三个阶段。

2.1　初始期的机缘巧合

改革开放后，下坝坊经济得以快速发展，村民生活渐渐富裕起来。2003年下坝与上坝合并为坝头社区，由村改为社区，为了改善村里的居住环境，下坝开始在老村西面建新村，随后原住民开始搬往条件更好的新村居住。随着原住民的搬离，下坝古村的祖屋逐渐闲置下来。2009年，东莞"三旧改造"如火如荼地开展起来，由于下坝坊内许多祖屋年久失修，属于高危房，因此被东莞政府列入旧改项目中，原计划全部拆除。2010年一位来自湖北的文艺女青年张小染鬼使神差来到下坝坊并一眼相中了詹氏宗祠旁边的一座老旧的大队部旧址建筑，并以高于当初市场价10倍的价格租下这栋房子，将其改造成一家独立品牌创意工作室，取名"蔷薇之光"。这样一栋讲过阶级斗争"文革"故事的老房子在设计师的"装扮"下摇身一变变成了集服装品牌设计、休闲咖啡聚会于一体的文艺场所，吸引了大批新闻媒体竞相报道，下坝坊人气大增，一时间"蔷薇之光"成了网红景点，而下坝坊也因此成了炙手可热的投资宝地。据詹村长介绍，当年找他商谈，欲在下坝租老宅子的人每天都络绎不绝，而"蔷薇之光"也确如其名地成就了下坝坊的星火燎原之势。

2.2　发展期的迅速走红

2011年，菩提莊、可琴轩等店入驻下坝坊并开张，也获得了较好的评价，同时提升了下坝坊的文化艺术水品。早期进入的店铺多以艺术家工作坊性质为主，如蔷薇之光为服装设计师的个人工作室加上咖啡店的模式，而可琴轩也是琴类收藏以及教学工作坊。这类商户不仅注重自身工作环境的提升，也注重传统村落风貌的保持。当时，许多艺术家们通过媒体宣传、朋友介绍或者参观之后，都将自己的工作室搬进了下坝坊，也形成了一股艺术界的风气，提升了下坝整体的文化内涵。2012 年，随着下坝的名声越来越大，许多餐饮商户也看准了这个商机，开始纷纷进入下坝。如清花醉月、此时此刻、小窝等，它们的进入使下坝的业态多元化起来：创意产业、餐饮、酒吧等。[12] 据统计，当时下坝坊进驻的文化产业分为三大类别，包括文化保护与体验系列的企业 16 家，如"38 号矮房子"藏吧、"木楼阁床吧"苗族文化体验馆、"菩提莊"茶文化交流所、"那些记忆"红酒文化推广基地等等；创意设计文化产业系列 24 家，如"东地素舍"画廊、"福窑陶艺"工作室、东延艺术馆、铿锵坊手工艺术创作室等等；影视表演艺术文化产业系列，如刘汉超音乐学堂、"可琴轩"古琴制作教室等等。艺术家的青睐使得下坝坊由默默无名的小乡村转变成东莞最具代表性的文化创意型的历史街区之一。2012 年 8 月下坝坊成功入选为第三批广东省历史文化名村。

2.3 稳定期的文商之争

2013 年之后，大量的经营者涌入下坝，传统民居基本都被商家租用下来。随着游客数量的急速上升，老房租金的水涨船高，加之环境越来越商业化，许多艺术家纷纷选择撤离下坝。根据 2014 年坝头社区业态调查上看，登记在户的商户共有 82 间，其中除了一家旅馆、一家桌游、三家艺术工作室之外，其他的商户全部是餐饮相关的，而餐饮中又有 80% 以上是经营饮品为主的。从 2015 年进行的调研上看，老村落区域内的用于居住的房屋仅剩 12 户，除去一些废弃的屋子以及少量的公建配套外，其他的全部用于商业经营。商家共有 75 家，从采样上来看，经营类的商铺中有经营酒水的占 79%，有经营餐饮的占 63%，有布置展览的占 5%，有经营创意产业占 5%。[13] 截至 2021 年曾经是下坝"招牌"的创意设计和文化机构如"蔷薇之光"、"福窑陶艺"、"东地素舍"、"菩提莊"、"可琴轩"等等均已撤离或者向具有更高消费标准的酒吧转型，大量清一色的餐馆、清吧已经占领了曾经多元的文化创意之地（图 1）。

3 下坝坊文化演变与再生之路

纵观下坝坊的整个绅士化演进过程，我们不难发现下坝坊的绅士化是由文艺

图1　下坝坊2012—2021年文创与餐饮产业占比演变图
（资料来源：作者自制）

工作者、艺术家和商户等中产阶级因看中传统村落异于城市的景观风貌、休闲氛围以及商业价值而进驻，通过利用一定的经济资本，来达到对乡村的自然环境与传统文化的体验与消费。但随着下坝坊的文化创意功能的逐渐消失，文化也随着空间功能、人口结构以及产业变化而出现了翻天覆地的变化。对应上述下坝坊经历绅士化的初始期、发展期、稳定期三个阶段，文化形态亦相应经历了单一传统文化、复合多元文化和二元并置文化的转变。

3.1　空巢下单一的传统文化

在下坝坊经历绅士化的初期，几近空巢，文化依附在遗存的物质躯壳上。虽然下坝坊保留着詹氏祠堂和绍广詹公祠两座祠堂，詹氏祠堂首进挡中屏门上悬御赐"奉旨崇祀邑名臣"木金匾一方，此外还有一座张王爷古庙、一个古渡口、两个风水塘、七颗国家三级古树以及清代至上世纪八十年代期间所建民居270多幢。但这些物质文化遗产的价值一直被漠视甚至险些全部拆除。

3.2 文艺的迁入促进了复合的多元文化

下坝坊绅士化的发展期吸引了大量的文艺青年及文化创意机构入驻，使得这一时期的文化呈现出传统文化与外来文化相互交融的共生状态。下坝坊有着岭南传统村落独特的梳式布局以及青砖、红砂岩民居和冷巷等传统景观，犹如磁铁一般吸引着文创工作者，依托传统村落衍生的文化创意产品，如服饰、陶艺、茶艺、琴艺、画廊等等与自然环境相交辉映，展示和丰富了传统文化的内涵。而外来文化如"38号矮房子"藏吧，以弘扬藏文化为主题，"那些记忆"作为红酒文化推广基地等等也进一步拓展了下坝的文化外延。文化的多元共生也因彼此的交流碰撞而进一步推动了下坝坊的绅士化演进。这种由商家主导的自发改造，推动了下坝坊空间肌理的再造，使原本分散、独立、以居住单元为主的传统乡村空间肌理转换为有节奏、多元化、以经营单元为主的文创空间肌理。在肌理再造的过程中，下坝坊的岭南水乡肌理并没有被破坏——原有房屋基本都得到了保留和修缮，新建的构筑物与原有建筑尺度相当，新植入的半公共空间也基本嵌于原有的肌理中。这种因地制宜的改造方式使下坝坊既可以保留传统街巷空间宜人的空间尺度，又可以营造丰富的空间氛围，增加了空间的趣味性。[14]文艺工作者们对下坝坊传统建筑的外立面、内部空间的装修乃至庭院空间的改造都会有意凸显传统建筑的材质肌理，保留青砖、木雕、红砂岩、硬山顶等传统要素，而新加入的玻璃连廊、铁艺栏杆、木质地板等也会考虑与传统建筑的协调，使得改造后的下坝坊依旧保持着传统风貌。

3.3 商业化冲击导致二元并置文化

传统村落具有地域特色和民族印记的传统文化是艺术家和设计师寻找灵感和设计原型的重要资源，而在艺术家和设计师的创意设计下，依附于传统村落的在地文化、地域特色、民俗风情、手工工艺等也得以新的面貌呈现，这能让传统文化很好地融入现代生活。但是在下坝坊进入绅士化的稳定期后文化再次由多元趋向单一。受到商业化的冲击迫使艺术家和设计机构撤离，使得原本可再生的下坝传统文化资源逐渐中断。清一色的餐馆、清吧单纯以盈利为目的，店面装修不再考虑与传统建筑的协调关系而日益商业化，花里胡哨的建筑立面比比皆是，过度的商业化装修掩盖了下坝坊传统村落的原始面貌，为拉拢顾客而播放的高音喇叭破坏了传统村落宁静的氛围，经营到深夜的酒吧也严重影响了原住民的休息。这一时期下坝坊的文化表现为以商业文化为主、传统文化为辅的二元并置文化。

3.4　未来文化再生策略

在市场的逐利下，下坝坊的主导功能由居住转向文化创意，又由文化创意转向商业娱乐，空间改造主体也由村民转变为文艺工作者，进而变为商户。最初由文艺工作者迁入对传统空间的再发现，一方面提升了传统空间的文化与社会价值，使得空间增值，另一方面更多经济资源的导入，使得市场与商业力量最终驱逐了创意与艺术，导致创意人群的疏离、创意街区的异化和创意城市的发展悖论。[15] 下坝坊绅士化稳定后期出现的商业驱逐文化创意的现象似乎并未引起东莞市政府的重视，目前代表政府意志的坝头社区居委没有出台任何政策对入驻的商户设置门槛，完全由商家和村民自行谈判决定，租金越高者自然得利，而谁来维护传统文化、谁来经营传统文化没有定论。因此在市场利益的驱逐下，下坝坊与东莞市政府所期待的"文化创意休闲区"的定位渐行渐远[16]。

下坝坊在政策滞后的情况下继续发展下去很有可能演变成毫无特色的乡村酒吧街，过渡的商业开发虽然短期经济可观但终将吞没传统文化的底色。因此当商业开发到一定程度后必须反哺文化培育，如此才能达到乡村经济振兴与文化振兴的双赢局面。下坝坊的激活最初是一种自下而上的市场自发行为，市场催生的力量对下坝坊的活化起到非常好的促进作用，这在下坝坊经历的绅士化初始期和发展期都有明显效果，但当下坝坊到了绅士化的稳定期，出现商业驱逐文化创意的现象后我们认为政府有必要进行干预，制定政策引导下坝坊往更理想的方向发展。下坝坊未来文化再生之路可以尝试从以下几个方面入手：

（1）政策引导与资金补助。政府及时出台相关政策引导下坝坊商业业态。文化创意要成为商户入驻下坝坊的附加条件，即商家可以经营餐饮、酒吧，但必须同时起到文化推广的作用，比如增加当地非遗技艺制作展示（龙舟文化、麒麟文化、腐竹制作等等），或者开发琴艺、曲艺等等与当地传统文化相关的文化创意内容，以此丰富下坝坊的文化形态。此外，对于继续在下坝坊经营的文艺工作者要给予补助，鼓励设计和开发本土文化产品。当然，并不是艺术家将最前沿的艺术话语注入地方，艺术就能成为"生产力"这么简单，[17] 艺术家必须尊重村民的主体性，以保护当地自然环境、原有建筑以及当地居民生活习俗为前提，然后才是个人艺术理念的植入和呈现。[18]此外，还需艺术家与村民共同努力，用多方参与的形式共建艺术乡村，转变目前两者毫不相干的状态。

（2）村民参与共同规划。下坝坊原村民住在附近的新村，与老村保持着一塘之隔。村民的在下坝老村的活动大多都在入口的大榕树下，偶尔也去祠堂排练曲目。他们几乎不去下坝坊商店里消费，不参与下坝坊的艺术表演和空间改造，与游客、商家都保持一定的距离。但毕竟村民才是乡村振兴的主体，是乡村经济真正的主人，也是乡村振兴真正的内在动力。乡村振兴只有以内力为主、外力为辅才有希望，才可持续。因此在制定下坝坊保护和发展规划时，在进行下坝坊传统建筑修缮时都要将村民纳入进来，村民可以在传统村落的文化延续、产业发展、生态保护、治安管理等方面有所作为，并从中获得教育，提高自身素养。

（3）传统风貌保护与传统文化活化。制定下坝坊建筑改造指引，规定改造后的建筑立面和内部空间必须与传统风貌相协调，不允许在传统建筑表面刷上掩盖原本建筑材质的涂料，尊重建筑本色，保持传统风貌。此外，还要深入挖掘东莞万江社区非遗文化，将詹氏祠堂、绍广詹公祠改造为"龙舟说唱"或者展示传统手工技艺的场所，如粽子制作技艺、腐竹制作技艺，并定期举办民俗活动，将传统技艺融入当地居民生活，成为大众参与的娱乐方式，使其不负"岭南水乡文化泛博物馆"的美誉。

4 结语

在中国实行乡村振兴战略的大背景下如何实现乡村经济振兴与文化振兴是值得探讨的现实问题。乡村绅士化是对空巢状态下的传统村落活化资本的有益补充和文化资源开发的有益尝试。本文以东莞下坝坊为例，探讨了下坝坊绅士化演进经历的初始期、发展期和稳定期三个阶段，以及所呈现的单一传统文化、多元复合文化和二元并置文化的三种文化形态，并针对下坝坊面临的商业驱逐文化创意的困境提出了未来文化再生的发展策略，以期对国内开展乡村振兴工作有所启示。

参考文献（References）

［1］朱喜钢，周强，金俭.城市绅士化与城市更新——以南京为例［J］.城市发展研究，2004，11（4）：33—37.

［2］Glass R. London：Aspects of Change［M］. London：Centre for Urban Studies and MacGibbon and Kee，1964：30.

［3］Phillips M. Rural gentrification and the processes of class colonization［J］. Journal of Rural Studies，1993，9（2）：123—140.

［4］何深静，钱俊希，徐雨璇等. 快速城市化背景下乡村绅士化的时空演变特征［J］. 地理学报，2012，67（8）：1044—1056.

［5］Ghose R. Big sky or big sprawl? Rural gentrification and the changing cultural landscape of Missoula，Montana［J］. Urban Geography，2004，25（6）：528—549.

［6］Nelson B P. Rural restructuring in the American West：Land use，family and class discourses［J］. Journal of Rural Studies，2001，21：395—407.

［7］Cloke P，Thrift N. Class change and conflict in rural areas//Marsden T，Lowe P，Whatmore S. Rural Restructuring［M］. London：David Fulton，1990：165—181.

［8］张娟，王茂军. 乡村绅士化进程中旅游型村落生活空间重塑特征研究——以北京爨底下村为例［J］. 人文地理，2017，154（2）：137—144.

［9］Thrift N，Williams P. Manufacturing rural geography?［J］. Journal of Rural Studies，1987，3（1）：77—81.

［10］Cloke P，Little J. The Rural State? Limits to Planning in Rural Society［M］. New York：Oxford University Press，1990：51.

［11］杨婷婷，钱云，马俊杰. 超大城市边缘区艺术引领型村庄绅士化进程及空间演变［J］. 面向高质量发展的空间治理——2021中国城市规划年会论文集，2021（9）：122—132.

［12］张晗. 城市历史社区的自发性改造更新策略研究——以东莞下坝坊为例［D］. 华南理工大学硕士学位论文，2016.

［13］方正媛. 东莞下坝坊自发性改造风貌控制导则研究［D］. 华南理工大学硕士学位论文，2017.

［14］李郁，郑佳芬. 文化创意植入下的村庄空间改造——以东莞下坝坊为例［J］. 城市师，2016，32（8）：76—80.

［15］吴淑凤.迁入者与创意街区的社会建构——基于一种绅士化的视角［J］.城市规划，2019，43（6）：90—96.

［16］东莞市自然资源局.《东莞市万江街道龙湾片区控制性详细规划》，2021.

［17］张颖.异质与共生：日本当代艺术乡建诸模式.民族艺术［J］.2020，（3）：20—28.

［18］赵红.艺术乡建——艺术村、农民版画合作社两种模式的探析.百花［J］.2020，（3）：68—71.

（罗瑜斌，女，东莞理工学院文学与传媒学院城市规划讲师，博士，国家注册城乡规划师，主要从事城市文化遗产保护研究）

东莞村史馆建设情况问题与建议

卢晓晴

　　村史馆，又称村史档案馆、村史博物馆、乡情陈列室、村史展览馆、村史文化馆，它是以文字、图片、图书、实物、多媒体等形式，展现村落的历史、文化、经济、社会状况，兼具收藏与展陈、教育与娱乐、保护与传承等功能的村（社区）公共文化设施。

　　东莞有悠久灿烂的农业文明历史。改革开放以来，在现代化与经济全球化的浪潮推动下，东莞的乡村面貌发生了翻天覆地的变化，传统农耕文化遭受严重冲击，多样性不断减弱，同质化现象愈发明显。因此，在推动乡村振兴，重构乡土文化图景，继而培养村民对生养之地的归属感和自豪感，村史馆建设是一个很好的载体与抓手。目前，东莞 32 个镇街的 554 个村（社区）建有 81 个村史馆（文化馆），虽形式多样，但良莠不齐，非常有必要高质量建设村史馆，打造东莞乡情文化新名片。

一、东莞村史馆建设情况分析

（一）东莞村史馆建设历史发展

　　东莞村史馆建设是近 20 年的事情，大致分三个阶段：一是 1997—2009 年，属于东莞村史馆建设起步阶段。从 1997 年常平袁山贝文昌阁村史展开始，到 2009 年石龙忠维村村史室、虎门大宁村史馆，共建成 10 个村史馆。二是 2010—2018 年，属于东莞村史馆建设发展阶段。主要有 2010 年桥头迳联社区村史展览馆、虎门新湾疍家文化展示馆等 21 个村史馆（包括 2018 年黄江镇党建主题馆）。三是 2019—2023 年，属于东莞村史馆建设大建设阶段。在不到五年时间里，共建成 50 个村史馆。此期正值东莞乡村振兴全力推进，东莞村史馆建设取得长足发展。

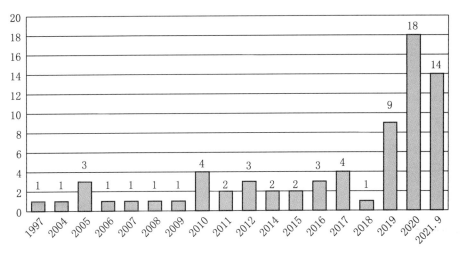

东莞市村史馆建设情况年表图

（二）东莞村史馆建设的主题类型

从已建成的东莞村史馆主题内容看，大致可分成五大类：

一是红色记忆。东莞是鸦片战争的发源地，东江纵队的根据地，爱国侨胞的多产地，改革开放的先行地，有一大批红色记忆。如石排下沙村东江纵队历史、茶山寒溪水村爱国华侨史、常平桥梓村中共东莞县委机关遗址、清溪的土桥村革命战争年代红色文化以及广缘庵东江纵队路东平部训练班旧址、厚街新围村与溪头村、长安霄边农会旧址、南城水濂村史馆等。

二是乡风文脉。东莞自然村落大多由中原氏族迁入而形成，在发展过程中既保留了中原文化，又融合了土著文化和外来文明，创造出独具一格的岭南文化，形成了语言、建筑、风俗各异的且具特色的自然村落。东莞村史馆建设也是乡风文脉的传承史，其中代表性有洪梅黎洲角村史馆、中堂潢涌陈列馆、常平桥梓文化馆、企石江边村史馆、桥头迳联社区村史馆、茶山南社村史馆、樟木头官仓史馆等。

三是特色农业。东莞村史馆建设过程中，有一些则突出特色农业发展。如石碣梁家村集中反映省标准化蔬菜基地建设，沙腰村则突出反映供港蔬菜基地与唯美水族观赏鱼经济，新基村史馆展示麻涌香蕉的历史成就，黄江北岸社区用重点单元展示柑橘及荔枝特色果林经济、大岭山鸡翅岭村的女儿香、虎门沙角村的渔业、南城周溪社区的生态农业等。

四是工业强村。东莞改革开放后涌现了一大批以产业带动经济发展，从而推动乡村振兴。如中堂潢涌、塘厦林村、长安乌沙村、石龙忠维村、大朗巷头村与求富路社区等在村史馆建设中集中展示他们的发展成就，尤其是特色工业发展，如潢涌的造纸业、巷头村的毛纺织业、沙腰村的电子工业等。

五、专题馆。东莞村史馆还有一些特色专题馆，包括名人故居与名人事迹展，如虎门陈超故居、蒋光鼐故居、村头卢礼屏生平事迹展，桥头邓屋村邓氏族人事迹展、常平横江厦村李任之纪念馆；宗族文化展，如凤岗邓氏纪念馆、横沥村的琚元公祠与邓氏公祠等；专题文化展，如大岭山鸡翅岭女儿香婚俗文化馆、大朗巷头村木偶剧展、桥头大洲村莫家拳展、茶山寒溪水村华侨文化、常平桥梓文化馆的周敦颐文化、塘厦的江夏书院、茶山的下朗村国学馆，以及石碣的沙腰、梁家村、水南村与谢岗泰园社区的知青文化专题等。

二、东莞村史馆建设存在的主要问题

在乡村振兴背景下，东莞正在通过村史馆（文化馆）建设，探索既符合现代审美又具有纪念意义的文化空间，来传承本土文化、唤醒乡土集体记忆、找寻失落的村落归属感，取得了可喜的成就，但也存在不少问题。

（一）对村史馆建设意义领会不深。习近平总书记指出："乡村文明是中华民族文明史的主体，村庄是这种文明的载体，耕读文明是我们的软实力。"东莞不少村（社区）在村史馆建设的认识上模糊，行动上不够重视，文化与品质差强人意。一是存在片面追求数量、定位不明确、同质化严重；二是部分村落本身缺乏历史积淀和文化内涵，村史馆纯粹沦为老旧物品的陈列馆，无法发挥文化传承作用；三是在没有科学论证、长远规划、高水平设计，建成后又因缺乏资金和运行机制而长期闲置。

（二）对村史馆建设资源挖掘较浅。村史馆是承接传统文化和现代文化的独特空间，为乡村振兴保存历史底稿，为市民留下乡韵乡愁，为教化子孙后代留下宝贵的精神财富。东莞村史馆建设有一些非常好的经典，如中堂潢涌、常平桥梓、塘厦林村、长安乌沙、石碣水南村等，但东莞绝大多数村史馆仅局限于对村落发展的简单记录，对农耕时代的物件陈列过于简陋，没有从历史沿革、村落文化、民俗风情、乡贤名人、产业发展等为重点，深入挖掘和展示乡村发展变迁的历史轨迹，体现独特性与潜在价值，打造独具特色的乡土文化名片。

（三）对村史馆建设社会教育功能展示不充分。一些在建村史馆，忽视其社会教育功能，一些村史馆兼顾上级各部门宣传要求，涉及基层治理、安全教育、党史教育等方面，内容混杂。实际上，村史馆在强调历史意义和作用的同时，要推动乡村社会的现代化发展，要将传承传统文化与发展农村现代文明相结合，有针对性地进行创造性转化与创新性发展，满足乡村群众多样性的文化需求和教育下一代的历史任务。

（四）对村史馆建设制度保障薄弱。目前，东莞村史馆建设主要由村（社区）主导，特色精品村政府给予一定财政支持，但大多数村史馆缺乏科学的评价指标体系，缺乏政府统筹规划，一定程度上降低了村史馆的"含金量"。

三、东莞村史馆建设的对策与建议

习近平总书记在中央城镇化工作会议上指出，要"望得见山，看得见水，记得住乡愁。"乡村文化振兴是乡村振兴的铸魂工程，而文化振兴需要一些载体，村史馆就是非常好的优秀乡村文化的传播平台。在强调民族文化自信的今天，系统梳理、继承、发扬优秀乡村文化，是在农村建立公序良俗，实现乡村全面振兴的重要途径。针对目前东莞市村史馆建设存在的问题，主要建议如下：

（一）进一步明确村史馆建设意义，发挥"三个家"作用。

村史馆作为乡村公共文化服务体系的重要组成部分，不仅要满足群众的文化需求，还具有培育公民精神、增强文化认同，助力区域发展的功能。具体表现为：

一是发挥"存史之家"作用，把村史馆建成"以史致远主阵地"；

二是发挥"育人之家"作用，通过文化塑造，唤醒群众记忆、守望乡愁，从历史文化的"收纳箱"转变现代精神文明的"百宝箱"；

三是发挥"资政之家"作用，通过解剖村落历史变迁、宗族发展、良风善俗、名人先贤等，把人文历史感染力转化为乡村振兴的具体行动。

（二）深入挖掘历史文化资源，注重村史馆的内涵建设。

每一个村庄都有自己的历史记忆，也都有属于自己独特的精神谱系，要让村史馆真正成为成风化人的场所，真正成为凝心铸魂的"圣地"，内涵建设是关键。

一是接地气。坚持从村庄实际出发，因地制宜，集思广益，充分挖掘本乡本土文化之魂，增强互动性、贴近性，让老百姓在村史馆中看到家乡的发展史、先辈的奋斗史。

二是要冒热气。要贴近村民的生活体验与心理感受，通过挖掘鲜活的村史，充分展示乡土文化、民俗风情、名人事迹，反映村民的奋斗创业历程，激发村民对美好家园的荣誉感、归属感。

三是要聚人气。村史馆既是乡村公共文化的服务平台，也是激活乡村文化记忆的活教材。要用无声的印记与良善的民风民俗、家风家训揭示一个村庄的力量所在。要以孝老爱亲、民俗文化、邻里生活等百姓关注的题材为切入点展开创作，通过丰富多彩的乡音、乡情、旧事、民俗等形式，使村史馆更加聚人气。

（三）重视特色发展，注重品牌塑造

一是坚持"一村一品"。"一村一主题"，"一村一特色"，通过村史馆讲好当地乡村故事，传播好当地农民乡音，展现本地特色，努力实现在差异中凸显特色，避免村史馆建设模式化。

二是坚持"以馆促治理"。村史馆建设要健全乡村文化治理体系，共塑良好村风民风，通过村史馆建设培育乡村"亮"点，拓宽村落发展路径，助力乡村高质量发展。让历史遗物和特色文化讲故事，发展好农业创意文化产品，做出品牌，做成产业链，积极地走出去，展现出真实、立体、全面的乡土中国，将文化的吸引力转化为农业产业和旅游产业发展的推动力，促进当地各项事业的有机关联，实现价值最大化。

三是立足当下，打造品牌。村史馆建设不仅要留住乡村历史，更要推动农村传统文化与农村现代文明融合发展。要在乡村振兴战略下，借助村史馆这个载体，实现对当地历史文化价值和精神价值的再认识、再挖掘、再利用。作为农村社会生活和伦理重构的途径，建设村史馆可提升农村文明程度。在倡导优秀家风、村风和民风的过程中，把乡村文化、旅游开发、文物保护和村镇建设结合起来，增强乡情村史陈列室的产业化功能，为美丽乡村建设注入新的文化内涵。通过宣传运营达到文化传播和推广的目的，打造具有鲜明地域特色的村史馆文化品牌，进而推动乡村经济社会协调发展，实现乡村的全面振兴。

四是强化村史馆的教育功能。要把村史馆作为凝聚村民、教育村民、引导村民的阵地，发挥主流价值理念的导向和规范作用，与村民的生活结合，同村民观念、行为的养成结合，推动农村精神文明建设。

（四）加强村史馆的保障机制建设

一是加强组织领导。坚持"政府领导，专家指导，镇办监管，社区主导，村

民自治"的运营模式，明晰各方角色定位，充分发挥各自优势，共同参与建设，建议出台《东莞市—镇—村史馆建设指引》，挖掘利用地情文化资源，创新打造"让城市留住记忆，让人们记住乡愁"的系列地情馆，发挥地情文化社会效益，形成地方文化自信，让历史文化和现代生活融为一体，推动东莞城市品质提升。

二是体制机制创新。推动村史馆建设步入法治化、规范化、可持续发展轨道。包括创新经费投入机制、用人机制、推进机制、考核机制。突出"一村一品"，统筹安排，科学制定村史馆建设规划和支持政策，分期分批开展村史馆评估和建设工作。

三是发挥人才优势。依托地方高校、东莞方志馆、博物馆等人才优势，加强定点帮扶和业务指导，对文物古迹、文化遗产、传统技艺、名人故居等文化素材进行搜集整理、系统保护、艺术设计，高质量推动村史馆建设。

四是注重后期运营维护。既要建好村史馆，更要用好村史馆，让村史馆持续成为留住乡情、凝心聚力的加油站，体验民俗、发展旅游的纪念馆，为乡村振兴注入新内涵与新动力。

北京城市志愿文化的发展、理念与传承途径

刘亚红

习近平总书记指出，志愿事业要同"两个一百年"奋斗目标、同建设社会主义现代化国家同行。志愿服务是一项平凡而崇高的事业，在新时代大有可为、大有作为。志愿服务具有深刻的历史性和时代性，它强调遵从个人意愿，不以营利为目的，致力于推动社会进步与和谐发展，其所体现的"奉献、友爱、互助、进步"精神能够促进城市文明建设，有助于构建和谐社会。在当下，志愿服务已成为衡量一个国家和地区社会结构及其文明程度的显著标志。志愿文化是彰显北京"志愿之城"文明水平的重要因素。志愿文化具有强大的感召力与凝聚力，能为城市沉淀特殊的软实力和竞争力。志愿文化，始终与城市精神同频共振，将内生需求化作主动行动，成为维系城市民众生活的精神纽带。文化力很大程度在于话语权，直接反映文化的价值与软实力。北京作为首善之区，可以在全社会营造人人有爱、人人参与、人人尽力、人人受益、人人共享的城市文明。

一、志愿服务与文化对北京具有重要意义

（一）志愿服务是北京城市发展的重要课题

组织和举办具有全球影响力的赛事对于北京推进国际交往中心建设至关重要，志愿者人口比例关系城市发达程度，北京志愿服务事业已经站在了新的历史起点。2008 年北京奥运会后，北京城市发展进入了新的历史机遇期。2010 年经国务院批复的北京城市发展总体规划提出，到 2050 年左右，北京将建设成为政治、经济、文化、社会、生态全面协调可持续发展的城市，进入世界先进城市行列。2014 年 2 月，习近平总书记考察北京时对北京的核心功能进行了明确定位，即全国政治中心、文化中心、国际交往中心、科技创新中心，要求努力把北京建设成为国际一流的和谐宜居之都。2015 年 6 月，中共中央、国务院印发实施《京

津冀协同发展规划纲要》，对北京的核心功能定位再度明确。2017 年 9 月，北京发布《北京城市总体规划（2016 年—2035 年）》，明确北京的一切工作必须坚持"四个中心"的城市战略定位。北京以举办重大活动为契机，进一步加强"四个中心"功能建设、提高"四个服务"水平。2020 年《北京推进国际交往中心功能建设专项规划》确定了"一核、两轴、多板块"的空间布局，擘画了未来 15 年国际交往中心功能建设的发展蓝图。2021 年《北京市"十四五"时期加强国际交往中心功能建设规划》提出 7 个方面 31 项重点任务，成为未来五年推进国际交往中心功能建设的"施工图"。北京在给全世界彰显独特魅力的同时也经受了城市治理、重大赛事组织等各方面能力的综合检验，中国和北京给全世界交出了完美的答卷。

（二）志愿文化是北京城市发展的精神资源

北京举办奥运会与冬奥会意义重大，不仅给北京城市发展注入新动力，而且也为北京城市治理积累了丰富的经验。志愿服务的形成与发展，同一个国家和城市的发展历史进程息息相关，北京"双奥"契机为志愿服务实践开辟了全新的行动与发展空间。北京冬奥会为中国留下了丰富的奥运遗产，北京奥运遗产需要持续焕发活力。北京冬奥会体育遗产包括运动赛事、竞技水平、场地设施、人才队伍等方面。北京奥运带给民众的不仅仅是竞技体育层面的胜利和硬件设施的全面升级，更是骨子里的自信与观念上的改变。北京冬奥组委发布的《北京 2022 年冬奥会和冬残奥会遗产案例报告集（2022）》总结提炼了冰雪运动普及发展、冬奥场馆、科技创新、环境保护、城市更新、区域协同、文化传播、奥林匹克教育、志愿服务、包容性社会建设等多方面的亮点成果。

冬奥志愿服务遗产保护是"后奥运时代"的重要方面。在奥林匹克运动遗产中，志愿服务遗产可圈可点。2008 年的奥运会是中国人百年奥运梦的实现，全国上下以极大的热情筹备奥运会，其中招募了大量的志愿者。被录用的赛会志愿者人数达到了 7.7189 万名，有近 40 万的城市志愿者、20 万的啦啦队志愿者和近百万的社会志愿者。志愿服务创造了巨大的经济、社会和文化价值。从经济价值层面来讲，经过测算，赛会志愿者贡献了 2 亿小时的服务，按北京市平均的最低工资计算，大概具有 42.75 亿元的经济价值。在中国的志愿服务发展史上，北京奥运会是里程碑式的事件，它提升了志愿理念，奠定了中国志愿服务的社会基础，并且通过志愿服务促进了文化交流、具有重要的文化价值。志愿服务遗产包括有高效的志愿者招募、培训和团队建设，志愿者的激励管理制。这些不仅有效地发扬了志愿文化，而且为奥运后的大型赛事、重大活动积累宝贵经验。

奥运遗产的利用与开发，不仅在于场馆设施为民众所利用，更重要的在于奥运精神与文化的传承与发扬。文化是最为复杂的社会现象，对人具有强大的驱动力和掌控力以及深远的影响力和引导力。让志愿服务在中国大地普及、繁荣、强盛，根本在于文化建设。文化会对整个社会产生潜移默化、深远持久的影响。志愿文化是社会发展到一定阶段的产物，是一个社会文明程度的重要标志之一。志愿文化建构就是以"奉献、友爱、互助、进步"的志愿精神为核心的文化建设与社会氛围的形成。2022 年北京冬奥会秉持"绿色、共享、开放、廉洁"的理念，以"让奥林匹克点亮青年梦想，让冬季运动融入亿万民众，让奥运盛会惠及发展进步，让世界更加相知相融"为目标。冬奥会是传播志愿文化的重要场域，可以发挥志愿者的重要作用，强化志愿文化的传播力，提高志愿文化的影响力。以北京举办双奥为契机，志愿服务精神将在国际国内形成良好的传播效应，能够更大程度地将志愿文化的核心理念深入人心。志愿者的积极参与不仅保障了冬奥会期间各项服务工作的顺利进行，而且也促进了志愿文化的形成和扩散。北京成功的志愿服务经验和成绩应由"现象"深入"文化"，从而更好地发扬志愿文化的深远影响力。

二、北京城市志愿服务与文化的发展历程

北京志愿服务的发展源头可以追溯到 1987 年，从带有强制性的义务运动到国际化、项目化、品牌化方向的发展，体现了不同的发展理念。2020 年修订的《北京市志愿服务促进条例》强调首都特色化发展的道路，强调用党建引领基层志愿服务、大型志愿服务、应急志愿服务的建设。

按照志愿服务体系逐渐完善过程，将我国的志愿服务的发展过程分为五个阶段：萌芽与初创阶段（1949—1980）、初步建立阶段（1981—1990）、组织体系形成阶段（1991—2000）、国际化与本土化同步发展阶段（2001—2007）、志愿服务事业全面发展阶段（2008—2013）[①]，这从整体上展现了志愿服务从社会动员活动，到各类志愿者组织建立，再到国际化、全面化发展的过程。按照志愿服务

---

① 魏娜. 我国志愿服务发展：成就、问题与展望［J］. 中国行政管理，2013，（07）：64—67.

形式的变化分为四个阶段：新中国成立至 20 世纪 80 年代初，以"义务运动"为特征的发展时期；80—90 年代初期，以社区志愿服务为主要形式的演变发展和过渡时期；1993—2008 年以奥运会、青年志愿行动出现为标志，中国志愿服务事业全面发展并迅速壮大的时期；"后奥运时代"，上海世博会的开展、志愿服务机构与制度的不断完善，是志愿服务稳定发展的时期。[①] 基于上述两种分类，结合北京志愿服务的发展历程来看，北京作为首都，其志愿服务与全国的整体发展历程具有一定的同步性，都是由起初的义务活动，转向社区学雷锋活动，再到向青年志愿服务和国际化发展。因此，本文基于北京志愿服务特点及发展理念，将北京志愿服务发展分为五个阶段：

（一）响应党和国家号召的义务运动阶段

新中国成立至 20 世纪 80 年代初，志愿服务以政治建设和道德教育为主要目标，是为了改善国家和社会的落后面貌，助力国家基础设施建设的爱国性义务运动，党和国家的介入较强，自发性较弱，具有一定的政治色彩。[②] 如，为了对抗美国细菌战展开的爱国卫生运动、响应毛主席"绿化祖国"号召而展开的全民植树运动以及大批青年在建设工地、企业生产中的加班加点与主动承担"急难重"事务的奉献行为。

（二）基于雷锋精神的社区志愿服务阶段

1963 年 3 月 5 日，毛泽东发出向雷锋同志学习的伟大号召。"雷锋精神的时代内涵集中体现在为人民服务、助人为乐的奉献精神，干一行爱一行、专一行精一行的敬业精神，锐意进取、自强不息的创新精神，艰苦奋斗、勤俭节约的创业精神。"[③] 基于雷锋精神的社区志愿服务项目陆续开展。例如，1983 年北京宣武区团委开展的"综合包户"的学雷锋志愿服务项目，致力于对社会孤寡病残人和军烈属展开长期、固定、定向的志愿帮扶。[④]1989 年，北京市宣武区天桥街道成立了第一个以社区志愿者为核心的"邻里互助协会"，深入小巷开展理发、维修电器、裁剪等服务，并将每月的第一个周六设定为"学雷锋志愿服务日"。[⑤]

① 张萍，杨祖婵 . 中国志愿服务事业的发展历程［J］. 当代中国史研究，2013，20（03）：41—49+124.
② 陆士桢：《中国特色志愿服务概论》，北京：新华出版社 2017 年版，第 149—150、273 页。
③ 张仲国等：《雷锋精神与志愿者行动》，北京：中国财政经济出版社 2013 年版，第 1—2 页。
④ 1983 年 9 月 15 日《北京日报》1 版，《引导青年用共产主义思想处理相互关系并从中得到锻炼 宣武区"综合包户服务"值得推广》。
⑤ 2003 年 03 月 05 日《北京青年报》，《"小巷雷锋"播文明 志愿服务创新风》。

（三）青年志愿服务项目广泛开展阶段

1990—2001 年，北京青年志愿者开始广泛参与到志愿服务中，大量青年志愿服务项目陆续开展并且向扶贫、养老领域拓展。1990 年，第十一届亚运会在北京召开，成立了"首都高校亚运会义务服务大队"，提升了高校青年在志愿服务中的参与度。1993 年 12 月，共青团中央在《在建立社会主义市场经济体制进程中我国青年工作战略发展规划》中，将志愿服务作为"跨世纪青年文明工程"的一项重要内容。① 随后，"中国青年志愿者行动"项目随着在京广铁路沿线的送温暖活动而全面展开；北京志愿者协会、中国青年志愿者协会陆续成立，并将"奉献、友爱、互助、进步"作为中国青年志愿者精神。此后，北京开始尝试建立长期、固定、轮换制的青年志愿服务项目。1998 年，北京市文明办、团市委、市志愿者协会、市教委共同主办了"青年志愿者扶贫接力计划"，该项目采取公开招募、定期轮换、长期坚持的接力机制，组织北京高校青年为贫困地区提供基础教育、医疗卫生、农业科技推广等方面的服务。2001 年，团市委、市志愿者协会、市民政局联合北京市鑫丹妮科技发展中心推出了帮助"三无"老人的"关爱工程"，城八区相继成立了"关爱工程"领导小组，青年志愿者一年里免费供应了 5 万余元的鲜奶，为 429 位老人解决了实际困难。

（四）以"人文奥运理念"为核心的国际化发展阶段

自 1990 年以来，我国志愿服务开始向国际化发展。北京青年志愿者先后为 1990 年第 11 届亚运会、1993 年第 7 届全运会、1994 年第 3 届残疾人运动会、1995 年第 4 届世界妇女大会、2001 年世界大学生运动会等盛会提供了热情、周到、高效的志愿服务。2001—2008 年，随着奥运会的筹办，人们自觉参与志愿服务的热情得到了极大地增长，社会各界人士、老年人也纷纷加入到了志愿服务中去，"为奥争光"成为人们参与志愿服务的主要价值。"绿色奥运、科技奥运、人文奥运"理念是"迎奥运"志愿服务项目的发展理念。北京奥运会志愿服务强调志愿者以细致周到的服务、热情甜美的微笑来展现友好的态度，促进世界不同文化之间的和谐交流。2008 年北京奥运会的举办，是中国志愿服务事业发展史上的重要里程碑，2008 年也被学界称为"中国志愿元年"。

---

① 2018-12-06，中华儿女杂志官方账号，《焦点丨志愿精神 让世界更美好》。

（五）作为城市精神文明建设途径的志愿服务阶段

在"后奥运时代"，志愿服务已经开始和北京城市精神文明建设建立联系，成为城市文明发展的重要体现。2009 年 3 月中共北京市委、北京市人民政府印发的《关于进一步加强和改进志愿者工作的意见》的通知中，强调"'人文北京、科技北京、绿色北京'，是'绿色奥运、科技奥运、人文奥运'理念的继承和发展……志愿服务体现着公民的社会责任意识和公益精神，是公民文明素质和社会文明程度的重要标志。"党的十八大召开后，志愿服务成为践行社会主义核心价值观的重要方式之一，同时也是创新社会治理，彰显现代社会文明的重要标志。2014 年 2 月中央精神文明建设指导委员会发布的《关于推进志愿服务制度化的意见》，2016 年 8 月中共中央宣传部、中央文明办、民政部印发《关于支持和发展志愿服务组织的意见》中都强调志愿服务是加强精神文明建设、培育践行社会主义核心价值观的重要内容。随后，北京于 2018 年出台的《关于支持和发展志愿服务组织的实施意见》、2020 年修订的《北京市志愿服务促进条例》、2021《北京市培育发展社区社会组织专项行动实施方案》都响应中央的号召，强调引导志愿服务、志愿组织进行社会主义核心价值观教育，并通过"邻里守望"的社区志愿服务等，培育社区文化，弘扬时代新风。此时，建设北京首都特色、基层品牌化的志愿服务也成为志愿服务的发展目标。2013 年北京市民政局《志愿服务记录制度试点工作方案》强调逐步建立具有中国特色、首都特点的志愿服务记录制度；2021 年《北京市培育发展社区社会组织专项行动实施方案》强调培育社区品牌化志愿组织，形成具有北京特色的"一社一品"、"一街多品"的发展格局。为保障 2022 年冬奥会志愿服务具备良好的法治环境，2020 年 12 月修订的《北京市志愿服务促进条例》也强调要突出首都特色，如推动服务基层群众的志愿服务平台建设、建立健全大型社会活动志愿服务、应急志愿服务、外语志愿服务协调保障机制，构建志愿服务供需对接平台等。

三、北京志愿服务与文化的发展理念

在几十年的志愿服务实践中，北京形成了自己特有的志愿服务与文化的发展理念，主要包括以下几个方面：

（一）以党建引领的理念

党组织对志愿服务发展方向起着引领作用。早期的植树义务运动、学雷锋志愿活动都是基于毛主席当时的"绿化中国""向雷锋同志学习"的号召而发动起来的。在青年志愿服务出现后，共青团中央也是对青年志愿服务起着总指挥的统领作用。2007年出台的《北京市志愿服务促进条例》强调了党对志愿服务工作的领导，强调发挥共产党员、共青团员的模范带头作用。2021年北京市民政局出台的《北京市培育发展社区社会组织专项行动实施方案》中强调了基层党组织对志愿服务的引导，引导其培育社区文化，弘扬时代新风。党的宗旨与志愿服务精神具有一定契合性。中国共产党的宗旨是全心全意为人民服务，这与志愿服务助人为乐、无私奉献、扶贫济困的精神相契合。党支部作为志愿服务开展的领导小组、促进志愿服务制度化、发挥党员参与志愿服务的先锋作用、坚持为人民服务的宗旨。[1] 志愿服务配合党组织关注群众利益与诉求，激励更多的群众参与到志愿服务中去。党建引领的能够有效应对自组织化的志愿服务现状，在政治层面整合政党与组织化社会力量的关系。[2]

（二）为国育人育才的理念

志愿服务和志愿文化可以起到育人作用。共青团中央成立中国青年志愿者协会，将"心手标"作为统一标志，将"奉献、友爱、互助、进步"作为中国青年志愿者精神。《北京市志愿服务促进条例》中强调，教育部门应当将志愿服务意识培养纳入学生思想品德教育和综合素质评价中，并开展志愿精神及相关知识技能的基础教育。在社区中，《北京市培育发展社区社会组织专项行动实施方案》强调建立社会组织领域专家库、师资库，提供专业化、系统化的人才培训。学者认为青年志愿服务的"助人"和"育人"双功能是交互作用的，不能截然分开，强调志愿服务育人的感知性、体验性、互动性、自主性、持续性的特点及优势。[3] 志愿服务能够帮助大学生树立坚定理想信念，培养爱国主义情操，加强品德修养，增长知识见识，培养奋斗精神，增强综合素质。[4] 还能够提高认识社会、解决问题、团队合作的能力；能够发挥青年的创造力。志愿服务是青年了解国情、

---

① 莫明聪，徐敏.新时代党建引领公立医院志愿服务的路径与实践：以南山志愿服务队为例 [J].中国卫生资源，2021，24（05）：495—498+515.

② 郑长忠.志愿服务发展研究 洗礼后的平凡——后世博时代的志愿者行动研究 [J].中国青年研究，2010（10）：21—24.

③ 谭建光.论青年志愿服务的"双功能"：助人与育人 [J].中国青年社会科学，2020，39（02）：80—87.

④ 贺建芹，韩冰."六个下功夫"视角下大学生志愿服务育人功能及机制创新论析 [J].思想理论教育导刊，2019（01）：148—151.

党情、国史的重要窗口，有利于青年树立正确的价值观，强化对社会主义核心价值观的理解。[①]志愿服务的接力式发展，通过对服务对象的情感共鸣教育，能提高社会公众的社会责任。[②]

（三）品牌化发展理念

北京开展的"青年志愿者扶贫接力计划"、"三无"老人的"关爱工程"具有一定品牌化的色彩，2008年北京奥运会志愿者"微笑北京"活动成为北京名片。北京市的相关政策条例明确了社会组织、志愿服务品牌化建设的发展方向。《北京市培育发展社区社会组织专项行动实施方案》鼓励社区社会组织制定自身发展规划，开展品牌建设，形成具有北京特色的"一社一品"、"一街多品"的发展格局；《北京市志愿服务促进条例》也强调通过品牌推广、评比表彰、组织培育等方式，建立志愿服务品牌。

（四）国际化发展理念

《北京市志愿服务促进条例》第四十五条，鼓励志愿服务的国际交流与合作，鼓励外派项目、国际人才、志愿者队伍的国际化建设。过往大型国际赛会志愿服务作为首都特色志愿服务的核心之一，都将国际化理念融入了志愿精神中，丰富了志愿精神的内涵。北京奥运会的"人文奥运"理念，体现了对奥林匹克思想体系的认同，强调与人类优秀文化相结合，以微笑来传递友好、尊重的态度；强调人本关怀，致力于提供人性化、个性化、专业化的志愿服务。[③]

四、北京志愿文化传承与发展的多种途径

任何文化要想持久生存下来，离不开对它的传承与发展，志愿文化同样如此。笔者认为可从以下几个方面来传承和发展北京志愿文化。

（一）建立常态化志愿服务队伍

首先，可以通过志愿服务队伍的名字来传承志愿文化。例如，北京朝阳区王四营乡社区以其社区获得北京市五星级志愿者、北京市优秀巾帼志愿者、朝阳区

---

① 史惠斌.红色基因融入高校志愿服务项目常态化研究：价值建构与路径创新［J］.法制与社会，2020（14）：242—243.

② 万坤利，张晓红.志愿服务育人功能的实现路径研究——以研究生支教团为例［J］.思想教育研究，2018（09）：118—121.

③ 莫明聪，徐敏.新时代党建引领公立医院志愿服务的路径与实践：以南山志愿服务队为例［J］.中国卫生资源，2021，24（05）：495—498+515.

最美家庭、朝阳榜样等荣誉的模范人物——马金兰的名字，组建了"马金兰巾帼志愿服务队"。致力于将马金兰同志主动奉献、不怕苦不怕累且坚持到底的精神，及其退休后十余年继续从事公益活动的光辉事迹融入该社区的志愿文化中，并以志愿服务活动为载体，将马金兰的精神传承下去。[①] 其次，通过不变的志愿服务理念来承载社区志愿文化及传统。如，北京市丰台区玉泉营街道草桥欣园社区建立了"牵手桑榆"党员助老志愿服务队，这项志愿服务起源于草桥村 2007 年起就开始为村民免费发放玉米、白菜的传统，致力于在每年的玉米节，向高龄、行动不便的老人家中送玉米。随着该社区高龄老人、独居老人的增多，社区逐渐城市化发展，该志愿服务队开始与孤寡老人结对子，提供量血压、聊天等服务，开展了母亲节、邻里节、中秋节、重阳节、元宵节等特色活动，形成了"牵手桑榆"的系列服务。尽管服务形式发生了改变，但该社区志愿服务队尊老敬老服务理念仍然不变。[②]

（二）推进志愿服务项目化运作、志愿文化品牌化宣传

北京每年都会开展志愿服务的评比活动，征集范围广阔，参与项目类别丰富，奖项数量丰厚。例如，共青团北京市委员会、北京市志愿服务联合会每年都会举办首都志愿服务项目大赛，其下设文明实践、服务民生、社会治理、文化教育等10 个类别，每年在北京市各个城区招募参赛项目，通过不同领域专家评比，最终角逐出金奖、银奖、铜奖和提名奖四类奖项共 150 名，公示在"志愿北京"公众号上。此外，首都文明委于 2021 年 9 月在全市开展了宣传推选学雷锋志愿服务"五个 100"先进典型活动，最终评选出了首都最美志愿者 100 名、首都最佳志愿服务组织 100 个、首都最佳志愿服务项目 100 个、首都最美志愿服务社区 100个、首都最美志愿服务家庭 100 个。[③]

北京通过志愿服务项目大赛和先进典型的评选，致力于促进志愿服务组织发展，推动志愿服务项目库建设。同时，评比结果的公示和先进典型的媒体采访与报道，也起到了宣传志愿精神的作用，促进公民了解优秀志愿服务项目背后的文化，引导公众加入其中。如，西集中学"两河"（北运河、潮白河）河堤护绿志愿

---

① 2020-06-23，搜狐公益快报，马金兰：老党员扎根志愿服务一线，https://www.sohu.com/a/403793220_120066089.

② 2021-09-01，中国社会报，"牵手桑榆"党员助老志愿服务队让老有所为，https://www.thepaper.cn/newsDetail_forward_14309825.

③ 2022-01-20，志愿北京，2021 年宣传推选首都学雷锋志愿服务"五个 100"先进典型名单.

服务项目，致力于保护北京首个"首都森林城镇"，该项目获得了2021年首都志愿服务大赛金奖。随着该项目宣传与发展，其背后的北运河、潮白河的故事和背景也逐渐被熟知，从而引导人们加入保护环境的行动中去。①

当然也可以公众号、线下活动、电视节目为宣传渠道。如，"蓝丝带"志愿服务项目建立了"微心苑"公益空间、"幸福南平里"公众号和线下"微心公益日"的主题活动。②通过服饰、吉祥物、口号、LOGO等物质文明来宣传。如蓝丝带项目的吉祥物"蓝宝"，北京奥运会的口号"志愿者的微笑是北京最好的名片"，海淀清河街道的文明引导员的"柠檬黄"队服、顺义区保障冬奥火炬传递的"志愿蓝"、疫情防控的"暖心橙"及关怀志愿服务的"巾帼粉"等。③

（三）通过分享典型故事传递志愿文化

首先，对于大型赛会的志愿服务来说，制作电视节目是传承其志愿精神的重要方式。北京广播电视台制作了纪录片《与志愿同行》，以对清华大学毕业生袁舒、北京肢残人协会主席李楠和热衷奥运纪念品收藏的"双奥"志愿者张文全三位普通市民的采访形式，展现志愿服务生活，记录了他们在2008年奥运会、2022年冬奥会的志愿服务故事，从而进一步向社会传递了志愿精神与向上向善的时代力量。④石景山区作为举办双奥的城区，以"石小志"作为石景山区志愿者的代名词，举办了石景山区志愿服务展示交流活动——"石小志"故事分享会"传承冬奥精神 引领志愿服务"专题节目。以奥运五环颜色为纽带，将"胸怀大局"的党员红、"迎难而上"的天际蓝、"自信开放"的微笑黄、"追求卓越"的萌芽绿，汇聚成为踔厉奋发、共创未来的活力黑。通过4个篇章的故事分享，传承志愿精神和冬奥精神。⑤其次，对于街道社区，可以通过故事宣讲会来传承志愿精神，也可以通过自媒体进行宣传。如海淀区清河街道举办了"强国复兴有我"的宣讲会，其中作为退伍军人的社区义工张宝兴在讲述军人故事时，用"干

---

① 2022-01-17，北京市通州区教委，2021年首都志愿服务项目大赛获奖项目名单公示！通州区这所学校荣获金奖！

② 2022-06-27，文明朝阳，弘扬志愿精神 培育志愿文化——2022年朝阳区志愿服务先进典型展示，http://news.sohu.com/a/561439510_121106842.

③ 2022-03-07，中国青年网，顺义区开展"爱满京城"学雷锋志愿服务主题推动日活动，http://d.youth.cn/xw360/202203/t20220307_13506326.htm.

④ 2022-03-10，首都广播电视，聚焦志愿服务 助燃冬奥之旅：北京冬奥纪实频道纪录片《与志愿同行》，https://baijiahao.baidu.com/s?id=1726909627086429470&wfr=spider&for=pc.

⑤ 2022-07-05，北京日报，"石小志"故事分享会"传承冬奥精神 引领志愿服务"专题节目，https://wap.bjd.com.cn/news/2022/07/05/10113202.shtml.

枝梅"比喻了军人忠于党、国家、人民的信念和"无私奉献、团结协作、求实创新"的精神。传承了军人参与志愿服务所体现的"干枝梅精神"。①

（四）通过学雷锋主题活动传承志愿文化

这些活动包括：1.示范活动。采用授旗、宣誓、劳模代表讲话等形式，倡导志愿者牢记志愿服务精神，以最高标准严格要求自己，不辜负党和人民的信任。例如，昌平区举办的"志愿服务暖人心 雷锋精神伴我行"学雷锋日志愿服务集中示范活动就以授旗、宣誓的形式，让志愿者牢记"奉献、友爱、互助、进步"的志愿精神。②2.推广活动。如，顺义区举办的"爱满京城"学雷锋志愿服务主题推动日活动强调了社区居民化身雷锋精神宣讲员，讲述自己对雷锋精神的理解及自身的志愿服务故事。③海淀区采用了"剧场演讲＋场外展览"模式，演讲以"向阳生长"为主题，演讲人主要为青少年，致力于通过学雷锋日，促进青少年传承助人为乐的精神；场外展览邀请5家志愿团体，宣传介绍自己提供的志愿服务，呼吁更多人加入。④3.宣传实践活动。这类活动强调通过实际的实践活动来宣传雷锋精神，如西城区新街口街道开展的青年破土开荒、植树种草活动，以发放爱心进步卡的方式和"播种希望，收获成长"的寓意，鼓励青少年学习雷锋精神；陶然亭街道"打卡10件小事 助力美好陶然打卡"活动及西长安街街道开展"学习雷锋好榜样 红墙志愿践文明"活动，引导孩子们以自己力所能及的方式学习雷锋，帮助他人的活动等。⑤

（刘亚红，中南大学湖南红色文化创作与传播研究中心副主任）

---

① 2022-08-26，北京日报—北京号—海淀官方发布，共绘文明海淀｜清河街道百姓宣讲活动凝聚奋进正能量，https：//bj.bjd.com.cn/bjrbbeijinghao/contentShare/5ddb62f6e4b0ab28c840e280/AP6308388ee4b073338173b9bb.html.

② 2022-03-05，北京日报—北京昌平官方发布，愿化春风送温暖，昌平志愿者这样传承雷锋精神！，http：//bj.bjd.com.cn/bjrbbeijinghao/contentShare/5ddc7d5de4b0ab28c841b446/AP62236375e4b054a955750aef.html.

③ 2022-03-07，中国青年网，顺义区开展"爱满京城"学雷锋志愿服务主题推动日活动，http：//d.youth.cn/xw360/202203/t20220307_13506326.htm.

④ 2022-03-07，北京日报—北京海淀官方发布，雷锋精神放光芒 向阳而生有传承——2022海淀区新时代文明实践推动日志愿服务交流活动召开，https：//bj.bjd.com.cn/bjrbbeijinghao/contentShare/5ddb62f6e4b0ab28c840e280/AP62257d92e4b054a9557513b8.html.

⑤ 2022-03-05，北京日报—北京西城官方发布，西城区广泛开展"爱满京城 志愿有我"学雷锋志愿服务活动，http：//ie.bjd.com.cn/bjrbbeijinghao/contentApp/5ddb85e1e4b0ab28c84100e4/AP6223753fe4b054a955750b70.html.

汕头十一合村"侨乡文旅"发展的问题与对策

李蓬实

随着我国工业化、城市化和现代化的进程逐步加快,"三农"问题日渐凸现,成为制约我国农村经济进一步发展的"瓶颈"。在实施乡村振兴战略的背景下,一些有着深厚文化底蕴的乡村走上了侨乡文旅的创新发展道路,其中汕头市十一合村便是其中之一。侨乡文旅是侨乡文化与现代旅游的结晶,潮汕是著名侨乡,具有发展侨乡文旅得天独厚的优势。本文分析归纳十一合"侨乡文旅"发展的中存在的问题,提出相应对策,以便于十一合政府更好地掌握经济发展中的主动权,做到有的放矢,扎扎实实地为人民的富裕做出有益的帮助。

一、十一合村"侨乡文旅"发展的现状

"侨乡文旅"资源多与自然生态、民族历史文化等旅游资源相伴生,可以与发展生态旅游、民族文化旅游、工农业旅游等密切结合起来,形成综合型、复合型的旅游基地和产品线路,形成"红花"与"绿叶"互相促进的格局。凭借着发展"侨乡文旅"的契机和得天独厚的资源优势,十一合村转变观念,推进市场建设,从而发展成了具有"侨乡文旅"特色新型旅游模式的龙头城市。

这些年来,十一合村坚持针对侨乡文旅产品缺少吸引力,项目内涵空乏、展陈方式单一、表现手段落后,与市场需求差距较大的现状,为增强侨乡文旅的吸引力,在保证思想性的前提下,努力提高观赏性、趣味性和可参与性。近年来,十一合村进一步强化市场意识、宣传意识、促销意识,变"等客上门"到"上门请客"。通过多形式、多渠道、多层次搞好宣传推广,启动和培育一个长期、稳定、健康的旅游市场。另外,十一村合坚持在景区实行人性化管理,加强了对旅游市场的整治、净化工作。以"诚信服务、游客第一"的意识,全力打造全国文明风景旅游区品牌;通过对旅游从业人员进行遵守职业道德、规范旅游服务和熟

悉旅游产品的培训工作，提高了景区侨乡文旅的产业素质。诚信优质的服务既体现了人民优良淳朴的传统，又让游客有宾至如归的感觉。游客对十一合优质旅游服务的好评，将会成为吸引更多游客的动力，同时也会大大提高游客的回访率。

二、十一合村"侨乡文旅"发展存在的问题

"侨乡文旅"若水，可以载舟；治理不善，可以覆舟。旅游经济的快速发展会给当地社会带来有利的影响，促进目的地农民经济收入的增加，但它同时也会带来一定的负面影响，例如：造成目的地物价飞速上涨，引起目的地产业结构发生不利的变化，目的地过分依赖旅游业还可能会影响当地国民经济的稳定。伴随着十一合"侨乡文旅"经济飞速发展，农民的生活质量也在逐步的提高，但就是因为现在"侨乡文旅"经济过热，所以更要保持清醒的头脑，正视它所存在的问题。

首先，十一合村目前客源市场的最大特点就是时空结构不合理。周边城市游客占绝对优势，游客量季节差异显著，旺季游客量是淡季游客量的几十倍，特别是在春节和国庆前后，游客量会大大超于十一合的接待能力，人满为患，各宾馆和饭店都无客房出租。同时，由于华侨的相关物品具有较强的历史色彩，展示、讲解及关联性产品的开发有很大的局限性，不能像其它产品那样容易地体现出参与性、娱乐性，而现在的年轻人由于平日所受华侨传统教育较少，与中老年人相比，对华侨的历史缺乏必要的了解，因此对"侨乡文旅"缺乏应有的共鸣和向往，这些均会导致十一合客源市场的结构不合理。

其次，十一合侨乡文旅的吸引物主要是华侨文化，以房舍、器械、用具等为主，虽然史料价值很高，也是进行华侨传统教育的重要凭借，但遗留下来的一般比较简陋。十一合"侨乡文旅"景点虽然不乏国家级、省级等较高档次的重点保护文物，但这些文物的内涵较单调，似有雷同重复之嫌，难以吸引游客。此外，"侨乡文旅"景点开展的群众参与性活动较少，这很难符合青少年在活动中学习知识的要求，致使青少年们丧失再次游玩的兴趣。

第三，十一合旅游商品主要是由三部分构成，第一部分是农民生产的自给性农副产品的剩余部分，如水果；第二部分是当地生产企业提供的商品；第三部分是流通企业从外地贩入的商品。其中一、二两部分提供的商品种类、数量均较，属于低投入、低产出、高消耗、低收益的肤浅产品。而70%—80%的旅游商品都属

于第三部分，产品单一、雷同、包装粗陋，此外，从外地贩入的纪念品也与十一合"侨乡文旅"不相配套，没有十一合地方特色，例如：大部分景点门口贩卖的来自于浙江、福建等地的铜像、木雕、工艺品等，这些产品不仅削弱了十一合本地产品在市场中的份额，而且也降低了旅游商品对游客的吸引力，造成销售困难。同时，十一合的旅游商品销售点都比较小而乱，购物环境较差，从而导致游客的购物欲下降。

三、十一合"侨乡文旅"发展对策

首先，要重视调整"侨乡文旅"的时空结构和客源市场结构。十一合旅游业发展的关键是在增加游客数量的同时，可以利用不同的方法和手段，分散客流和设法延长游客的滞留时间，例如：在旅游淡季推出优惠促销活动；举办冬季观赏游；推出各种关于十一合华侨历史的文化表演，并与现代文艺方式相结合，加强可参与性，吸引年轻人的注意力等。合理的空间布局、时间布局和客源市场，不但利于充分挖掘旅游资源的潜力，丰富旅游内容，而且对于分散游客流、延长游客滞留时间及保护旅游区的资源与环境都具有积极的意义。

其次，要重视"绿色"和"古色"旅游产品的整合。这就要求十一合要注重利用优美的自然风光打好"绿色"牌，此外，要充分与汕头的各人文旅游景点合作，一起建设，打好"古色"牌，形成色彩斑斓的旅游产品组合，才能满足日益个性化、专业化的旅游市场需求。最终把十一合建设成为集观光、修学、生态、会议、度假等功能为一体的胜地与自然景观相结合的著名旅游胜地。此外，"侨乡文旅"依托的旅游资源是最近几十年的历史，与一般的历史文物古迹有所不同，它与今天的现实生活一脉相承、息息相关，绝大多数中老年国内旅游者都了解一些那个时期的历史，容易从中找到共鸣和呼应，这是侨乡文旅发展的有利因素，可以借机多做文章，以便更好地吸引旅游者。

第三，要大力开发特色旅游商品和建立规模销售市场。要提高游客的消费欲就必须解决好以下二个问题：其一，要加大具有十一合地方特色旅游商品的开发；其二，建立整洁齐全的旅游商品销售中心，让游客们能很方便地购买到十一合特色产品。这就要求十一合政府积极引导农民大力发展乡镇企业，开发特色旅游商品，同时加大本地商品的宣传力度，改善旅游商品的包装与销售环境，保证本地旅游商品在市场上的主导地位，同时把各景点中分散的销售点集中起来，规模管理，规模经营。

四、结语

　　十一合的旅游资源特色就是"侨乡文旅"，十一合旅游业的发展已经给景区附近的农民带来了许多的实际利益，它受到了农民朋友们的广泛欢迎，十一合的农民生活正在进行着"第二次"翻天覆地的变化。同时在这里我们也应看到十一合旅游发展的不足之处，例如：旅游时空结构不合理、"绿色"和"古色"旅游产品的整合不够严密、旅游商品不具品位和特色等问题。适者生存、优者发展、劣者淘汰是不依人的主观意识为转移的市场经济发展规律。十一合"侨乡文旅"业要在与其它旅游景区景点的竞争中立于不败之地、永葆活力的话，就必须要在解决自身问题时"先人一步、高人一筹"。政府部门应该集思广益，认真听取各方建议，围绕"大旅游、大市场、大产业"的发展思路，构建旅游经济圈，不断扩大旅游带动经济发展的辐射范围，让十一合的经济永葆活力，让侨乡人民真正走上"共同富裕"的道路。

　　（李蓬实，东莞理工学院经济与管理学院博士，讲师）

数字乡村背景下英德红茶制作技艺的活化路径研究

黄俊辉　曾　婧

英德红茶制作技艺作为广东省省级技艺类非物质文化遗产，是中华民族独特的文化基因、劳动人民智慧的结晶、社会发展的产物，兼具文化、经济、社会三重价值。推动英德红茶制作技艺活化，是延续文化血脉、激活经济源泉、增强社会认同感的迫切之举。本文以数字乡村为背景，对英德红茶制作技艺活化所面临的"传承人培养形式单一，路径狭窄；宣传缺位，关联度不足；受关注度低，乏人问津；过度产业化，传统底色丧失"等四大困境进行分析，结合"信息基础设施的建设和完善、乡村新闻官和短视频平台的深度融合、数字化技术的应用、工业遗产的活化利用、农村电商的进一步发展"等新机遇，提出了"打造非遗云课堂，创新培养形式；建设非遗传播阵地，助力非遗宣传；数字赋能双遗联动，打造超级顶流；转变非遗产业模式，实现生产性保护"等活化路径，以期为数字乡村背景下推动英德红茶制作技艺的活化提供一些思路。

一、引言

非物质文化遗产是中华人民在五千多年的历史长卷中镌刻下来的文化印记，是流淌在中华儿女血液中的文化基因，是中华优秀传统文化的有机组成。不论是过去、现在，还是未来，传承与活化非物质文化遗产都应是每个中华儿女的光荣使命和责任。英德红茶制作技艺作为广东省省级技艺类非物质文化遗产，同时还是广大劳动人民生产智慧的结晶。在过去，凭借英德红茶制作技艺的应用，英德红茶在 20 世纪 50 年代首次走出国门，迈向国际市场的时候，就在万众瞩目之下成功地为祖国赚取了外汇，为祖国金库的积累作出了不可磨灭的贡献，为祖国其他的各类传统出口商品提高了声誉，立下了口碑[1]，为中国劳动人民的生产智慧提供了在国际世界上展现的机会，为英德当地的经济建设打下了坚实的基础，为英德当地人民生活水平的提高提供了推动力。总的来说，英德红茶制作技艺兼具文化、经济、社会等三重价值。在当前大力建设数字乡村的背景下，英德数字乡村发展迎来了一系列新机遇。如何让英德红茶制作技艺结合数字乡村带来的新机遇，破除困境，在新的时代背景下"活起来"，是一个值得深入研究的课题。只有让它"活起来"，才能让文化的血脉得以延续，让经济的源泉得以涌流，让社会的认同感得以增强，让其光辉历程得以赓续。

二、英德红茶制作技艺的活化困境

（一）传承人培养形式单一，路径狭窄

目前，英德红茶制作技艺作为一门专业性和实操性极强的手艺，其传承人的培养仍以面对面口传心授的形式为主，培养形式较为单一，传承路径狭窄。英德红茶制作技艺代表性传承人——袁学培老先生，早在 20 世纪 50 年代就已经将个人的理想与国家的需要完美结合，全身心地投入到英德红茶事业中，为英德红茶的生产和英德红茶制作技艺的传承和改进尽心尽力、殚精竭虑[2]。即使现今已到了 80 多岁，这个在别人眼中本该享受天伦之乐、乐得清闲的年纪，袁学培老先生仍身体力行地坚持到英德市职业技术学校为茶艺班的学生授课，为上门请教的茶企生产人员、茶农解答，到茶厂作指导，以博大的胸怀毫无保留地先后培养了多位徒弟，致力于英德红茶制作技艺的传承。虽然这种长期面对面口传心授的传承人培养形式有助于师父和徒弟之间保持紧密的联系，令徒弟在跟随师父学艺的过程中不仅能够亲身实践、掌握操作要领，遇到问题能得到及时解答，还能受到师父对此项技艺的热爱的熏陶，进而立下扎根该领域的决心，但这种单一的培养形式在一定程度上已不能适应时代发展的要求。

首先，受到当今经济发展和时代文化变迁的影响，英德当地很多年轻人都到了诸如广州、深圳等广东省发达城市打工赚钱，对于他们中的大多数人来说，花费长达几年甚至几十年的时间扎根于乡野田间来传承非遗显然不如到大城市打工赚钱来得轻松，况且较长的培养周期已足以让他们望而却步了，因此大部分当地年轻人对非遗传承的意愿普遍不高；其次，口传心授的单一传承形式容易受到地缘因素的限制，传承人人选基本局限于当地茶乡，传承范围有限，虽然有些外地年轻人对于传承英德红茶制作技艺有较高的意愿，但地缘因素的限制又让他们心存顾虑，成为横亘在英德红茶制作技艺传承路径上的拦路石；此外，这一单一的

培养形式还因为具有需要师父时刻亲力亲为、单次技艺传授面向对象数量少、时空传播受限、不可复刻重现等特点，所以存在着培养效率不高，但培养成本却不低等问题[3]。诸如此类的情况，都不利于英德红茶制作技艺的活态传承。这是阻碍英德红茶制作技艺活化的第一大困境。

（二）宣传缺位，关联度不足

目前，与英德红茶制作技艺有关的宣传视频主要散布于地方电视台等传统媒体，以及西瓜视频、腾讯视频、哔哩哔哩等在线视频平台，存在视频数量少、宣传内容与英德红茶制作技艺关联度不高等问题。以西瓜视频平台上湖南广播电视台茶频道官方账号发布的《红茶学院》第三期合集——《怎样做出一杯好的英德红茶》为例，该合集中有《红茶加工工艺步骤有这几步》、《红茶传统工艺有这些要点，你明白它的优势吗》、《红茶的传统工艺，你了解吗》等三集视频与英德红茶制作技艺有关。但实际上，这些视频宣传的重点只侧重于英德红茶的全自动化生产工艺，展示英德红茶如何在机器流水线上完成凋萎、揉捻、发酵、烘干等各个纷繁复杂的工序步骤，对于传统制茶技艺的介绍只是一笔带过，缺少对英德红茶制作技艺的传承历史和全貌的系统展示，缺乏整体的完整性。甚至会让人产生诸如"自动化生产已经完全替代此项非遗技艺了吗？"、"该项非遗技艺在当前已实现全自动化生产的现状之下是否还有继续传承下去的必要？"等的困惑。

宣传缺位、关联度不足的局面，已让人无法清楚看到和了解英德红茶制作技艺的全貌，也无法深刻领会到英德红茶制作技艺作为一项省级技艺类非遗背后所应该具有的深刻的文化内涵和独一无二的魅力，甚至从心底里产生了对英德红茶制作技艺的价值困惑，不利于英德红茶制作技艺的推广和传播。这是阻碍英德红茶制作技艺活化的第二大困境。

（三）受关注度低，乏人问津

英德红茶自1959年首次跃出国门、出口创汇以来，就因为茶汤的颜色红亮、香气浓郁、沁人心脾，令人魂牵梦绕而受到海外茶叶界众多专业人士的真心推崇，因而被誉为中国红茶的后起之秀；20世纪60年代，被大批量投放到海内和海外市场之后，英德红茶更是以极快的速度扬名天下，在当时的海内外市场扎下了坚实的根基[4]；80年代的高峰期之后，虽然英德红茶受到各种形势和因素的冲击而不可避免地驶入了"慢车道"，更有甚者，曾在某一时期堕入低谷[1]；但值得庆幸的是，后来随着国家经济形势的逐步好转和社会的日益进步，英德红茶产业的发展受到越来越大的重视，进而逐渐成长为英德的支柱农业产业。近年来，英德红茶产业更是因为其巨大的发展潜力和空间，受到清远市委市政府的极大重视，被确立为清远市当前重点发展的五个百亿级农业产业之一[5]，体现出强劲的势头，受关注度与日俱增。学术界关于推动英德红茶产业发展的研究文献呈现出增多的趋势。

然而，与此形成鲜明对比的是，作为广东省省级技艺类非物质文化遗产的英德红茶制作技艺的受关注度却显得很低。以2023年10月17日中国知网文献检索结果为例，笔者以"英德红茶产业"作为主题、篇关摘、关键词、篇名、摘要在知网总库进行检索，分别检索得到52、39、0、11、35篇相关文献；再以"英德红茶制作技艺"作为主题、篇关摘、关键词、篇名、摘要进行检索，除了能以篇关摘、摘要的方式检索到1篇相关文献——凌彩金、操君喜、王秋霜等著的《粤韵茶香科普丛书》以外，其他方式均检索不到结果。这在一定程度上意味着英德红茶制作技艺在学术界没有受到足够的重视，受关注度低，乏人问津，甚至可谓是处于人们的视线"盲区"。这是制约英德红茶制作技艺活化的第三大困境。

（四）过度产业化，传统底色丧失

英德红茶制作技艺作为一门关于英德红茶的加工工艺，从出现之初便一直围绕着英德红茶的生产而发展和传承，具有强烈的生产属性。但这一明显的生产属性也容易让人被一叶障目，忽视了它作为一项非物质文化遗产的文化属性，简单地将其作为支撑英德红茶产业发展的加工工艺，从而仅强调通过现代化技术以自动化生产取代手工制作，达到提高产量、控制质量、标准化生产的目的，从中追逐更大的利润。

目前，英德大部分茶厂都已经以全自动化机器生产取代了传统制茶手工工艺。与此相对应，如今市场上流通和销售的英德红茶基本上都是经由全自动化的机器生产出来的，没有手工的参与，英德红茶传统制作技艺已在当今机器的大规模生产中被湮没。全自动化机器生产工艺虽然具有不受人工误差的影响、容易控制出品品质、在单位时间内能提高产量等优点，但这同时也导致英德红茶制作技艺陷入过度产业化的"怪圈"，仅仅在某一特殊的时节、某种特殊的场合作为一种"表演"形式而亮相[6]。其平时的存在感很低，其背后所应该具有的古朴原真形态、深刻文化内涵和新奇独特面貌被人们所忽视、漠视[7]。手工制作方式和手工技艺的底色已在全自动化的流水线上被消磨殆尽，而只剩下一个所谓的"模拟还原传统技艺"的机器空壳，英德红茶传统制作技艺的文化价值和艺术魅力已难以寻得[8]。这是制约英德红茶制作技艺活化的第四大困境。

三、数字乡村背景下英德红茶制作技艺活化的新机遇

近年来，网络化、信息化和数字化的兴起及其在农业农村经济社会发展中的应用，为广大乡村发展潜力的进一步释放提供了契机。中共中央办公厅，国务院办公厅顺势而为，于 2019 年的第五个月份印发了《数字乡村战略发展纲要》（下文简称《纲要》）[9]。作为指引性文件，《纲要》简明扼要地提出了数字乡村建设的十大重点任务：

"加快乡村信息基础设施建设……统筹推动城乡信息化融合发展。"①

自此，全国各省市被数字乡村建设的新浪潮所紧紧包裹着。以广东省为例，为加快广东省数字乡村的建设步伐，广东省委办公厅、省政府办公厅以坚定的决心和昂扬的斗志，于 2020 年 5 月印发了《广东省贯彻落实〈数字乡村发展战略纲要〉的实施意见》（下文简称《意见》）[10]。《意见》着重突出了广东省数字乡村建设的发展目标：

"到 2025 年，数字乡村建设取得重要进展……到 2035 年，持续推动数字乡村建设取得长足进步；到本世纪中叶，全面建成数字乡村……"②

为贯彻落实《纲要》和《意见》，广东省委网信办等四部门联合，拟定了一批县（市、区）和镇（街道）作为数字乡村发展试点，以期为全省数字乡村建设发挥引导示范作用。英德因为其自身的试点条件较为优越、试点基础较为扎实，众望所归，榜上有名，一举跻身成为省级数字乡村发展试点县（市、区）[11]，驶入了数字乡村建设的"快车道"，迎来了一系列前所未有的新机遇。

---

①　中共中央办公厅，国务院办公厅：《数字乡村发展战略纲要》（https：//www.gov.cn/gongbao/content/2019/content_5395476.htm）。

②　广东省委办公厅，省政府办公厅：《广东省贯彻落实〈数字乡村发展战略纲要〉的实施意见》（http：//www.gd.gov.cn/gdywdt/gdyw/content/post_2994168.html）。

（一）信息基础设施的建设和完善

进入数字乡村建设的新背景，为了落实重点任务，清远市快马加鞭，以踏雪留痕、抓铁留印的魄力，积极完善试点地区的信息基础设施。截至目前，英德地区的手机信号和光纤宽带已实现了行政村一级的全覆盖，连江口镇的连樟村更是被打造成为全中国首个 5G 村，信息基础设施达到基本完善的状态[12]，后续还将进一步完善。信息基础设施的建设和完善，是实现数字乡村发展目标的必然要求，是缩小城乡"数字鸿沟"的首要举措，是建设数字乡村的题中应有之义。信息基础设施的建设和完善是英德红茶制作技艺活化的新机遇，同时它还为乡村新闻官和短视频平台的深度融合、数字化技术的应用、农村电商的进一步发展等其他新机遇的出现提供了不可或缺的硬件条件。

（二）乡村新闻官和短视频平台的深度融合

乡村新闻官和短视频平台的深度融合是英德推动数字乡村建设的重要手段。清远市的乡村新闻官制度富有全国首创性，起源于乡村振兴的时代背景。清远首批受聘的乡村新闻官于 2018 年走马上任[13]，在制度的框架中主要扮演着上级政策的传达者、乡村故事的讲述者、农特产品的推介者等角色，具体从事着播报政事、农事、产品以及传扬文化等工作[14]。除了积极在线下开展与民众的宣传互动之外，他们还主要活跃于清远发布、乡村新闻官等微信公众号平台及当地的传统主流媒体[15]。此外，抖音、今日头条、哔哩哔哩、快手等短视频平台也成为了他们宽广的网络舞台。在这些短视频平台上，他们或是以通俗易懂的语言传达党的惠农政策，或是以幽默诙谐的话语推介自己所代言的乡村的农特产品，或是以生动的口吻讲述着乡村的发展和变迁，或是以情深意切的语气传扬乡土文化，或是以极具当地风情的衣着展示风土习俗。进入数字乡村的建设时期，英德的乡村新闻官和短视频平台的融合还在原有的基础上被赋予了更深层的作用，如发展乡村网络文化、树立文明乡风、推进乡村治理能力现代化等[16]。在数字乡村的背景下，乡村新闻官和短视频平台的深度融合，为英德红茶制作技艺带来了新机遇。

（三）数字化技术的应用

在积极建设英德数字乡村的过程中，数字化技术的应用是不容忽视的一大亮点。以"数字乡村·V 村在线"平台为例，为展示乡村风土民情、提高旅游目的地的吸引力，打响旅游品牌，清远市上线了"数字乡村·V 村在线"平台。该平台巧妙地将虚拟现实、人工智能、大数据等前沿数字技术都融合在一起，形成一个强大的综合体[17]，让游客朋友能提前通过浏览 VR 视频云游乡村，领略美景。此外，该平台还利用三维重建技术，打造出真实村官的虚拟替身，让其在虚拟实景中带领各位游客线上游览乡村美景、游逛乡村小铺，介绍乡村的发展历史。除此以外，数字化技术还日益应用于英德的茶园，以期打造智慧茶园，推动实现英德红茶农业产业的数字信息化[18]；还应用于乡村政务服务领域，让村民不出门或少出门、不出力或少出力就能够办成事。数字化技术的应用给英德数字乡村的发展注入了新的元素，也是英德红茶制作技艺活化的新机遇。

（四）工业遗产的活化利用

活化利用工业遗产，孵化乡村新业态，打造超级 IP，是英德积极建设数字乡村的一大创举。于 1958 年建成投产的英德红旗茶厂见证了英德红茶过去几十年的辉煌历史与兴衰沉浮，2021 年以来，它先后被列为广东省工业遗产、国家工业遗产，全国首批"大思政课"实践教育基地，接待了相当数量的来自周边地区的青少年到此研学旅行[19]，近日更是入选了文化和旅游部公布的"2023 年国家工业旅游示范基地名单"[20]。英德红旗茶厂作为以茶为主题的工业遗产，其背后所蕴含的巨大商业价值和流量吸引能力得以展现。在当前大力建设数字乡村的背景下，清远市以红旗茶厂为核心阵地，加大投入力度，积极建设"一场八馆二十四坊"，致力打造超级 IP——"世界红茶技艺中心"[19]，后续还计划将其开发为集综合实践、劳动教育、研学活动、生态文旅为一体的示范营地[21]，孵化乡村新业态。工业遗产的活化利用为英德数字乡村建设注入了新的动力，同时也为英德红茶制作技艺的活化提供了新机遇。

（五）农村电商的进一步发展

在英德数字乡村建设过程中，农村电商作为一种以信息网络技术为手段的农村新型商务活动发挥了举足轻重的作用。英德位于广东省的北部，地处山区，距离广东省发达城市如广州市、深圳市等地较远且交通不便。在过往，英德当地的农产品销售渠道窄、不稳定。农户种植出质量上乘、绿色无污染的农作物，却无力将其运输出去或找不到好买家，只能低价贱卖给"收购商"，或自己消化不了的就任由它们烂在地里，不但白白浪费了好端端的粮食，而且农户的收益也得不到保障；而发达地区的消费者需要来自大山深处的新鲜乡野土特产，却苦于寻找无果，或只能花高价从"收购商"的手中购买。由此导致了农户的东西卖不出去、赚不到钱，而消费者却得花大价钱购买的局面。但令人感到欣慰的是，这种供需双方两难的局面在 2014 年英德开始发展农村电子商务以来就慢慢发生了好转[22]。经过沉淀，一些农户成长为"农村电商领头人"，通过淘宝等电商平台直接与消费者对接[23]。就连英德本地的知名茶业公司也纷纷"触网"，以英德市积庆里茶业有限公司为例，其进驻的商城就有 8 个，包括天猫、淘宝、京东等[24]，电商销售成绩喜人。2018 年时，英德农产品的网络销售总额从 2017 年的 3 亿元实现了翻番[25]。电子商务平台为供需双方搭建起一条跨越时空的网络桥梁。借助电子商务平台和物流系统，来自英德山野乡间的各类农产品从农户的手中直接被送到消费者的餐桌上。位于供给侧一端的农户和企业不用再发愁农产品的销路，可以以合适的价格卖出农产品，实现增收；同时位于需求侧一端的消费者可以以实惠的价格买到自己心仪的农产品。原本供需双方两难的局面现在已奇迹般地转而变为供需双方双赢的局面。农村电子商务在推动农产品的销售、提高农产品的知名度和竞争力、帮助农民增收等方面所体现出来的作用十分明显，引人注目。

踏入建设数字乡村的新征程，农村电商的进一步发展更是成为了政府高度重视的板块，"培育形成一批特色农村电商典型企业，基本形成乡村智慧物流配送体系"①等话语在《广东省贯彻落实〈数字乡村发展战略纲要〉的实施意见》中显而易见。在数字乡村的背景下，英德农村电商正迎来进一步的发展，而这也是英德红茶制作技艺活化的新机遇。

四、数字乡村背景下英德红茶制作技艺的活化路径

（一）打造非遗云课堂：创新培养形式

数字乡村背景下，英德红茶制作技艺的活化可结合"信息基础设施的建设和完善"这一新机遇，在保留原有单一的面对面口传心授的培养形式的同时，打造非遗云课堂，开展线上教学，创新培养形式，破除第一大困境。具体来说，就是依托英德现有的完善的网络信息条件，借助诸如"中国大学慕课 MOOC"、"腾讯课堂"、"网易云课堂"等愈发成熟稳定的网课平台，邀请英德红茶制作技艺代表性传承人袁学培老先生或其徒弟以录播或直播的形式，在公开免费的网课平台上设立一系列课程，通过网络展示英德红茶制作技艺、分享英德红茶制作技艺

---

① 广东省委办公厅，省政府办公厅：《广东省贯彻落实〈数字乡村发展战略纲要〉的实施意见》（http://www.gd.gov.cn/gdywdt/gdyw/content/post_2994168.html）。

的传承历史、传授英德红茶制作技艺的理论知识和文化内涵。同时结合各类经过不断开发、调试和改善，已能达到较好的实训教学效果的仿真实训软件、仿真实训教学系统实训软件、实训系统，还原真实场景和工艺步骤，让全国各地的年轻人都可以通过线上人机交互界面学习和接触到这一非遗技艺。此外，还可将目光瞄准本地和外地的高职院校，将英德红茶制作技艺纳入课程体系，借助非遗云课堂，推动非遗进校园。进而让非遗云课堂线上教学成为新型的非遗传承人培养形式，和从中遴选对英德红茶制作技艺有兴趣且有悟性的传承人的方式，拓宽传承路径，让英德红茶制作技艺"活起来"。

（二）建设非遗传播阵地：助力非遗宣传

数字乡村背景下，英德红茶制作技艺的活化可结合"乡村新闻官和短视频平台的深度融合"这一新机遇，巧用"乡村新闻官+短视频平台"模式，建设非遗传播阵地，助力非遗宣传，破除第二大困境。具体来说，就是让乡村新闻官在利用短视频平台推介乡村特色农产品、讲述乡村故事的过程中，把非遗传播也纳入为新板块。以实地探寻的视角，充当体验官的角色，系统介绍英德红茶制作技艺的传统手工工序和现代演变，传递技艺背后的文化价值。把短视频平台建设成为非遗传播阵地，赋予其新的时代使命，让英德红茶制作技艺走近人们的生活。

（三）数字赋能双遗联动：打造超级顶流

数字乡村背景下，英德红茶制作技艺的活化可结合"数字化技术的应用"、"工业遗产的活化利用"等新机遇，凭借英德红旗茶厂活化利用带来的巨大商业价值和流量，结合数字化技术的应用，实现非遗和工业遗产的联动发展，提高外界对英德红茶制作技艺的关注度，破除第三大困境。具体而言，"非遗＋工业遗产＋数字化"三者的融合，可通过以下途径来实现：借助"数字乡村·V村在线"平台，让潜在参观者提前在线上了解英德红茶制作技艺和红旗茶厂的相关信息；以红旗茶厂旧有的生产厂房为场所，利用现代VR技术建设数字非遗展览馆，让参观者借助VR眼镜等工具，沉浸式地体验英德红茶制作技艺的各个环节和步骤，还原英德红茶制作技艺的全貌和传承历史，让参观者深刻体会技艺背后的文化内涵；以"大思政课"、党建活动为依托，在党建等活动中加入学习非遗英德红茶制作技艺的内容，让党员通过亲身实践，领悟英德红茶制作技艺的智慧，自觉成为非遗的弘扬者；以青少年研学旅行为尝试，借助AR打卡小程序，辅以AR打卡地图，让青少年学生根据地图的指示前往茶技艺工坊，体验相应的制茶工序，完成 AR 打卡，并提供一定奖励，让他们成为非遗的传播者；以"世界红茶技艺中心"每年度将要举行的全国各红茶产区制茶艺人同台竞技比赛为契机，在比赛的过程中，通过制茶艺人的精湛技艺展示和传承故事的分享，弘扬英德红茶制作技艺的价值。通过数字赋能双遗联动，为英德红茶制作技艺迎得流量，破除英德红茶制作技艺受关注度低的困境，让它真正"活起来"。

（四）转变非遗产业模式：实现生产性保护

数字乡村背景下，英德红茶制作技艺的活化可结合"农村电商的进一步发展"这一新机遇，搭乘电商发展的春风，助推英德红茶由过度产业化向生产性保护转变，破除第四大困境。英德红茶制作技艺所具有的生产属性决定了其活化不能局限于行政保护、法律保护、经济保护、社会保护等保护范式，而应以"生产性保护"作为重中之重[7]，在生产中实现活化。然而，值得注意的是，生产性保护与过度产业化两者之间的界限是分明的。正如学者汪欣所认为，前者的前提是保护非物质文化遗产的原真形态和文化内涵、尊重非物质文化遗产的独特性和差异性，用产业化促进非遗项目的发展；后者则追逐低成本、高效率、大利润，生产方式体现出集约化、批量化和自动化的特点，以市场利益为首要导向[7]。当前，要推动英德红茶制作技艺由过度产业化的现状向生产性保护转变，实现活化，可搭乘电商发展的春风。具体而言，就是要培育形成一批坚持手工制作的特色、坚持传统工艺流程的整体性、保持核心技艺的真实性的英德红茶电商典型企业；生产出一批以保留传统手工制作为卖点、坚守传统工艺符号、融入文化价值元素、同时兼具现代设计理念的英德红茶产品[26]，借助淘宝、拼多多等农村电子商务平台推广销售，迎合电商市场中相当数量消费者对手工文化产品的需求偏好，倒逼供给侧改革，助推英德红茶由过度产业化向生产性保护转变，跳出一味强调大规模机器生产、机械复制的过度产业化"怪圈"。在全自动化生产线之外，让手工制作技艺谋得一席之地。将英德红茶视为手工文化产品来打造，将英德红茶制作技艺作为一项手工艺术来传承，充分保护英德红茶制作技艺的原真形态，深入挖掘手工技艺背后每项工序潜藏的文化内涵，赋予其独特性和差异性以足够的尊重[7]，让其真正"活起来"。

五、小结

在数字乡村的背景下，如何让广东省省级技艺类非物质文化遗产英德红茶制作技艺抓住新机遇，破除困境，真正"活起来"，实现更好的发展，是一个研究难题。对此，笔者针对数字乡村背景下英德红茶制作技艺所面临的四大活化困境，结合一系列新机遇，提出了"打造非遗云课堂，创新培养形式；建设非遗传播阵地，助力非遗宣传；数字赋能双遗联动，打造超级顶流；转变非遗产业模式，实现生产性保护"等活化路径，以期为英德红茶制作技艺的活化提供路径方向。但笔者也明白，要想让英德红茶制作技艺"活起来"，乃至"火起来"，还有很长的路要走，仍迫切需要各位学界同仁的共同探究和多方联动努力。

参考文献

［1］丘海涛：《英德红茶的前世今生》，《广东茶业》2014 年第 5 期。

［2］《广东省茶叶学会看望老一辈科技工作者袁学培》，《广东茶业》2020 年第 3 期。

［3］刘晓宏：《现代学徒制：非物质文化遗产传承人的培养》，《绥化学院学报》2018 年第 6 期。

［4］袁学培：《中国红茶的一朵新花——英德红茶》，《广东茶业》2015 年第 6 期。

［5］李伯伦：《做强五大百亿产业　探索农业高质量发展的"清远方案"》，《农村工作通讯》2023 年第 12 期。

［6］季中扬：《非物质文化遗产生产性保护与手工文化建设》，《中原文化研究》2018 年第 3 期。

［7］汪欣：《对非物质文化遗产生产性保护理念的认识》，《艺苑》2011 年第 2 期。

［8］马盛德：《生产性保护的几个问题》，《中国文化报》2011 年 6 月 10 日第 6 版。

［9］《中共中央办公厅　国务院办公厅印发〈数字乡村发展战略纲要〉》，《农村工作通讯》2019 年第 11 期。

［10］《广东省委办公厅　省政府办公厅印发〈广东省贯彻落实《数字乡村发展战略纲要》的实施意见〉》，南方日报 2020 年 5 月 14 日第 1 版。

［11］方苑冰：《〈广东省数字乡村发展试点实施方案〉公布确定 10 个试点县 20 个试点镇》，《南方农村报》2020 年 8 月 27 日第 3 版。

［12］张顺鹏：《清远数字经济点燃乡村振兴"新引擎"》(https：//www.163.com/dy/article/FGS4PTDP0519EOS3.html)。

［13］刘建华：《清远：乡村有了新闻发言人》，《小康》2018 年第 28 期。

［14］公丕钰：《数字媒体环境下参与传播理论及实践价值的在地化探索——基于对清远市"乡村新闻官"制度的考察》，《当代传播》2019 年第 6 期。

［15］邓潇丽：《从发展传播学视角看清远乡村新闻官实践》，《青年记者》2020 年第 8 期。

［16］付伟：《"乡村新闻官"：一场网络传播的下沉试验——广东省推进数字乡村战略实践》，《农民日报》2019 年 6 月 17 日第 6 版。

［17］何亚南：《哈工大（深圳）研发"数字乡村·V 村在线"在清远市上线》，《深圳特区报》2019 年 5 月 30 日第 9 版。

［18］陈义勇，黎健龙，周波等：《茶园生境智慧管控技术助推广东茶产业可持续健康发展》，《广东农业科学》2020 年第 12 期。

［19］焦莹：《工业遗产活化利用，英德红旗茶厂将打造超级 IP——"世界红茶技艺中心"》（https：//static.nfapp.southcn.com/content/202304/04/c7529542.html）。

［20］黎存根：《新一批国家工业旅游示范基地名单公布广东 2 家单位上榜》，《羊城晚报》2023 年 10 月 19 日第 12 版。

［21］肖阳：《国家工业旅游示范基地，清远 +1！》（https：//mp.weixin.qq.com/s/NT3PuE9xa1W637hEzGDVrA）。

［22］王晓晴，唐汉清：《县域电商"五大模式"与农村电子商务发展路径探索—以广东省英德市农村电子商务为例》，《清远职业技术学院学报》2021 年第 2 期。

［23］李子豪：《清远市打造中国农村电商第一市的探索》，《农村经济与科技》2016 年第 27 卷第 17 期。

［24］李子豪：《粤东西北地区涉农企业发展模式研究——以英德积庆里茶业有限公司为例》，《当代经济》2017 年第 32 期。

［25］张燕平：《乡村振兴战略背景下广东农村电商困境及发展对策》，《中国管理信息化》2020 年第 23 卷第 15 期。

［26］《文化部关于加强非物质文化遗产生产性保护的指导意见》，《中国文化报》2012 年 2 月 27 日第 1 版。

（黄俊辉：东莞理工学院法律与社会工作学院特聘教授，硕士生导师）

（曾婧：东莞理工学院法律与社会工作学院，硕士研究生）

"双万"背景下党建引领东莞社区基层治理的研究

杨亚南 [①]
东莞理工学院　东莞市社会治理研究院
法律与社会工作学院（知识产权学院）

摘要：党建引领城市基层治理有利于推动城市高品质发展，构建共建共治共享的社会治理格局。东莞市作为生产总值过万亿元、人口超千万的"双万"城市，党建赋能社区基层党组织高水平发展，社区"大党委"和"双报到"活动增强了社区基层治理的合力，积极推动楼盘住宅小区党建工作。目前社区基层党组织的执行力有待进一步增强，社区"大党委"和"双报到"活动的工作成效有待进一步改进，居民对楼盘住宅小区管理的满意度有待提升。为了提高民众的幸福感，需要进一步增强社区基层党组织的执行力，优化社区"大党委"和党员"双报到"活动的工作机制，综合采取多种措施提高楼盘住宅小区的管理水平。

关键词：党建引领；社区；基层治理

基金项目：2021年度东莞市社会治理研究专项一般课题："党建引领下社会治理参与主体联动机制研究"（2021SHZLYB08）。负责人：杨亚南

一、研究背景及意义

目前很多城市进行基层社会治理的实践探索，以城市高品质建设助推城市高质量发展。这些实践探索致力于构建共建共治共享的社会治理格局，推动政府、市场和社会等多元治理主体共同参与城市基层社会治理，建立人人有责、人人尽

---

① 杨亚南，博士，东莞理工学院　东莞市社会治理研究院、法律与社会工作学院（知识产权学院）讲师，主要研究方向为城市管理、基层社会治理。

责、人人享有的社会治理共同体。目前不同的学者基于不同的角度对城市基层社会治理实践进行了研究：黄晓春以上海城市社会治理创新的历史进程为例，分析了党建引领的整体制度内涵，研究了党建引领的实现机制和制度条件。刘悦伦从基层党建引领基层社会治理的角度，对珠三角深圳、佛山城市基层社会治理的实践探索进行了分析。杨威威等通过个案研究方法，分析项目执行的党建逻辑，研究项目制度设计与治理成效之间的关系。文宏等从关键主体、工具支撑和治理目标这三个维度出发，对基层社会治理多元主体如何实现共治进行研究。这些研究从不同维度丰富了城市基层社会治理的研究，但存在一定的不足之处。"人口过千万+GDP超万亿"这种"双万"型城市与其他类型城市的基层社会治理在实践内容和运行机制上存在一定差别，对"人口过千万+GDP超万亿"这种"双万"型城市基层社会治理的研究有待进一步深入。

2021年，东莞市经济社会发展取得显著成绩。该年东莞实现地区生产总值10855.35亿元，年末全市常住人口是1053.68万人，其中城镇常住人口971.91万人，人口城镇化率为92.24%。[①]东莞城市发展踏上"双万"城市发展新起点，成为全国第15座生产总值过万亿元、人口超千万的"双万"城市，实现了"十四五"规划的良好开局。东莞市成为广东省全省内第4个GDP超过万亿元的城市，同时也是在省会城市广州市、经济特区城市深圳市之后的全省内第三个常住人口超千万的城市。本文以东莞为例，对"双万"背景下党建引领东莞社区基层治理进行研究，有利于分析东莞社区基层治理的现状和存在的问题，充分发挥基层党组织的核心作用，提升社区基层党组织的执行力。同时，本文的研究也利于促进东莞这个"双万"型特大城市的高品质发展，加强基层民众与城市深度融合，与东莞这座"双万"城市共生共荣，进一步增强民众的幸福感和获得感。

二、"双万"背景下东莞市党建引领城市社区基层治理的现状

1. 党建赋能社区基层党组织高水平发展

目前东莞各个社区的基层党组织在社区基层治理过程中发挥核心作用。社区坚持党建引领，党建赋能党的基层组织建设，不断提升社区基层治理的水平。第

---

① 东莞市统计局，2021年东莞市国民经济和社会发展统计公报，http://tjj.dg.gov.cn/tjzl/tjgb/content/post_3778627.html，2022-03-30 15：28：29.

一，实施"头雁"工程。为了充分发挥"头雁"的模范带头作用，东莞各社区持续建立健全社区管理队伍的选拔培养和使用激励制度，全力锻造一支活力足、能力强、动力大的带头人队伍，为党建赋能城市社区基层治理提供坚强的组织保证。为了提升社区"头雁"的"领飞本领"，全市开展系统的社区干部培训，精准把握社区管理实践的现实需求，对社区干部在政治、经济、管理、法律素质等方面进行培训。第二，强化基层党组织建设。社区设置党委及多个支部，在社区管辖范围内的新经济组织和新社会组织设置党支部，并由社区党委进行统筹管理。这些基层党组织覆盖不同职业和户籍的党员，既包括本地户籍和外地户籍的党员，还包括非公有制私营企业职工和个体经济经营者。第三，加强年轻党员队伍建设。为提高年轻党员对党章党纪的认识，基层党组织全面进行党章党纪的学习，严格落实"三会一课"，结合社区基层治理需要开展主题党日活动。社区通过积极宣传、严格考察和教育培养等方式发展优秀年轻党员，为基层党组织的持续发展提供质量过硬的生力军；向镇街党组织推荐社区党委书记后备人才，增强基层党组织的生机和活力。

2. 社区"大党委"和"双报到"活动增强了社区基层治理合力

为了加强全国城市基层党建示范市建设和末端执行力建设，促进东莞在"双万"城市新起点上加快高质量发展，东莞实施社区"大党委"和全市机关单位党组织和在职党员到社区开展"双报到"活动，实施全域党建和融合发展的党建理念，增强社区基层治理的合力。第一，社区"大党委"。社区"大党委"以社区党组织为核心，整合多方面资源，发挥兼职委员的联结作用，对基层党组织结构和运行机制进行调整，强化社区基层党组织在城市社区基层治理中的统筹协调能力，形成多元主体联动、共建共赢的基层治理格局。兼职委员所在单位党组织和社区签订党建共建协议，集聚力量、精准对接社区治理所需的资源，实现资源共享、难题共解、辖区共治。第二，党员"双报到"活动。党员"双报到"活动的参与者是市、镇两级机关单位党组织及在职党员，并积极鼓励国有企业、事业单位、人民团体、两新组织等其他行业领域的党组织及在职党员积极参与。单位党组织与报到社区党组织开展结对共建，与社区进行资源和需求匹配，积极参与区域内的各种公益性、社会性和群众性工作，协作解决社区居民关心的问题；推动参与者在社区亮明党员身份、认领公益岗位、参与社区事务，实现资源共享和优势互补。在职党员结合自己工作的职业优势、行业专长和个人兴趣爱好等，在居住地或单位报到社区认领公益岗位，积极参加社区的环境污染治理、邻里矛盾纠纷调解、法律援助、医疗保障、抗洪抢险、流浪人士救助、扶贫助残等各种各种公益性、社会性和群众性工作，为身边的居民提供力所能及的排忧解难服务。

3. 积极推动楼盘住宅小区党建工作

在东莞经济社会快速发展过程中，众多楼盘住宅小区是全市千万人口生活的基本场所，也是东莞这个特大城市治理体系的神经末梢。全市在党建引领社区基层治理和强化基层末端执行力过程中，政府积极采取措施加强住宅小区党建工作，取得了积极效果。第一，构建党委领导、属地管理、条块结合、部门联动的住宅小区党建工作领导体制和责任机制。社区党委把住宅小区党建工作统筹安排到基层党建工作的整体工作规划，召开专门的工作协调会议，积极推进各个社区的楼盘小区党建工作。与此同时，政府为了保证楼盘住宅小区各项具体任务的实施效果，解决小区党建工作的重点、难点、痛点问题，还出台有关配套政策，切实保障所需的各种资源。第二，加强楼盘住宅小区党组织建设。一方面，社区通过流动人口的出租屋管理，在楼盘住宅小区的物业管理处设置"党员登记服务点"，为入住小区的党员提供登记报到、志愿者注册、党务咨询等系列服务，对业主、入住人员的党员身份信息进行普查登记制度，精准掌握小区党员的现状。另一方面，根据党组织设置的规范要求，在楼盘住宅小区设置党支部，鼓励流动党员、隐形党员、离退休党员、社区管理人员、物业管理公司、业委会、小区居民中的党员加入小区党支部。

二、东莞城市社区基层治理存在的问题

1. 社区基层党组织的执行力有待进一步增强

社区基层党组织是城市社区基层治理的核心力量，在城市社区基层治理中发挥核心作用。目前东莞部分社区基层党组织的执行力有待进一步提高：第一，年轻干部队伍建设有待完善。有的社区干部队伍总体年龄偏高，本地户籍青年为了生存出外工作，发展高素质的年轻党员存在困难。部分外来务工的党员不愿意主动亮明身份，参与党内政治生活的意愿不高，成为隐性党员。有的外来务工人员工作繁忙，入党积极性不高，入党意愿不强。第二，社区基层党组织工作人员职业发展存在瓶颈问题。目前许多社会管理职能下沉，需要具备一定的专业素质和综合能力。与此同时，社区基层党组织工作人员的薪酬待遇不高，职业晋升渠道

十分有限，与其他职业相比缺乏竞争力，不能吸引高素质的人尤其是高素质年轻人来社区基层党组织工作。第三，社区基层党组织工作人员负担较重。"上面千条线，下面一根针"，基层工作人员需要对接党建、宣传、综合治理、消防、宗教、民政等多个上级部门，需要为社区居民提供各种精细化和差异化的服务，在各项社会治理工作中又面临指标考核和排名通报的压力。同时，社区工作人员在处理社区很多问题时没有执法权，直接影响工作效率和治理效果，工作负担较重。

2. 社区"大党委"和"双报到"活动的工作成效有待进一步改进

目前社区"大党委"和党员"双报到"活动取得了一定效果，但是由于多种因素的影响，工作成效有待进一步增强。第一，社区"大党委"方面，有的社区"大党委"兼职委员更注重自身的"单位党员意识"，对"社区党员意识"的重视相对不够，没有真正认识到参与社区基层治理的重要性，没有真正认识到自己在社区基层治理中的社会责任和义务，参与社区党建的思想意识有待加强，参与社区基层治理的支持力度和热情还有待提升。有的社区虽然建立了共驻共建工作机制，但是工作机制还需要进一步健全，社区"大党委"兼职委员对党建工作的社会价值认识不到位，积极性不高。有的兼职委员参与社区的工作内容仅限于社区具体事务，参与社区党建工作的广度和深度不够，社区基层治理的合力有待进一步加强。第二，党员"双报到"活动方面，有的活动参与者在单位的本职工作与社区组织的活动时间冲突，参加"双报到"活动的党员多忙于所在单位的工作活动，参与社区活动具有不确定性，而"双报到"活动对其也缺乏对应的有效约束手段。有的"双报到"活动内容和形式过于单一，活动成效有待提升。社区基层治理的活动内容与社区居民的衣食住行紧密联系，有些活动不仅繁琐耗时而且需要多个政府部门协作才能解决；有的活动内容与"双报到"党员所在单位的工作内容和性质差异较大，在职党员不熟悉社区基层治理的基本方法和工作流程，影响"双报到"活动的最终成效。

3. 居民对楼盘住宅小区管理的满意度有待提升

目前东莞市超过千万的人口散居在众多楼盘住宅小区，住宅小区的管理事务具有一定的综合性和复杂性。第一，政府多个部门的协作成效有待提高。目前政府多部门之间的联动效率需要提升，小区居民反映的一些问题难以解决。这些问题在老旧小区加装电梯方面体现得较为突出：部分老旧小区原有建筑规划与当前政府管理规定不一致，存在土地纠纷，多个部门之间的管理要求不一致，导致加装电梯存在困难。第二，老旧楼盘小区的管理问题日益突出。老旧楼盘小区的住宅楼龄较长，有的小区缺乏业主委员会和物业服务企业，居民参与意识淡薄。小区没有缴存专项维修资金，调整物业管理费存在难度，小区的公共设施落后。由于投入的财力、人力、物力成本较大，老旧小区很难找到愿意接管的物业管理公司；小区没有业委会，缺乏资格聘请物业服务企业，导致小区业主的各种管理和服务需求难以得到满足。第三，业主和物业管理公司之间存在冲突。有的小区由于物业管理公司提供的管理和服务不能满足居民的需求，居民的切身利益受到影响，居民对物业管理公司产生不满，拒绝缴纳物业费，对物业管理公司采取抵制行为，导致业主和物业管理公司的关系陷入僵化状态。第四，业主委员会工作成效有待改善。有的小区业主参与小区管理的自治意识不强，存在搭便车心理，导致业主委员会存在成立难、运行难、监管难等问题。有的小区业主参与业主委员会报名的人数不足，重选业主委员会失败；有的小区业主委员会委员中途辞职不干；有的小区业委会委运作不规范不透明；有的业委会委员为自己谋取私利，侵犯了广大业主的利益。

三、完善东莞城市社区基层治理的对策

1. 进一步增强社区基层党组织的执行力

为了增强社区基层党组织的执行力，需要在年轻干部队伍建设、人员激励和工作减负上采取措施。第一，加大年轻干部队伍建设的力度。社区对后备党员干部队伍建设实施梯队计划，社区党委班子成员主动发挥"传帮带"作用，采取一对一的方式进行在岗培养指导，定期开展互动交流，让后备干部有为有位；加强后备人才跟班实践锻炼，组织后备干部到晋级、困难、危险、重要的岗位中实践锻炼，持续提升后备人才队伍的综合素质。第二，对社区党员干部实施有效的激励措施。为了留住和吸引高素质党员干部，社区和上级政府通过多种途径提高社区党员干部的薪酬待遇，让社区的优秀党员干部有更多机会参加人大、政协、政府的各种活动，多上平台多创机会，不断提高他们的实干能力和理论水平，带动社区年轻干部队伍共同成长，并有更多机会成为公务员或事业单位员工，让他们的工作更有盼头。第三，对社区工作人员减负。一方面，政府根据《中华人民共和国城市社区居民委员会组织法》关于"居委会是基层群众性自治组织"的规定，厘清街道政府组织和社区基层党组织的各自职能分工，明确各自的工作范围

和具体工作任务，避免角色错位。另一方面，社区基层党组织加强对党员干部的能力培训，提高政治觉悟水平，增强他们的专业素质和综合能力；充分运用现代的科学技术手段，实行一网通办，减轻在城市社区管理实践一线工作人员的负担，提高社区基层治理的末端执行力。

2. 优化社区"大党委"和党员"双报到"活动的工作机制

为了提升社区"大党委"和党员"双报到"活动的工作成效，需要优化社区"大党委"和党员"双报到"活动的工作机制，积极探索和创新社区"大党委"和党员"双报到"活动的工作方式。第一，实施特色服务项目，开展党建共建活动。社区党委结合辖区内的重大事项和居民所关心的主要问题，与社区"大党委"所在单位和参与"双报到"活动的机关单位签署党建共建协议，采取"共商项目—共享资源—共促发展"的形式，以特色服务项目的形式开展党建共建活动。通过这种形式的活动充分发挥社区党组织"搭台唱戏"的平台优势，促进多方主体的深度参与，实现资源互补、共建共赢。第二，对社区"大党委"兼职党员和"双报到"活动参与党员的工作成效加强监督。社区通过问卷调查和访谈的形式对这些人进行工作效果评估，对他们的年度工作情况进行述职评议考核，将考核结果通知他们的工作单位，作为评先评优和选拔任用的重要参考依据。第三，加强社区与社区"大党委"兼职党员和"双报到"活动所在单位的沟通，促进对方对社区工作内容和性质的了解，保障社区"大党委"兼职党员和"双报到"活动的工作时间。双方整合各自的现有资源，用好资源、项目、需求"三张清单"，充分发挥各自的资源优势。

3. 综合采取多种措施提高楼盘住宅小区的管理水平

楼盘住宅小区居民的满意度是城市社区基层治理水平的重要体现，需要充分发挥基层党组织的核心作用，综合采取多种措施，提高楼盘住宅小区的管理水平。第一，充分发挥楼盘住宅小区党组织统揽全局、协调各方的领导核心功能，贯彻好群众路线，密切联系小区业主和常住居民，吸纳群众的诉求；指导小区依法依规成立业主委员会，建立共建议事会制度，指导和监督业主委员会和物业服务企业依法依规履职尽责；推动物业管理公司、业主委员会、网格员、楼栋长等多元主体优势互补，促进社区、社会组织、社工、社会资源及社区自治组织之间的"五社联动"，形成一个共建共治共享的居民小区治理体系。第二，完善物业管理和业主委员会的相关法律法规。市政府利用广东省委、省政府《关于支持东莞新时代加快高质量发展打造科创制造强市的意见》赋予的部分省级经济社会管理权限，完善楼盘住宅小区物业管理和业主委员会的相关法律法规，制定物业服务收费与对应的不同服务质量等级的标准，明确行业管理主体、属地社区、物业公司、业委会等各方职责，落实镇街属地管理责任。街道办事处、居委会、主管政府部门、业主等共同参与成立物业管理委员会，解决老旧小区管理恶性循环的问题。第三，尝试采取红色物业管理模式。社区党组织积极推动物业管理公司设立党组织，优化物业服务企业运行机制，鼓励和引导社区（小区）党支部委员和党员身份的业主参加物业管理委员会或业主委员会，提高小区居民的满意度。

参考文献

冯仕政，社会治理与公共生活：从连结到团结，社会学研究，2021 年 1 期。

李友梅，中国现代化新征程与社会治理再转型，社会学研究，2021 年 3 期。

刘悦伦，以基层党建引领基层社会治理——珠三角的探索与实践，理论视野，2017 年 5 期。

何得桂等，赋能型治理：基层社会治理共同体构建的有效实现方式，农业经济问题，2021 年 6 期。

黄晓春，党建引领下的当代中国社会治理创新，中国社会科学，2021 年 6 期。

王大广，党建引领基层社会治理的首都实践及其现实意义，上海交通大学学报（哲学社会科学版），2021 年 2 月。

文宏等，多元如何共治：新时代基层社会治理共同体构建的现实图景——基于东莞市横沥镇的考察，理论探讨，2022 年 1 期。

杨威威等，嵌入生活的项目制：党建引领基层社会整理的制度基础，河南社会科学，2020 年 4 期。

赵俊鹏，基层社会治理制度的完善路径——基于制度要素的分析框架，学术交流，2021 年 5 期。

周爱民，利益相关者视域下城市基层社会治理研究，城市发展研究，2021 年 9 期。

周亚越等，迭代创新：基层社会治理创新的扩散逻辑——以"村情通"的扩散为例，中国行政管理，2020 年 10 期。

增强新时代国际传播力的三个问题

袁敦卫

国际传播力，是指一个国际（地区）通过跨国（地区）、通常也是跨文化的信息传播，从内向外、从外向内双向塑造本国形象，寻求其他国家（地区）受众理解、认同，同时也增强本国（地区）人民自豪感的综合能力。新时代我国国际传播力状况如何？为何要提升国际传播力？怎样提升国际传播力？这是本文要回答的三个主要问题。

一、增强国际传播力：问题与背景

（一）国际传播的学科归属问题

在后现代文化理论视野中，"国际传播"既不是一个学科，也不是交叉学科，而是一个带有多学科背景的复杂领域，是一个多学科共同构筑的"议题群"。它融合了政治学、经济学、社会学、文化学、传播学、心理学等多个学科范畴，具有明显的"混杂"性，因此其学科属性并不清晰。

20世纪80年代以来，国际传播研究发生了"文化视角"的转换，即从传统的经济和社会视角转向相对独立的文化视角。文化视角的国际传播理论大多认为：尽管"文化混杂"必然依附于一定的国家权力和利益，但"在完全的（文化）同质化和完全的混杂之间，文化存在着多元化范畴"，当代全球大部分文化都是在"这一范围内"发展的。这意味着传统的文化帝国主义的解释——A 侵略、压倒 B，或者文化平等主义的解释——A 与 B 相互融合、完全混杂，都有明显的局限性。更接近真实的状况是："不均衡的经济发展——文化差异——正在被复原而不是根除。"[①] 说明文化视角的国际传播既重视文化交融，也绝不忽略经济和文化的不平衡发展。

当前我们运用的国际传播理论，基本上都是文化视角的后现代主义理论，局部领域仍然沿用现代主义理论，这主要取决于我们所分析的对象以及所处的文化语境。值得注意的是，从理论看，国际传播强调过程，国际形象注重结果；从实践看，过程与结果不一致是文化传播的常见现象。中国海外形象有时很像在国外受欢迎、但很多中国人从未吃过的"假中餐"：如左宗棠鸡（酸甜味）、李鸿章炒杂碎（希望与李氏一样长寿）、炒面三明治（食用时必须配音乐）等，名为"中餐"，实际上与地道的中餐不是一回事。因此，"展示真实、立体、全面的中国，是加强我国国际传播能力建设的重要任务。"[②]

2023 年 7 月 1 日，《中华人民共和国对外关系法》正式施行。这是国际传播能力建设首次进入国家法律。

（二）为何要增强国际传播力？

1. 逻辑起点：跨文化、跨国界交流成为常态

在现代社会，一个国家（地区）既无法避免成为外界的观察、评价、体验对象，也无法避免外界以自己的尺度来衡量自己。这是后现代主义文化理论的基本假设。譬如大批境外驻华媒体随时向本国播报国内信息，大量国人在海外居住、旅行，都会对外界如何认识、评价中国带来影响。从宏观层面看，发达国家及发展中国家如何看待我国改革开放四十多年来的经济高速增长、近年来的大规模扶贫减贫、2020 年 1 月以来的抗疫实践、开创中国式现代化道路、构建文明新形态和人类命运共同体，等等，都是我国国际传播的重要内容；但从中观和微观层面看，我国的城乡发展差距、底层劳动者的生存状况、多发的社会矛盾以及媒体自身，也是经常被外国媒体重点关注的领域，不能不倒逼我们重视。

2. 直接目标：传播中华文化、优化国际环境

国际传播力是国家治理能力的组成部分，不但有助于为改革、发展、稳定营

---

① ［美］迈赫迪·萨马迪：《国际传播理论前沿》，吴飞等译，北京：中国传媒大学出版社，2016 年，第 224—231 页。

② 赵险峰、张亚明：《向世界展示真实立体全面的中国》，载《人民日报》2022 年 3 月 1 日 09 版。

造的良好"外部舆论环境",而且有助于吸引国际资源,增强本国人民的认同感,推动社会良治善治,最终实现国家治理能力和体系现代化。

3. 战略实质:形成同国力相匹配的国际话语权

2015年3月,《中国政府工作报告》提出:"拓展中外人文交流,加强国际传播能力建设。"这是"国际传播力"这一概念首次进入中国政府工作报告。2021年5月31日,中央政治局就加强我国国际传播力建设进行第三十次集体学习。习近平总书记在主持学习时强调:"要深刻认识新形势下加强和改进国际传播工作的重要性和必要性,下大气力加强国际传播能力建设,形成同我国综合国力和国际地位相匹配的国际话语权,为我国改革发展稳定营造有利外部舆论环境,为推动构建人类命运共同体作出积极贡献。"

2022年10月,党的二十大报告再次强调:"加强国际传播能力建设,全面提升国际传播效能,形成同我国综合国力和国际地位相匹配的国际话语权。"可见,在新时代增强我国国际传播力,既是提升文化软实力的要求,也是"形成同我国综合国力和国际地位相匹配的国际话语权"的核心和落脚点。

(三)我国国际传播力的现状

1. 从被动应对到主动出击

共和国建国尤其是改革开放四十多年来,我国国际传播从被动应对到主动出击,从单线作战到多维发力,从理念不自觉到行动自觉,传播力稳步提升,但短板依然明显。

2. 从战术层面到战略层面

国际传播是政治、经济、文化的复杂互动过程。我国国际传播的现状与我国传统文化心理、政治理念和社会生态都有密切关系,比如倾向内省、不好张扬;爱好和平,崇尚和谐;多数国民缺乏国际传播视野,国际传播的主体意识较为淡薄。如今以中美为代表的大国战略竞争,促使我们必须将国际传播从战术层面上升为战略层面,比如深刻认识国际传播的战略实质,制定国际传播的长期规划,统筹设计面向不同国家、领域和对象的传播策略,增强知识话语自信,等等。

3. 从"三挨"到"三差"

国际传播与国家形象塑造是一体两面的关系。以欧美为代表的西方国家长期以来对中国形象形成了局部正面、"基本负面"的整体认知。1990年至2013年任文汇报常驻巴黎和欧洲记者的郑若麟先生熟悉中欧文化交流，曾公开撰文表示：在法国媒体和汉学家们的"引导"下，中国形象长期处于负面状态，这就形成了"批评中国"成为某种"政治正确"的行为，而为中国辩护则是政治"不正确"的。至今为止，中国在法国的整体形象仍然是"基本负面"①。虽然欧洲各国对中国形象的评价存在一定差异，但法国社会对中国形象的整体评价，在某种意义上具有一定代表性。而美国则是需要单独分析的个案（详见后文）。

2015年12月11日，习近平总书记在《全国党校工作会议上的讲话》指出："落后就要挨打，贫穷就要挨饿，失语就要挨骂。形象地讲，长期以来，我们党带领人民就是要不断解决'挨打'、'挨饿'、'挨骂'这三大问题。经过几代人不懈奋斗，前两个问题基本得到解决，但"挨骂"问题还没有得到根本解决。争取国际话语权是我们必须解决好的一个重大问题。"

2016年2月19日，习近平总书记在党的新闻舆论工作座谈会上的讲话再次意味深长地指出，"中国在国际上存在着信息流进流出的'逆差'、中国真实形象和西方主观印象的'反差'、软实力和硬实力的'落差'。中国在世界上的形象在很大程度上仍是'他塑'而不是'自塑'。因此，必须下大力气加强国际传播能力建设，加快提升中国话语的国际影响力，让全世界都能听到，并听清中国声音。"

二、国际传播力：三重解析

（一）传播主体解析

国际传播的主体是指向其他国家（地区）传播信息的机构和个人，包括政府部门、企业、社团和普通公民。

1. 传播主体的内外格局

当前，构成我国国际传播内外格局的主体共有六类：国内媒体（含自媒体）、国内驻外媒体、国内出境人员（如游客、留学生、交流访问学者、经贸人员、劳务人员等），这三类构成了内部格局；国外媒体、国外驻华媒体和国外入境人员，这三类构成了外部格局。其中国外驻华媒体和国内驻外媒体对我国国际传播、塑造国际形象的影响力最为直接和明显。

---

① 郑若麟：《法国人"中国观"的形成与演变》，载《对外传播》，2015年，第8期。

2. 传播主体的定位比较

无论何种媒体，一般都会自觉区分自身定位，如角色定位、内容定位、受众定位、市场定位、竞争定位等。受政治体制、经济利益和文化观念等因素的影响，国内外不同的传播主体向国际受众传达有关中国的信息、塑造中国形象的意图和方法是各不相同的。一般来说，社会主义和资本主义媒体的定位差异主要体现在以下方面：

表 1：国际传播主体定位比较

主体类型	角色定位	市场定位	内容定位
社会主义媒体 资本主义媒体	执政党与	财政补贴	突出社会效益
	国家喉舌	市场化运营	以正面引导为主
	第四等级	市场化运营	突出经济效益
	【第四权】	法案拨款	以批评揭露为主
项目补贴			

3. 传播主体平台搭建

早在 1947 年，新华社[①] 开启境外传播，在香港和伦敦建立了首批驻外分支机构。1955 年，毛泽东同志提出：新华社要"把地球管起来，让全世界都能听到我们的声音"。1956 年，新华社率先在国外建立分社，至 1965 年共设海外分社 51 个，在 67 个国家派驻新闻工作人员共 225 名[②]。目前，我国在国外建立分支机构的主流媒体主要有新华社[③]、中央广播电视总台（CMG）[④]、人民日报（含环球时报）、中国日报、光明日报、中国新闻社等，还有部分媒体大省（区）在海外建立了分部，如上海日报、财新国际、香港电台、香港 01（香港有线第 1 台）等。我国驻外媒体整体上形成了"全媒体矩阵"，"并依托全球社交平台发声，但依然存在国际传播渠道覆盖不全面、与当地媒体合作不充分、内容定位缺乏特色等局限。"[⑤]

---

① 前身为 1931 年 11 月 7 日在江西瑞金成立的红色中华通讯社，简称"红中社"。

② 刘昶、孟伟：《中国驻外记者的现状、问题与培养研究》，载《现代传播》，2018 年，第 8 期。

③ 2021 年 11 月 15 日新华社网站公布的数据显示，截至 2021 年 11 月建社 90 周年时，新华社在全球 100 多个国家和地区共设有 181 个分支机构，比 2016 年（建社 85 周年）的 239 个有所减少。

④ 中央广播电视总台于 2018 年 3 月由中央电视台、中国国际电视台（CGTN，目前用户数约 1.2 亿，居我国驻外媒体首位）、中央人民广播电台、中国国际广播电台组建，对外统一呼号为"中国之声"。

⑤ 见陈虹：《以系统思维重构国际传播战略体系》，载《中国社会科学报》，2022 年 10 月 20 日。

19世纪30年代,西方人即在中国创办中文报纸。鸦片战争后,西方媒体开始派员入驻中国。1949至1978年,经历"文革"等波折,除苏联、东欧等社会主义国家的媒体外,仅有法新社等9家西方媒体在我国设立分支机构,1978年共驻有记者43名[①]。截至2020年5月,国外驻华媒体300多家(其中美国驻华媒体29家),常驻记者约500人[②],最高峰时(2009年建国60周年庆典)约900人。近年来受疫情、经济、政治等各种因素叠加影响,国外驻华媒体机构、常驻记者数量呈逐渐减少之势。

(二)传播客体解析

国际受众既是国际传播的客体,又是认知、接受与再塑造某国形象的主体。这一传播、接受、再塑造的过程通常表现为三种心理机制,即呈现—歪曲机制、呈现—对抗机制和呈现—理解机制。

1. 呈现—歪曲机制

呈现—歪曲机制是一种明显带有主观意向性的接受心理,它是片面认知与主观想象中国的结合体。这种心理接受机制形成固然与中国固有的某些消极现象有关,但一旦经过文艺加工,其传播力和影响范围就急剧扩增。比如"义和团"运动后,英国作家萨克斯·罗默(1883~1959)创作了《魔鬼医生》系列小说共13部(第一部《阴险的傅满洲医生》发表于1913年),其中6部改编为电影。直至2001年,英美还以各种形式不断刊印,恶劣影响至今不绝[③]。该系列小说塑造了"傅满洲"这个中国人物形象:残忍、狡诈、自大、排外、极端仇视白人,"火烧不死,砍头不死,近距离直接射击脑袋也不死","黄祸集中体现在了这一个人身上"[④],可说是严重扭曲、丑化了中国及国人的形象。更可怕的是,该系列小说及其衍生作品翻译成几十种文字,在欧美和亚洲三十多个国家大量发售,几乎家喻户晓,对中国海外形象的损害长期都无法消除。

2. 呈现—对抗机制

呈现—对抗机制通常形成于中国与外国发生严重的文化隔膜或政治对抗期间,

---

① 见李中州:《改革开放以来中国政府对西方驻华媒体政策》,外交学院2009年博士论文,第33~34页。

② 2020年5月12日外交部例行记者招待会上赵立坚的发言,见央视网2020年5月13日报道《对比鲜明!我外交部:2019年美国在华常驻记者出入中国超700次》。

③ 李贵苍:《揭露"傅满洲医生"》,载《文艺争鸣》,2009年,第1期。

④ 见[英]萨克斯·罗默:《傅满洲博士之谜》,引自[英]蓝诗玲:《鸦片战争》,刘悦斌译,北京:新星出版社,2015年,第391—392页。傅满洲"博士"系傅满洲"医生"的误译。

其恶意程度虽然不一定比呈现—歪曲机制更深，但波及范围更广。譬如在美国历史学家史景迁看来，中国的蒙昧落后在 18 世纪成为欧洲文学的一个"主题"，是因为中国"没有被完全融入西方人的思想意识之中"，而是作为一个纯粹的"他者"而存在[①]。冷战时期，中国与苏联合力抗衡美国，特别是 1950 年 10 月中国军队在苏联支持下入朝作战，强化了美国以中苏为敌的对抗心态。美国《生活》杂志在 1950 年 11 月 20 日头版刊登文章，称"好斗中国终成威胁"[②]，成为后来持续喧嚣的"中国威胁论"的先声。

实际上，"中国威胁论"者并没有认识到，"中华文明历来崇尚'以和邦国''和而不同''以和为贵'……和平融入了中华民族的血脉中，刻进了中国人民的基因里。"[③]"中国威胁论"不过是中国与以美国为首的西方国家政治对抗的结果，一旦对抗缓和，这种论调也随之退场，但条件成熟时又会卷土重来。

3. 呈现—理解机制

相较而言，呈现—理解机制是一种积极、具有建设性的文化交流机制，它在承认国家之间存在文化差异的同时，也试图理解这种差异，并且尽可能以平等包容的态度来构建对方的形象。这种机制在中国改革开放以来表现得较为明显。2010 年，美国学者詹姆斯·派克（James Peck）就表明："如果以过去 300 年作为标准进行评判，中国公民现在所享有的是前所未有的经济和人身自由"，即使各种不平等、不均衡现象依然存在，但"中国人民在特定的历史背景下以自己的方式完善自身社会的努力"[④]，理应得到理解和尊重。就此而言，呈现—理解机制理应成为当今各国政治和文化交流的常态机制，发挥更为基础性的作用。

表 2：三种心理机制的情感倾向与认知特点

心理机制	情感倾向	认知特点
呈现—歪曲	主观性强，恶意较深	片面认知，主观想象
呈现—对抗	趋从情势，未必恶意	随波逐流，较少反思
呈现—理解	客观中立，态度谨慎	理性思考，不妄褒贬

① ［美］史景迁讲演：《文化类同与文化利用》，廖世奇等译，北京：北京大学出版社，1990 年，第 187 页。
② ［澳］马克林：《我看中国：1949 年以来中国在西方的形象》，张勇先等译，北京：中国人民大学出版社，2013 年，第 43 页。
③ 习近平：《共同构建人类命运共同体》，2017 年 1 月 18 日在联合国日内瓦总部的演讲。
④ James Peck，Ideal Illusions，How the U.S. Government Co-opted Human Rights（Henry Holt and Company，New York，2010），p.176.

（三）现代知识论解析

1. 现代知识话语权的结构性弱势

进入现代社会以来，以欧美为代表的西方发达国家在自然和社会科学知识方面形成的主导优势，也直接或间接反映在他们对其他发展中国家的情感和认知上。1990 年，美国不列颠百科全书公司[①] 出版了一套《西方世界的伟大著作》丛书，共 60 卷，遴选了西方哲学、文学、心理学等社会、自然科学的代表性作品共 517 部，出自 130 位作者，远自荷马（约前 9 世纪～约前 8 世纪）、柏拉图、亚里士多德，中经莎士比亚、牛顿、马克思、恩格斯，近至爱因斯坦、萨缪尔·贝克特（1903～1989）。该丛书前两卷 Syntopicon（即《论题集》）[②]，选取代表了西方文化最主要特征的 102 个观念（第一卷 54 个，第二卷 48 个），以及约 2000 个次一级术语。这些观念和术语在很大程度上成为我们理解现代人文社会科学知识的基本工具。

比如"宇航员"有三个英语单词，分别是 cosmonaut（cosmo- 意为宇宙，naut 意为海员）、astronaut（astro- 意为星星）、taikonaut（taiko- 意为太空）。第一个词来自俄语，由于俄罗斯的航天技术在某个时期超过美国，俄罗斯的"宇航员"（космонавт）也就进入英语词汇，成为 cosmonaut。后来美国成功将自己的宇航员送上太空，"宇航员"变成 astronaut。近年来，中国航天技术突飞猛进，将中国宇航员送入外太空，我们也应有一个英语词汇属于中国宇航员，因此 taikonaut 便应运而生。但无论如何，以"naut"结尾的三个单词都体现了西方知识话语权的主导性地位。此外，满语基本消亡，汉语的吸引力持续上升，也是对知识话语从根本上影响传播话语这一理论的局部反映。

2. 传播话语过度受制于知识话语权

通常来说，传播以内容（知识）为重要基础，但并不完全由知识决定。我们一方面要扩大知识再生产，增强知识话语权，另一方面则要避免传播话语过度受制于知识话语权，因为传播也有一定的独立性和能动性。比如作为世界通用语言，英语向来被认为是英语国家的开放专利和文化符号，而潘章仙等学者提出：英语不应为一国或一个民族所专有，"而是一种中性的信息媒介。英国英语和美

[①] 即大英百科全书出版社，1768 创立于苏格兰，1902 年迁往美国。

[②] 陈嘉映先生主持翻译为中文时，译名为《西方大观念》（两卷），北京：华夏出版社，2008 年。

国英语也不再被看作仅有的两种标准语，而是英语的两种国别变体。"[①] 同理，中国英语与中式英语不同，前者是英语在中国具体应用的"国别变体"，而后者则带有调侃意味。因此，英语应由单数的 English 变成复数的 World Englishes（世界英语）。这就是传播话语适度摆脱知识话语权的具体实践。

三、增强国际传播力的理念与方法

（一）更新传播理念

我国传统的国际传播，多注重向世界说明和宣传中国，但对以中国视角向世界传达对世界的理解，缺乏足够的理论建构和实践探索。新时代的国际传播，亟需实现从"向世界说明中国"到"以中国视角向世界阐释世界"的转型，超越传统的"奇观化""博物馆式"的国际传播话语策略，完成从"向世界说明中国"到"以中国视角向世界阐释世界"的转型[②]。简单地说，就是要站在世界的角度，向世界传达我们对世界的理解，而非仅仅站在中国的角度，向世界解释中国。

（二）传播主体国际化

国内媒体在多个国家（地区）设立分支机构，不一定就意味着国际化。除了主流媒体，也可鼓励、支持社会资本进军海外传媒市场。传播主体要实现国际化，必须不断强化驻外媒体的开拓能力和服务能力，包括选派、培养、吸纳能在国际传媒市场有冲击力的专业人才，深刻把握国际文化主潮和市场需求，加强研究当地社会，提供面向国际受众的高品质新闻资讯和其他媒体服务，最终创建有公信力、影响力的传播平台。以这样的国际化平台来传播中国声音，能收到高屋建瓴、事半功倍之效。

（三）传播客体分众化

国际传播的客体（受众）是多种多样的，我国驻外媒体、国内媒体、出境人员以及自媒体对不同的受众如政治家、党派政客、社会精英（如企业家、科学家、文艺家等）、普通受众、华侨华人等采用差异化的传播策略，既能客观反映

---

① 参看潘章仙：《中国英语变体中的语言和文化认同》，北京：北京大学出版社，2005 年。潘章仙（1965～），先后任浙江师范大学、浙江工商大学英语文学教授、博士生导师，现任比利时西弗兰德大学孔子学院中方院长。

② 史安斌、刘长宇：《思想、价值与实践的全方位引领：习近平有关国际传播的重要论述探析》，载《当代传播》，2022 年，第 6 期。

西方社会真实状况，也是为自己赢得主动、赢得尊重的前提。2021 年 5 月 31 日，习近平总书记在中央政治局第三十次集体学习时强调："推进中国故事和中国声音的全球化表达、区域化表达和分众化表达"，既能扩大"国际舆论朋友圈"也能分化对手，转化中间群体，赢得更大主动。

（四）传播话语公共化

传播话语公共化，是指在国际传播中应尊重主要事实，尊重人类共同价值，胸怀人类命运共同体意识，用人类都能感受的情感表达和理性语言讲述人类故事和中国故事；多一些讲故事的真诚，少一些搞宣传的预设；强化战略定力，减少战术干扰；切实缩小"三差"，从知识话语和传播话语两个层面都切实增强国际话语权。

（五）增强知识话语自信

知识话语自信，是指对我国自近代以来、尤其是中国共产党建立以来领导全国各族人民进行艰苦卓绝的以救国救民、强国富民为主要宗旨的知识探索、知识贡献和知识张力，要有最基本的自信心和自信力。在中国特色社会主义新时代，知识话语自信的主要内容就是道路自信、理论自信、制度自信和文化自信，其中"文化自信"又是"更基础、更广泛、更深厚的自信"[①]。我们立足知识话语自信，才能与以欧美为代表的各国"深化文明交流互鉴"，才能"推动中华文化更好走向世界"。

小结

国际传播是一个长期、复杂、多变的综合领域，只有立足本国实际、把握世界主潮、紧扣时代脉搏、推动中华民族复兴伟业、回应全人类共同关切的问题，才能在世界传播竞合的大舞台上赢得一席之地。增强我国国际传播力就与上述进程相始终，并最终为提高我国综合实力发挥巨大作用。

【作者简介】

袁敦卫，男（1974—　），湖北黄石人，文学博士，广东省东莞市行政学院文化与社会教研部教授，东莞理工学院文学与传媒学院特聘教授，主要研究近现

---

① 见 2016 年 7 月 1 日习近平总书记在庆祝中国共产党成立 95 周年大会上的讲话。

代中西人文交流史、文化理论和文化现象等。

【通信地址】

广东省东莞市南城街道绿色路 111 号，东莞行政学院袁敦卫（收）

电话：13712436054；0769-88987642（办公室）

邮编：523083；邮箱：ydw800@126.com

移民视野下新西兰资优教育的政策发展与启示

姚　竹

中南大学　人文学院哲学系　博士后

中南大学　湖南省社会主义价值体系建设研究基地　湖南

长沙　41008

摘要： 随着全球化的加速，国际移民的数量逐年增加，新西兰作为移民热门目的地之一，其教育系统的特点及发展引起了广泛关注。本文围绕新西兰的资优教育在移民视野下的发展进行深入研究，探讨其教育制度的特点、面临的挑战以及所取得的成果。首先，文章回顾了新西兰资优教育的历史背景和制度框架，强调其注重个体差异、鼓励学生创新与探索的教育理念。随后，文章重点分析了在移民背景下，如何确保资优教育对所有种族、文化和社会背景的学生都是公平与可持续的。面对拥有多元文化和移民背景的学生，新西兰资优教育面临的挑战主要有：如何确保教育内容与多元文化背景达成平衡；如何培训教师以满足不同背景学生的需求；以及如何评估和认定来自不同文化背景的学生的资优性。新西兰资优教育界在应对这些挑战时推进全面创新改革，例如，制定多元文化教育策略、提高教师素养和鼓励家校联动。本文在新西兰资优教育经验的基础上，提出了以"两个结合"为指导理论，逐渐建设形成包含公平公正、民族融合、多元文化和开拓创新在内的多维度资优教育体系等对策建议。

关键词： 资优教育、移民视野、多元文化、教育公平、创新教育

文化多样性已经被广大学者认为是如何在资优教育中实现教育公平的核心议题之一[1]。随着学校中种族和文化背景的多样性逐渐增加，许多研究显示，如果在课堂中不能充分认识到资优学生的文化差异或忽视他们的文化需求，他们往往会出现成绩下滑或情绪焦虑等问题[2]。为了有效应对这一挑战，Grantham 等人

（2013）提出，采纳多元文化资优教育策略可以避免资优学生出现这些负面情绪或行为[3]。Scott（2014）进一步补充，这种策略不仅能激发资优学生的学习兴趣并提高他们的成绩，还能增强班级中所有学生学习中的正反馈[4]。考虑到新西兰是一个移民人数持续增长的国家，深入了解资优学生的文化背景和学习需求变得尤为重要。

1986年，新西兰改变了移民政策，向其他国家敞开大门。从那时起，新西兰的人口结构变得更加多样化，这对社会的许多领域产生了影响。就移民对新西兰教育的影响而言，Moltzen（2004）认为，"由于移民背景的多样性，迫使新西兰的学校在内的大多数机构重新审查其过去许多单一的政策和做法"（第142页）[5]。本文从新西兰多元化的移民视角探讨，结合当前新西兰资优教育的体制和相关政策，重点探究新西兰如何针对不同种族文化背景的学生调整其教育方针，以及学校和前线教育工作者为满足这些学生的学习需求采取的措施和努力。

一、新西兰资优教育政策的发展

新西兰的资优教育在历史上被视为不一致且不均衡的。George Parkyn 是新西兰资优教育领域最为著名的评论家之一。他的经典著作《高智商儿童：新西兰研究》（不仅对了解认知资优者做出了宝贵贡献，还为如何支持他们提供了实用的建议。事实上，Parkyn 的这部著作在很大程度上激发了人们对资优儿童的关注，因为在其发布之前，新西兰教育界在这一领域的讨论非常有限。

在二十世纪八十年代，新西兰在国家和学校两个层面都加强了对资优和天才学生的支持力度[6]。尤其在国家层面，新西兰资优儿童协会于1975年成立，随后开始积极地组织针对资优学生的教师会议。这个协会在多个方面发挥了不可或缺的作用：比如为资优和天才学生及其家长提供各种支持，为这些学生在活动和课程中创设个性化学习的机会，以及为学校和教师提供专业的培训和发展机会。此外，该协会出版的杂志《高高的罂粟花》（Tall Poppies）专为家庭和教育工作者设计，并且于2019年推出双月刊网络版，从而为会员，教育工作者，家长和社区提供更为频繁的信息交流机会。

在1997年，为更好地服务资优学生，教育部建立了资优教育咨询小组并寻求对策建议。经过广泛的，涉及教师、家长、学生、学者及其他教育从业者的全国性咨询，教育部于2000年发布了全新手册《资优和天才学生》，并在2012年进行首次更新。Moltzen（2011）指出，该手册具有三大创新之处：首先，它为学校和教师提供了更普适的资优概念定义，考虑到资优学生的多样性，手册没有坚持单一定义，而是推荐了如伦祖利、加德纳和盖尼耶等理论家的观点作为参考。其次，手册特别强调了新西兰资优和天才学生的双文化和多文化背景，尤其关注毛利资优学生的特殊性。最后，该手册还强调了专业化发展对此领域的重要性[7]。

在 2001 年，新西兰教育部发布了一份名为"资优教育工作组"的报告，为新西兰的资优教育确立了核心原则。这份报告强烈推荐在《国家管理准则》（NAGs）中纳入资优教育相关内容，并于 2005 年成功达成这一目标，而这一准则至今仍在实施[8]。具体在《国家管理准则》第 1（c）（iii）条中，它强调学校的董事会需要通过校长和教职员工利用高质量的评估信息来确定有特殊需要的学生群体，其中明确包括了资优学生。此举彰显了人们对资优学生独特能力与需求的认知，理解他们需要特定的学习机会（教育部，2013 年）。为回应这一需求，教育部设立了一个每年 120 万美元的资助项目，专门支持资优教育的各种措施。在此之后，教育部长于 2002 年发布了《资优和天才学生倡议》，其中包含了一系列具体的倡议行动[9]：在国家成人教育集团的框架下，特别强调了如何鉴别资优学生。为了达成这一目标，教育部设立专门的资金池来推动为资优学生设计的创新型教育项目。此外，为进一步加强教育体系方面的支持，倡议中提出了一系列的专业发展计划，其中包括扩充资优教育顾问和国家协调员队伍、为非教师的教育专家提供进一步的培训、针对资优教育为即将入行的教师开展职前培训。此外，教育部为家长提供了一本详细的手册，介绍如何认证和支持资优儿童。为了进一步扩大影响，教育部还推动了一项支持资优教育的信息和传播技术（ICT）计划，并开展了一项对当前资优学生教育方式的研究。

到了 2004 年，教育部公布了一项由 Riley 等人进行的关于新西兰学校中资优学生认证和培养的研究[10]。这项重要的研究详细评估了上述为资优学生实施的各种措施，以及学校和教育部门在认证和培养这些学生方面所做的努力。自 2009 年起，教育部对资优教育的资助和支持明显减少。其中，资优教育咨询小组被解散，同时人才发展倡议计划也失去了财政支持。尽管如此，教育部仍将其资源分配至其他与资优教育相关的重要项目中，如课程修订、制定面向中学生的新西兰奖学金的国家评估标准，以及为小学和初中学生设立国家标准。尽管在国家政策层面存在这些支持，仍有文献指出，由于财政约束和教学资源不足，新西兰资优教育仍面临挑战。然而，根据 Jolly & Jarvis（2018）[11]、Kronborg（2018）[12] 以及 Riley & Bicknell（2013）[13] 的研究，尽管面临重重挑战，新西兰仍在努力确保为这一特殊群体提供优质教育。

2014 年，新西兰资优教育中心（NZCGE）以一个注册的慈善机构的身份成立，其目的是为 2—13 岁的资优儿童提供支持。目前，该中心在新西兰各地推出 "MindPlus" 项目，其中每周有一次由专业教师进行的面对面或在线授课。这个项目致力于满足资优儿童的特别学习需求，并给予他们机会进一步挖掘自己的潜能。2018 年，政府发起了名为 "教育对话" 的活动，通过此活动收集了超过 43000 份意见。许多意见来自那些在教育议题上被忽视的少数群体。根据这些建议，2019 年政府推出了《2019—2025 年学习支持行动计划》。其中，这个计划的第五个战略重点正是满足资优学生的需求。该计划旨在弥补目前在关怀资优学生方面的不足，并为教育者、家庭及其孩子提供新的引导。教育部还计划采用一种更系统化的方式来认定资优学生，并为这些学生和他们的教师提供具有文化关怀的资源和培训。

在 2020 年，为了进一步加强对资优教育的支持，政府为教师在资优教育专业上的发展提供资金支持。同年，教育部副部长特蕾西-马丁阁下（Hon Tracey Martin）推出了一套新的资优教育支持策略[14]。这项策略特别强调了解资优学生多元文化背景的重要性。该策略的核心内容包括：

给予新西兰资优教育中心多方面支持，开办和拓展 MindPlus 一日学校，确保资优学生能与有共同兴趣和能力的同龄人一同学习；对那些有特殊天赋和能力的资优学生或学习群体提供奖励，丰富他们的学习经历，同时关心他们的全面成长；鼓励教师进修，提升其对资优学生的教育技巧，同时提供灵活的资助方式，以适应教务繁忙的教师的学习需求；同时推出一系列交流活动、实践体验和成长机会；优化并扩充在线学习模块，以便资优学生能在网络上与志同道合的同伴交流学习；为教师和家长提供更多的指引和建议，帮助他们更好地鉴别和关怀资优学生。

在新西兰，文化多样性和对资优行为及资优教育的文化考虑得到了多方认可并受到日益重视。教育部特别强调了教育从业者对新西兰文化多样性的深入理解的必要性[14]。教育部发布了两份关键性文档，分别为 2013 年出版的《Ka

Hikitia-Accelerating Success》和《Māori Education Strategy 2013—2017》，以及 2018 年 出 版 的《Tapasā-Cultural Competencies Framework for Teachers of Pacific Learners》。这两份文档都在制定更好地满足毛利和太平洋裔学生的学习需求的教学策略和政策的进程中起到关键性作用。

在教育部不断为新西兰的教师和家长开发资优教育相关的在线资源时，针对资优学生投放的额外学习资源变得日益普及并且易于获取。这些资源包括各种课外培训项目和课程，如 Mind Plus 和 Mind Lab；为资优学生设立奖项，如 Tamariki 和 Ākonga 资优生奖；为教师提供学习奖励，如研究生文凭学习奖；以及为教师提供进一步的指导。教育部在提供这些资源的过程中，特别强调了资优学习者和资优教育概念的文化多样性。

在政府资助的方式外，新西兰资优教育领域的研究范围也在逐步扩大。Riley（2019）的研究突显了为资优学生提供与其能力相符的同伴一起学习的重要性。她指出，在新西兰的学校中，大部分资优学生都与同龄学生在综合教室中上课[15]。此外，Ballam（2019）对泛太平洋地区的土著和少数民族资优青少年进行了深入研究，她发现这些学生的天赋与他们的身份紧密相关，相比之下，受到社会经济地位的影响则较小。Ballam 进一步解释说，这是因为学生们认为资优是他们不可改变的身份特质，而他们的社会经济地位则是可以随时间改变的。因此，Ballam 的研究揭示了种族（固定的）与社会经济地位（变化的）对资优学生的不同影响[16]。

资优教育的研究同时强调了为教师提供支持的重要性，特别是那些教授资优学生的教师。Riley 等人（2004）的研究显示，新西兰的学校普遍认为，在资优教育方面的专业发展不足是一个障碍[10]。学校认为，教师需要在如何定义、认证资优学生，以及如何为他们设计课程和评估的专业技能方面得到持续和高质量的专业培训。研究进一步指出，面向教师的持续教育对于形成并实施有效的资优教育政策和程序至关重要。另外，White 和 Riley（2017）的研究发现，幼儿教育领域的教师在资优教育的专业发展上有所缺失[17]。他们建议，幼儿教师应与资优教育领域的专家紧密合作。研究也表明，建立与教育专家的跨学科合作关系，对于教师来说是助力资优学生并获得来自他们家庭的必要支持的关键。此观点与 Clarke 等人（2021）的研究结果相吻合，他们发现，教师的专业培训往往没有覆盖到与资优教育相关的内容[18]。

二、新西兰多元文化背景下的资优教育

虽然资优教育的理论在全球许多国家和地区都得到了广泛的实施和认可，但其在实践中的成果并不如人意。研究表明，在新西兰，只有不到一半的学校能够给出明确的资优教育定义。即便如此，这些学校对于资优儿童的学习记录，尤其是关于他们的文化、心理和社交情感问题，也相对有限[10]。值得注意的是，尽管学校制定了资优教育相关的政策文件，但并不是所有教育人员都能够接受。相对的，多数学校选择任命行政人员来负责资优教育方面的专业发展事务。这反映出为新西兰资优学生提供个性化教育的人文关怀有所缺位，资优教育在新西兰的实践发展仍有很大的进步空间。

新西兰教育部于 2002 年提出课程模式是资优教育的核心，并指出为资优学生提供个性化的课程意味着他们的需求得到有计划、有目的的满足。然而，在新西兰，为资优学生提供的课程调整、采用、开发、实施和评估实践还远远不够。进一步的研究显示，超过 85% 的学校并未为资优学生制定专门的课程模式，而剩余有所尝试的 15% 的学校在执行过程中也存在诸多误解和偏差[10]。新西兰教育部在 2001 年明确提出资优教育的核心原则，其中特别强调，《怀唐伊条约》第二条规定，每个人的才能和特质都应得到尊重。因此，在资优儿童的定义、认证和培养的全过程中，都必须充分体现毛利人的价值观和文化观念。

Bevan-Brown 强调，正确界定毛利人的资优概念至关重要，因为这能够更好地符合他们独特的身份和实际情况[19]。相关研究中也表达了类似的关注，他们对毛利社区对资优教育的理解进行了深入调查，发现许多拥有高超能力的毛利学生并未得到社会的认可。这进一步突显出满足毛利资优学生学习需求的迫切性[20]。

2001 年和 2008 年，新西兰教育部的审查办公室指出，新西兰的资优教育在实践中并未充分理解和考虑到文化多样性。特别是很多学校的毛利资优学生在课堂实践中遇到了一定的难题。不同学校为具有双重或多重文化背景的资优学生提供的学习机会并不平等。审查结果指出，新西兰的学校并没有经常、有效地认同边缘群体，尤其是毛利学生和其他少数族裔的资优学生，并为他们提供文化适应方面的支持[21]。

Riley 和 Bicknell 在 2005 年的研究中进一步发现，新西兰学校的资优教育实施情况和学校评级正相关。他们对 1273 所学校进行了调查，发现不同评级的学

校之间在提供资优教育的机会上存在显著差异。高评级的学校比低评级的学校更有可能提供资优教育机会。此外，城市学校通常会为资优学生提供比农村学校更高质量的教育。这种不同学校间的资优教育质量和方法存在差异的现象，意味着有必要为基层教师提供更深入的专业培训[22]。

前文强调，新西兰在认识和处理学校学生的文化差异方面有深厚的政策背景和丰富的经验。从20世纪90年代中期开始，毛利文化在新西兰的资优教育中开始受到更多的关注和重视。研究显示，为毛利的资优学生提供的教育应该综合考虑他们的价值观、知识和态度[19]。目前，教育部特别关注毛利资优学生的教育经历，并将他们列为首要关心的学生群体。此外，教育部指出，教育系统应确保毛利学生能够在保持其文化身份的同时取得学业上的成功。

在1993年，Bevan-Brown首次对毛利人的资优教育进行了深入研究，她在多篇研究中为新西兰的教育工作者从毛利人的视角理解资优提供了重要参考。她强调，毛利的文化背景对于理解资优教育的概念有着核心导向作用，并且每个人，根据其对文化信仰和价值观的接受度，都存在个体差异。她进一步阐述了在教育毛利学生时，认知和尊重文化多样性的重要性。Bevan-Brown总结了毛利人关于资优教育的八个关键观点，这为我们进一步理解毛利人对资优教育的态度提供了有益的启示[23]：

第一，天赋在毛利社会中广泛分布。它不受社会阶层、经济地位、血统或性别的限制；其次，在个人和群体环境中都可以表现出天赋；此外，个人的天赋和才能也可以由群体"拥有"；在毛利人群体中，他们认可广泛意义上的天赋和才能；这类群体同样非常重视"素质"和"能力"；毛利人认为资优的概念具有整体性，与毛利人的其他概念密不可分；毛利人认为如果一个人拥有相当的天赋和才能，那么他应当将其用于造福他人；毛利文化为天赋的立足、培养、展示和发展奠定了坚实的基础；毛利文化特有的民族精神象征经常授予那些特别是在传统知识和服务他人方面有天赋和才华的人。

在新西兰，近期的研究不仅关注了毛利人对天赋的概念，还深入探讨了哪些因素促使毛利人在学业上取得成功。Webber的研究专注于种族和民族身份的建构，她认为文化身份认同是毛利人取得成功的关键[24]。她特别强调了毛利资优学生中，种族和民族身份认同如何起到决定性的作用，这种认同为他们提供了明确的身份感、归属感和成就动力。Webber指出，毛利资优学生的文化身份认同与他们的学业成就是正相关的。后续研究还证实了这一观点在其他族群中也是成立的。例如，Webber等人在2013年针对新西兰的白种人、毛利人、萨摩亚人和华人青少年进行的调查显示，尽管毛利人和萨摩亚人青少年的学业抱负超过了白种人，但他们往往被刻板印象认为在学业上不太可能取得成功。相对的，华裔青少年因其文化背景经常被认为擅长数学，并被打上"书呆子"的标签[25]。这项研究明确指出，新西兰的少数民族与对其的刻板印象和他们的种族、民族身份紧密相关。

三、移民视野下新西兰资优教育面临的挑战与应对策略

新西兰的资优教育是为那些在一个或多个学术或非学术领域展现出高于同龄人的能力和才华的学生提供的。但在移民视野下，新西兰的资优教育面临着一些特定的挑战。由于新西兰是一个多元文化的国家，拥有来自不同文化和背景的移民。对于这些学生而言，在他们的原始文化中，有关"资优"和"天赋"的定义可能与新西兰的标准有所不同。同时，部分移民家庭对新西兰的教育方法有不同的看法，这可能会影响到他们对资优教育的态度和参与度，认证和满足这些学生的特殊需要变得更加复杂。与之相对的，新西兰资优教育在应对这些挑战时也探索出了一系列的创新策略。

第一、确保教育内容与多元文化背景相适应。诸多研究表明，尽管很多资优学生拥有多元文化背景，但他们仍未获得与其匹配的教学内容。这主要是因为现行的资优课程与他们的文化背景不匹配，且资优教育教师缺乏应对文化多样性的能力。Beven-Brown提到了一些未能成功将毛利族资优学生纳入学校资优计划项目的案例[19]。在这些案例中，学生虽然认同自己的毛利文化，但他们在班级或小组中往往是唯一的毛利人，并且所学知识缺乏相应的文化内容。Webber的研究指出毛利族学生因参与资优项目而与自己的同龄群体分离，被迫在与自己没有文化联系的群体中展现才华[24]。

新西兰教育部为提升多元文化资优学生的学习体验提供了多项建议[14]。其中为毛利族和其他少数民族资优学生创造一个充分反映和尊重文化多样性的学习环境是问题的关键，因为只有在这样的环境中，他们的才华才能得以展现。相关政策也指出，尊重并顺应其文化背景是培养这些学生的重要方式。成功的教育课程不仅能够为毛利族和其他波利尼西亚资优学生提供一个他们的文化和价值受到

认可和尊重的环境，还能够确保教学内容、方法与他们的文化息息相关且相互契合。同时，相关政策还强调，对于来自不同文化背景的资优学生来说，学校需要采纳多种分类方法来引导学生展现出他们的天赋与能力。这通常会涉及到多种文化中不同的概念和观点，这意味着，在资优教育中，不仅要承认和强调精神、情感和群体的能力，还要纳入与各族裔相关的文化素质培养内容。此内容不止包括他们的文化知识、技能、实践、经验、习俗和传统，还涵盖了他们的价值观、信仰、态度、行为习惯、性格和品质。

第二、培训教师以满足不同文化背景学生的需求。在新西兰，大部分教师属于欧洲的中产阶级，他们大多只会一种语言，并且拥有相同的文化背景。现行的教育体系主要以种族为中心，虽然有人尝试进行彻底改革，但这一体系在未来很可能仍会存在。这些教师是某种特定文化的产物，这种文化强调特定的知识、价值观、态度和行为规范。因此，他们很自然地从一种有限的视角看问题，并根据自己作为主流文化成员的经验来评估事物。多元文化群体在与他人互动时可能会感觉到被冒犯，但教师们可能认为自己的方式是正常的。另外，一项针对学生在教育学院学习进展的持续研究发现，尽管大部分学生表示他们获得了丰富的知识且思维变得更加开放，但也有例外，一些学生认为，他们对毛利人的态度变得非常消极，因为学校环境过于强调种族问题，让他们感到有责任承担毛利人的不满。而其他学生认为，学院过于重视双文化，而忽略了多元文化，这可能难以让他们在多元文化课堂上的教学做好准备[20]。

为了改善上诉环境以及提高不同文化背景的学生的学习体验，最新的政策指出，教师需要为不同文化背景的资优学生创造一个具有适应性的学习环境[14]。资优学生与他们的同学和教师共同合作，作为一个学习团队共同承担文化差异带来的责任。在这种环境下，物质、社会、情感和文化层面都充分适配学习者的身份。例如，教室中可以设置"人性化空间"或"文化特定区域"，通过这些地方为多元文化的资优学生提供一个温馨、舒适、资源充足并具有一定灵活性的空间。最为关键的是这样的课堂是一个温暖、包容且尊重学生的地方，学生可以在这里自由表现自己，互相信任并接纳彼此的差异。新西兰教育部的一项政策指出，"适应文化环境"的四个核心要素为：重视并支持文化多样性，这要求教师反思自己对毛利文化学生的态度以及他们的专业知识水平；教程内容应涵盖文化知识、技能、实践、经验、习俗和传统，将其融入课堂的核心组成部分；教学内容应包含文化价值观、信仰、态度、行为和性格；教学和评估方法应采用符合学生文化背景的方式[14]。

第三、学校需要系统性的评估和认定来自不同文化背景的学生的资优性。评估和认定来自不同文化背景的资优学生不仅是教学事务的优先事项，还有助于学校制定适当的教育方案。在多元文化的教育背景下，学校对于资优学生的评估和认定确实面临着一系列的挑战和机遇。由于资优性是一个多维度的概念，它不仅包含学生在学术上的卓越表现，还涵盖创造力、领导力、艺术天赋等多种能力。因此，对来自不同文化背景的学生进行资优评估时，学校必须采用一个全面且灵活的系统，以确保所有学生都能得到公平的评判，并且能够被发掘和培养其特殊才能。

为了推动学校评估和认定多元文化资优学生，新西兰教育部提出学校需要确立一个多元文化的评估框架[26]。这个框架应当包含多种评估工具，例如标准化测试、教师推荐、同龄人评价、个人作品集、观察记录和非正式的日常评估等。这种综合评估方法可以帮助教育者从不同的角度和维度了解学生的能力和潜力。其次，标准化测试在评估过程中的作用需要被重新梳理。传统上，这些测试倾向于反映出特定文化背景下的学术能力，而可能忽略那些与主流文化差异较大的学生的独特才能。因此，测试的设计需要更加灵活，以适应不同文化背景学生的需要。学校可以通过校内培训提高教师在使用这些工具时的文化敏感性。此外，教育部同时申明，家庭和社区的参与对于确保评估系统的有效性至关重要。通过与家长的沟通，教育者可以更好地理解学生的家庭背景和文化背景，这些信息对于全面评估学生的资优性是非常宝贵的。学校可以开展研讨会、家庭访问或社区活动，鼓励家长分享他们的观点和期望，进而帮助学校构建一个更为包容和全面的评估系统。最后，评估和认定系统应当是动态的，能够适应社会和教育环境的变化。这意味着评估工具和策略需要不断地进行审视和更新，以确保它们能够反映出多元文化社会中不断发展的价值观和需求。

随着全球化的不断加深，移民现象对教育政策制定产生了深远的影响，特别是在多元文化融合显著的国家，如新西兰。通过本文的探讨，我们得以深入理解新西兰在资优教育领域内所做的政策努力，以及这些政策在适应移民多样性方面的成效与挑战。

新西兰的资优教育政策的发展，反映出其教育体系在包容性、多样性和公平性方面的承诺。政策制定者显示出对资优学生多元文化背景的深刻理解，特别是那些来自移民家庭的学生。这些学生不仅带来了不同的文化，也带来了多样的学习需求，这为新西兰的教育系统带来新的挑战与机遇。在政策实施层面，新西兰采取了具有灵活性和差异化的教学策略，力图为所有资优学生提供适宜的学习环境。其中包括对课程内容、教学方法和评估标准的适应性调整，以确保所有学生，无论其文化背景，都能得到个性化的关注和支持。这种政策的灵活性和开放性是其他国家值得学习的地方。然而，新西兰资优教育的政策和实践也暴露了一些问题和挑战。例如，教师在鉴别和支持来自不同文化背景的资优学生方面仍然面临困难，资源的分配也不总是平衡的，移民家庭与学校之间的沟通和协作同样有待加强。

面向未来，新西兰及其他国家可以从现有经验教训中汲取智慧，继续推进资优教育的公平性和有效性。在这一目标下有几个关键性方向：首先，教师培训需要更加注重多元文化教育和资优教育的结合，加强教师在跨文化背景下工作的能力。其次，家校联动机制需要进一步加强，特别是鼓励和支持移民家庭在孩子教育过程中发挥更积极的作用。再次，政策制定者应该持续推进教育资源的优化和再分配工作，确保所有资优学生，无论他们的出身和家庭背景，都能获得必要的资源和机会。最后，新西兰在资优教育方面的政策尝试和创新为全球教育界提供了重要的参考和启示。其他国家在制定或更新自己的资优教育政策时，可以借鉴新西兰的经验，尤其是如何面向移民和多元文化背景的资优学生。惟其如此，在推进资优教育的进程中，才能彰显其学术价值和生命力，不断夯实理解与尊重多元文化的根基。

参考文献

［1］Ford, D.Y., Coleman, M.R., & Davis, J.L.（2014）. Racially, ethnically, and linguistically different gifted and talented students. *Gifted Child Today*, *37*（3）, 133—134.

［2］Mazzoli Smith, L.（2014）. Giftedness and globalization: The challenge of cultural diversity for gifted education programmes in a neoliberal educational marketplace.*Gifted Education International*, *30*（3）, 197—211.

［3］Grantham, T., Trotman Scott, M., & Harmon, D.（2013）.*Young, triumphant*, *and Black*: *Overcoming the tyranny of desegregated schools in segregated minds*. Prufrock Press.

［4］Scott, M.T. (2014). Using the Blooms—Banks matrix to develop multicultural differentiated lessons for gifted students. *Gifted Child Today*, *37* (3), 163—168.

［5］Moltzen, R. (2004). Gifted education in New Zealand. *Gifted Education International*, *18* (2), 139—152.

［6］Mc Alpine, D.M., & Reid, N.A. (1987). The gifted and talented. In D.R. Mitchell & N. Singh (Eds.), *Exceptional children in New Zealand* (pp.318—332). Dunmore Press.

［7］Moltzen, R. (Ed.). (2011). *Gifted and talented*: *New Zealand perspectives*. Pearson.

［8］Ministry of Education. (2019). *The National Administration Guidelines* (*NAGs*).

［9］Ministry of Education. (2008). *Schools' provision for gifted and talented students*. Ministry of Education.

［10］Riley, T., Bevan-Brown, J., Bicknell, B., Carroll-Lind, J., & Kearney, A. (2004). *The extent*, *nature and effectiveness of planned approaches in New Zealand schools for identifying and providing for gifted and talented students*. Ministry of Education.

［11］Jolly, J.L., & Jarvis, J.M. (Eds.). (2018). *Exploring gifted education*: *Australian and New Zealand perspectives*. Routledge.

［12］Kronborg, L. (2018). Gifted education in Australia and New Zealand. In S.I. Pfeiffer, E. Shaunessy-Dedrick, & M. Foley-Nicpon (Eds.), *APA handbook of giftedness and talent* (pp.85—96). American Psychological Association.

［13］Riley, T., & Bicknell, B. (2013). Gifted and talented education in New Zealand Schools: A Decade Later. APEX: *The New Zealand Journal of Gifted Education*, *18* (1).

［14］Ministry of Education. (2020). *Gifted Learners*. https://gifted.tki.

org.nz/

[15] Riley, T. (2019). Fostering resilience in 'at-risk' gifted and talented young people. In *Handbook of Giftedness and Talent Development in the Asia-Pacific* (pp.151—169). Springer.

[16] Ballam, N. (2019). Fostering resilience in 'at-risk' gifted and talented young people. In *Handbook of Giftedness and Talent Development in the Asia-Pacific* (pp.319—331). Springer.

[17] White, V.K., & Riley, T.L. (2017). Advancing early childhood educators' access to professional learning in gifted and talented education. *New Zealand International Research in Early Childhood Education Journal. 20* (2), 34—49.

[18] Clarke, L., McLaughlin, T., Aspden, K., & Riley, T. (2021). Supporting teachers' practice through professional learning and development: What's happening in New Zealand early childhood education?. *Australasian Journal of Early Childhood. 46* (1), 66—79.

[19] Bevan-Brown, J. (2009). Identifying and providing for gifted and talented Māori students. *APEX, 15* (4), 6—20.

[20] Henderson, L., & Riley, T. (2018). School programmes and strategies for gifted learners. In J.L. Jolly, & J.M. Jarvis (Eds.), *Exploring gifted education: Australian and New Zealand perspectives* (pp.82—94). Routledge.

[21] Education Review Office (2008). *Schools' provisions for gifted and talented students.* Education Review Office.

[22] Riley, T., & Bicknell, B. (2013). Gifted and talented education in New Zealand Schools: A Decade Later. APEX: *The New Zealand Journal of Gifted Education, 18* (1).

[23] Bevan-Brown, J. (2011). Gifted and talented Māori learners. In R. Moltzen (Ed.), *Gifted and talented: New Zealand perspectives* (pp.82—110). Pearson.

[24] Webber, M.J. (2015). The eight qualities of successful intelligence

in gifted Māori students. *APEX The New Zealand Journal of Gifted Education*, *19*（1）, 1—24.

　　［25］Webber, M.J., McKinley, E., & Hattie, J.（2013）. The importance of race and ethnicity: An exploration of New Zealand Pākehā, Māori, Samoan and Chinese adolescent identity. *New Zealand Journal of Psychology*, *42*（2）, 17—28.

　　［26］Ministry of Education.（2012）. *Gifted and talented students*: *Meeting their needs in New Zealand schools*. Learning Media.

作者简介：

　　姚竹，奥克兰大学教育学博士，马努考理工学院高级研究员，现为中南大学人文学院哲学系博士后，十年境外与海外研究和教学经验，主讲教育心理学和学术论文写作。研究方向：教育学，网络教育与网络文学。

　　收件人：姚竹

　　邮编：410012

　　收件地址：湖南省长沙市岳麓区麓山南路 605 号中南大学南校区教工宿舍 24 栋 1 单元 201 户

　　联系电话：17775609388

　　身份证姓名：姚竹

　　身份证号码：430405199008072047

　　开户行（具体到支行）：中国建设银行股份有限公司长沙中大支行

　　银行卡号：6217002920168730704

澳门的文化经验与启示

于鹏杰

澳门重视以文化为资本的产业多元化发展，注重城市文化形象的提升、宣传与推广，贯彻落实"从人文关怀出发、以文化铸造城市的灵魂"理念，其寻求以文化为依托的多元化城市发展道路，给东莞城市文化的发展和擦亮原有的城市文化名片较好的启示。

一、澳门：文化之城

澳门，海上丝绸之路的启点，东方的拉斯韦加斯，其旧城区多处世界文化遗产文化积淀深厚，中西方文化的结合之美彰显着城市的品味与魅力。澳门在 2005 年 7 月申遗成功，"澳门历史城区"正式被列入《世界遗产名录》。澳门历史城区包括妈阁庙、港务局大楼、郑家大屋、圣老楞佐教堂、圣若瑟修院及圣堂、岗顶剧院、何东图书馆、圣奥斯定教堂、民政总署大楼、三街会馆（关帝庙）、仁慈堂大楼、大堂、卢家大屋、玫瑰堂、大三巴牌坊、哪吒庙、旧城墙遗址、大炮台、圣安多尼教堂、东方基金会会址、基督教坟场、东望洋炮台等 25 处古老建筑以及同建筑紧密相连的 8 个广场空间。古老的教堂、西洋式炮台、中国沿海第一座欧式灯塔、中西风格结合的民居以及相邻的广场和街道构成了"澳门历史城区"，这一历史城区是中国境内现存最古老、规模最大、保存最完整的中西特色建筑共存的历史城区，是澳门城市文化的核心。

澳门是中西文化共融之地，不同的民风习俗异彩纷呈，四百多年来东西文化在这里扎根滋长，造就了澳门特有文化景观的同时，也形成了澳门珍贵的"非物质文化遗产"。澳门现有粤剧、凉茶配制、木雕—神像雕刻、道教科仪音乐、南音说唱、鱼行醉龙节、妈祖信俗、哪吒信俗、土生葡人美食烹饪技艺、土生土语话剧、土地信俗、朱大仙信俗、搭棚工艺、苦难善耶稣圣像出游和花地玛圣母圣像出游等 15 个非物质文化遗产项目。

澳门给人的直观形象是一个国际自由港和世界旅游休闲中心，近些年发展迅速，开始重视以文化为资本的产业多元化发展，注重城市文化形象的提升、宣传与推广，贯彻落实"从人文关怀出发、以文化铸造城市的灵魂"理念，为澳门打造更加美好的文化风景。澳门各界人士在文化保护过程中，对于古物、古迹、非物质文化遗产、文献遗产、历史遗产等尤为重视，深刻认识到这些文化遗迹的保护与传承有利于提升城市的文化魅力，在博彩业独大时，应寻求以文化为依托的多元化城市发展道路，从而对于如何保护历史文化、传承人类文明有了更多视角的思考。

二、澳门经验

澳门重视以文化为资本的产业多元化发展，注重城市文化形象的提升、宣传与推广，贯彻落实"从人文关怀出发、以文化铸造城市的灵魂"理念，其寻求以文化为依托的多元化城市发展道路，给东莞城市文化的发展和擦亮原有的城市文化名片较好的启示，也为东莞市制定建设高质量文化引领型城市、加快融入粤港澳大湾区建设的提供很好的经验。

（一）重视文化遗产保护

澳门近些年严格遵守《文化遗产保护法》的规定，不但确保澳门作为"世遗名城"的文化名片，同时也不断扩大文化遗产保护范围，发掘城市的历史文化内涵。

第一，推行文化遗产保护计划。澳门在 2014 年 12 月便开始征求《澳门历史城区保护及管理计划》的修改意见，从城市规划、建筑、市政及交通等不同范畴提出保护及管理思路。同时，为了加强文化遗产的推广教育，澳门文广局推出了全新的"澳门文化遗产"网页以及对"澳门·世界遗产"网页进行了改版，注重各项文化遗产咨询及活动信息的发布，进一步提升社会大众对文化遗产的保护意识。

第二，扩大文化遗产保护范围。为发掘和保护澳门重要文化价值但又未列入"文物清单"的不动产资源，澳门政府近些年启动对一些不动产项目的评定工作，通过听取业权人、文化遗产委员会的建议以及在网上公开征求意见的方式，确定一批不动产名单，进一步扩大文化遗产的保护范围。同时，力所能及的开展考古工作，尽量发掘和保护属于澳门的珍贵考古资源，并通过讲座和展览的形式将考古结果与社会大众分享。

第三，重视非物质文化遗产的保护与推广。澳门政府一直致力于宣传和推广澳门本土的非物质文化遗产项目，现列入"非物质文化遗产清单"的有15项。为了给非遗项目传承群体提供展演平台，并增进民众对澳门非遗项目的人士，澳门政府邀请了项目的保护单位在相应的文化设施合作举办系列推广活动，比如说举办南音说唱音乐会、澳门道教科仪音乐演奏会等，让民众欣赏到澳门传统音乐的特色和美丽。为了促进粤港澳三地南音曲艺的交流与合作，澳门文化局还邀请相关南音说唱保护单位参与"粤港澳南音粤乐薪传音乐会"，深受大众好评。为庆祝"中国文化和自然遗产日"，促进内地与澳门非物质文化遗产保护领域的合作与交流，让澳门市民更好的认识祖国深厚的文化底蕴和丰富的非物质文化遗产，举办了"根与魂"活动。

（二）开展文化保育工程

由澳门基金会开展名为"澳门记忆"的大型文化保育工程，围绕"共建·分享·传承"的主题展开，搜集和梳理了澳门从古至今散落的各类历史文化数据，加以整合并数码化。建立了网上互动多媒体数据库，旨在达到分享集体回忆、推动大众参与、启发思考研究、推广澳门形象的目的。这个文化保育工程主要从三方面展开：

第一，媒体内容多元。"澳门记忆"包含很多珍贵的历史文化资料，包括档案文献、地图、报刊、书画、照片、明信片、邮票、歌曲、纪录片、访谈等，以文字、图像、录音和影响等多媒体形式呈现，形象、生动的重塑了当时的场景，让各年龄层的人士都可以从不同角度追寻专属澳门的人文记忆。

第二，主题多元。为方便广大市民从不同角度认识澳门的多元文化，"澳门记忆"按所藏历史文化资料内容的特点，分设了"发现澳门""典藏精选""专题特展""互动专区"等栏目，从多角度描绘层次分明的澳门历史画卷。同时，又以"澳门"为关键词整合大数据，提供深度搜索及多角度检视功能，以顺应网络时代的阅读习惯，让公众可以不受约束穿梭其中，自主探索澳门故事。

第三，社会协作多元。澳门历史文化资源，有丰富、珍贵和分散的特征，为全面搜集这些资源并实现文化保育的目的，"澳门记忆"致力于哥政府部门、院校、社团机构等的分工协作，同时通过网上开设的互动专区、社交媒体专页及举办公开征集活动，多方面鼓励团体和个人提供资料，以开放的态度共建共享资源。

（三）评选澳门文化名片

为重温澳门历史文化底蕴，寻找本土文化特色，2015年正值澳门申遗十周年，澳门社会科学学会与澳门城市大学，在广东省社科联和广东省文化学会的支持下，举办文化名片评选活动。该活动意在提醒民众，澳门的文化项目不仅仅限于世界文化遗产项目，还有更多的文物古迹、非物质文化遗产和文献遗产。

第一，投票选择。《澳门城市文化名片评选》于年2016年及2017年间进行网上公众投票，当时以各项列入《名录》的历史遗产内容为对象，包括《澳门文物名录》《非物质文化遗产名录》《世界记忆名录》及《国家珍贵古籍名录》(文献遗产)，有人文建筑、民间信俗和技艺、历史文献等文化风采，作为澳门城市文化名片评选的首次尝试。经公众投票，将得票最高排前30位项目，由粤澳专家评审委员会根据文化识别力、文化影响力、持续传播力、文化形象力、产业提升力等因素进行评选，选出十项认为最能代表澳门的城市文化名片，包括大三巴牌坊与耶稣纪念广场、妈阁庙与前地、议事亭及前地、东望洋山(包括炮台、圣母雪地殿及灯塔)、大炮台、嘉模前地(包括海边马路、嘉模圣母堂、市政花园)、鱼行醉龙节、邮政局大楼、郑家大屋(郑观应故居)、政府总部(总督府)。

第二，宣传推广。在此《澳门城市文化名片评选》活动的基础上，主办方又继续开展一系列宣传推广工作，如在澳门多家学校及图书馆举办了文化名片展览、参与"广府文化粤港澳——第八届广府文化周"活动、频发十大城市文化名片证书、出版了《澳门城市文化名片图文册——从〈名录〉中寻找本土文化底蕴》、在《濠镜》学术刊物出版了城市文化名片特刊以及与TDM合作制作《澳门城市文化名片录》节目等。主办方期待趁澳门回归二十周年的契机，开展大湾区文化名片的深度合作，深化认识、增强文化自信和凝聚力。大湾区的发展，有必要加强文化共融、合作和交流，推动澳门"以中华文化为主流、多元文化并存的交流合作基地"的发展。

（四）注重城市互动交流

城市间的互动和交流是展现一个城市风貌、宣传一个城市形象的很好途径。澳门政府比较注重和国内其余城市的交往，同时也努力将澳门推向世界。在区域合作方面，澳门政府通过《粤港澳合作框架协议》"粤港澳文化合作会议""粤澳合作联席会议""港澳合作高层会议"等机制，大力推动穗澳、深澳、港澳以及澳珠等地的文化艺术、创意产业的区域合作与文化交流。

第一，国内城市互动交流。澳门在2015年底2016年初应邀参加深圳举行的"深港城市·建筑双城双年展"，主题为"澳门·重构——城市·城市里的人·他们的轨迹"，向内地城市居民展现了澳门的城市形象。展会结束后，为加强澳门本土居民对建筑、城市规划、艺术与设计方面的兴趣，又在郑家大屋做了延伸展览，推动澳门城市文化的发展。2016年底参加由广东省文化厅、香港特别行政区和澳门特别行政区合作举办的"海上瓷路—粤港澳文物大展"国内巡回展，自浙江省博物馆到湖北省博物馆，最后在深圳博物馆结束。这次展开跨度的时间长、地域广，让更多的内地城市和居民了解到了澳门的收藏和珍品。2017年，为配合大湾区合作框架政策，澳门的中乐团先后赴中山、广州、珠海等市演出，中乐团通过别具中葡特色的传统民族音乐让毗邻内地感受到不一样的澳门情怀，同时也深化粤澳之间的合作。

第二，国际城市互动交流。澳门还注重向世界宣传和推广澳门城市形象，参与国际舞台展示澳门的独特面貌。2016年在意大利威尼斯参加"威尼斯国际建筑双年展"，澳门参与的主题是"共存"，反映了澳门中西文化交汇及文化动态共融的城市特色，这次展会还探讨了过去和现在本地生活与历史建筑之间的并存关系，鼓励现代社会探索修复"旧"空间作"新"用途，让参与者认识到澳门城市建筑取向以及与澳门历史城区共存之间的关系。2017年，为配合国家"一带一度"的政策，应巴林的邀请，赴巴林王国为巴林国家大剧院举行的"中国文化周"活动演出，加强了澳门与"一带一路"国家的文化发展。

（五）传承文化遗产艺术

澳门当局通过广泛、深入开展各项艺文教育与普及工作，积极培养多层次、不同梯队的本土专业艺术人才，尤其是针对青少年群体的培养，致力于推动澳门文化的薪火相传。

第一，开展文化遗产小小导赏员培训计划。为从小培养澳门青少年认识及爱护澳门文化遗产的意识，建立青少年对澳门的归属感和认同感，澳门政府开展特"澳门文化遗产小小导赏员培训计划"，邀请专家学者对本地学生进行导赏培训，提高下一代对澳门文化遗产的认识度，在传承澳门历史文化的同时，向社会大众传递文化遗产保护意识。这项活动不仅增强了孩子们的自我表达能力，还发挥了其潜能，开拓了视野。

第二，举办"发现小小艺术家"儿童艺术探索活动。为向儿童推广艺术教育，培养儿童对传统文化的审美视角，澳门艺术博物馆每月举办一次"发现小小艺术家"儿童艺术探索活动，以以为艺术家为主题，透过艺术家故事与探索活动，让儿童在欣赏和创作中发现充满想象力的世界。整年介绍的艺术家有古今中外的代表，很受大众的欢迎。

第三，创办文化讲堂。文化讲堂是为澳门学校师生开始的文化教育平台，对象从小学六年级到高中阶段的学生，旨在透过不同范畴的艺文及本土文化的推广，提升学生创意思维、美学感知能力，从而更多的对生活进行思考和管住。文化讲堂经常邀请经验丰富的专业导师开设课程，有时候也到城市大学及澳门青年挑战综合训练中心进行讲座，让参与者更深入的探讨文化相关议题。

（六）促进文化人才培育

文化的发展需要人才的支撑，澳门政府积极支持和资助民间开展以公益为宗旨的各种非盈利文化艺术活动，努力培养文化艺术和管理人才。

第一，"文化特攻"计划。2012年，澳门首次推出"文化特攻"计划，通过与社工局以及澳门青年挑战一人有限公司等机构合作，鼓励处于社会边缘的青少年参与演艺、建筑修复、考古、舞台设计、绘画及雕刻等文化艺术的学习与实践工作，协助他们重建积极向上的价值观，在重返正轨的同时，扩大和深化艺文教育的社会影响。"文化特攻"计划分三阶段推行，第一阶段是康复、引导阶段，通过文化艺术课程来实现；第二阶段是扶持、培训阶段，是离营学员文化实践计划，第三阶段是自立、重生阶段，是社会实践计划，从而达到培训人员有计划接受文化局或者其他机构委派的工作，实现自力更生的目标。

第二，文化艺术管理人才培养计划、文化艺术学习自助计划。澳门政府近些年持续推行了一系列人才培养计划，包括"文化艺术管理人才培养计划""文化艺术学习自助计划"等，用以培育具备专业能力的文化艺术管理人才，推动澳门本土的文化艺术及创意产业的全面发展。鼓励青年学生攻读文艺及文创产业类大专与硕士课程，为澳门本土文化事业的发展建立更完整、更多元的人才储备。澳门文化局自2016年开始与澳门旅游学院合办"艺术行政证书课程"以及"表演艺术节目管理证书课程"，专门培养文化艺术与行政管理人才。

第三，社区艺术资助计划。鼓励本地艺术团体深入社区或特定社群，通过多元艺术熏陶，凝聚社区居民，拉近艺术与社区的距离，思考及保留社区文化。目前自助的团体涵盖音乐、戏剧、电影等不同范畴的艺术社团，在获自助单位与参与居民的共同投入创作下，产生了很多以不同艺术形式记录下来的社区故事，具有很好的意义。

三、东莞启示

文化的繁荣兴盛是强国的鲜明标志和重要支撑。正如习近平总书记在党的十九大报告中所强调的："文化是一个国家、一个民族的灵魂，没有高度的文化自信，没有文化的繁荣兴盛，就没有中华民族伟大复兴"。从澳门的经验来看，澳门正是深刻领会到习总书记的讲话精神，加快文化城市的建设步伐，为文化强国之路加砖添瓦。东莞也应如此，通过文化来寻找城市的灵魂，擦亮东莞的城市文化名片。文化名片是宣传一座城市的传播介质，能提高城市的美誉度和知名度，增强城市的文化渗透力，为城市创新转型积累文化资本。

（一）明确城市定位，制订切实可行的文化名片推广战略

澳门因其独特的社会经济条件和人文环境从而有独特的发展过程，澳门以32.8平方公里的土地养育了65.6万的人口，是世界人口密度最大的地区之一。经过这些年回归的快速发展，澳门已经非常明确自身在区域发展中的定位，在国际舞台发展中的定位，从这些年澳门的城市定位和文化发展战略上来看，都体现了其本土鲜明的特色，实现错位发展，操作性强，对城市的整体发展和长远发展具有重要作用。从东莞城市文化名片评选的相关活动来看，仅是参与了广东省社科联组织的"广东省社科专家话城市文化名片"系列活动和澳门社会科学学会与澳门城市大学图书馆世界记忆学术中心联合举办的"澳门社科论坛——大湾区文化名片与文化繁荣"活动，东莞作为城市自身没有进一步的组织专家、民众、媒体来参与评选，没有对一系列文化名片资源进行深入的提炼和推广，后续的工作需要向澳门学习，制定切实可行的文化名片推广计划，以增强大众对东莞的文化认同感。

（二）注重历史积淀，传承文化遗产造就名片潜在优势

一个城市的文化特色是历史的延续、生活的沉淀和文化的积累，城市文化品牌是在传统文化与现代文化的交织互动中培养出来的。深厚的文化沉淀不仅是形成城市文化品牌的重要源泉，更是成功定位城市文化名片的重要支撑。澳门有着

悠久的历史，东西文化在不同历史阶段进行文化的积累和裂变，澳门也注重对历史城区的保护与改造，加强对考古遗迹和文物史迹的挖掘和保护，加大对非物质文化遗产资源的保护与利用，充分展现城市传统文化的魅力。澳门在加强历史文化遗存的修复、保护，彰显深厚的历史文化底蕴的同时，加强对非物质文化遗产的整理和宣传；同时建立城市文化标示体系，邀请专业机构设计制作与街区景观相符合的铭牌，在古街、名人生活地、重要事件发生地设立记忆牌，记录时间、人物、事件、特点以及典籍来源等信息，建立起城市文化标示系统；对历史街区和文物古建筑的进行有效保护，有计划、有步骤地维修一批重点文物古建筑，安装古街巷、文物景点的标志说明牌，对城市建筑进行富有澳门特色的立面改造和景观建设。澳门通过对传统文化遗产的挖掘、保护和发展，丰富了城市的文化内涵，理顺了城市的文化脉络，厚重了城市的文化名片，这些无疑对东莞有很好的启示作用。

（三）形成互动效应，推进文化经济联姻稳步协调发展

当今时代，文化发展已进入新的阶段，文化在推进经济发展、社会进步中的作用越来越凸显。衡量一个国家与城市的发展水平，除了用 GDP 这个常用指标外，还提倡用 HDR 这一人文发展指数作为标准，也就是将生态质量、文化质量和生活质量作为发展的重要参数，经济与文化日趋一体化发展。澳门坚持文化与经济的互动协调发展，在经济发展中注入更多的文化内涵，在文化发展中吸收更多的经济成分，大力发展文化经济。澳门通过对文化名片进行市场化运作，使文化资源加速向经济资源转变，以文化旅游、现代传媒、教育培训等为主要内容的文化产业逐步成为带动经济增长的新兴产业，使文化名片真正成为城市延绵、经济发展的动力。

（四）坚持市民参与，延续文化名片的生命力和影响力

人民群众是塑造城市文化名片的主体，是城市文化名片长盛不衰的动力。文化名片的确立，必须强调市民和城市的互动，让广大市民认同自己的文化名片，为自己城市文化名片感到荣耀，才能身体力行的成为城市文化名片的推销员与宣传员，延续城市文化名片的生命力和影响力。澳门重视公共文化设施的建设，部分公共文化设施处于全国领先地位。与此同时，还注重组织、引导群众广泛参与文化发展工程，使人民群众既成为先进文化的受教者和享受者，又成为先进文化的实践者和传播者。因而，东莞今后无论是在开展公共文化设施建设，还是在重

大文化节庆活动中，都要积极引导群众广泛参与，让城市文化建设深入民心，真正融入百姓生活。

（五）坚持大力宣传，多方拓展城市文化品牌传播渠道

二十一世纪是信息化的时代，是需要自我肯定、自我发展、自我彰显的时代。在城市化的浪潮中，众多城市都在挖掘自身特色资源，致力于打造城市文化名片，怎样才能让自己的城市成为独特的城市并为世界知晓？这就需要在宣传和营销上下功夫，坚持大力宣传，多方拓展城市文化名片传播渠道。澳门在城市文化名片活动始初，就组织密集的城市形象宣传活动，直接有效的推广宣传城市文化名片；同时凭借公益性城市文化事件与活动，加快打造城市文化名片与各级各类传媒的良性交流平台，灵活丰富地推广传播城市文化名片。东莞如果能通过与传媒的良好互动，使得发生在城市的活动事件超越了其本身的意义，也能很好的推动城市文化名片内涵的固化与强化，为城市文化名片的塑造和传播产生深远而积极的影响。

（六）开拓国际视野，积极参与文化全球化竞争与发展

在全球化时代，一个城市文化的发展程度，除了历史的积淀，还在于能否充分调动和利用世界的文化资源。积极参与文化全球化的竞争与发展，加强文艺展演的策划与合作，扩大文化生产领域的交流与学习，拓宽对外文化交流的渠道与形式，对城市文化名片的发展和城市形象的提升有着极为重要的作用。澳门充分认识到文化国际化的重要性，在加强对外文化交流与合作、参与文化全球化竞争方面不断努力，逐步形成了以政府为主导、民间交流为主体、开拓国际市场为中心的对外文化交流与合作的良好局面。东莞也应该努力搭建内容丰富、形式多样、日趋活跃的对外文化交流与合作的广阔平台，在产生良好社会、经济效益的同时，提升了城市的国际视野，进一步增强了城市的国际文化品牌效应。

（作者简介：于鹏杰，东莞市社会科学院社会研究中心主任、副研究员、博士）

多维视野下中华民族的文化探源

林慧曾

在地球上最大的一块大陆——欧亚大陆的东方，大西洋的西岸有一块近千万平方公里的广袤大地，她从帕米尔高原，喜马拉雅山经过西藏高原，向东南边下到云贵高原，横断山脉然后南下珠江三角洲；向东经四川盆地再经长江中下游到华东；又从天山、阿尔泰山向东经过蒙古高原及黄土高原到黄河流域华北大平原；在东北边则从大兴安岭、黑龙江、东北大平原向南到华北大平原；然后直达太平洋西岸的黄海、东海、南海。其地势由西向东高度不断下降，人口却由稀薄逐渐变得稠密。生活在这片土地上是数以亿计的居民，这就是现今的泱泱大国——中国所在的地方；这就是再次呈现欣欣向荣景象的古老民族——中华民族生活的地方。

中国人都能从湖南土家族女歌手宋祖英银铃般的歌声中听到："五十六个民族，五十六朵花……"我们也经常听到人们经常提及"炎黄子孙""华夏""中华民族等，中国人都明白这些有关我们国家民族和祖先等说法的粗略意义。但对我们国家民族的来源、多样性，以及上述这些名词的准确意义和来历，也许就不一定能说得很清楚了。因为这些都是考古学、历史学、人类学枯燥乏味，冗长繁琐的研究题目。笔者并非这方面的专业研究者，只是希望与读者朋友，凭着对这些问题的浓厚兴趣进行学习和了解而已。

关于中华民族的起源，学术界一直存在两种争论：第一个是外来说和本土说；第二个是一元论和多元论。我们通过了解这两个争论，就可以较深入地了解人们对中华民族起源的研究历程，从而了解上述提到的一些词汇的意义。

一、外来说：人类文明传播的变迁

生活在这块土地上的人，他们从何而来？以现代考古学不断发现、发掘及研究所得的成果，这一问题本已有了极为明晰的无可争辩的结论。然而一个民族也像一个人一样，当你不得志之时，容易被人看衰，被人贬低。所以二十世纪早期，中国土地上生活的民族其来源问题仍以外来说风靡一时。（一般指中国的主干民族，汉族）。上世纪初法国人拉克伯里提出的"旧"外来说最为盛行。此说现在读来仍很有趣味性。拉氏认为中国人是来自史前巴比伦（Babylon），巴比伦是古代文明发源地之一，位于幼发拉底河（Euphrates）；底格里斯河（Tigris）之间的美索不达米亚（Mesopotamia）平原。相当于现在的伊拉克，叙利亚，科威特一带。拉克伯里等认为大约在公元前两千三百年，巴比伦的巴克族（Bak）酋长奈亨台（Nakhunte）带领其族人经过喀什葛尔、塔里木河、昆仑山脉向东而去；奈亨台被认为就是中华始祖——黄帝（*Khunte 发音接近"黄帝"）。另一位叫沙公（Sargon），他在公元两千三百六十年在美索布达米亚平原建立过阿加堤（Akkad）帝国，沙公曾教其族人用火焰去烧出各种痕迹作为记事之用，拉氏等认为这位沙公就是中国的炎帝神农氏（*Sargon 发音近似"神农"）；还有一位叫但克的人（Donkit）传说他是创造一种型如鸟兽之爪文字的人，拉氏等认为它是中国古代造字的仓颉（*Donkit 因音近仓颉）。而巴克（Bak）本来是当时一个都邑名字，后来向东移去的族人用来作族名，拉氏等认为这就是中国之所谓"百姓"（*Bak 音近"百姓"）。至于中国的昆仑山（Kuenlun）是来自 Flowerland，即"花国"，所以中国古称华夏（华即"花木"，夏即"人"之意）除此之外还举出许多古代美索不达米亚城市国家其文明与中国文明相似之处：诸如历法上年分四季，月有十二，节气二十四小别法；十二音律法；干支循环法；会修筑运河堤坝，会使用金属，栽种小麦；还有楔形文字与甲骨文之所谓相似等等。

但以上之所谓观点我们可以看出，基本是建立在假设基础上的一些主观臆测，许多说法破绽百出，牵强附会，没有任何考古实物作为依据，这是其致命之处，因此也很快被学术界所抛弃。

"旧"西来说还包括中国人来自埃及、印度、印度支那等等。但这些提法基本与克拉伯里雷同，都有很多缺陷，因此也只能是学术上一时的过客。

不过由于这些"学说"把中国人说成是西方或其他什么民族的一个分支，很合当年历史氛围时一些国家所谓"学者"的心态。如日本人白河次郎就是倡导此类"学说"的积极分子。旧时日本"学人"长期以来曾特别喜欢用"支那"这个原先据"China"音译来的词，有意用此词来蔑称中国。至今日本一些极右翼分子还这么干，因为这里有个分支的"支"，所以他们说我们的民族只是他们的一个"分支"，日本的和族才是"主干"云！可见一个民族弱了，连名字也让人家贬低。当然也许不能说所有日本学术界都抱同样的偏见。

由于"旧"西来说的明显缺陷，更有人引用后来考古发现的成果，主要是新石器时期人类活动遗址的挖掘成果，提出所谓"新"西来说。此说主要以河南省渑池县仰韶村出土的大量新石器时代（公元前三千二百年到两千九百年之间）古人类用品为依据。因为仰韶村出土的陶器有许多磨光彩陶，而这些彩陶与西方如意大利西西里岛，希腊的启龙尼亚，中亚的土库曼（原俄属土耳其斯坦），安诺（Anau）出土的新石器时代陶器有相同之处，特别与安诺出土的更加雷同。参加 1921 年仰韶村发掘的当年中国地质调查所瑞典学者安德生（Anderson）就说："夫花纹式样，故未必不能独立创作，彼此不相连属，然以河南与安诺之器相较，其图形相似点，既多且切，实令吾人不能不起同出一源之感想。"

不管如何，"新"西来说有以实际发掘的实物作为基础，这是"旧"西来说所无法比拟的。问题是这种雷同还只是可能证明的一个方面，随着考古学的不断发展，考古手段的不断提高和多样化，仅以部分甚至零星陶器的雷同就作出一个人种及他的文化来源这一极端复杂问题的结论，仍然显得简单片面而不可靠。尤其对于中国这个庞大而复杂民族的人种来源，应建立在对这一地区广泛发现及挖掘不同时期的遗址，对所得遗物以各种现代科学手段分析化验，客观综合才是科学的，可靠的。也正是这种结论依据的单薄，所以这一结论很自然没有成为科学的共识。简单的问题是，人们如何证明文明传播路向不会是从仰韶村到安诺呢？

二、本土说：从考古学到人类学的阐释

既然外来说在学术界已站不稳脚跟，说明中国人源自何方必有基于丰富的发现和研究成果而下的新结论。数十年来有赖于中国以及国外考古界，人类学家和历史学家的不懈努力，中华民族基本起源于自己的这块土地，这一答案已得到学术界压倒性的承认。关于中国考古界几十年的丰富发掘和研究成果，中国著名人类学家费孝通先生统计情况大概如下：

属于猿人级别，发现化石的有：距今一百七十万年云南元谋直立猿人；距今一百一十万年陕西蓝田猿人；距今五十万年北京周口店猿人；这一级别的还有湖北郧县，郧西县猿人。

属于早期智人级别，发现化石的有：（他们身体构造已与现代人相同）十万到四万年之间即旧石器时代早期和中期陕西大荔县，山西襄汾县，阳高县，辽宁营口市，湖北长阳县，安徽巢县和著名的广东曲江马坝。

属于晚期智人级别，距今四万年到一万年之间旧石器时代晚期，发现古人类化石的有：北京周口店山顶洞人，山西省朔县，内蒙古乌审旗，辽宁建平县延边安图县，哈尔滨市，广西柳江县，贵州兴义县，云南丽江县以及台湾台南市等。

应该说费孝通先生所列是已得到考古界，人类学界确认较为突出重要的，还有一些尚未列出。例如1986年在云南元谋发现的"东方人"距今有250万年，同在元谋附近1987年发现人类左股骨化石（称蝴蝶人）有400万年之久。这一年代比一般认为人类发展史的300万年还要远久。

至于一万年以内新石器时代到铜器时代初期的造迹，被发现挖掘的在全中国各地有不下七千个以上，这些就没有必要——罗列了。

我们看到上述考古发现成果的是以百万年，十万年或几万年之前的实物发现为基础的。这与"外来说"仅数千年又没有实物或者仅以个别陶片之相似是不可同日而语的。

更重要的还有，通过对各个时期造骨化石的研究，我们看到猿人、直立人、早期智人、晚期智人这些人体各阶段进化的化石没有缺少环节，可以建立起完整的进化系列。而且从化石推断他们的高度，体型特征与今天蒙古利亚人种（Mongolian Race）的特征有鲜明的相连性和继承性。根据美国人类学家海德鲁加，德国人类学家魏登瑞的研究，现代中国人种的一个突出特点是铲形门齿，如女性中国人只有3.8%是非铲性门齿，而白种女性则达到70.4%。而在中国国内发掘的各阶段化石都有铲形门齿。这说明从远古洪荒时期中华民族已繁衍生息在现今的土地上，他们是蒙古利亚人种。

人类学的文化区域法认为文化的传播若不受阻碍，则其向周围各方的发展必趋于平均。文化如此，人种发展情况也是一样的；看现在世界蒙古利亚人种的分布，西到中国的新疆、哈萨克、塔吉克、吉尔吉斯、土库曼；东到南北美洲（印第安人）；北到北极圈（爱斯基摩人），南到越南等地：其中间地带正好在亚洲东部蒙古高原东南，渤海以西。北京周口店山顶洞人化石正出于此地，也是中国黄土高原、黄河中下游、渭河、汾河、洛河等发掘旧石器时代早期，晚期及新石器时代文化遗址最密集的地带（中国之所谓中原地区）。所以这一地带就是蒙古利亚人种发祥的地方，也是中华民族（她的主干民族——汉族）发祥的地方。

三、全球化语境下的一元论和多元论

从世界视野上看，无论是一元论还是多元论，都是时代语境发展的结果。

现今中国官方称之为中华民族的这一种族里是由官方认可的五十六个民族组成，其中除蒙古利亚的黄种以外还有白种，如高加索种（Caucasian Race）的俄罗斯族；生活在西南广阔地区的许多少数民族，他们的祖先应该是马来猿人；其他很多少数民族也不一定是来自北京猿人。其实还有没被编在五十六个民族之内的民族，如在河南开封，宋朝已存在未被认可为一族的犹太人（是白种人）；在西安市有唐朝时从非洲来的黑种人，他们是尼格罗种（Negrold Race）。即使不计这些复杂情况，就汉族来说也是经几千年与大量其他民族融合而成的混合血统种族。而在中国的广阔大地上，又在距离相差如此之大的地方发现几十万年前，百多万年前的多处人类遗骨。我们很难想象他们从远古洪荒时代起，他们分散在不同自然环境的四面八方，他们的祖先怎么可能来自同一个源头。这就是说中华民族的产生是多元的，而不是一元的。

四、中华民族（汉族）的形成

中华民族号称五千年历史，当然五千年前中华民族的先人已经存在。与其他人类的发展历程相似：从几百万年前的猿人，到10—4万年的早期智人，再到4—1万年前的晚期智人即旧石器时代，这段时期极其漫长，占人类发展史的99%还多。在这段漫长的时期里，我们的祖先完全靠自然赏赐的采集，渔猎为生。能以石头、兽骨、兽皮、贝壳制造工具用品和饰物，学会用火煮熟食物并群居（母系氏族社会）。到约一万年前的新石器时代早期（或中石器时代），我们的祖先有了主动改造自然的经济、农耕和畜牧，除了磨制石头更精细外，还学会制陶器及粗糙的纺织。

公元前6—5千年，在黄河中下游出现了两个东西相向的文化区，中华民族的主干民族——汉族在那里生活成长同时也斗争融合。到公元前5—3千年之间，黄河中游出现以河南渑池县仰韶村为代表的仰韶文化，出现彩陶和更成熟的农耕文化。这时居住在黄河支流：渭河、汾河、洛河广泛地域繁衍生息的先民，应该是血统比较纯正后来被称为汉人的先祖。公元前3—2千年之间是以河南龙山遗

址为代表的龙山文化期，号称中华民族祖先的炎黄两帝就出现在这一时期。炎黄两帝的部族都是以后汉族的基础，而在这两个部族中，黄帝的部族又被称或自称为"华"或"华夏"这一部族名（"华"即"花"；"夏"是人的意思）。可以说汉族也是中华民族主干的主干。之后进入鼎鼎大名的夏文化时期，中国第一个皇朝——夏朝即建立在这一时期，约为公元前二千一百年。在此同时，在黄河流域的下游即夏的东边，从公元前五千五百年到四千年存在一个青龙岗文化区，发展到公元前约一千九百年叫岳石文化，她们也就是所谓东夷文化或鼎鼎大名的商文化。商人西去灭亡了夏朝，后来又被夏的后人周所灭。所以夏、商、周（包括春秋、战国）三代近两千年完成了华夏民族第一次一体化的历程。在这一历程里我们民族大酱缸里主要有黄帝的后裔，炎帝的后裔，东夷股商的后裔，还有次要的周边民族如：北荻、西戎、南蛮。他们形成了以后发展壮大成为中华民族（汉族）最早的基本民族组成部分。

五、中华民族（汉族）的发展

为什么叫"汉族"？而不叫"唐族""宋族""明族"？汉族一词的"汉"字来自于中国历史上有426年历史的西、东两汉皇朝。这个皇朝是由上述血统纯正的华夏后人建立的，她是一个广阔而强大历时长久影响深远的大帝国。以致其朝代之名被用于这个国家的民族之名，直至现在。

汉朝时期人民并不自称汉人，即使汉朝以外的人也把他们称之为"秦人"。东汉开始出现"汉人"之称，但所指意义比较狭小。据史学家研究，把中原的人称之为"汉人"起于北魏。以东汉亡于公元220年计，三百年之后"汉人"才出现在后世传记等书中，作为对汉朝后裔，对中原人的称呼。例如：公元550年渤海人建立的北齐第一个皇帝文宣帝，他的两个皇后争权，其中李皇后为中原人，娄皇后为少数民族：有人想归政于李皇后，文宣皇帝的母亲不同意，她说："岂可使我母子受汉老妪斟酌！"，这说明如李皇后这样的中原人已被称呼为"汉人"了。

其实在以后中国历史的发展过程中，不断有新的其他血统的民族融入，那些被融入的民族，很小的可能连名字也没了或者本来就没有名字。而作为庞大的主干汉民族来说，吸纳包容了这些民族，血统变化了，文化上也会互有影响，可是民族的名字没有变也不会变了。

史学界把中华民族（汉族）发展扩大分为如下几个阶段：

第一时期：秦以前，以炎黄两帝最初形成的华夏系为主干。夏、商、周三代到秦统一中国近三百年，东夷的全部，南蛮中荆吴的全部，百越的一部分，西戎，北狄凡近中原者多被融合（秦本身属西戎）。

第二时期：汉朝到南北朝，五胡乱华期间。这时以秦扩大后的华夏系为主干被融合的有：匈奴、氐羌、东胡、西南的苗瑶、南蛮中的百越等有些部分。华夏后人在后期已被称为"汉人"。

第三时期：隋、唐、五代、宋元期。这一时期以五胡乱华之后的华夏系为主干，被部分或全部融合的有突厥、契丹、女真、蒙古等诸族。中原华夏主干仍然被称"汉人"。

第四时期：明朝至民国，承接元以后更庞大复杂的华夏汉族融入的民族有满族、蒙、回、藏、羌、苗、瑶、傣等等，基本形成今天中华民族之宏大格局。

六、同根同族：炎黄子孙、华夏、中国、中华民族

可以说，"炎黄子孙"、"华夏"、"中国"、"中华民族"这些称呼，其实都是同根同族。我们对中华民族形成之简单历程了解之后，再通过具体名词的解读深入认识一下有关概念。

炎黄子孙：据《史记》记载，炎帝姓羌（同姜），又叫神农氏，年代比黄帝还早。部落原居黄河上游陕西中西部的岐山，后顺流迁徙到黄河中游。其部落精于耕种、交易、音乐，始创医药。

黄帝姓姬，号轩辕氏。西方学者认为他称帝时间是公元前2697年，其部原居陕西北部黄陵县桥山。后也顺流向东南迁徙到黄河中游。相传文字、历法、算术、服饰、货币始于黄帝。

炎黄两帝的部落在阪泉（今河北涿鹿）曾有殊死一战，炎帝部落被打败部族融入黄帝部族。黄帝又与三苗首领蚩尤大战于涿鹿，传说黄帝以雷兽之骨击打夔皮之鼓战胜了蚩尤，黄帝部族更成了黄河流域最强大的部落联盟。史学家认为黄帝的姬姓又是华夏的嫡派。所以应该说"汉人"最初最纯血统来源于此。炎帝之羌姓次之，是最早加入华夏系的。后来蚩尤的三苗部族也部分融入华夏系比炎帝又次之，所以中华民族称之为"炎黄子孙"。

华夏："华"是"花"的古字，"夏"是"人"，"华夏"以现在的话来说其

意为"花部族的人"。花是黄帝部族崇拜的图腾，是黄帝部落自称的族名。现代印第安人的部族有许多就是以动物或植物为他们的崇拜物和族名的。如"绿叶族""黄树族""狼族""雄族"等等。所以黄帝一族在远古时代以花为图腾及族名也就不足为奇了。黄帝一族是胜利者，新加入者如炎帝族人也以华族自居了。

"夏"是人的意思，是自称。原始部落常以"人"自称，如台湾原住民中的太摩族，"太摩"就是"人"的意思。"夏"字上半部表示人头，中间的"目"字分开后就变成一双手，下半部则是一双腿。所以合起来"华夏"就是花族人的意思。数千年来中国人有许多称呼如"秦人""唐人""汉人"，而中国人来自"华夏"则千年不变。

中国：谈到"中国"这一概念，奥克兰知名文化人穆迅先生指出，"中国"这一概念是不断变化的，古代"中国"与现代"中国"其含义有着巨大的差异。在古代，"中国"仅指集结居住的中心、族群主要繁衍生息的地域或各强大王朝掌控而无精确认定、笼统模糊的疆域。直到近代，清朝后期"中国"才有了明确的人文政治内涵以及相关明确的疆土地域范围，有了现代"国家"的严格含义。

外国人常以中国即中央帝国之意来证明中国人的自大：历史上是有统治者或其他人以为中国真的是天地间的中心，但也是他们地理概念的无知多于纯粹的自大吧。中国之称来历久远，古代黄河中下游汉人先祖集中繁衍生息的地方人烟相对稠密，相对于四面的人烟稀少很自然以为他们的地方就是中心。他们哪知道地球这么大而且还是圆的。这些知识欧洲人不也是后来才知道的嘛。商朝把他们认为居于中间位置，他们集中居住生活的地方"大邑商"称为"土中"即"中土"，对周围各族称之为"方"。商代甲骨文还没有"或"或"国"，到周朝的金（钟鼎文）文才有。这两个字是相通的，是指城邑。周初武王，成王时就出现了"中国"一词，当时是指天子居住地域邑，与京师之意相同。后来扩展到泛指黄河中下游等中原地区，又指夏、商、周融为一体的民族。春秋时代"中国"两字，又是文化的概念，如"夏变夷者夷，夷而进入中国则中国之"。此后历朝常以中国自称，外族也以此名称指中原这块土地上的国家。随着地域人口不断增加"中国"所涵盖的地理概念也越来越大，明神宗时罗马传教士利玛窦（Mathew Ricci）在他的札记中已有"Ciumquo"（＊此可能就是明代中国两字的发音）：Ciumhoa（＊此有可能就是明中华两字的发音）两字，说明对我国称之为"中国"已很普遍。而且发音跟现在已很相似。"中国"两字用于与外国签订条约，最先是康熙二十八年（1689 年）的中俄《尼布楚条约》。既然国家订立条约也用，说明"中国"的概念已很明确。

中华："中华"一词起于魏晋，是从"中国"和"华夏"中各取一字而成。"华"也含尊贵之意，古时皇帝天子也对其尊礼备至的官高学渊之士就自称"衣冠华族"，而后来"中华"就扩为对有此丰富文化的民族和他的文化的称谓。如：唐太宗说他成功的原因是"自古皆贵中华，溅夷狄，朕独爱之如一，故其种落皆依朕如父母"，这里"中华"是指一个民族。公元 382 年东晋十六国时，前秦想攻打南方的东晋，宗室符融谏曰："国家本戎狄，正朔会不与人，江东虽微弱仅存，然中华正统，天意必不灭之。"这里"中华"之意也含文化。当"中华"用于指地域时与中国相同或仅指中原地区，如朱元璋北伐檄文中有："驱逐胡虏，恢复中华""归我者永安于中华，背我者自窜于塞外"。

中华民族："民族"一词是十九世纪到二十世纪日本造的汉语词句，一般指历史悠久稳定的族群共同体。中国从日本引入后更复合出"中华民族"一词。原仅指汉族，后来扩大为整个中国境内的所有民族。1913 年西蒙 22 部 32 旗的王公开会一致决议联合东蒙反对库伦独立（可见蒙古如无外力何至与中国分开！）其宣言云："数百年来，汉蒙久成一家，我蒙同是中华民族，自宜一体出力，维护民国。"所以近百年共同反对外部侵略更促使"中华民族"涵义包容的广泛化。梁启超说："凡遇一他族而立即有'我中国人'之一观念浮于其脑际者，此人中华民族一员也。"所以"凡满洲人今皆中华民族之一员也。"故"中华民族"一词的出现是现代的事了。

通过以上了解基本对中国及其民族的发展有了一个粗略的概念。可以说地球上还没有一个国家像中国一样历史悠久，分分合合，内斗不断；融生于斗，斗促进融；围绕主干，不断壮大；最后却成了一个血缘复杂难以分割的民族和国家。而且中华民族几千年来发展到今天不但没有亡没有衰，近几十年来还逐渐看到她的强盛与壮大。这不能不说是我中华之福也。

七、结语

中华民族的开化应该说是比较早的，在世界上大多数民族仍处化外梦寐之时，我们已有老子的世界观，孔子以礼治国的哲学，孙子的兵法，三国的谋略以及我们先民熟练的农耕经济等等，他们的思维已是何等的复杂发达。可是几千年的历史分分合合，无数英雄斗智斗勇、残酷杀戮、竞逐中原，可怜百姓无所适从不免也沉积了不少难以清除的习性。几千年前对华夏民族就有"蛮夷滑夏"的评价：源自女真的金朝世宗皇帝说："燕人自古忠直者鲜，辽兵至则从辽，宋人至则从宋，本朝至则从本朝，其族诡随，有自来矣。"又说"汉人性奸，临事多避难"等等。当然对于手无寸铁的老百姓来说，这些"弱点"实在是苟且求生无奈的结果啊。我们民族所处的地理位置决定了我们首先会是一个大陆性的国家，我们民族又很早就建立了一个周密稳固的专制制度。由于这种位置及制度的约束而过早背负了不少沉重的包袱，凝固了我们民族向前进取的才华智慧，使我们一方面固步自封同时又不思进取不善吸取学习。特别是科举制度的长期应用，使我们民族的智慧精力几乎全都放在纯粹摆弄文字辞藻之上，我中华民族摆弄文字之纯熟精巧，玄妙深奥，其作品绝非很多现代诺贝尔文学奖得主可比。而研究自然科学的人却少之又少，尤其在促进生产力发展的科学技术方面。当然这种情况百年前已开始改变，并出力猛追，近几十年出现多位理科诺奖得主，除了学术理论，在实际应用的各行业科技水平也得到充分的掌握和发展。二十世纪与西方相比，各个领域大中华都属后起，有些落后很多。到二十一世纪已有一些领域开始与西方处于同一起跑线上。中华民族应在今后与世界其他先进民族的同步竞相发展中重新步入先进的行列，今天我们已有了这种主客观的可能性。

笔者认为，今天任何一个民族的发展历程都是波浪形而不可能总是直线上升的，总会有起伏和沉降。中华民族产生几千年后至今不衰，而且是当今世界的强大民族之一，现在又面临新的发展机遇，这在世界民族之林中还是独一无二的。我们从世界人类发展历史重看到一个特点，那就是人类文明发展速度的突变，从旧石器时代到新石器时代我们的先人用了百万年以上的时间。在这段时间里先人们只是把文明从简单的磨制石器、骨器进化到烧制陶器和简单的纺织；从依赖自然的渔猎采集进化到畜牧农耕；从血缘群婚进化到族外群婚、对偶婚。然而从传说中的炎黄两帝到有史迹文物可稽的夏、商、周三代，再到现在的中国仅用了四千多年的时间。而我们的民族紧随人类文明的前进步伐进入了今天的电子信息时代。与前者的百万年相比后者的四千年所占的时间比例是微不足道的。然而就在这微不足道的时间里人类却有着难以想象的突飞猛进。而在这突飞猛进之中除了科学技术之外更可贵的是社会制度的人性化，今天的人民比过去享有无可比拟的得到法律保障的广泛权利。可以预见将来人类发展的速度将更快，人们除了能得到更加先进的物质生活以外，将可以生活在更加人性化更加宽容公平的环境之中。

今后我们中华民族所面对的挑战将是科学技术生产水平的提高，能源的发掘，政治制度的民主化和为适应这些发展而必须的人民素质的提高。素质的提高则包含文化科学知识，民主意识以及学会如何与世界其他民族的了解和融合。

（林慧曾，新西兰华文作家协会主席，知名文化研究专家）

符号互动论视角下的城市"催婚"现象研究

林　寒　陈楚欣　刘楠楠

一、研究背景

改革开放后，随着我国社会经济的快速发展，人民的物质生活水平不断提高，人们接受教育的程度也越来越高，中国的年轻一代在中西文化交融中成长，他们形成了跟传统观念不同的世界观和价值观，其中一方面表现在他们面对婚姻的态度和对家庭的理解上^[1]。中华人民共和国民政部官方网站的数据显示，2013 年—2022 年 10 年期间，婚姻登记人数在逐年下降，2013 年是 1346.9 万对，2014 年是 1286.6 万对，2015 年是 1213.4 万对，2016 年是 1132.9 万对，2017 年是 1059.1 万对，2018 年是 1010.8 万对，2019 年是 928 万对，2020 年是 813.1 万对，2021 年是 763.6 万对，2022 年是 683.3 万对（图 1）。截止 2022 年，中国适婚单身人口已经超过 2.6 亿，2022 年全年依法办理结婚登记的人数比上年下降 10.5%，结婚率仅为 4.8‰，比上年下降 0.6 个千分点；依法办理离婚手续 287.9 万对，比上年增长 1.4%，离婚率为 2.0‰。买房、彩礼、养育子女等经

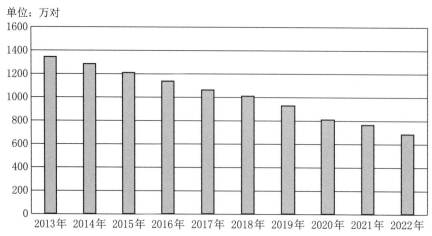

单位：万对

图 1　2013 年—2022 年结婚登记人数

济压力大，女性独立意识增强，以及婚恋观念变化，适婚男女比率失调等原因，使得人们的结婚年龄不断推迟，越来越多的人选择晚婚甚至不婚，而离婚人数的增加和离婚后不愿再婚等原因，导致被"催婚"人数增加。央视等主流媒体在不断引导大众关注"催婚"话题，不同因素的共同作用导致"催婚"行为从家庭层面上升到社会层面，甚至成为一种社会现象，并且有愈演愈烈的趋势。

对于"催婚"问题的探讨，国内外可查阅的学术文献不多。而未婚青年婚恋问题大多涉及"催婚"问题，因此，我们将文献关键词搜索扩大至"未婚青年""青年婚恋""逼婚"等与"催婚"有所关联的词语，扩大搜索范围，以期获得更多学者对"催婚"现象的不同解读。参照新华字典释义："催婚"一词中"催"有使赶快行动，使事物的产生、发展变化加快之意；"婚"的基本字义是男女结为夫妇；二字组合则有催促男女结婚之意[2]。再综合学者们[3-5]的定义，本研究的"催婚"是指20—40岁未婚或离婚青年家中的亲戚（包括父母、祖父母、外祖父母、叔伯姑舅姨等）、朋友及周围的社会媒体等通过语言催促或介绍相亲对象等方式，增加青年人的心理压力，催促未婚青年尽早结婚的行为。此外，修雨萌（2021）[6]、刘凌杰（2022）[7]等人对"催婚"现象产生的原因做了分析。伍钧天、杨佳佳（2014）[8]，王阳、马小雷（2019）[3]，姚春燕（2022）[9]，刘敏、熊琼（2023）[10]，陈媛媛（2023）[11]等人对"催婚"的影响（后果）做了分析。

"催婚"、"催生"、"催二胎"、"催三胎"，催声不断，青年们因被"催"而倍感压力，"虽然我担心自己错过最佳生育年龄，但是结婚后生娃才合适呀，我现在男朋友都没有"（受访者25），可见"催婚"是催生的必要条件。本研究将基于符号互动理论，描述"催婚"行为的表现，了解"催婚者"与"被催婚者"双方的互动过程与互动关系，并对"催婚"现象的原因进行分析，以便提出相应的对策建议，促进我国结婚率的上升，促进个人、家庭与社会的和谐发展。

二、研究方法

D市的常住人口超过1亿，但流动人口较多，未婚（包括离婚未再婚）的青年数量也较多。本研究主要采用滚雪球的方式进行抽样，然后用半结构式访谈法进行访谈。被访谈的对象有30位，他们都是居住在D市的有被催婚经历或正被催婚的未婚（包括离婚）青年，年龄在20—40岁之间。访谈提纲根据本研究的架构进行制定，访谈内容主要涉及未婚青年的婚姻观念，被催婚的日常表现，及如何看待"催婚"行为，被"催婚"的感受等方面。

被访谈对象的年龄、性别和工作等基本情况，如表1。被调查对象的婚恋情况分为两类：一类是单身，未婚，共24人；一类是有男朋友或女朋友，但是不登记结婚，共6人。职业类型包括：在校学生，共6人；企事业单位及政府机关工作人员，共22人；待业人员，共2人。30位被调查者中，男性13位，女性17位；其中21岁至25岁年龄段的男性4位，女性7位，共11位；26岁至30岁年龄段的男性5位，女性3位，共8位；31岁至35岁年龄段的男性1位，女性7位，共8位；36岁至40岁年龄段的男性3位，女性0位，共3位。

表1　30位受访者基本情况

编　号	性　别	年　龄	目前婚恋情况	职　业
受访者1	男	21岁	单身，未婚	大学生（本科）
受访者2	男	23岁	单身，未婚	羽毛球教练
受访者3	男	23岁	单身，未婚	大学生（本科）
受访者4	男	23岁	单身，未婚	社会工作者
受访者5	男	26岁	单身，未婚	程序员
受访者6	男	26岁	单身，未婚	留学生（硕士）
受访者7	男	26岁	有女朋友，未婚	公司职员
受访者8	男	27岁	单身，未婚	大学辅导员
受访者9	男	32岁	单身，未婚	公司职员
受访者10	男	35岁	单身，未婚	待业
受访者11	男	36岁	单身，离婚，未育	政府工作人员
受访者12	男	39岁	单身，离婚，未育	政府工作人员
受访者13	男	40岁	有女朋友，未婚	政府工作人员
受访者14	女	22岁	单身，未婚	社会工作者
受访者15	女	22岁	单身，未婚	公司职员
受访者16	女	23岁	有男朋友，未婚	大学生（本科）
受访者17	女	23岁	有男朋友，未婚	初中老师
受访者18	女	23岁	单身，未婚	社会工作者
受访者19	女	24岁	单身，未婚	大学生（硕士）
受访者20	女	24岁	有男朋友，未婚	大学生（本科）
受访者21	女	26岁	单身，未婚	待业
受访者22	女	27岁	单身，未婚	公司职员

编 号	性 别	年 龄	目前婚恋情况	职 业
受访者 23	女	28 岁	单身，未婚	公司职员
受访者 24	女	31 岁	有男朋友，未婚	社会工作者
受访者 25	女	33 岁	单身，未婚	大学老师
受访者 26	女	33 岁	单身，未婚	居委会工作人员
受访者 27	女	34 岁	单身，未婚	花店老板
受访者 28	女	35 岁	单身，未婚	公司职员
受访者 29	女	35 岁	单身，未婚	政府工作人员
受访者 30	女	35 岁	单身，未婚	专职补习老师

三、符号互动论："催婚"现象分析的一种理论视角

符号互动理论的早期代表人物有库利、托马斯、米德，而布鲁默、戈夫曼等学者对该理论做了进一步的丰富和发展。符号互动论从互动个体的日常自然环境去研究人类群体的生活，该理论还强调人类主体性的理论前提、关注个体间互动行为的经验研究取向[12]。符号互动论认为社会是由互动着的个人组成的，在社会生活中人们时刻都在互动着，对于诸种社会现象的解释只能从这种互动中寻找[13]。由此可知，符号互动论是一种关注个体间的互动行为和注重经验研究的微观社会学理论，是分析"催婚"现象的一种理论视角。

（一）符号互动论的基本观点

符号互动论的基本观点是：事物本身不存在客观的意义，它是人在社会互动过程中赋予的；人在社会互动过程中，根据自身对事物意义的理解来应对事物；人对事物意义的理解可以随着社会互动的过程而发生改变，不是绝对不变的[14]（如图 2）。"催婚"行为的符号互动理解是：在新时代的社会环境里，未婚青年（不同个体）被家中长辈等（不同个体）通过语言催促、介绍相亲对象等方式（符号），催促早点结婚的行为（互动）。该行为让未婚青年与家中长辈之间形成了一种特殊的互动关系，即"被催婚者"与"催婚者"的关系，两者在进行社会互动过程中会赋予"催婚"行为一定的意义，这是一个群体的互动行为，是一种社会现象。"催婚"作为一种社会现象，其本身不存在客观的意义，它是人们在"催"与"被催"的互动过程中赋予的；人们在"催"与"被催"的互动过程中，根据自身对"催婚"意义的理解来应对"催婚"；人们对"催婚"意义的理解不

是绝对不变的，是可以随着"催"与"被催"的互动的过程的变化而发生改变，或者说是随着时间和空间的改变而改变。

图 2　符号互动论基本观点示意图

"催婚"这一行为的客观意义，是人们在社会互动过程中赋予的。通过语言、文字、动作的互动，每个人对于"催婚"行为的理解是不相同的，因此应对"催婚"的方法也不尽相同。

调查员：请问您对于家中父母和长辈的催婚行为是怎样理解的？

受访者2：他们认为我现在遇到合适的人就可以结婚了，组建自己的家庭，他们就不用那么操心了，而且如果生了小孩，他们还有精力帮忙带一下小孩。他们的想法我可以理解，但是我认为如果我遇到对的人，不用他们催我都是会结婚的，所以，这种催促对我来说是没用的。

受访者20：我认为家里人太着急了，我还在读书，是个学生，我肯定是先把我的学习方面搞好，再考虑其他的。他们催婚估计也是看我长大了，是时候考虑谈恋爱和结婚的事情了。

调查员：那当他们催你的时候，你一般如何回应呢？

受访者2：我认为比较好用的方法是顺着他们的话继续往下说，会让他们给我介绍对象什么的，反正我也还在寻找中，说不定就遇到合适的了。

受访者20：我一般会说我还在读书，先认真读书再考虑其他事情。

由上述访谈对话可知，受访者2和受访者20，虽然年龄相仿，但是身份不同，自身的期待也不同，即使是同一个问题，也会有不同的理解，而不同的理解则产生不同的应对方法。

（二）符号互动论的四要素

符号互动论的四要素包括个体、符号、情境、理解。个体，即"催婚者"与"被催婚者"。符号，是符号互动论的基本概念，主要指在普遍情况下具有某种象征意义的事物[15]，如包含催婚含义的文字、语言、动作等，包含催婚含义的语言是日常生活中使用比较频繁的符号系统，通过这类语言，人们可以传递希望对方尽快结婚的信息和意义，帮助人们实现一些比较复杂的交往。情境，常见的有逢年过节亲友相聚等场合，如"今天拜山都能被催婚，厉害了，累了，有合适的就结了"，"拜山"也是一种情境。理解，指个体在催婚与被催婚的过程中，运用符号来解释或确定相互间行动的意义[16]。

调查员：再婚的话，请问您对女方的学历、收入、性格等方面有哪些基本要求？

被访者12：我大学本科，在某镇政府上班，我的收入和理财完全可以养家；我的前妻是初中毕业，长得很漂亮，她经营一家美容院，我俩离婚时也没生孩子；父母年纪都大了（70多岁），希望早点抱上孙子，离婚后家里一直希望我找个学历高、工作稳定的对象，但是我以后找对象结婚还是想找贤惠、漂亮的。

被访者12（被催婚者）经济条件不错，但是身高只有160 cm，他还跟父母同住，在吃饭的时间就经常被父母（催婚者）催婚，如父母跟被访者12说"张叔的孙子都上大学了"等（语言），但是因为上一段婚姻的缘故，父母希望他能找个学历高（本科及以上）且有稳定工作的对象结婚，他相亲看了几个学历高的教师，但是不喜欢对方（情境＋理解）。

调查员：您在相亲过程中，对女方有什么要求？

被访者13：我当时发布相亲贴，列了20条对女方的基本要求，虽然有很多网友骂我，但是哪个男人心中没有理想的标准呢？我只是直接地把我对女方身高、年龄、长相、学历、收入、工作性质、籍贯、性格等都说出来了……

调查员：您是不是被劝导过要降低对女方的要求呢？

被访者13：前面说了，网友骂我，其实就是因为我的要求太高。家里也是催了我十来年了，要我差不多就行了，赶紧谈恋爱结婚。我觉得40岁结婚正当时。我有我自己的要求，现实中很难遇到符合我要求的女士，但是我在公众号公开相亲资料后，我遇到了。我现在的女朋友是在相亲公众号认识的，这是一个非常靠谱的相亲公众号，我发布的相亲贴，她加的我。当时发布帖子才2个月时间吧，虽然有 20 条对女方的基本要求，但是总共有 15 位达到条件的女士加我，其中不乏 90 后。我根据她们的条件一个个筛选，确定了 3 个见面的人选，最后才确定了我现在的女朋友。

被访者 13（被催婚者）身高 170 cm，本科学历，体制内工作，独居，他已经年满 40 岁但还未婚，他被父母、亲戚、朋友（催婚者）催婚 10 多年，大家让他"降低标准找个跟自己差不多的就行了"（语言＋介绍对象）。但是他心目中的理想妻子却一直没出现，他一直没有降低自己的标准，最后他通过相亲网站找到了"完美"的女朋友，"其实这种取舍，无非就是综合外在＋内在＋聊不聊得来＋兴趣爱好＋感觉"（情景＋理解）。

对于不同个体而言，符号互动论的四要素，个体、符号、情境、理解都是不同的。每个人对自己的择偶标准、被期待的择偶标准、结婚的年龄、被催婚的经历等都有不同的评价和理解。每个人都是独特的，拥有不同的背景、经验、信仰、文化和个性，因此，每个人对于择偶标准和婚姻的期望都会有所不同。某人可能更看重经济稳定性，而另一人可能更注重情感匹配或文化背景的一致性。每个人对于何时结婚也会有不同的看法，年龄、职业生涯目标和家庭压力等因素都会影响个体对于结婚时机的理解和评价。一些人可能会感受到被家人、朋友或社会催促的压力，而另一些人可能更能自主决策，不受外界影响。

四、"催婚"行为的表现类型

直接的提醒和压力、嘲笑和调侃、亲戚朋友攀比、婚礼仪式的邀请、择偶条件的强调、社交媒体宣传、社会和文化预期，这些表现形式都可以构成催婚现象，可能会给个体带来压力和焦虑，影响他们的自主决策。基于 30 位受访者的访谈内容，我们将各种"催婚"行为的表现归纳为三种类型："对话开场型"、"关心型"和"八卦好奇型"。其中，"关心型"是最普遍的一种表现类型。

（一）对话开场型

对晚辈们通过言语进行"催婚"是在长辈们的对话开场中比较常见的。受访者 8 表示理解，他认为："你想啊，长辈们都那么大年纪了，除了结婚，生小孩这些事情是可以跟你聊的之外，你的工作，学习方面的话题，你跟他们说，他们也听不懂，聊不了几句就聊不下去了。所以啊，催我找女朋友这亘古不变的开场话题，我都习惯了。"

不少受访者表示也有同感，长辈们通过"催婚"这一话题作为对话的开场，让气氛稍微好一点，大家就打开话匣子了，这一类"催婚"的行为表现可以概括为"对话开场型"。

（二）关心型

作为一个适龄的未婚女青年，在过年期间自然少不了家中亲戚长辈的关心与问候。受访者16，她未婚，有男朋友；因此，今年她成为了亲戚长辈们"催婚"的主要对象。调查员以旁观者的身份，默默地围观了受访者16被催婚的现场，尝试用符号互动的理论观点来解读和分析长达20分钟的"催婚者"与"被催婚者"的互动过程。

亲戚A：哇！a长大了，长得亭亭玉立的，很漂亮哦，还在读书吗？

受访者16：是啊，还在读书，读大四了。

亲戚A：哦，大四了？那今年要毕业了？

受访者16：嗯，对的，今年毕业。

亲戚B：那交男朋友了没有啊？

受访者16：（笑了笑）有男朋友了。

亲戚B：哇！看来你爸妈很快能喝上一杯女婿茶了。

受访者16：没那么快，我们还想先谈几年恋爱再想结婚的事。

亲戚C：话可不是这样说的，早点结婚，早点安定下来，你爸妈也放心啊！而且太晚结婚，太晚生小孩对身体也不好。

亲戚A，亲戚B：对啊对啊，你想想现在你23岁，23岁结婚，24岁生小孩，年龄也差不多了。可以认真想想结婚的问题了。你也年纪不小了。

……

就这样，这段对话中的亲戚A，B，C就受访者16的婚姻大事进行了长达20分钟的探讨。

受访者16："你知道吗？那种感觉，真的很让人窒息！虽然我知道他们对我婚姻大事的关心，我可以理解。但是，刚刚他们的轮番说教让我很反感，感觉自己是个靶子，他们上好弹匣，瞄准你，然后开始轮番地精准射击，而你无处可逃。"

上文的对话是亲戚A，亲戚B，亲戚C和受访者16通过语言符号就婚姻这个话题进行的社会互动的过程。通过语言符号的互动，受访者16对于她何时结婚的问题产生了动摇。因为受访者16通过与亲戚们的交往中获得自我概念，根据亲戚A，亲戚B，亲戚C对她的婚姻观点的评判和态度来思考自己的坚持的婚姻观点是否正确，是否应该继续坚持自己的观点。通过互动，亲戚A，亲戚B，亲戚C和受访者16建立了"催婚者"与"被催婚者"的角色关系。虽然这段关系只持续了20分钟，时间比较短，但是并不妨碍承担"催婚者"角色的一方为达到催婚的目的而不断地好言相劝，一旦受访者16把我们归入自我概念便会不由自主地根据他人划分对自己作出反应，即对自己何时结婚这件事产生动摇。

在访谈的时候，受访者16分享了春节被亲戚长辈催婚经历的感受，十分的生动形象。她认为这是一种无法逃避的关心。在30位有被催婚经历的受访者中，有15位都曾经有过或正在经历着相似的场景。可见，这一类"催婚"的行为表现也是比较普遍的，这一表现可以概括为"关心型"。

（三）八卦好奇型

在访谈过程中，部分受访者表示，在节假日的家庭聚会期间见到很多已经很久没见面的长辈，大家的近况都不太了解，对话话题略显单薄，而当聊起晚辈的婚恋问题时，大家都比较关注。不过，大多是抱着八卦和好奇的态度，并不是目的明确地催促未婚青年结婚和谈恋爱。

受访者10："其实我想，大多数很久没见的亲戚问你这方面的事情都是抱着八卦和好奇你的近况的心态来问的吧。一方面，因为确实太久没见了，问问近况也是应该的，另一方面，好奇和八卦是人的天性。"

受访者10对"催婚"的分析也不无道理，根据这一类"催婚"行为的性质和目的可以归类为"八卦好奇型"。

一部分"被催婚者"认为"催婚"行为是家中父母长辈对晚辈婚姻大事的关心，一部分"被催婚者"则认为长辈的催婚行为是有八卦的成分的，带着好奇的，而大部分的催婚者都认为催婚行为是无可厚非的，作为长辈关心晚辈是正常的。可见，个体对催婚的理解会因为立场等因素的不同而不同，不同的理解又会产生不同的方法以应对催婚。

五、"催婚"现象的原因分析

社会经济压力、文化传统要求、家庭期望、年龄压力、生育压力、社交媒体宣传、朋友圈子干预等都是"催婚"现象产生的原因。这些因素相互作用，导致人们感到需要尽早结婚和生育。

（一）传统婚姻观念的驱使

从古至今，在中国的传统文化中，婚姻和家庭在人们眼中是非常重要的。《周礼》中记载："昏礼者，将合二姓之好，上以事宗庙，而下以继后世也。"[3]传统婚姻观念认为，婚姻是两家人的结合组建一个新家庭，对上，要传宗接代以事奉宗庙，对下，要生儿育女以继承后世。费孝通在《生育制度》一书中阐述了传统中国婚姻与生育的关联性，他认为"婚姻与生育的关系重于两性的关系"[17]。即生育优先于婚姻关系，中国传统的婚姻观念注重生育功能而不是夫妻感情。它影响了中国社会数千年，影响了中国人数千年来对婚姻的看法。直到现在，部分传统婚姻观念依然深刻地影响着中国人对婚姻的看法。

对于中国人来说传统婚姻观念是一种抽象的符号，它看不见摸不着，但是它影响了大部分人对婚姻的看法；它是抽象的，但它又是具体的，方方面面都渗透着具体的象征意义。受访者们提及，"家里的长辈都认为人的一生一定要结婚，生小孩才算完整"。这象征着结婚是"合二姓之好"，是两家人的结合组成一个新家庭，生小孩则意味着有后代"继承后世"同时后代承担着照顾家中老人的责任。其实这一观点背后不难看出有传统婚姻观念的痕迹，长辈们依然注重家庭的生育功能和养老功能。虽然，时代在变化，婚姻文化在发展，但是就目前中国的大环境来说，孙沛东认为上海的父母在帮助子女相亲过程中比较看重相亲对象的学历，工作单位等方面的条件，是在目前社会福利不完善的环境中为子女寻求较为稳定的婚姻家庭生活[18]。在访谈中，受访者们提及父母及长辈催婚时经常说的一句话："赶紧结婚生娃，不然等你老了，我们都不在了，你又是一个人，到时候谁照顾你啊？"由此体现了受传统婚姻观念影响的家中长辈们"催婚"的主要原因之一是看重家庭的养老保障功能。

（二）代际婚姻观念的不同

在互动过程中，"催婚者"与"被催婚者"都有其特定的需求和动机，并且都想要被满足。据上文所述，作为"催婚者"的家中长辈依然受中国传统婚姻观念影响，认为人到了某个年纪就应该结婚，把结婚和组建家庭作为人生的必选项。这是"催婚者"对于婚姻这件事的看法，与他们所经历的时代背景有关，让晚辈过上稳定的、幸福的生活，是他们催婚的动机。"催婚者"的内在需求大多是希望享受儿孙绕膝的天伦之乐。而作为"被催婚者"的未婚青年群体则被动地接受来自"催婚者"的动机和需求。扮演着"被催婚者"角色的未婚青年群体主要集中在80后、90后甚至00后，他们成长于对外开放的年代，受到许多外来新鲜事物的影响，是在创新与发展浪潮中成长的新一代年轻人。在开放的社会环境中，多元的文化在无形地影响着他们，从而使其在不经意间完成对婚姻观念的自我构建。

根据受访者的反馈来看，30位受访者都认为爱情是结婚的大前提，结婚依然是必选项，但必须遇到喜欢的人才会结婚。这种对结婚顺其自然的想法与家中的长辈的传统婚姻观念是有所不同的。家中的长辈秉持传统婚姻观念，更加注重家庭的生育功能和养老功能；而单身的晚辈则认为缔结婚姻，感情基础比较重要，更加注重家庭的情感支持功能。由于长辈与晚辈的代际婚姻观念的不同，对待"催婚"这件事情的态度也有所不同。因为"催婚"行为导致父母与子女关系冷淡的事件时常发生，甚至造成家庭矛盾。对于长辈与晚辈关于婚姻看法之间的代际冲突[19]，受访者27表示：

> "我已经习惯了。你也知道我已经34岁了，家里人对于我结婚这件事也一直比较着急，从25岁开始给我介绍男生，30岁的时候我就有点厌烦了这种周末去相亲的状态，我的生活又不只有找配偶这一件事，我是一个花店老板，我还要处理公事，周末我还要和好姐妹一起约会聚餐，留给自己一点私人时间，但父母对于给我找结婚对象这件事依然乐此不疲，难免会因为观念不同与他们起争执。"

（三）社交圈子受局限

婚恋圈子的情境定义，通常指人们习惯在自己固定的、安全的圈子里和熟悉的人打交道，年龄越大越不愿意走出固定的圈子去了解和熟悉陌生的朋友。在30位受访者中，有24位目前是单身状态，有6位已经有男/女朋友，但都处于未婚状态。当问及单身的受访者："您认为是什么原因遇不到自己喜欢的人呢？"这个问题时，21位受访者均表示自己的社交圈子太狭小，自己的社交圈已经固定下来了，经常是跟熟悉的朋友待在一起，而且基本上都是同性的朋友，很难遇到异性的朋友。

受访者22："曾经我想毕业后再谈恋爱，但是没想到毕业后连异性都没遇到过，感觉男生和女生之间有一道隐形的壁垒，摸不着也打不破。目前来说，想脱单还是很有难度的一件事。"

受访者11："我谈的第一个女朋友是我的高中同学，同桌，后来我考上了政法类大学，学法律，她考上了师范类大学，学化学，我们在同一个城市上大学，平时有交流但是没有谈男女朋友，我们确定男女朋友关系是在大四的时候，大四我准备考公，毕业那年没考上，第二年才考上了D市公务员，她毕业那年考上了本校硕士研究所，从此我们就两地了。我工作后有收入了，平时会给她一些生活费。她硕士毕业后，要去日本留学，她觉得我拖累了她，我们分手了。后来我就找了我们系的公务员结婚了，因为性格不合我离婚了。"受访者11谈恋爱和结婚都是找了圈子内的熟悉的人，但是恋爱和结婚使得他"受到了很大伤害"，他父母希望他能走出自己的小圈子，认识更多的人，于是给他在线下相亲机构报名相亲，但是他非常反感父母的做法，他不愿意去接触陌生的女人，觉得陌生女人不可能成为他喜欢的女人。

从受访者反馈来看，结合他们所处的环境中，对于"遇不到自己喜欢的人"的外部刺激，社交圈子受限则是他们的内部解释的结果。在这个社交圈里他们都是朋友，但同时也把他们都圈在里面，想要打破各个社交圈子的限制是有一定难度的。因为被催婚，所以在面对社交圈子受限的问题时，不少受访者决定主动出击，他们会主动接触更多不同的人，例如选择自己喜欢的运动，培养更多兴趣爱好去结识不同的人，尽量打破社交圈子的壁垒，希望能够遇到自己喜欢的人。

（四）人口出生率低迷

2022年全国出生人口仅为956万，出生人口已经连续六年处于下降的态势。从小家庭的角度看，一些家庭文化强调家庭和子嗣的传承。从社会的角度来看，维持适度的生育率对于国家的劳动力储备以及人口年龄结构的合理性至关重要。

因此，从家庭、社会层面的催婚就开始了。但是，大城市的生活节奏在加快，这是符号互动的真实情境，面对亲朋好友催婚，一些青年表示没有太多的时间相亲、谈恋爱；生活压力在加大，一些青年表示养活自己都困难，没有能力养活家人和孩子。

受访者28："上学那会就是身边女生多男生少，毕业后先去了S市，后来又来了D市区，现在在D市已经有7个年头了。我是公司做财务的，平时是真的很忙，加上家离公司比较远，早上6点半起床，7点钟出门，先坐公交再转地铁，8点半到公司，晚上7点至9点下班，工作少就7点下班，工作多就9点下班，下了地铁经常8点至10点多，我已经习惯10点多回到家了，有时候到家快十一点了吧，经常错过回家的那趟公交末班车。每天除了上班，就是3—4个小时在路上，到家了就只想睡觉，周末都在补觉，我这还算好的，有的同事住的比我还远，没办法，离公司近的房子买不起。我没有时间谈恋爱。"受访者28每周都很忙，忙的没有时间谈恋爱、结婚，35岁的她已经被亲朋好友催婚很多年了，近年来给她介绍的对象的人也越来越少了，相亲对象甚至会担心她生育能力的问题，对于结婚的事情她自己只能表示无能为力。

受访者9："我在20年下半年买了房，首付付了70万，贷款160万，我每个月贷款要还将近1万。我买的是镇上的小三房，位置比较偏，周边设施也不算齐全，但是就是这么贵，压力真的很大。家里说我买房了就该结婚生子了，但是我哪里有这个能力结婚生子啊，我自己都养不活自己。"受访者9来自农村，来D市工作近10年，每天省吃俭用，不敢花钱谈恋爱就为了买套房结婚，但是房价一直在涨，20年底他拿出东拼西凑的70万，刚好够了郊区镇上小三房的首付，"上了车"，但是接下来的日子过的更难了。家里因为他买房而很开心，父母身体不好，所以经常催他赶紧处对象结婚生子，但是他自己的生活却比买房前更苦了，没法支付结婚的彩礼。

六、建议与反思

符号互动论认为人们是在他们的社会环境中、在与他人的交往中获得他们的自我概念的，即，人们是根据他人对自己的评判、态度来思考自身的，而一旦他人把我们归入自我概念，我们便会不由自主地根据他人划分对自己做出反应，从而形成自我概念[20]。因此，如果社会对未婚青年的婚姻大事都是催促、焦急的态度，必然会对未婚青年的自我认知产生不一样的影响。面对家庭中时常出现的"催婚"行为和社会中浓厚的"催婚"氛围，其应对之策应当从社会、家庭和个人三个层面着手。

（一）社会层面

面对"催婚"现象，政府，社区，学校，主流媒体，社会组织都应发挥积极作用，各方联动，共同应对结婚率低、单身人数多的现实问题，为想结婚而没有条件结婚的人提供帮助。

政府层面需加大对青年恋爱、婚姻和生育的政策支持力度，且更多地承担青年在婚恋、生育方面的经济成本，并提供更强有力的体制保障。比如完善婚姻法，确保夫妻双方在婚姻关系中享有平等权利；实现居者有其屋，让城市青年有稳定的居所和生活空间；提供产假与育儿假的支持，完善育儿津贴补助，提高公立托儿所的质量、可及性和服务范围等。社区有责任引导未婚青年树立正确的婚恋观，引导青年跟天价彩礼说"不"；针对未婚青年的社交圈子受限等问题，社区居委会可以搭建平台，组织开展各种文化活动，扩大青年人的社交朋友圈。学校作为个体社会化的重要场所，其影响和作用不容忽视，因此积极倡导婚恋课堂进校园也十分必要；在大学本科生和硕士研究生被允许结婚，博士研究生被鼓励结婚的情况下，积极配合和支持学生结婚，如配置夫妻寝室。各主流媒体应该营造宽松、积极的社会氛围，不应该过激报道、制造焦虑，引导公众过分关注"催婚"这一话题，结果可能会适得其反。社会组织应积极组织开展各种文化活动，吸引青年人积极参与。例如社会工作者可以积极关注未婚青年群体，觉察这一群体的需求，了解该群体的单身原因，如恐婚，不擅长与异性交往等；根据需要开展相关活动，如有关婚恋主题的小组活动，与异性交往的主题沙龙等。企事业单位在招聘过程中要杜绝性别歧视、生育歧视；在工作过程中可以组织单位与单位之间的联谊活动，鼓励自己单位的未婚青年积极参与联谊活动。

（二）家庭层面

在家庭中，"催婚"行为是摆在未婚青年和父母面前的一道坎，子女和父母都有各自的立场。如果要越过这道坎，父母和子女双方都需要做出努力。

在"催婚"这件事情上，未婚青年和家中长辈的目标其实是一致的，希望自己/晚辈能够收获幸福。对于"催婚"行为产生的分歧，作为子女应当与父母增加沟通交流，使父母了解你对婚姻的想法和看法；而不是"默不作声"地与父母冷战，与父母进行对抗。除了未婚青年主动与父母长辈交流外，作为父母也应该与时俱进，关心了解晚辈的真实需求；而不是利用极端的手段或方式逼迫子女尽快结婚，这是"伤敌一千，自损八百"的行为，最后只会两败俱伤。在访谈过程中，就访谈对象个人而言，家中长辈的"催婚"行为并没有令他们反感和感到困扰。他们认为长辈们的初衷是希望晚辈能够收获幸福，找到一个能够陪伴一生、相互扶持、相互爱护的人，幸福地过完一生，这也是大部分家长或者长辈催婚的根本原因。

（三）个人层面

在个人层面，面对"催婚"，除了主动与父母长辈多沟通之外，同时需要摆正自己对"催婚"行为的态度，接纳它的存在和保持平常心对待它是比较可行的方法。如同受访者 29 在访谈过程中提到的：

> "我年龄是比较大了，父母和家中长辈也催婚了很多年，刚开始我其实是有些许不知所措的，但是时间长了，我就感觉它其实不是多么可怕的一件事，把它当做一件普通的事情去对待就行了，主要是你自己对这件事的看法是怎样的，这很重要。"

其实"催婚"这一行为并没有对错之分，如何对待它，最关键是个体本身对这件事的理解，用你所理解的意义找到你认为适合的方式去对待它，便是最理想的处理方式。另外，受访者 29 的观点与受访者 30 的观点有相似之处。她认为既然"催婚"会不可避免地出现，那么就学会接纳它进入自己的生活，而不是排斥它，摆正自己的态度与它和谐相处，把它当作普通平常的一件事去应对。如果考虑清楚了，认为自己已经随时准备好迎接新的恋情和婚姻的到来。那么，不妨多鼓励自己，勇敢迈出第一步，例如：积极参与各种社交活动，认识新朋友，扩大交友范围；树立正确的婚姻观念，培养自己的责任意识，积极承担家庭责任。

总之，"催婚"现象是一个已经引起广泛关注的社会现象，随着单身青年群体和未婚青年群体的数量逐年增加，"催婚"这一现象必将被社会各界持续关注。但"催婚"现象需要被人们认真反思，以确保个体的权利和自由受到尊重，同时减轻不必要的社会压力，鼓励更理性、更自主的决策。这有助于建立更加包容和平等的社会。

（林寒，东莞理工学院法律与社会工作学院讲师，博士；陈楚欣，东莞理工学院法律与社会工作学院学生，东莞市长安镇第一小学教师；刘楠楠，东莞理工学院法律与社会工作学院学生。本文系东莞理工学院校级质量工程项目"《西方社会学理论》课程的实践教学模式探索"，项目编号：202202022；东莞理工学院2023年度高教研究课题"地方理工科大学学生数字素养的构建路径研究"，项目编号：GJ202306。）

参考文献：

［1］杨佳佳."父母逼婚"现象的社会学解读［J］.当代青年研究，2014（06）：96—99.

［2］在线新华字典.［EB/OL］.http://xh.5156edu.com/html3/3200.html.

［3］王阳，马小雷.催婚：现代社会家庭再生产的困境及其代际冲突——基于一位待婚女青年的生命历程研究［J］.华东理工大学学报（社会科学版），2019，34（04）：26—34.

［4］徐俊，袁凯程，王夏宁.新时代大学生被催恋或催婚问题的调查分析［J］.扬州大学学报（高教研究版），2019，23（05）：105—111.

［5］姚春燕，周宗伟，林芳.未婚女性父母催婚行为的动机分析——1项基于扎根理论的质性研究［J］.心理月刊，2020，15（19）：9—12.

［6］修雨萌."中国式逼婚"现象的缘由探究——基于费孝通《乡土中国生育制度》的解读与思考［J］.决策探索（中），2021（05）：94—95.

［7］刘凌杰.新时代高校研究生婚恋观研究［D］.三峡大学，2022.

［8］伍钧天，杨佳佳."父母逼婚"现象的社会学解读［J］.重庆与世界（学术版），2014，31（09）：43—45.

［9］姚春燕.未婚女性父母催婚行为中的婚恋心理代际差异比较研究［D］.南京师范大学，2022.

［10］刘敏，熊琼.应对被动单身：县域体制内大龄女青年的行动策略及其影响——基于中部Y县的实地调研［J］.中国青年研究，2023（05）：78—86.

［11］陈媛媛.人类学视角下中国式逼婚现象及其机制分析［J］.理论观察，2023（06）：93—97.

［12］张瑜.符号互动论中的自我与传播研究［J］.中国报业，2021（02）：126—128.

［13］外国社会学史.［EB/OL］.https://wenku.baidu.com/view/4ff7b124bdeb19e8b8f67c1cfad6195f312be895.html.

［14］车文博，主编.当代西方心理学新词典［M］.长春：吉林人民出版社，2001：94.

［15］石树萍.网络表情符号的使用对恋爱关系的影响及机制研究［D］.华中师范大学，2020.

［16］侯钧生.西方社会学理论教程（第四版）［M］.南开大学出版社，2017：246—247.

［17］费孝通.生育制度［M］.商务印书馆，2013：423.

［18］孙沛东.中国式焦虑的婚姻缩影——以上海人民公园相亲角为例［J］.探索与争鸣，2013（05）：27—29.

［19］林樾，郭茜.代际冲突：当代青年婚恋价值观的现状与对策——从《中国式相亲》谈起［J］.中国青年研究，2017（07）：26—31.

［20］老年社会工作相关理论方法［EB/OL］.http：//www.cssn.cn/shx/shx_bjtj/201411/t20141110_1395394.shtml.

正念禅修：现代焦虑情绪的文化调适之道 ^①

刘桂荣　樊红潮

　　现代人因生存环境、工作竞争、生活压力而产生内源性焦虑和社会存在性焦虑等负性情绪，需要借助传统文化资源加以调适，用儒家文化中积极乐观的思想来"正念"，改变现代人焦虑情绪认知，树立信心，悦纳自我，释放压力；通过正念禅修舒缓焦虑情绪，修复心境。正念禅修是对现代人的焦虑情绪进行文化调适的有效方式。

　　《"健康中国2030"规划纲要》中提出，焦虑情绪是影响现代人心理健康的常见情绪心理问题之一，也是危害现代人心理健康的重要因素，如果不适时加以调整，会影响人的生活质量，制约人的生存发展。本文将探讨如何运用正念禅修疗法对焦虑情绪进行文化调适。当然，这里所论述的焦虑情绪问题，不包括适度的焦虑情绪。适度焦虑情绪是人们内在的一种紧迫感，是对生活中遇到等问题的重视，它有利于人们对以后的人生规划。

一、现代焦虑情绪的产生机制

　　焦虑情绪的产生有个体内源性因素和社会存在性因素，它们是焦虑情绪产生的内外机制。

（一）内源性焦虑

　　内源性焦虑是个体在选择面前出现的一种不健康的心理状态，源于个体内在的矛盾与冲突，是个体潜意识中携带着的一种危险信号。个体为了保护自己免受这一危险的伤害，不得不启用一些防御机制。

　　从理论来源看，内源性焦虑可追溯到弗洛伊德的焦虑情绪理论。弗洛伊德焦

---

　　① 本论文为东莞职业技术学院科研基金资助项目成果（2022d16）。

虑情绪理论认为，内源性焦虑源自个体自我无法消解压力而产生的一种消极情绪，因为他/她还没有能力负起外部环境指派给他/她的艰巨任务，导致焦虑的产生。在弗洛伊德看来，可怜的自我一直想努力地调和和满足三位严厉的主人（外部世界、超我和本我）的要求，结果却使自己的处境变得越来越糟糕。自我意识到自己面临三重压力，遭遇三种危险的威胁，当其无法忍受其压力，就会产生焦虑。

在弗洛伊德精神分析理论中，将心理人格分为本我、自我和超我三个组成部分。本我是本然之我，它既不会争辩，也无城府；它也不会遵守任何规则、常识和逻辑，更无价值和信仰可言。本我是人格结构中最难掌控的部分，它是个人与生俱来的追求感官快乐时的冲动，如愿望、痴迷等，也包括好勇斗狠、纵欲焚身，这些追求感官快乐满足时形成的强烈情感。因此，本我是纯粹的占有欲，而本我的驱力也一直处于被压抑的状态，且它的真实性是不为人所知的不自觉状态。即便如此，本我却在弗洛伊德动态三元人格心理模型中处于核心地位。在弗洛伊德看来，推动着三元人格心理模型动态系统不断地发展变化的内在能量是"心力"。"心力"需要本我供给的能量，且本我是维系本能正常工作的核心力量，是"心力"的最初储藏池。本我的能量通过满足愿望和反射活动来满足本能，假如本我没有办法帮助自己找到最为直接的宣泄口时，就会产生焦虑情绪。

从表现形式来看，个体内源性焦虑主要表现为期待性焦虑。期待性焦虑是一种消极的情绪心理状心态，有这种情绪心理状态的人时刻"等待"不幸的来临，总是担心即将发生的事件一定会出现最坏的结果。出现期待性焦虑往往与个体不能达到预期目标的活动紧密相关。当期待的目标无法达成的时候，个体自尊心与自信心就会受挫，失败感和内疚感就会增强。

之所以认定为期待性焦虑，是个体在从事此活动之前，就认定这个活动对自己而言是构成威胁的，是一种可怕性的存在。个体这一认知会让自己陷入紧张和焦躁之中，严重地使个体整个状态处于恐惧之中。比如个体在生活、工作或者失利之后，就致使其注意力无法集中，尤其是在遇到人生发展的重大事件时刻，就会被焦虑情绪困扰，无法完成期待的目标。恶性循环因期待过高，愿望无法实现，陷入更深层次的焦虑中。

从焦虑主体自身来看，依据弗洛伊德的理论，"心力"会在能量宣泄与反宣泄的对抗过程中，发展为其他的强烈情感。宣泄作为情绪冲动的力量并存于本我和自我中，但是反宣泄作为抑制情绪冲动的力量只能为自我所占有，并且反宣泄本身就是一种内部的挫折，它让紧张情绪难以宣泄出来。另外，一个人在遭遇内部挫折之前，往往会先遭遇客观环境制约下难以改变的外部挫折。对个体来说，当遭遇挫折时候，通过宣泄和反宣泄的对抗来表达内心冲突，具体表现为本我VS.自我以及自我VS.超我两大类。因反宣泄的抵抗，使得宣泄无法完全消除紧张，因此，两者之间长期的矛盾和冲突胶着状态，产生了焦虑情绪。

（二）社会生存性焦虑

生存性焦虑是现代人存在的普遍性心理特征，需要探寻现象背后的社会性根源即风险社会带来的焦虑。现代人无法回避社会发展中带来的风险冲击，及独立生活、自我确认、人际关系和就业等多方面的现实问题，所以压力非常大。

从风险社会来看，1980年代末，随着技术变革的加快与全球化的加速，现代社会进入了风险社会。吉登斯将风险区分为"外部风险"和"人造风险"。"外部风险"主要指在一定条件下某种自然现象、社会现象和生理现象是否发生，假如发生了对人类社会财富和生命安全是否造成损失，假如造成了损失，影响的程度又是多大，这些客观风险都是不确定的。"人造风险"则是源自科学技术的高度发展，被认定为个体理性深度发展的结果。[①] 随着人类社会技术的发展进步，人类改造自然和利用资源的能力原来越强，个体规避外部风险的能力随之逐步加强。所以风险社会中的风险更多地表现为"人造风险"，正如贝克所言，"风险是指明自然终结和传统终结的概念"[②]。作为人造风险社会中的现代人，常常被毫不留情地推离出传统社会的固有模式，而被迫进入了毁灭与安全之间的不确定性中。指向未来的风险，让现代人的理性能力无法完全管控结果。心理尚未完全成熟的年轻人在面对存在的不确定性时，就会陷入焦虑情绪之中。

从个体在风险社会生存的境遇来看，在风险时代，个体是需要对自己负责的主体，这意味着现代人在自由地规划人生时，需要承受起自我选择所带来的非意图后果。因此，不确定性风险和自由选择所带来的困扰，无疑成为现代人频繁的不安全性体验。从这个角度来看，现代人的焦虑情绪可以看作是现代化深入发展的副产品，因为在风险社会中，现代人焦虑情绪不仅没有被消解，反而在碎片化

---

① 夏玉珍、郝建梅：《当代西方风险社会理论：解读与讨论》《学习与实践》2007年第10期，第120—128页。

② 乌尔里希·贝克：《自由与资本主义》，杭州：浙江人民出版社，2001年，第119页。

的场景中因不确定的结果而进一步被强化。

风险社会给个体带来紧张的生存状态，这也无疑加重人们的生存焦虑。从社会经济发展和生活节奏来看，科学技术突飞猛进，在带来物质极大丰富的同时，物欲的极度膨胀带来了快节奏紧张的生活方式。当人们的各种欲望无法得以疏泄而被压抑的时候，焦虑情绪问题就会大肆蔓延开来，这无疑阻碍了现代人正常的生活和发展。同时，经济全球化和信息爆炸的新时代，不仅改变了现代人生活方式，也给他们带来了新的机遇和挑战：竞争压力越来越大，生活节奏越来越快，而人际关系趋向冷漠，这些都给现代人带来越来越多的负面情绪。尤其是年轻人，他们是时代变化的敏锐觉察者，对时代变化带来的焦虑有更为清晰地感知。这些都让他们在生活中变得浮躁和忧郁，焦虑情绪也成为一种常态。

焦虑情绪产生往往是外在过多的压力和内在过重的负荷造成的，它往往困扰现代人的精神世界，严重地会影响人们的身心健康，如果不及时加以调适，会恶化成焦虑症和狂躁症，给社会、家庭和个人都会带来无可预计的危害。调适焦虑情绪需要改变主体的认知，回归澄明之境，通过正念禅修缓解消除焦虑。

二、正念禅修疗法及可行性

正念禅修疗法是美国麻省大学医学教授乔·卡巴金提出的治疗理念，它被广泛运用于治疗和调适焦虑、抑郁、冲动、强迫等情绪问题，在人格障碍、人际沟通、冲动控制、网络成瘾等问题的治疗和调适中也被大量应用。理解正念禅修疗法，需要从对"正念"的内涵开始解读。

（一）正念禅修的内涵

"正念"又称为"观禅"或者"内观禅"（Vipassanā），是原始佛教中最核心的禅法，是佛教的一种禅修方式，因此，"正念"与"禅修"有着不可分割的内在关联性。从文献来源来看，它最早载于佛教《四念住经》，早在2600年前就被佛陀首次正式介绍。"正念"之"念"是佛教非常重要的术语，又称作念根、系念，被翻译为多种语言（梵文：smṛti，巴利文：sati，英语：Mindfulness或者awareness），是佛教五根之一。从心理学来看，"念"是一种非常稳定的心理状态，对修行者来说，将自己思绪专注在某个固定的对象上，且全神贯注地观察它，称为"念"。"念"又是一种心理过程，个体通过刻骨铭心的"念"，来保持思绪的稳定性。正因为"念"具有稳定性的特征，能够让修行者可以秉持善的念头与行为，摒弃恶的行为，在"念"的滋养下，个体生命中养护积极向善向上的力量，这就称为"正念"。

因此，对禅修者来说，"正念"（梵文：samyak-smṛti，巴利文：sammā-sati），是通向成佛的八正道之一禅修者的"念"。个体以"正念"来修行禅定，称为正定。"正念"对否，与禅修者是否具备"正知"有关，以"正知"来禅修的"念"，是为"正念"。以"正念"来观察自我的身、受、心、法，是为"四念处"，或称为"四念住"。因此，对"念"的内涵的理解需要从三个层面来展开。

首先，"正念"体现主体意识的在场性。对主体来说，"正念"意味着"有意识地觉察"。这意味着有时"正念"（Mindfulness）与"觉察"（Awareness）存在着内在的关联性；但又有所区别，"正念"强调主体观感意识的在场性，比如，主体觉察到自己焦虑，但并非主体去有意识地觉察焦虑。为保持"正念"，主体需有意识地去觉察自己，而非隐隐约约地、或者习惯性地去觉察。

就拿我们日常生活中的进食为例来阐明"正念"中主体观感意识的在场性。在进食的过程中，如若保持"正念"，主体会主动感觉吃的过程，正如古人强调"食不语"餐桌礼仪，就是要求主体吃饭时候要保持"正念"状态，但"食不语"又不是静态化地呈现，主体可能会留意吃的感受，或他人在进食过程的反应。在进食中保持"正念"，需要将自我注意力专注在吃的全过程，略有走神，就会很快地、有意识地将主体带回到现场。也就是说，"正念"力保主体意识的在场性。特别强调一下，这种状态下的"正念"强调个体不带评判地、有意识地觉察当下。

其次，"正念"体现主体的目的性。目的性是"正念"很重要的组成部分，"正念"的目的性在于培育主体的健康心态。比如个体在"正念"过程中，摒弃外在的环境干扰，专注于当下，体悟于当下，无论是走路呼吸、静坐，或者日常生活中的简单行为，都能够培育我们的积极乐观心态。也就是在"正念"的牵引下，个体会有意识、有目的地脱离思想和行为失控的境遇，自觉将自己停泊在安全的边界内，这样就能削弱不利情境对个体的消极影响，同时能为个体拥有平和愉悦的心境创造条件。

最后，"念"不加以"正"，会让主体感觉意识的离场导致负性情绪产生。当个体在"念"的过程中，如果不加以"正"，"念"只存在模糊的感觉，意识就会随意攀缘，它不会主动将专注力带回到主体从事的活动中来，"念"呈现为没有目的性。如果个体让"念"不能得以"正"，而仍由它随缘而动，个体形形色色的"念"都可能随着而生，其中包括危害个体身心健康的情绪问题，比如忧愁、焦虑、恼怒、贪恋、报复等。如果个体放任这种"念"，个体将强化相应的情感和情绪，且给自己带来不愉快的心境，甚至痛苦的情感体验。比如，现代人的焦虑情绪产生，从个体角度来看，过度地强化了不利于自我因素导致内源性焦虑的产生；从社会生存的角度来看，过度地强化了生存环境的挑战和危机，导致生存性焦虑情绪的产生。

"正念"理论与实践给个体身心健康带来的影响，得到了人们广泛地关注。最早关注的是亚洲地区，特别在东南亚广为流传。在"正念"理念的传承过程中，逐渐演化成"正念禅""禅"等多种形式，尤其是在具体实践中，"正念"与"禅修"直接关联在一起，这为正念禅修疗法创立奠定了理论和实践的基础。

西方的心理学家和医学家将"正念"的理论与实践从佛教中淬炼出来，将其宗教的外衣剥离掉，发展出了多种以"正念"为基础的心理疗法。"正念"被介绍到西方是在二十世纪七、八十年代，主要被心理学界所关注，经由由乔·卡巴金等西方学者介绍和科学研究，逐渐被改良和整合为当代心理治疗中最为重要的概念和技术之一。且由此诞生出辩证行为疗法（DBT）、接受实现疗法（ACT）、正念减压疗法（MBSR）和正念认知疗法（MBCT）等当代著名心理疗法。

"正念"疗法作为心理学方法的运用，主要用于调适抑郁、焦虑等情绪负面影响，缓解身体疾病带来的疼痛，缓解人际关系如亲子关系、婚恋亲密关系，用于人的精神慰藉如临终关怀和不可抗拒自然衰老等等。在现实生活中，"正念"更是无处不在，当个体迷茫于身处何处或者奔向何方的时候，要认识和接受目前存在这种状态。认识它仅仅是了解它，而不要评判它，顺其自然地接触它，在不自觉状态中，个体的"正念"就开始了，慢慢地个体一种新的生命视角会被悄然打开。

正念禅修疗法是将东方禅修与西方心理治疗思想方法进行了很好地融合。正念获取的精神力量来自禅修；禅修能让主体驱除外界琐碎的烦扰，让其思想意识通达澄明之境。这样主体知觉对生命顿悟能在刹那间实现，如果没有办法进入澄明之境，就无法感知这些刹那间的存在。

（二）正念禅修疗法缓解焦虑情绪的可行性

对焦虑情绪患者来说，正念禅修能剔除不安全、不确定因素带来的烦扰。在正念中个体能领略到蕴涵在成长过程中的质变飞跃性和超越性，在禅修中把握到成长转变过程中量变的丰富性和深刻性。

对于个体来说，由于受到多种外在因素的干扰，情绪和行为可能常常被那些潜伏在身上的不安全感和恐惧感所拖累。如果不能及时察觉，将会让自己感到进退乏力，左右为难。日积月累，就会失去自信，觉得自己无法对自己的生活掌控和选择，更无法朝着快乐的、健康的理想生活迈进。

正念疗法不仅仅是单纯的观察和觉知（即正念），它还能减去各种感官多样性感知，发展到对一切感受毫无贪嗔、保持接纳的平等心。在正念禅修的作用下，让主体练就成日益敏锐的、微细的觉知力，进而日益扩展的平等心，从而最终达至觉悟与解脱。

正念禅修疗法，它能够消解人们精神痛苦，在于它以一种不评价、欣然接受和主动觉知当下的态度来看待生存的问题。并且通过正念，能让个体能对生存境遇恰当地定位，同时它还培育个体对生命中每一个精彩时刻充满感激之情，以及能对令个体厌恶的认知、感受和情感予以应对能力。个体通过正念和禅修能够通达澄明之境，因此，正念禅修疗法能减除个体烦扰，以个体定力和智慧力，重新把舵生命的航向。更重要的，正念禅修不会与任何信仰或传统发生冲突，它通过正念禅修，引导个体本然的自我呈现，不会向个体推销什么，更不会向个体灌输一个新的信仰体系或意识形态。正念禅修疗法告诉个体：智慧的心能完成自我疗愈。

不过，西方正念疗法主要从心理学角度对情绪心理问题进行治疗，而结合中华优秀传统文化资源，对当下现代人焦虑情绪进行调适，更能符合中国现代人的文化心理特征及需要。

三、正念疗法对现代人焦虑情绪的调适

正念禅修疗法对焦虑的现代人通过"正念"改变认知，树立信心，悦纳自我，释放压力，"禅修"能舒缓焦虑，修复心境。

（一）"正念"化解内源型焦虑

"正念禅修"能化解现代人内源型焦虑，能引导现代人自觉改变认知，并且吸纳优秀传统文化资源，培育良好的心态。

第一，"正念"能让现代人拥有豁达的心境。"正念"能引导个体在遭遇不确

定性认知的时候，能拥有豁达心境。拥有豁达的心境的个体能够胸襟开阔、性格开朗、大度宽容、能容人容事。豁达是一种美好的品格，也是一种博大宽广的胸怀，又是一种乐观开朗的人生态度，更是超然洒脱人生境界。

从弗洛伊德焦虑理论产生来看，焦虑是个体害怕外部世界的不确定性可能带来危险情境而产生了一种负性情绪。换一句话说，焦虑情绪负面影响大因为是主体过分关注外在情境的不确定性，应对外部世界不确定性威胁时所表现出的软弱状态，这个状态常常伴随着痛苦的情绪体验，包括对未知情境有可能产生不好的结果。

《论语》中记载着孔子对待不确定认知能保持豁达心境的许多案例。他的学生子贡说："子之文章，可得而闻也；夫子之言性与天道，不可得而闻也。"(《论语·公冶长》)子贡认为，孔子很少言及性和天道，对天道和人性采取存而不述的豁达态度。他的弟子季路问他鬼神之事，曰："未能事人，焉能事鬼？"曰："敢问死。"曰："未知生，焉知死？"(《论语·先进》)所以，孔子对不确定的认知，或者不能给予他人确定的认知，但都保持豁达的心境。

当今社会科技高速发展，社会发展面临着不同的机遇和挑战。这需要学习孔子对不确定认知的豁达态度，同时要无惧未来的风险，敢于也要勇于迎接风险和挑战，而不是一遇到不能预知的情况，就感到紧张、焦虑甚至恐惧。

第二，"正念"帮助现代人树立自信心。比如孔子，尽管他"累累若丧家之狗"，但是他非常自信。当宋国司马桓魋嫉要谋害孔子的时候，孔子非常自信的说："天生德于予，桓魋其如予何！"(《论语·述而》)面对威胁，无所畏惧。而当两小儿辩日，孔子在不能决断的时候，敢于承认自己的不足。这些都表明，一个成功的人，不仅要充满自信，还要要敢于承认自己不足，相反，对不自信的人来说，特别怕暴露自己的弱点，或者说因担心自己的弱点被别人鄙视。内源性焦虑情绪的产生一个重要原因，在于缺乏自信，而通过"正念"树立自信，可调适焦虑情绪不当的认知。

信任自己也就是自信，一个人成功与否，一个重要的因素就是要对自己充满自信。自信调动一个人的积极性、创造性、克服困难的巨大动力，生命个体能充分估计自己的力量，并且确信通过努力能完成自己想做的事。苏轼说："古之立大事者，不惟有超世之才，亦必有坚忍不拔之志。"(《晁错论》)梁启超说："自信与骄傲有异；自信者常沉着，而骄傲者常浮扬。"高尔基说："只有满怀自信的人，才能在任何地方都怀有自信沉浸在生活中，并实现自己的意志。"因此，通过"正念"获取自信是治疗自卑、忧郁、嫉妒情绪的一剂良药。信任自己需要找到值得自己信任的闪光点，也是说要充分地认识到自己的长处，这样才能悦纳自己。

第三，"正念"帮助现代人悦纳自己。悦纳自己是指个体能接纳自己，能客观正确地评价自己，切记不可妄自菲薄。悦纳自我，即使生活有一万个不顺心，感觉自己要哭，也要努力找到一个理由让自己笑。

悦纳自己就是要善待自我。如果一个人自我内心的困厄不释怀，那么，再好的外人和再大的外在力量都没有办法帮助他脱离困境。善待自我就要快乐生活每一天。真正善待自我的人，在自我人生道路选择上，希望走得更远，在追求诗和远方中，过得更精彩。相反，那些不能悦纳自己的人，总是用羡慕的眼光注视他人，羡慕别人的幸福，嫉妒别人的优势，还爱将自己的劣势跟别人的优势比，感觉幸运总是光顾别人，而将自己遗忘了，自己无法快乐起来。真正悦纳自己、善待自我的人，不会放弃自己，而会读懂自我，会给自己点赞，会不断地提升自我，让自己不断地走向优秀。

悦纳自我，是要对自我予以充分肯定，同时要补短板，弥补自己的不足，更重要的是，还要及时自我反省。曾子说过："吾日三省吾身"（《论语·学而》）；海涅曾经说过，"反省是一面镜子，它能将我们的错误清清楚楚地照出来，使我们有改正的机会。"及时反省自己就能认识到自己身上的不足，知道自己在学习和生活中哪些领域存在短板，这样方便自己查漏补缺，做到及时补救不足，同时对自己短板，一定要谨言慎行，提高警惕，一旦发现问题一定要及时想办法补救，而不是等酿成大错后焦虑难安。

（二）"正念"化解社会生存性焦虑

社会生存性焦虑是现代人普遍存在的一种焦虑状态，并且焦虑情绪还会衍生出嫉妒、忧郁、自卑等负性情绪，对个体成长成才有很大的危害。正念禅修减压疗法能很好地对个体因压力而产生的焦虑情绪进行调适。

第一，"正念"引导现代人以"平常心"对待、释放社会生存性压力。正念帮助人们知道压力并不可怕，要学会以"平常心"对待生存压力。儒家传统文化中强调的"孔颜之乐"，就是告诉我们在困顿的时候，要以"平常心"来调适生活的不幸。并且"正念"并不把生存压力拒之于门外，生存压力是生活和生命中不可或缺的，也是无法逃避的组成部分，生命中有许多东西是我们无法控制的。这正如儒家所说的"命"或者"命定"，人生的压力也是一样，它是人们生命中的一个组成部分，是生而为人的一部分，也是人类处境的本质，但这并不意味着人在压力下只是受害者，所以，个体要学会释放压力。借助压力，与压力携手，如同颜回，"一箪食，一瓢饮，在陋巷，人不堪其忧，回也不改其乐。"（《论语·雍也篇》）在压力中寻求生命的价值和意义，运用压力的能量，激发个体意志力量、智慧，让自己健康地成长。最主要地，"正念禅修"不是人为地去压制压力，而是通过了解过程让人们理解、把握并释放压力，从而消解负性情绪以及负性情绪带来的危害。

第二，"正念"引导现代人学会放下。正念疗法驱除执念，引导个体学会放下。正念疗法属于一种减法疗法的思维方式，它通过正念和禅修除去现代人心中的执念，学会放下。"放下"从字面意思理解就是不执著，不被人们的想法、意念、欲望以及事物和事件所囿。卡巴金认为，放下，就是"请你别再依附任何事——包括任何想法、事物、事件、特殊时刻、见地或是欲望。放下，是有自觉的决定，完全接纳当下所展现的；是放弃以强制、抗拒或挣扎来交换更强有力、更美好的状态，也是让事物如实存在，并避免因为内在的欲望、喜好或厌恶，而受到这些事物的吸引或排斥，陷入进退两难"。①

放下不是仅仅从外界事物的纠缠中解脱出来，而且要从欲望中挣脱，让人"心"放下，因为"心"是负性情绪生发的基础，它常常会抓住狭隘的观点，自给自足的希冀和愿望，来纠缠自己、困扰自己。因此，只有放下才会让个体摆脱自我喜好和厌恶的纠葛，让心境变得澄明起来。澄明的心境才能够秉持正念，觉察自己正确的位置，并且能够不断地反省和筛选自己的认知；也不再忙着寻觅、固守或拒绝它物。

现代人之所以产生焦虑、忧郁、嫉妒和愤怒等负性情绪，许多病因是由于放不下。比如，焦虑情绪的产生多半是放不下对预设目标的过分追求；忧郁情绪的产生多半是因为紧抓着渺茫的希望而又感到自己无力应付；嫉妒情绪的产生多半是见不得别人比自己强，放不下自我中心主义；愤怒情绪的产生多半是客观事物与自己的主观愿望相悖，放不下自我偏颇与狭隘的观点。

---

① 乔·卡巴金：《正念——身心安顿的禅修之道》，雷淑云译，海口：海南出版社，2009年，第46页。

第三，"正念"培育个体的信任之心。信任是一种信心和信念，是主体坚信某种事情会在可靠的架构中展现，对他人的信任是个体走出生存性焦虑的重要因素。信任在主体之间，体现出相互信赖与悦纳，如果说诚信是道德主体的自我要求，那么信任则是主体之间以博大的心怀相互悦纳并且会产生良性结果。

如果我们信任一个人，信任便可以孕育出安全感和开放性，且能够直觉地引导并保护我们不受伤害，更不会导致自我毁灭。反之，如果没有信任，我们无法做到开放性、自我反省性，也无法从中汲取养分培养自己，我们的能力也会随之凋萎或停滞不前，更有可能我们也将失去朋友和亲人，成为孤家寡人。《吕氏春秋·贵信》中说："君臣不信，则百姓诽谤，社稷不宁。处官不信，则少不畏长，贵贱相轻。赏罚不信，则民易犯法，不可使令。交友不信，则离散郁怨，不能相亲。百工不信，则器械苦伪，丹漆染色不贞。"人与人之间缺少信任，带着面具生存，是现代人产生焦虑和孤独的一个重要的原因，"正念"培育现代人的信任心，能够揭开人们生存的面纱，驱除心灵的雾霾。

（三）"禅修"舒缓焦虑情绪

笔者曾经与一位焦虑症康复者谈心的时候，了解到他的康复得力于敢于接纳自己的情绪和通过"禅修"调适自己思想。他说，通过"禅修"来放松自己，实现了焦虑症的康复。他告诉笔者，当他得知自己患有焦虑症的时候，非常着急和狂躁，几乎都要得狂躁症了。后来，通过文化治疗师的引导，让他观察焦虑对他自己的机体反应，并告诉他不要试图去抑制它，而是接受它，当焦虑症减轻的时候，就通过"禅修"放松自己。通过半年多的调适，发现自己焦虑症已经康复了。他说，在这喧嚣的生活中，进行一些"禅修"，如读传统文化中的经典"禅修"，或者做些适当的放松运动，对自己心理和情绪的调适非常有益。

那么如何调适呢？要想禅修效果好需要注意以下几点：

首先，需要选择安静、平和的环境进行"禅修"。"禅修"最忌被外界刺激和干扰，不管你要禅修多长时间，都需要找一个安静的环境，保证你在禅修时不被打扰的地方。这个地方不一定很大，但要保证它一个完全私密的空间。对开始实施禅修调适焦虑情绪的个体，避免外部的干扰尤为重要，所以要关掉手机及可能发出噪音的设备。假如在禅修过程中听听音乐，那也要尽量选择柔和、宁静、不断反复的音乐，以保证注意力高度集中。

有一点需要清楚，禅修并非要没有一点声音的的环境，不必戴上耳塞。隔壁家的狗吠和汽车的鸣笛都不会阻碍禅修的有效性。实际上，意识到这些嘈杂声并能无视它们而专注"禅修"，恰是成功"禅修"的重要一环。对患有焦虑症的人来说，选择户外禅修非常好。更宽泛一点，只要你不选择在繁忙的马路上或在其它吵闹的场所就可以。比较好的选择是你坐在树下，或花园里你最喜爱的草坪上。

其次，"禅修"时候穿着要舒适。"禅修"的目的是为了平复烦躁不安的情绪，因此要集中精神、放松心灵，从而达到对自我情绪和心理更清晰的把控，使内心深处趋向平和宁静。所以，为了平静心灵，需要摒绝外物干扰，包括自己的衣着，如果不选择舒适的衣着，紧绷绷的衣着只能让你浑身不舒服，这无法达到"禅修"的目的。因此，"禅修"的时候，要穿着宽松的衣物，其实，不光"禅修"要求如此，中国传统体育运动基本如此，无论是打太极拳、八段锦还是五禽戏，都需要穿宽松舒适的衣着。穿着舒适和正确的姿势都能为我们的肺部腾出更多空间，让我们的呼吸更为顺畅。所以，如果穿着舒服的衣服，在清晨一楼阳光照着安静祥和的操场的时候，"禅修"哪怕五分钟，我们都会感觉更愉悦、更平静、更清醒。

穿着舒适进行"禅修"不仅能锻炼清醒意识、舒缓情绪、纾解压力，还能提高注意力和记忆力。如果发现冥想过后感到比冥想前更愉悦、更平和、更宁静，那么我们的"禅修"很成功。清晨"禅修"的好处是，我们一天的心情都可能不会被压力和焦虑所占住。

最后，选择最适合自己"禅修"的方法。"禅修"有三种基本的形式：禅修打坐法、禅修调息法和禅修冥想法。笔者认为，"禅修"无须拘泥某种固定的方法，在日常生活中练习静思无疑值得尝试。如在我们感到压力过大，或者学习、工作疲惫时，花几秒时间将自己注意力集中到呼吸上，这样能快速清空负性情绪问题和疲劳。我们还可以选择在吃饭的时练习静思，轻松感受一下进食体验和口中的食物。

所以，"禅修"是释放焦虑等负性情绪问题的一种有效的方式，因为，它能随时随地释放，不管我们平时做什么，身处何方，尽量多感受你身体的动作和你当时的体验。此所谓生活于禅修之中。

总之，现代人可以从优秀传统文化中汲取资源调适焦虑情绪。优秀传统文化中包蕴了许多修心养性的方法，能帮助现代人获取内心深处的平和。如用儒家文化中积极乐观的思想来"正念"，改变现代人焦虑情绪认知；用佛义中的"禅修"和道家文化中的"坐忘""达观"等舒缓释放焦虑情绪，获得心境的平和。

（刘桂荣，博士，东莞职业技术学院马克思主义学院副教授；樊红潮，东莞职业技术学院马克思主义学院教师）

图书在版编目(CIP)数据

城市文化评论.第 19 卷/田根胜主编;叶永胜副主编.—上海:上海三联书店,2024.6
ISBN 978 - 7 - 5426 - 8375 - 5

Ⅰ.①城… Ⅱ.①田… ②叶… Ⅲ.①城市文化-中国-文集 Ⅳ.①C912.81 - 53

中国国家版本馆 CIP 数据核字(2024)第 021537 号

城市文化评论(第 19 卷)

主　　编 / 田根胜
副 主 编 / 叶永胜
责任编辑 / 宋寅悦
装帧设计 / 徐　徐
监　　制 / 姚　军
责任校对 / 王凌霄

出版发行 / 上海三联书店
　　　　　(200041)中国上海市静安区威海路 755 号 30 楼
邮　　箱 / sdxsanlian@sina.com
联系电话 / 编辑部: 021 - 22895517
　　　　　　发行部: 021 - 22895559
印　　刷 / 上海惠敦印务科技有限公司

版　　次 / 2024 年 6 月第 1 版
印　　次 / 2024 年 6 月第 1 次印刷
开　　本 / 787mm×1092mm　1/16
字　　数 / 370 千字
印　　张 / 21.75
书　　号 / ISBN 978 - 7 - 5426 - 8375 - 5/C · 641
定　　价 / 108.00 元

敬启读者,如发现本书有印装质量问题,请与印刷厂联系 021 - 63779028